Reinhold Biskup (Hrsg.) Dimensionen Europas

Herrn Kollegen
Ernst Mestmäcker
mit großem Dank und
zur Erinnerung an unser
6. Müller-Armack-Symposion
Ihr [illegible]
Tübingen, Sept. '98

»Beiträge zur Wirtschaftspolitik«, Band 68

Herausgegeben von Professor Dr. Egon Tuchtfeldt

Reinhold Biskup (Hrsg.)

Dimensionen Europas

Verlag Paul Haupt
Bern · Stuttgart · Wien

Die Deutsche Bibliothek – CIP-Einheitsaufnahme

Dimensionen Europas /
Reinhold Biskup (Hrsg.). –
Bern ; Stuttgart ; Wien : Haupt, 1998
(Beiträge zur Wirtschaftspolitik ; Bd. 68)
ISBN 3-258-05812-1

Dieses Papier ist umweltverträglich, weil chlorfrei hergestellt;
es stammt aus Schweizer Produktion mit entsprechend kurzen Transportwegen
Printed in Switzerland

Inhalt

Einführung

Ist die Frage nach den Dimensionen Europas gerade gegenwärtig gerechtfertigt? Ist sie nicht allzu beschaulich rückwärts gewandt, während die Politik der Einigung Europas – zumindest wirtschaftlich – fraglos erfolgreich war und die gegenwärtige Diskussion dem Anschein nach das Wesentliche für den Fortschritt der Europäischen Integration zum Gegenstand hat: die Währungsunion, die Reform der Entscheidungsfindung der Institutionen, die Osterweiterung und gegebenenfalls auch noch die angemessene Sicherung und Verwendung der finanziellen Ressourcen. Aber ist das wirklich das Wesentliche?

Aus der Sicht der Bevölkerung der Mitgliedstaaten ist es das offenbar nicht, oder zumindest nicht so vordringlich. Im Meinungsbild der Bürger spiegeln sich diese Prioritäten nicht wider. Die Reaktionen auf die Maastricht-Verträge vor allem in Dänemark, Großbritannien und Frankreich ließen das deutlich genug sichtbar werden. Es wurde offenkundig, daß Europa im Bewußtsein der Bürger gar nicht mehr den Stellenwert hatte, den zu unterstellen die Politiker gewohnt waren. Sie hatten im Namen Europas Integrationspolitik konzipiert und verselbständigt verwirklicht, ohne auf die wahrnehmende Unterstützung durch den Souverän, den Bürger, zu achten, geschweige denn ihn überhaupt noch für Europa begeistern zu können. Begeisterung schwindet umso mehr, desto mehr das Ersehnte und Erstrebte selbstverständlich geworden ist.

Aus der Ernüchterung über die zunehmende „Europamüdigkeit" der Bevölkerung heraus bemüht sich die Kommission zusehends um ein besseres Marketing für ihre europäischen Aktivitäten. Man bemüht sich dabei beflissen, für das neuentdeckte „Europa der Bürger" eine zugängliche Zielgruppe ausfindig zu machen. Die Politiker versuchen indessen, ihre beschädigte Glaubwürdigkeit und das versiegende Interesse ihrer Wähler durch einen

Informations-Aktivismus aufzubessern. Selten wurde über ein Integrationsprojekt so aufwendig diskutiert wie über die geplante Währungsunion – aber weitgehend nur im politischen Bereich und unter Fachleuten, allerdings ohne daß dadurch der Bevölkerung der Sinnzusammenhang mit Europa bewußter geworden ist. Es ist auffallend und bedenkenswert, wie grundlegend sich vor allem in Deutschland dieses europäische Bewußtsein, das persönliche und allgemeine Engagement für Europa, gegenwärtig in der Umbruchsituation nach der Einigung Deutschlands und der Auflösung der Ost-West-Konfrontation von dem Dezennium der Nachkriegszeit unterscheidet: wieviele führende Politiker sind heute mit einem überzeugenden Europa-Programm unverwechselbar zu identifizieren, welche Schriftsteller sehen in Europa ein ansprechendes Sujet ihres Schreibens, wer unter den Philosophen leistet sich noch den Luxus, über Europa wegweisend nachzudenken?
Die Namen der Schriftsteller und Philosophen, die sich engagiert und werbend mit dem Thema „Europa" dagegen in der Nachkriegszeit auseinandersetzten, lassen sich gar nicht alle nennen: *Reinhold Schneider, Stefan Zweig, Werner Bergengrün, Frank Thiess, Gottfried Benn, Georges Bernanos, T.S. Elliot, Ignazio Silone, Salvador de Madariaga, José Ortega y Gasset* und nicht zuletzt *Karl Jaspers* seien stellvertretend für viele erwähnt.
Sie haben „Europa" nicht nur thematisiert, sondern die Leser – darunter vor allem die junge Generation – angesprochen und ihre Herzen und Sinne erreicht. Das so kultivierte geistige Klima hat entscheidend dazu beigetragen, daß die Europa-Initiativen der Politiker wie *Robert Schuman, Konrad Adenauer, Alcide de Gasperi* und *Paul Henri Spaak* verstanden wurden und als richtiger Weg in eine friedfertige Zukunft Unterstützung fanden.

Es wäre sicherlich zu einfach und nicht überzeugend, wollte man diese großen Unterschiede in der Einstellung und Wertschätzung gegenüber Europa nach jeweils den beiden einschneidenden Um-

brüchen in Europa einerseits nur mit einem Sättigungseffekt und andererseits mit einem Nachholbedarf zu erklären versuchen.
Sicherlich ist nicht zu verkennen, daß viele Teilziele, besonders im wirtschaftlichen Bereich, inzwischen verwirklicht wurden, während andere, vor allem politische, unerfüllt geblieben sind. Aber das dürfte eigentlich nicht hinreichend erklären, warum die künftige Problemlösungskapazität Europas angezweifelt wird und die Idee an sich, Europa als Integrationsziel, an Vertrauen verliert.
Vermag der Vergleich nicht vielmehr zu verdeutlichen, daß sich die Europa-Politik in ihrem Stil und ihren Methoden immer mehr von den Grundlagen entfernt hat, die sie sowohl erfolgreich als auch unterstützenswert, weil verständlich, gemacht hat? Die Ausführungen von *Starbatty* in diesem Buch sind besonders der begründeten Sorge gewidmet, daß die inzwischen bevorzugte „politische" Integrationsmethode eine zielgefährdende Problemhäufung zur Folge haben wird, weil ein rechtzeitiger „Paradigmawechsel" im Sinne einer Rückbesinnung auf die so erfolgreiche marktgemäße Integrationsmethode immer unwahrscheinlicher wird.

Es ist naheliegend, Europa zunächst räumlich-geographisch, politisch und sicherheitspolitisch sowie nicht zuletzt auch wirtschaftlich zu definieren, vor allem um die Methoden und die Ziele der Integration zu bestimmen. So unerläßlich die Wirtschaft für die Begründung und für den Fortschritt der Integration Europas ist und so notwendig und erstrebenswert die politische Einheit und ihre innere und äußere Sicherheit auch sein mögen, beide Dimensionen reichen nicht aus, einzeln oder zusammen Europa zu definieren, für seine Bürger begreifbar zu machen als Gegenstand ihrer Identifizierung. Die Grundlagen Europas liegen letztlich im Geistigen, in Gemeinsamkeiten der Herkünfte, der Traditionen, der Erfahrungen, in Erinnerungen an gemeinsam Vollbrachtes und Erduldetes. Solche bewußten Gemeinsamkeiten Europas enthalten allerdings auch die Erfahrungen ihrer Relativität, der Unterschiede, ja sogar der Gegensätze und der inneren Zerissenheit. Sie erfordern Toleranz und die Fähigkeit zum Ausgleich.

Dieses geistige Prinzip „Europa“ mit seinen inneren Polaritäten umschreibt zugleich zwei andere herkunftsbezogene Dimensionen Europas: den von der römischen Kirche geprägten christlich-abendländischen Kulturkreis und die in Griechenland begründete europäische Tradition philosophischen und wissenschaftlichen Denkens.

Eine dritte Dimension läßt sich unschwer anschließen: die konzeptionellen Grundlagen des römischen Rechts, besonders des Privatrechts. Es bezeichnet die europäischen Gemeinsamkeiten in den ihm entsprechenden grundlegenden Ideen der Freiheit, der Würde des Individuums und der Gerechtigkeit. Wenn diese Tradition als Bestand an Gemeinsamkeiten im europäischen Recht gewahrt bleibt, wird dieses auch umfassender akzeptiert und damit auch der Integrationsprozeß gefördert. So betrachtet ist die Tradition des römischen Rechtsdenkens als Herkunftsfaktor eine wesentliche Dimension Europas. Sie hat Europa geprägt, ist aber allein auch nicht ausreichend, das Europäische als solches zu bestimmen und nach außen abzugrenzen. Das gilt auch für den Einfluß des römischen Christentums. Es gehört ebenso zu den prägenden Einflußkräften Europas und hat zur Versittlichung des Lebens und zur Anerkennung der Würde des Menschen entscheidend beigetragen. Das gegenwärtig wieder feststellbare Bedürfnis nach Religion im buchstäblichen Sinne als transzendente Bindung nimmt *Mohn* in seinem Beitrag zu diesem Buch zum Anlaß, auf die unerläßlichen Orientierungshilfen besonders des christlichen Glaubens hinzuweisen, die ihm bei der Entwicklung der Gemeinschaftsfähigkeit der Menschen als Teil ihrer Selbstverwirklichung besonders im Prozeß des verstärkten Wettbewerbs zufallen.

Die europäischen herkunftsbezogenen Gemeinsamkeiten des philosophischen und wissenschaftlichen Denkens wirken ebenso gemeinschaftsstiftend fort, aber auch zunehmend in der Auseinandersetzung mit äußeren Faktoren. So ist Europa in vielen Bereichen der Wissenschaft und der Technologie von einem Rang der Vorherrschaft auf die Position eines Wettbewerbers – der nicht selten unterlegen ist – zurückgefallen. Dieser Prozeß spiegelt indessen eine Eigenart der europäischen Kultur wider, nämlich daß sie sich nicht als Besonderheit nur auf Europa beschränkt, sondern daß sie universalisierbar ist, wie *Lübbe* in dem nachfolgenden Beitrag darlegt. Andere Völker eignen sich ihre Inhalte an und treten vor allem auf dem Gebiet der Wissenschaft und der Technik, aber auch auf dem der gesellschaftlichen Organisation Europa herausfordernd gegenüber.

Aus der Universalisierbarkeit der kulturellen Identität Europas kann man – wie *Lübbe* – folgern, daß sie sich nicht zur politisch-ideologischen Begründung einer Europäischen Union eignet. Sie ist kein „Nostalgieobjekt", sondern sie wird dadurch angenommen, daß ihre Lebensvorzüge erfahrbar werden. Insofern ist besonders einer nachhaltig erfolreichen wirtschaftlichen Integration Europas sicherlich eine hohe gemeinschaftsstiftende Erfahrbarkeit beizumessen. Die Rolle der Wirtschaft als tragende Säule und als Impulsgeber in der 40jährigen Entwicklung der Europäischen Integration zeichnet *Schoser* in seinem Aufsatz nach. Die ausführliche Begründung für die notwendige Dominanz des Wirtschaftlichen, für deren veränderliche Bedingungskonstellation und Gefährdungen sowie für den unerläßlichen Fortbestand des Marktprinzips als Leitvorstellung für die vertiefte und erweiterte europäische Integration enthält die ausführliche Analyse von *Sievert*.

Auch das anschließende Plädoyer von *Straubhaar* für Pragmatismus und Funktionalität als zweckmäßige Methoden zur Lösung der wichtigsten bevorstehenden Probleme der Europäischen Union – Währungsunion und Osterweiterung – ist an der unerläßlichen Kapazität der Marktkräfte orientiert. *Hasses* Ausführungen machen darauf aufmerksam, daß diese funktionellen Elemente durch ordnungspolitische Grundentscheidungen ergänzt und abgesichert werden müssen, damit zur währungspolitischen Konvergenz, die zur Bedingung für den Beginn der Währungsunion gemacht wurde, komplementär dazu auch die viel schwieriger zu erreichende wirtschaftspolitische Konvergenz verwirklicht wird. Besonders auch für das Handwerk und die kleinen und mittleren Betriebe als bedeutsamer Faktor für Wachstum und Beschäftigung ist, wie *Schleyer* darlegt, neben der stabilitätsorientierten Währungspolitik ein solcher Ordnungsrahmen im europaweit intensivierten Wettbewerb geradezu von existenzieller Bedeutung. Wie sehr der Wettbewerb in der Europäischen Union über den ökonomischen Bereich hinaus auch für die umfassende gesellschaftliche und politische Sphäre als „Systemwettbewerb", als Gegenstand der Arbitrage vor allem der wirtschaftlich Handelnden, Bedeutung gewonnen hat, weist *Schäfer* nach. Am Beispiel der – periodisch wiederholten – Forderungen nach einer europäischen „Sozialunion", veranschaulicht er, daß die dafür angestrebte Harmonisierung der sozialpolitischen Regulierungssysteme nicht nur dem Wettbewerbsprinzip, sondern auch mit einer derartigen harmonisierten Gleichheit der differenzierten Vielfalt Europas widerspricht.

Diese die Geschichte und die Kultur Europas prägende Vielfalt wird kryptonormativ oder nostalgisch instrumentalisiert durch den Begriff „Europa der Regionen", wodurch ein identitätsstiftendes Korrektiv zum integrationspolitischen Zentralismus, eine Heimat für das im Maastricht-Vertrag wiederbelebte Subsidiaritätsprinzip oder zuweilen nur eine Attraktion für „europäische" Mittelzuweisungen glaubwürdig vermittelt werden sollen. Mit den Instrumenten der ökonomischen Theorie stellt *Wagner* die Wirksamkeit regionaler Identität und die grundsätzliche ökonomische Relevanz regionaler Vernetzungen und damit letztlich auch die begriffliche Abgrenzung in Frage. Im Vergleich zu dieser regionalen Perspektive deutet sich die globale Schau auf Europa an, wenn man, wie *Knapp* in diesem Band, das Augenmerk auf das Strukturmuster transatlantischer Beziehungen zwischen den USA und Europa richtet. Die Regierungen der USA haben den Prozeß der europäischen Einigung von Anfang an unterstützt und ihn durch die NATO sicherheitspolitisch abgeschirmt, weil bis zur Gegenwart – auch nach der Auflösung der Ost-West-Konfrontation – diese Dimension Europas unzureichend geblieben ist. Wie die Konfliktherde im ehemaligen Jugoslawien und in Nahost vergegenwärtigen, hat sich die Europäische Union – aus der Sicht der USA – noch nicht zu einem gleichwertigen Sicherheitspartner entwickelt, während die wirtschaftliche Dimension Europas immer häufiger Konkurrenzbedingungen entstehen läßt. Es entspricht ebenfalls der fortdauernden Akzentuierung der sicherheitspolitischen Komponente, wenn die „Osterweiterung" zunächst im Rahmen der NATO erfolgt ist und der Beitritt zur Europäischen Union sich erst im Anfangsstadium der Verhandlungen befindet. Jedoch ist, wie *Reiter* in seinem Beitrag betont, für die mitteleuropäischen Beitrittsländer ihre sicherheitspolitische Verankerung nicht von der wirtschaftlichen in Europa zu trennen. Aus ihrer Sicht wäre eine Asymmetrie mit der prinzipiellen Offenheit Europas nicht zu vereinbaren.

Im Vergleich zu dem entschlossenen Drängen der osteuropäischen Länder in die Europäischen Union wirkt die fortdauernde Abseitsstellung der Schweiz geradezu anachronistisch. Es scheint, als gehöre es zu den Eigensinnigkeiten geschichtlicher Entwicklung der schweizerischen Eidgenossenschaft, daß ein Land mit so ausgeprägter Teilhabe an der europäischen Kultur, mit vielzitierter für Europa mustergültiger Lebensform ethnischer und sprachlicher Vielfalt, nur so zögerlich den Weg zur institutionellen Europäischen Union findet. Bereits beim I. Zermatter Symposion vor mehr als 15 Jahren war auch die schweizerische Integrationspolitik Gegenstand teilnahmsvoller Betrachtung.[*] Inzwischen wurde die von der schweizerischen Politik bevorzugte Warteposition konfrontiert mit einer zunehmenden Relativierung wesentlicher Zielverwirklichungen: Neutralität und Selbstbestimmung haben nur noch einen abgeschwächten Eigenwert, und letztere ist fortwährend einer Erosion durch den zwangsläufigen „Nachvollzug" der EU-Normen ausgesetzt; Eigenständigkeit ist durch den offensichtlichen Effizienzverlust bilateraler Verhandlungen mit den EU-Organen immer aufwendiger zu gewährleisten; die Akzeptanz des „Sonderfalls Schweiz" verringert sich mehr und mehr durch den Bedeutungsschwund seiner Besonderheiten aus der Sicht der Mitgliedsländer der Europäischen Union, während mit zunehmender Erweiterung der EU die Aussichten für eine angemessene Beteiligung der Schweiz an der Entscheidungsfindung im Zeitablauf sich eher veschlechtern.

Es ist bedauerlich, daß am VIII. Zermatter Symposion führende Schweizer Politiker nicht – wie es sonst üblich gewesen war – teilnehmen konnten. Dafür haben als Botschafterinnen schweizerischer Kultur die inzwischen zu hoher Professionalität gelangten Geigerinnen *Mirjam* und *Sibylle Tschopp* die Tradition gewahrt, indem sie die so feinsinnige musikalische Einstimmung auch in dieses Symposion übernommen haben. Das wurde dankenswerterweise wieder durch die *Schweizerische Kreditanstalt* ermöglicht.

Gleichwohl haben sich viele Autoren dieses Buches in der Diskussion der Situation der Schweiz im europäischen Integrationsprozeß zugewandt, zumal da der genius loci, nämlich *Zermatt* als traditioneller Schweizer Tagungsort der Zermatter Symposien, dazu angeregt hat. Die Anziehungskraft der einladenden, landschaftlich abwechslungsreichen Tagungsstätten des unver-

---

[*] Vgl. hierzu *Biskup, Reinhold* (1985): Die Schweiz und die europäische Integration, in: *Biskup, Reinhold* (Hrsg.): Schweiz – Bundesrepublik Deutschland, 2. Auflage, Bern-Stuttgart, S. 211-237.

wechselbaren Walliser Bergdorfes am Fuße des Matterhorns hat die Autoren auch dieses Buches zusammengeführt. Dem Präsidenten der Burgergemeinde Zermatt, Herrn *Erwin Aufdenblatten*, gebührt herzlicher Dank dafür, daß er die organisatorischen Voraussetzungen für dieses Forum des Gedankenaustausches und der Meinungsbildung seit nahezu 15 Jahren unverändert verständnisvoll und tatkräftig schaffen hilft, indem er die „Infrastruktur" der Symposien zugänglich macht: die behagliche Atmosphäre und den Service des *Zermatterhofs* mit seinem schönen zweckmäßigen Sitzungssaal und die naturnahen Konferenzräume auf den Höhen von Zermatt. Dieses besondere Ambiente regt in bewährter Weise den interdisziplinären Gedankenaustausch an und vermittelt so die Grundlagen für die einzelnen Beiträge, die von den Autoren anschließend – vereinzelt mit extensiver Auslegung vereinbarter Fristen – zur Veröffentlichung fertiggestellt werden.

Allen Teilnehmern des VIII. Zermatter Symposions wird die lebhafte, artgerecht mit Walliser Spezialitäten unterlegte hohe Streitkultur auf Sunnegga (2300 m) über den Euro unvergeßlich bleiben, zu der unter Leitung von Herrn *Uwe Spaniol*, Generalbevollmächtigter der Dresdner Bank, zu nächtlicher Stunde, Bankiers, Wissenschaftler verschiedener Disziplinen, Unternehmer und Studenten der Leipziger Universität mit einer unverzüglichen Resonanz in den Schweizer und internationalen Pressemedien beigetragen haben. Sie verdanken die Anregung und die logistische Hilfe für diese Programmbereicherung dem Präsidenten der Munizipalgemeinde von Zermatt, Herrn *Robert Guntern*. Auch die stete technische Hilfeleistung durch den Kurdirektor, *Amadé Perrig*, und durch sein zuvorkommendes, freundliches Team sei ausdrücklich dankbar erwähnt.

Der Kette an Voraussetzungen für das Zustandekommen dieses Buches würden wesentliche Glieder fehlen, wenn nicht mit großer Dankbarkeit die Förderung erwähnt wäre, die den Zermatter Symposien von Anfang an durch die *Hanns Martin*

Schleyer-Stiftung und abermals durch die *Rudolf Siedersleben'sche Otto Wolff*-Stiftung zuteil geworden ist. Dem Verleger *Men Haupt* schuldet der Herausgeber herzlichen Dank für die so vertrauensvolle und erfolgreiche Zusammenarbeit bei der Herstellung dieses Buches ebenso wie bei sechs „Vorläufern", die alle in der von Herrn Kollegen *Tuchtfeldt* umsichtig und anspruchsvoll betreuten Buchreihe „Beiträge zur Wirtschaftspolitik" des Verlags *Paul Haupt* erschienen sind. Schließlich dankt der Herausgeber den Autoren jeweils für ihren Beitrag zum Erfolg dieses Buches, der nicht zuletzt durch die – auch durch „nachzügelnde" Manuskripte unbeirrte – Geduld und perfekte technische Kompetenz seiner Mitarbeiterin, Frau Diplom-Kauffrau *Karen Dannemann*, mitgestaltet wurde.

Leipzig, am 1. Mai 1998 *Reinhold Biskup*

Reinhold Biskup

Dimensionen Europas

I. Vielfalt der Dimensionen

Kürzel wie *EGKS, EWG, EG, EU*[1] oder die synonyme Verwendung der Ortsnamen *Paris, Rom, Maastricht* kennzeichnen im alltäglichen Sprachgebrauch die Verträge und die von ihnen begründeten Organisationsformen des europäischen Einigungsprozesses. Sie markieren gleichermaßen die Weiterentwicklung der Europäischen Integration wie auch den Wandel ihrer Konzepte und Stilelemente, oder gar fehlgeschlagene (*EVG*)[2], überholte (*EFTA*)[3] und unergiebige (EWR)[4] Ansätze konzeptioneller Integrationslösungen. Obwohl sie mit gewohnheitsmäßiger Beharrlichkeit mit „Europa" inzwischen identifiziert werden, veranschaulichen sie gleichzeitig auch, daß das Werden Europas *strukturell, zeitlich* und *räumlich* nicht abgeschlossen ist. Die bisherigen Bemühungen um eine „Vertiefung" der europäischen Integration, die sich beispielsweise in der Entwicklung der *EWG* zur *EU* darstellt, sowie die bislang unbewältigte Reform der Struktur der Institutionen und ihre Entscheidungs-

---

[1] EGKS = Europäische Gemeinschaft für Kohle und Stahl (Vertragsunterzeichnung Paris, 18.4.1951), EWG = Europäische Wirtschaftsgemeinschaft (Rom, 25.3.1957), EG = Europäische Gemeinschaft (entstanden durch das Fusionsabkommen vom 8.4.1965), EU = Europäische Union (Inkraftsetzung 1.11.1993)

[2] EVG = Europäische Verteidigungsgemeinschaft (Vertrag vom 27.5.1952 nicht ratifiziert)

[3] EFTA = European Free Trade Association (Konvention von Stockholm vom 4.1.1960)

[4] EWR = Europäischer Wirtschaftsraum (Abkommen vom 11.5.1992)

findung zeugen davon ebenso wie die 1973, 1981, 1986 und 1995 erfolgten und die noch bevorstehenden „Erweiterungen".

Es ließen sich aus einer solchen Perspektive zumindest zwei oder – unter Einschluß der zeitlichen Komponente – drei Dimensionen hervorheben, die für die Gestaltung Europas von Bedeutung sind. Aber es würde sich dabei freilich nur um das „organisierte" Europa handeln. Das gilt zweifelsohne auch für die gegenwärtigen Bestrebungen, die europäische Integration durch die Wirtschafts- und Währungsunion mit der Einheitswährung Euro zu vervollkommnen. Gleichwohl macht diese Entwicklung wie überhaupt der Sachverhalt, daß es sich bei fast allen erwähnten europäischen Institutionen um *wirtschaftliche* handelt, sichtbar, daß offensichtlich das Wirtschaftliche im europäischen Einigungsprozeß dominiert, es also eine eigenständige Dimension aufweist. Andererseits wäre die Integration Europas kaum – oder zumindest nicht mit dem offensichtlichen Fortschritt – gelungen, wenn nicht durch das *Recht* als Integrator der europäischen Vielfalt vertrauenswürdige, verläßliche Grundlagen für die – notwendigen – Gemeinsamkeiten an Strukturen, Regeln und Prozessen begründet würden. Deshalb hat auch seine Dimension eine besondere Prägekraft für Europa.

Die bestehende über viele Jahrhunderte entwickelte europäische Rechtskultur wäre ihrerseits ebensowenig vorstellbar wie das Entstehen einer europäischen Wertegemeinschaft, wenn nicht das *Christentum* und die römische Kirche ihren prägenden Einfluß ausgeübt hätten. Die nachhaltige Wirkung dieser spezifisch europäischen – "abendländischen" – Dimension spiegelt sich sogar auf eine sehr ungewöhnliche Weise wider, wenn beispielsweise der türkische Ministerpräsident seinen Unmut über die immer wieder verzögerte Behandlung des Beitrittsantrages der Türkei zur Europäischen Union dadurch Ausdruck verleiht, daß er als Ursache für die Ausgrenzung seines Landes die Absicht maßgeblicher Politiker der EU unterstellt, ein nur christliches Europa bilden zu wollen.[5]

Ein solches Ressentiment ruft unwillkürlich auch Bestrebungen in Erinnerung, Europa nach dem Maße geschichtlicher Analogien zu dimensionieren, so zum Beispiel entsprechend der Ausdehnung des Heiligen Römischen Reiches oder des Imperiums *Karls des Großen* oder in der Nachfolge des *habsburgischen* „Mitteleuropas“. Die vielzitierte zeitnähere Vision General *de Gaulles* eines Europas vom „Atlantik bis zum Ural“ veranschaulicht indessen die Problematik *räumlicher* – auch der historischen – Begrenzungen Europas. Sie macht aber auch deutlich, daß die scheinbar ausgeprägt geographischen „Vorbilder“ Europas in ihrem Kern auch eine geopolitische – sicherheitspolitische – Komponente beinhalten.

Alle genannten Beispiele für die *Vielfalt* der Dimensionen Europas vermögen zu vergegenwärtigen, wie sehr sie jeweils einzeln und insgesamt dazu beigetragen haben, das spezifisch Europäische zustandezubringen, also in ihrer wechselseitigen Beeinflussung die Herkunft Europas zu begründen. Keine einzelne Dimension reicht aber für sich allein aus, Europa endgültig zu definieren und als Muster für seine künftige Gestaltung zu dienen. Ebensowenig kann die Zukunft Europas befreit von seiner Vergangenheit gestaltet werden. Bei der Bewältigung dieser Aufgabe wird allerdings die *geistige* Dimension ihre entscheidende Bedeutung behalten.

---

[5] Vgl. hierzu o.V., Schuld am Mißgeschick haben die anderen, in: Frankfurter Allgemeine Zeitung vom 13.12.1997, S. 3 und o.V., Gefahren einer politischen Eiszeit, in: Neue Zürcher Zeitung, Nr. 292 vom 16.12.1997, S. 3.

II. Die geistige Dimension

Das Fortwirken der geistigen Formkräfte Europas kam deutlich zum Ausdruck, als bereits unmittelbar nach der Beendigung des zweiten Weltkriegs mit seinen verheerenden Zerstörungen und der Entfremdung der Völker das Trennende durch die Besinnung auf die – europäischen – Gemeinsamkeiten verhältnismäßig schnell zumindest zwischen den meisten westeuropäischen Staaten überwunden werden konnte. Im Zeichen dieses europäischen Geistes erfolgte die Gründung des Europarates (1949) und auf der Grundlage des „*Schuman*-Planes“ (1950) der Europäischen Gemeinschaft für Kohle und Stahl (1952). Bereits am 19. September 1946 hatte *Winston Churchill* in seiner visionären Rede in Zürich dafür plädiert „Let Europe arise“[6] und eine „Art Vereinigte Staaten von Europa“[7] gefordert – freilich nach britischem Selbstverständnis nicht als zentralistischen Bundesstaat, sondern vielmehr als regionalen Staatenbund. Bezeichnend für seine Begründung ist, daß er sich dafür genau auf jene vorwiegend geistigen Dimensionen Europas berufen hat:
„Dieser edle Kontinent, der alles in allem die schönsten und kultiviertesten Gegenden der Erde umfaßt und ein gemäßigtes, ausgeglichenes Klima genießt, ist die Heimat aller großen Muttervölker der westlichen Welt. Hier sind die Quellen des christlichen Glaubens und der christlichen Ethik. Hier liegt der Ursprung fast aller Kulturen, Künste, philosophischen Lehren und Wissenschaften des Altertums und der Neuzeit. Wäre jemals ein vereintes Europa imstande, sich in das gemeinsame Erbe zu teilen, dann genössen seine drei- oder vierhundert Millionen

---

[6] Rede von *Winston Churchill* an die akademische Jugend, in: Neue Zürcher Zeitung Nr. 217 vom 18.9.1996, S. B3.

[7] Ebenda

Einwohner Glück, Wohlstand und Ehre in unbegrenztem Ausmaße.“[8]
Bemerkenswert ist, daß *Churchill* die „europäische Völkerfamilie“ ermahnt hat, in einem zukunftsgerichteten Akt des Vertrauens und „des Vergessens gegenüber den Verbrechen und Wahnsinnstaten der Vergangenheit“[9] als ersten Schritt zu „einer Neuschöpfung der europäischen Völkerfamilie ... eine Partnerschaft zwischen Frankreich und Deutschland“[10] zu bilden, weil es kein „Wiederaufleben Europas ohne ein geistig großes Frankreich und ein geistig großes Deutschland“[11] gäbe.
Churchills Rede war nicht nur hinsichtlich der tatsächlichen späteren Entwicklung[12] des Verhältnisses zwischen Frankreich und Deutschland im Rahmen des europäischen Einigungsprozesses geradezu visionär, sondern – nur 16 Monate nach Kriegsende – für einen Staatsmann der Alliierten, gemessen an der vorherrschenden Demontage- und *Morgenthau*-Politik der Siegermächte gegenüber Deutschland, auch überraschend fortschrittlich. Sie war, vorgetragen in der Universität Zürich, an die *Jugend* Europas gerichtet und entsprach sehr wohl ihrem Empfinden und Denken, indem sie ermuntert wurde, in die Zukunft zu schauen und zu vermeiden, „den Haß und die Rachegefühle, welche den Kränkungen der Vergangenheit entsprangen, durch die kommenden Jahre mitzuschleppen.“[13] Denn es war ja nicht so, wie später Besser-Wissende glauben machen wollen, daß in den ersten Nachkriegsjahren die Jugendlichen vorwiegend damit beschäftigt gewesen wären (oder sein sollten)

---

[8] Rede von *Winston Churchill* an die akademische Jugend, a.a.O., S. B3.
[9] Ebenda
[10] Ebenda
[11] Ebenda
[12] Vgl. hierzu *Weidenfeld, Werner* (1988): Die Schlüsselrolle der deutsch-französischen Zusammenarbeit für den Fortschritt Europas, in: *Biskup, Reinhold* (Hrsg): Europa – Einheit in der Vielfalt, Bern-Stuttgart, S. 53 ff.
[13] Rede von *Winston Churchill* an die akademische Jugend, a.a.O., S. B3.

rückblickend die Väter wegen ihrer Verantwortung für die Schrecken und Folgen des Krieges zur Rechenschaft zu ziehen. Das Denken der Jugend war vielmehr hoffnungsvoll engagiert auf die Gestaltung einer besseren *Zukunft* in einem geeinten Europa gerichtet, das nicht nur materielle Vorteile bringen, sondern durch die wiedergewonnenen Freiheiten vor allem auch geistig-kulturell heimatliche Geborgenheit bieten sollte.

Karl Jaspers, der als hervorragender Denker zu dieser Zeit in der Lehre und durch seine Werke wegweisende Beiträge zum Selbstbewußtsein jener Umbruchphase geleistet hat, verdeutlicht mit dem, was er (1947) in *„Von der Wahrheit"* über die Dichtung schreibt, zugleich auch ein Erscheinungsbild, das für das in der unmittelbaren Nachkriegszeit entscheidende *Europabewußtsein* bezeichnend ist:

„Dichtung ist das Organ, durch das wir den Weltraum und alle Gehalte unseres Wesens auf die natürlichste und selbstverständlichste Weise ergreifen. Hineingerissen durch die Sprache verwandeln wir uns selbst. Unmerklich entfaltet die von der Dichtung erregte Phantasie in uns die Welt der Vorstellungen, vermöge der wir erst fähig werden, unsere Wirklichkeiten prägnant zu erfassen."[14]

In diesem Sinne haben zahlreiche[15] Dichter, Schriftsteller und Philosophen zu einem geistigen Klima beigetragen, durch das Europa vorstellbar und als Programm für die Zukunft erstrebenswert erschien. Zudem vermittelten die Schulen und die Universitäten sowie generell die Einführung der Rotationsdrucke und der Paperbacks alsbald nach Kriegsende die – preiswerte – Möglichkeit, Zugang zur europäischen Literatur zu erhalten und

---

[14] *Jaspers, Karl* (1952): Über das Tragische, München, S. 7 (Auszug aus dem Werk "Von der Wahrheit", München 1947).

[15] Einen Überblick über die Namen der Autoren und über wesentliche Inhalte ihrer Aussagen vermittelt *Lützeler, Paul Michael* (1992): Die Schriftsteller und Europa – Von der Romantik bis zur Gegenwart, München-Zürich, insbesondere S. 402 ff.

damit Entdeckungsreisen in Europa zu unternehmen, noch ehe aus ökonomischen und bürokratischen Gründen die physische Mobilität nachgeholt werden konnte. Alle diese Quellen literarisch-kulturellen *europäischen* Bewußtwerdens haben ebenso die Jugend wie den größten Teil der sich nach Frieden sehnenden Erwachsenen beeinflußt und für Europa motiviert. Gleichermaßen wurde die *politische* Diskussion angeregt, und die Politiker wurden darin bestärkt, ja sogar gedrängt, die Integration Europas zu verwirklichen. Die führenden Staatsmänner, wie *Robert Schuman*, *Konrad Adenauer, Alcide de Gaspari*, *Paul-Henri Spack*, verkörperten mit ihrer Autorität und durch ihren persönlichen Einsatz vertrauenswürdig die Idee eines vereinigten Europa. Sie trugen zusammen mit vielen anderen „europäischen" Politikern dazu bei, nationalstaatliche partikuläre Interessen sowie politische Widerstände und konzeptionelle Rückschläge zu überwinden, so daß der europäische Integrationsprozeß beachtlich erfolgreich begonnen und fortgesetzt werden konnte.

Diese Intensität der *geistigen* Vorbereitung und Begleitung der europäischen Integration ist inzwischen immer mehr der Wirklichkeit Europas abhanden gekommen. Für die Hommes de Lettres ist Europa kaum noch ein Thema. Schriftsteller äußern sich dazu nur noch gelegentlich kritisch und Philosophen allenfalls vereinzelt.[16] Die – durchaus weitgehend erfolgreiche – Integration Europas hat sich zunehmend von der bewußten Teilnahme seiner Bevölkerung entfernt, vor allem insoweit es sich um projektierte Weiterentwicklungen handelt, wie sie in den Maastricht-Verträgen angelegt sind. Ganz anders als der Vertrag zur Gründung der EWG sind diese Verträge von den Politikern

[16] Eine Ausnahme stellen die europäischen Positionsbestimmungen von *Hermann Lübbe* dar, zum Beispiel „Abschied vom Superstaat - Vereinigte Staaten von Europa wird es nicht geben", Berlin 1994, und der Beitrag „Europa - Philosophische Aspekte seiner Union" in diesem Band.

vereinbart und legitimiert worden, nahezu ohne daß der europäische Bürger ihre Sinnhaftigkeit in der *Sprache*[17] und dem *Inhalt* nach begreifen konnte – und nach der Absicht der politischen Akteure vielleicht gar nicht einmal hinterfragen sollte. Erst als 1992 dieses Vertragswerk in Volksabstimmungen in Dänemark zunächst keine und in Frankreich nur eine knappe Zustimmung erhielt und ebenso durch Meinungsumfragen das stark nachlassende Interesse der Bevölkerung an Europa auch in anderen Ländern der Europäischen Gemeinschaft offensichtlich wurde, starteten die Kommission der Europäischen Gemeinschaften und einzelne Mitgliedsländer eine aufwendige Informationskampagne. Sie sollte den nunmehr umworbenen Europäern, die sich mehr und mehr auf kritische Distanz begeben hatten und sich allenfalls nur zu einem Drittel der Befragten informiert fühlten und dementsprechend auch die Vorteile der Integration geringschätzten, wieder bewußt machen, daß all das, was inzwischen vertraglich geregelt und für die Zukunft projektiert wurde, eigentlich „das Europa der Bürger"[18] sein solle. Diese Bürger haben sich wie selbstverständlich an die Freizügigkeit, an die Vorzüge des Binnenmarktes, der Verkehrsvernetzung und des Tourismus gewöhnt. Es bestätigt sich indessen, was *Lübbe* feststellt: „Aber eine öffentlichkeitsprägende Einsicht in die Wirkungszusammenhänge zwischen den in ihrer Textgestalt für Laien gänzlich unlesbaren Brüsseler Normen und den wirtschaftlichen Lebensvorzügen des EG-geprägten europäischen Alltags andererseits gibt es nicht."[19] Es erscheint daher

[17] Hierfür gilt sicherlich, was Bundeskanzler *Kohl* aus der Erfahrung der in Mitgliedsländern der EU ungünstig verlaufenen Referenden festgestellt hat: „Wir haben uns in den europäischen Institutionen zum Teil eine Sprache angewöhnt, die sich immer weiter von den Menschen entfernt hat." *Konrad-Adenauer*-Stiftung (1993): Europa auf dem Weg zur politischen Union, St. Augustin, S. 13.

[18] So der Titel einer Werbebroschüre der Europäischen Kommission

[19] *Lübbe*, *Hermann* (1994): Abschied vom Superstaat, a.a.O., S. 102f.

verständlich, wenn der amtierende Ratspräsident *Jean-Claude Juncker* in seiner Analyse zur Lage der Union vor dem Europäischen Parlament hoffnungsvoll die Überzeugung äußert, „daß Europa mit der Währungsunion seinen Glauben an die eigene Zukunft wiederfinden werde, der im Moment fehle“[20]. Das ist sicherlich zu wünschen; aber wollen oder können die betroffenen Europäer diesen Glauben aufbringen?

Selten ist wohl ein Projekt der europäischen Integration in den letzten Jahren so engagiert und auch kontrovers insbesondere in Deutschland zwischen Politikern und unter Fachleuten diskutiert worden – allerdings ohne eine Breiten- und Überzeugungswirkung in der Bevölkerung zu erreichen. Im Durchschnitt der Europäischen Union befürworten allenfalls die Hälfte und in Deutschland gar nur noch ein Drittel[21] der Bürger die durch den Euro symbolisierte Wirtschafts- und Währungsunion. Die Einführung des Euro läßt sich mit einem „Akt des aufgeklärten Despotismus“[22] vergleichen. „Denn die Euro-Disziplin ist mehr, als die gewählten Politiker ihren Wählern ins Gesicht zu sagen wagen ohne Aussicht auf sofortigen Liebesentzug.“[23] Ohne Zweifel stellt die Wirtschafts- und Währungsunion einen schicksalhaften „Quantensprung“ mit einem hohen Symbolwert des Euro für die Einigung Europas dar – wenn das Projekt sogleich und nachhaltig erfolgreich verwirklicht werden kann. Weil es aber mit unsicheren Voraussetzungen und beträchtlichen

---

[20] Zitiert nach Europaparlament - Pressebericht 22-10-97(1), S. 2

[21] Zitiert nach *Jochimsen, Reimut* (1998a): Vor der Auswahlentscheidung zur EWWU, in: Deutsche Bundesbank, Auszüge aus Presseberichten, Nr. 6, 28.1.1998, S. 8. Nach einer Umfrage des Handelsblatt, Nr. 31 vom 13./14.2.1998, S. 11, "Was die Deutschen vom Euro halten" findet die Gemeinschaftswährung nur bei 30 % der Deutschen Zustimmung.

[22] So *Stürmer, Michael* (1997): Was beim Euro auf dem Spiel steht, in: Neue Zürcher Zeitung, Nr. 264, 13.11.1997, S. 5.

[23] Ebenda

Verlaufsrisiken aus der Sicht vieler Experten behaftet ist,[24] wäre es sachlich nicht zu rechtfertigen, die gemeinsame Währung „zum archimedischen Punkt des weiteren Integrationsprozesses in Europa zu machen“[25]!

Die vernachlässigte Informationspolitik der Regierungen[26] und der Europäischen Kommission über die Bedingungen und Wirkungen der Wirtschafts- und Währungsunion, an der trotz Erfüllung der Konvergenzkriterien wegen ihrer kritischen Einschätzung Großbritannien, Dänemark und Schweden nicht teilnehmen wollen, hat es nicht nur verfehlt, die Bürger angemessen auf die bevorstehenden weitreichenden Integrationsschritte vorzubereiten und sie von deren unerläßlicher Bedeutung für die Einigung Europas zu überzeugen. Sie wurde durch diese Fehlleistungen der Politiker geradezu verunsichert. Auch in der Schweiz war diese Entwicklung festzustellen, als am 6. Dezem-

---

[24] Vgl. hierzu die zahlreichen Stellungnahmen der Mitglieder des Direktoriums und des Zentralbankrates der Deutschen Bundesbank, veröffentlicht u.a. in: Auszüge aus Presseartikeln der letzten Jahrgänge sowie das Memorandum “Der Euro kommt zu früh” der 156 Professoren der Wirtschaftswissenschaften, veröffentlicht in: Frankfurter Allgemeine Zeitung, Nr. 33 vom 9.2.1998. S. 15.

[25] *Issing, Otmar* (1997b): Die Europäische Währungsunion – Vision und Realität, in: Deutsche Bundesbank, Auszüge aus Presseartikeln, Nr. 63, 28.10.1997, S. 7.

[26] Der stellvertretende Vorsitzende der CDU-CSU-Fraktion im Deutschen Bundestag, *Heiner Geißler*, räumte dazu am 10.2.1998 in der Sendung “Informationen am Morgen” des Deutschlandfunks ein: “Die Informationspolitik der Bundesregierung ist wirklich negativ zu bewerten.” Bundeskanzler *Kohl* hatte am 27.3.1993 indessen bekräftigt: “Deswegen ist es ganz entscheidend, daß wir mit unseren Mitbürgerinnen und Mitbürgern in Europa und in Deutschland ganz offen vor allem darüber reden, wo die Probleme in der weiteren Entwicklung liegen. Wir dürfen diese Probleme nicht beschönigen, und wir müssen vor allem auch eine Sprache finden, die die Menschen erreicht und die sie verstehen.” *Konrad-Adenauer*-Stiftung (1993): Europa auf dem Weg zur politischen Union, a.a.O., S. 13

ber 1992 die Stimmbürger in einem Referendum die Teilnahme der Schweiz am EWR ablehnten, weil sie – weitgehend uninformiert und fehlorientiert durch das Verhalten des Bundesrats – annahmen, daß durch eine Zustimmung bereits der Beitritt zur Europäischen Union präjudiziert werden würde.
In mehreren Ländern der Europäischen Union hat sich die Europapolitik ganz offensichtlich vom Bürgerkonsens entfernt, obwohl sie wegen ihrer sachlich schwerwiegenden, risikobehafteten Beschlüsse mehr denn je letztlich auf die Verantwortung durch alle Bürger aus einem europäischen *Bewußtsein* heraus angewiesen ist.

Die Reichweite der Auswirkungen der Wirtschafts- und Währungsunion als Fortsetzung des Weges zur Einheit Europas auf die künftigen Bedingungen persönlicher und gesellschaftlicher Lebensform wird ohne Zweifel primär durch ihren wirtschaftlichen Erfolg – oder Mißerfolg – bestimmt. Dafür und für die projektierte Weiterführung der Europäischen Union sind die Übertragung von vornehmlich geldpolitischen Kompetenzen und die Einrichtung *zentralisierter* Institutionen mit entsprechenden Instrumenten und Verfahren beispielsweise in einem neuen Europäischen System der Zentralbanken sachlich notwendig. Gleichzeitig besteht die ebenfalls in den Vorschriften der Maastricht-Verträge angelegte oder nicht ausgeschlossene Gefahr einer nicht ordnungskonformen Politisierung der erforderlichen Entscheidungsprozesse und ihrer Umsetzung. Abgesehen davon, daß dadurch die besonders für den deutschen Bürger gewohnte Professionalität erfolgreicher *Stabilitätspolitik* abgeschwächt oder gar ausgeschaltet werden kann, würde so auch nachfolgenden dirigistischen Maßnahmen der zentralen Institutionen in einem ordnungspolitisch erfolgswidrigen Handlungsrahmen Vorschub geleistet werden.
Wenn aber die praktische Erfahrbarkeit des – wirtschaftlich – Nützlichen der vollzogenen Integrationspolitik hinter ihren

Verheißungen zurückbleibt oder gar negativ ist, wird sich der – vorher ohnehin nicht oder kaum überzeugte – Bürger der Einsicht in die Vorzüge einer Europäisierung der betreffenden Maßnahmen und ebenso auch künftiger Entwürfe verweigern. Damit sind aber nicht nur wesentliche Erfolgsbedingungen für die so sehr mit dem Fortschritt, ja mit der Vervollkommnung der europäischen Integration identifizierten Wirtschafts- und Währungsunion zunichte gemacht, sondern als Wechselwirkung zwischen der geistigen und der wirtschaftlichen Dimension nimmt auch die *Idee* Europas Schaden. Das Vertrauen auf die Bindungswirkung der europäischen Verträge und auf die inzwischen erfolgten irreversiblen Entscheidungen wird unter solchen geistigen Rahmenbedingungen nicht ausschließen können, daß dann über veränderte Verhaltensweisen und Ansprüche der Wähler das politische Klima sich so wandelt, daß Revisionsforderungen, Blockaden und schließlich auch der Rückzug von Errungenschaften der Gemeinschaftspolitik zustandekommen. Die durchaus bestehende vielzitierte „Chance des Euro" wird nicht dadurch wirklicher, daß man sein Risiko ignoriert. Der Übergang zur Währungsunion markiert eine „Grenzsituation" im Einigungsprozeß Europa.

Die gegenwärtige Phase der Europapolitik befindet sich nicht nur wegen der Gefahr ihres Scheiterns in einer Grenzsituation. Ihre Befindlichkeit wird auch dadurch geprägt, daß die Währungsunion und die mühsam erstrebte Bewältigung des Rückstandes bei der *politischen* Formgebung der Europäischen Union ein Maß an Einheitlichkeit durch Konzessionen an die Gemeinschaft erfordern, die alle bisherigen Leistungen der Mitgliedsländer an Kompetenzverzicht und Gemeinschaftsdisziplin übersteigen. Die bisherige Zurückhaltung der einzelnen Mitgliedsländer läßt sich indessen nicht einfach mit unzeitgemäßem, rückständigen „Nationalismus" erklären, wenngleich folgenschwere Wiederbelebungen durchaus nicht auszuschließen sind. Es sind vielmehr herkunftsbezogene Überzeugungen und

Verhaltensweisen der Politiker, der Bürokratie, der Unternehmer und auch ganz allgemein der Bevölkerung, die durch die Geschichte und Kultur ihres Landes mit entsprechenden Strukturen, Institutionen und Normen geprägt werden. Es sind letztlich die Bestandteile, die die Vielfalt Europas ausmachen.
Wenn Bundeskanzler *Kohl* beispielsweise die Europäische Kommission gegenüber dem Vorwurf eines perfektionistischen Zentralismus in Schutz nimmt, indem er darauf hinweist, daß „fast immer nationales Interesse oder aus dem nationalen Interesse kommendes ökonomisch-wirtschaftliches Interesse"[27] dahintersteckt und daß häufig die nationalen Behörden, Landesvertretungen und sogar die parlamentarischen Organe aus partikularen Motiven in Brüssel solche Entscheidungen erwirken[28], so handelt es sich hierbei letztlich um möglicherweise europapolitisch unerwünschte Auswüchse, aber doch um *Erscheinungsformen* gerade dieser europäischen Vielfalt. Die Verursacher derartiger Brüsseler Aktivitäten könnten ja gewohnt und überzeugt sein, daß sie problemnah die besseren Lösungen bewirken, was im übrigen auch eingeräumt wird, wenn in denselben Ausführungen im Hinblick auf das richtig verstandene Subsidiaritätsprinzip die Frage gestellt wird, ob wir „nicht das eine oder andere, das auf die Ebene von Brüssel getragen worden ist, wieder zurückholen müssen"[29]. Gleichermaßen handelt es sich um dieselbe Kategorie *Vielfalt*, wenn zum Beispiel erwähnt wird, daß die Briten unter „Föderalismus" etwas ganz anderes verstehen als die Deutschen oder daß „die romanischen Länder mit ihrer klassischen zentralistischen Tradition"[30] sich schwertun, das Zentrum zugunsten der Regionen zu schwächen und

---

[27] *Kohl, Helmut* (1993): Europa auf dem Weg zur politischen Union, a.a.O., S. 14.

[28] Ebenda

[29] Ebenda, S. 22.

[30] Ebenda

sich dem Zeitgeist der Dezentralisierung aufzuschließen.[31] Tatsächlich setzen sich inzwischen die regionalen Gegenkräfte innerhalb dieser „zentralistischen Tradition“ allmählich durch. So haben beispielsweise in Spanien gegen den erklärten Willen der Regierung die regionalen Autonomien unter Berufung auf das deutsche Beispiel eine dauernde Beteiligung an der spanischen Delegation beim Ministerrat der EU erwirkt.[32]

Solche vielfältigen gesellschaftlichen und politischen Herkunftsprägungen werden sich zweifellos auch bei der praktischen Umsetzung der Maastricht-Verträge auswirken. Sie begründen daher auch die unterschiedlichen Einschätzungen der Risiken beziehungsweise der präventiven Erfolgssicherungen in den zukünftigen Mitgliedsländern der Währungsunion durch die Experten sowie durch die subjektiv oder objektiv unzureichend informierten Bürger. Zur Prognose dienen einerseits die am deutschen Erfolgsmodell orientierten vertraglichen Grundlagen einer *unabhängigen* europäischen Zentralbank und der stabilitätsverpflichteten Geldpolitik sowie die Hoffnungen auf die dauerhafte disziplinierende Wirkung des Stabilitäts- und Wachstumspaktes[33] und auf eine kriteriengerechte Auswahl der Mitgliedsländer, die nachhaltig wirtschaftlich fähig und politisch willens sein werden, die Vertragsbedingungen zu erfüllen. Andererseits beeinflussen Vorgänge die Erwartungshaltungen, die eher die „romanische zentralistische Tradition“ widerspiegeln. Hierzu wäre zu erinnern an die nicht gänzlich abgeschwächten Bemühungen, die Entscheidungen der unabhängigen Europäischen Zentralbank durch die Einrichtung einer „gesamtwirtschaftlich“ verpflichteten Institution oder durch die Wech-

---

[31] *Kohl, Helmut* (1993): Europa auf dem Weg zur politischen Union, a.a.O., S. 22.

[32] Vgl. Un sistema ingobernable, según Matutes, El Pais, No. 7600, 5.3.1998, S. 13.

[33] Vgl. hierzu Deutsche Bundesbank (1997): Informationsbrief zur Europäischen Wirtschafts- und Währungsunion, Nr. 6, S. 3-9.

selkurskompetenz des Ministerrates und gegebenenfalls auch durch die Empfehlungen des informellen Euro-X-Rates politisch zu beeinflussen, zum Beispiel im Dienste „vordringlicher“ beschäftigungspolitischer Ziele.[34]

Es sind gewohnheitsmäßige Grundüberzeugungen[35] und ordnungspolitisch unterschiedliche nationale Prioritäten[36], die hierbei zu Tage treten, ebenso in personifizierter Form, wenn zum Beispiel die französische Regierung den Gouverneur der französischen Notenbank als Kandidaten für die EZB-Präsidentschaft gegen den hochqualifizierten, bereits eingearbeiteten *Wim Duisenberg* ins Spiel bringt und damit auch eine ebensowenig vertrauensfördernde Diskussion über ein vertragswidriges Job-Sharing auslöst.[37]

---

[34] Vgl. hierzu *Jochimsen, Reimut* (1998a): a.a.O., S. 9.

[35] Ebenda

[36] *Issing, Otmar* (1997b): a.a.O., S. 7.

[37] Vgl. hierzu „Als Euroskeptiker falsch etikettiert“, Interview der Süddeutschen Zeitung mit *Otmar Issing* (1998) in: Deutsche Bundesbank: Auszüge aus Presseartikeln, Nr. 15, 2.3.1998, S. 5. *Jochimsen, Reimut* (1998b): Geld- und Währungspolitik am Vorabend der Konvergenzprüfung, in: Deutsche Bundesbank, Auszüge aus Presseartikeln, Nr. 14, 24.2.1998, S. 14 schätzt diesen Vorgang folgendermaßen ein: „Wie weit der nationale Egoismus hier schon reicht, zeigt der bittere, extrem vertrauensschädigende Streit um die Berufung des ersten EZB-Präsidenten für ein zwingend vorgeschriebenes Mandat von acht Jahren, ohne Verlängerungs- und ohne Abkürzungsmöglichkeit, wofür der Präsident des Europäischen Währungsinstituts längst ausersehen ist. Die gefällig praktische Erwägung taktischer Mätzchen, etwa einer Teilung der Amtsperiode, belegt nachdrücklich, daß die hohe Politik ihre Bringschuld, Glaubwürdigkeit und Vertrauen für die neue Währung zu schaffen, bisher sträflich vernachlässigt. Daß der Wortlaut des ja gerade bei der Notenbankverfassung hochgepriesenen Maastrichter Vertrages und seine praktische Durchsetzung in der europäischen Wirklichkeit zweierlei 'Paar Schuh' sein könnten, das erleben wir hier hautnah, und nicht zum letzten Male, wie ich fürchte.“

Es bedarf nicht einer weiteren Vertiefung dieser Andeutungen von nachwirkenden Kräften der Differenzierung und der Gegensätzlichkeit im Verbund der Vielfalt, den Europa darstellt, um sichtbar zu machen, welche Bedeutung für eine so *vertrauensabhängige* politische Entscheidung wie der Einführung einer Einheitswährung besonders die *geistige* Dimension Europas als Medium des Ausgleichs und der Überzeugung für die Sinnhaftigkeit des Projektes hat. Sie ist auch gemeint, wenn beispielsweise Bundesbankpräsident *Tietmeyer* für den Erfolg des Euro, für die Stabilitätsorientierung der künftigen Europäischen Zentralbank, die Unterstützung durch die nationale Politik und gleichermaßen durch die *europäische Öffentlichkeit* hervorhebt und mit der Analyse der Erfolgsbedingungen der Währungsunion die Frage verknüpft: „Oder braucht Europa hierzu nicht ein stärkeres Gefühl einer gemeinsamen Geschichtlichkeit, einer gemeinsamen Zukunft, einer wohlverstandenen Solidarität?“[38]

Europäische *Geschichtlichkeit* bedeutet indessen ausgeprägte Vielfalt. Sie stellt sich dar in der Eigenart der Völker Europas und in der Verschiedenheit ihrer Institutionen, im Anderssein der herkömmlichen Erfahrung der Menschen mit ihren besonderen sozialen, kulturellen und religiösen Bindungen sowie in der geographischen Nähe zahlreicher Staaten mit einem modus vivendi zwischen Partnerschaft und Rivalität, die zu Spannungen führt und häufig in Krieg entartet ist.
Europäische *Solidarität* läßt sich mit *Karl Jaspers*[39] immer noch gültig versinnbildlichen als *„das gemeinschaftliche Bewußtsein*

---

[38] *Tietmeyer, Hans* (1997): Europa auf dem Weg zur gemeinsamen Währung, in: Deutsche Bundesbank, Auszüge aus Presseartikeln, Nr. 63, 28.10.1997, S. 3.

[39] *Karl Jaspers* bezog in die *abendländische* Solidarität – unter dem Eindruck der akuten militärischen Bedrohung – die Vereinigten Staaten von Amerika mit ein: "Politisch liegt der Beginn einer Weltordnung in der verläßlichen Einigung des Abendlandes zur Selbstbehauptung. Europa

der Zusammengehörigkeit in der einen, in manigfaltigen Gestalten erscheinenden europäischen Welt in Jahrtausenden, begründet in der griechischen Antike, der jüdischen Bibel Alten und Neuen Testaments und der römischen Ordnungspraxis, die gemeinsam die christliche Überlieferung und die großartige Entfaltung von Philosophie und Wissenschaft, Kunst und Dichtung, von politischer Freiheit in den neueren Jahrhunderten hervorgebracht haben."[40]

Dieses aus den vielfältigen geistigen Herkünften erwachsende europäische Zugehörigkeitsbewußtsein ist die Grundlage der *Wertegemeinschaft*, als die sich Europa letztlich definieren läßt. Sie verdankt ihren Bestand und ihre Fortentwicklung der fortwährenden *Vielfalt* als Lebenselexier Europas, aus der heraus sich die Unterschiede und Gegensätze zu geistig motivierenden, kreativen Spannungen entwickeln. Auch wenn und weil sich allzu oft die Spannungen aus den Rivalitäten in Kriegshandlungen entladen haben, sind aus diesem europäischen Wertebewußtsein immer wieder Anstrengungen zur Konfliktbereinigung und Entwürfe zur dauerhaften Friedenssicherung entstanden.[41] Einer der bislang erfolgreichsten davon ist in der Europäischen Integration der Nachkriegszeit verwirklicht worden.

---

und Amerika umfassen die Staaten, die sich gegenseitig unbedingten Schutz, wie Eidgenossen, unter Einsatz von Gut und Leben, gewähren müßten, falls ein einziger von ihnen, und sei es nur der kleinste, von außen angegriffen würde." Die Atombombe und die Zukunft des Menschen, München 1958, S. 178.

[40] *Jaspers, Karl* (1958): Die Atombombe und die Zukunft des Menschen, a.a.O., S. 177.

[41] Vgl. hierzu *Raumer, Kurt von* (1953): Ewiger Friede, Friedensrufe und Friedenspläne seit der Renaissance, Freiburg-München.

III. Die christliche Dimension

Der „Vertrag über die Europäische Union“[42] verweist in seiner Präambel erstmals auf das „Subsidiaritätsprinzip“, das im weiteren Integrationsprozeß zur immer engeren *Union* der Völker Europas möglichst *bürgernahe* Entscheidungen gewährleisten solle, ebenso wie in Artikel 3b dieses Vertrages vorgeschrieben wird, daß die Gemeinschaft, wenn ihre Zuständigkeit nicht besonders ausgewiesen ist, nach diesem Prinzip nur tätig werden solle, „sofern und soweit die Ziele der in Betracht gezogenen Maßnahmen auf Ebene der Mitgliedstaaten nicht ausreichend erreicht werden können ...“[43]
Abgesehen davon, daß diese erste Einfügung des Subsidiaritätsprinzips in das europäische Vertragswerk (1992) als Reaktion der Mitgliedstaaten auf die bereits wahrgenommenen und befürchteten Zentralisierungstendenzen der Gemeinschaft – und somit auch als Legitimation jener „Rückholabsichten“ – angesehen werden kann, stellt sie gleichsam eine Spurensicherung *christlichen* europäischen Denkens dar. Denn dieser hier zur Kompetenzbegrenzung der übergeordneten Gemeinschaftsorgane verwendete Begriff entspringt der tief in der Tradition chistlichen Denkens verwurzelten katholischen Soziallehre.[44] Mit dem Rang eines Grundgesetzes der sozialen Zuständigkeitsordnung hat das Subsidiaritätsprinzip die Aussagen von Enzykliken der Päpste geprägt, wie beispielsweise Rerum Novarum

---

[42] Es handelt sich um den am 7. Februar 1992 in Maastricht unterzeichneten und nach dem Ratifizierungsverfahren am 1. November 1993 in Kraft getretenen – in den ursprünglichen EWG-Vertrag eingearbeiteten – Vertrag, veröffentlicht vom Amt für amtliche Veröffentlichungen der Europäischen Gemeinschaften, Luxemburg 1992.

[43] Vertrag über die Europäische Union, a.a.O., S. 13.

[44] Vgl. hierzu *Utz, Arthur-Fridolin* (1953): Das Subsidiaritätsprinzip, Freiburg/Schweiz.

(1891) von *Leo XIII.*[45] und insbesondere Quadragesimo Anno (1931) von *Pius XI.*[46] sowie Mater et Magistra (1961) von *Johannes XXIII.*[47]

Wenn das Subsidiaritätsprinzip, das freilich als Rechtsbegriff nicht besonders konkretisierbar ist, die prioritären Zuständigkeiten – und ebenso die Eigenverantwortung – jeweils der einzelnen Person vor der Familie und ihre vor den übergeordneten Gemeinschaften und vor dem Staat sowie in „Notfällen" die Kompetenzwahrnehmung durch die nächsthöhere Instanz postuliert, so verweist es letztlich auf das vom Christentum geprägte Menschenbild. Subsidiarität entspricht demnach der *Personalität*, der naturgegebenen Würde des einzelnen Menschen als Geschöpf und Ebenbild Gottes und ebenso der sozialen Bedingtheit des Individuums, das wegen seiner wesentlichen Einbindung in die Gesellschaft durch *Solidarität* an der Verwirklichung sozialer Gerechtigkeit beteiligt wird. Eine solche Sicht des Menschen hat entscheidend zur Ausformung des *Bürgerrechts* beziehungsweise der *Menschenrechte* als eine „europäische" Errungenschaft beigetragen, die staatliche Garantie für grundlegende Rechte der Selbstverwirklichung der einzelnen Person postuliert.

Der vielfältige prägende Einfluß des Christentums in der geistig-kulturellen Entwicklung Europas kann hier nur – unangemessen – beispielhaft veranschaulicht werden. Deswegen erscheint es zu diesem Zweck gerechtfertigt, auf die entsprechenden Leistungen

---

[45] Vgl. hierzu die Ausführungen von *Utz, Arthur-Fridolin* (1963) in: Die Friedensanzyklika Papst *Johannes XXIII.*, Pacem in Terris, Freiburg-Basel-Wien (Herder-Bücherei Band 157), S. 24, 37 und 57.

[46] Vgl. hierzu die Ausführungen von *Welty, Eberhard* (1964) in: Die Sozialenzyklika Papst *Johannes XXIII.*, Mater et Magistra, Freiburg-Basel-Wien (Herder Bücherei Band 110), S. 113f.; und *Bless, Josef* (1965): Mater et Magistra, Luzern und Stuttgart, S. 45.

[47] Vgl. hierzu *Bless, Josef* (1965): a.a.O., S. 43f.

von drei Geistesgrößen der christlichen Einflußsphäre hinzuweisen.

So verkörpert der wohl größte unter den christlichen Kirchenvätern, *Augustinus*, geboren 354 in Nordafrika, durch seine Biographie wie durch sein Lebenswerk wesentliche Aspekte der christlichen Dimension Europas. Als gebildeter Afrikaner erlebte er nachdenklich die gesellschaftlichen und politischen Umbrüche seiner Zeit, die Eroberung Roms und den Untergang des „Weltreiches" sowie die Bekehrung Kaiser *Konstantins des Großen* zum Christentum und dessen in der Folge begünstigte Ausbreitung und die Infragestellung durch Irrlehren und Sekten. Er ließ sich in Mailand taufen, wo er die Philosophie *Platos* kennenlernte, verinnerlichte und damit dem christlichen Denken über seine Werke zugänglich machte. Mit ihnen, zum Beispiel mit den „Confessiones" und mit „Civitas Dei", einer Weltgeschichte als Heilsgeschichte, hat er die gesamte „abendländische" Geistesgeschichte und Geschichtsdeutung geprägt.[48] Die Vita des *Augustinus* vermittelt zugleich einen frühen Hinweis auf die Vereinigung des antiken griechisch-philosophischen mit dem römischen-christlichen Denken einerseits und andererseits auf die Universalität des allen Völkern zugänglichen Christentums. Das „christliche Europa" als analoge geographische Projektion ist mithin nicht geeignet für eine scharfkantig abgrenzende Definition, weil diese die identitätsstiftende Gesinnung, das Bekenntnis, außerhalb einer solchen Grenzziehung nicht erfaßt.

Mit ganz ähnlicher Ausstrahlung auf das Denken und Wissen ihrer Zeit haben im 13. Jahrhundert der Schwabe *Albert der Große* und sein italienischer Schüler *Thomas von Aquino* als Kirchenlehrer mit europaweiter Geltung gewirkt. Beide haben abermals der Philosophie der Antike, vor allem derjenigen des

---

[48] Vgl. hierzu das Nachwort von *Balthasar, Hans Urs von* (1955) in: *Augustinus*, Bekenntnisse, Frankfurt-Hamburg (Fischer Bücherei Band 103), S. 214 und 217.

Aristoteles, einen neuen Zugang zur herrschenden Lehre der Scholastik vermittelt, die *Thomas von Aquino* umfassend für seine Zeit und weit darüber hinaus in seiner „Summe der Theologie“[49] als christliches Weltbild dargestellt hat. Als Dominikaner haben beide in den Ordensschulen und als Professoren mit fürwahr europäischem Ansehen ebenso in Paris wie in Köln und Neapel gelehrt und mit ihrer überragenden Gelehrsamkeit zur Vertiefung des christlichen Glaubens und des Wissens beigetragen.

In der herausragenden Stellung dieser gelehrten Theologen als Mittler christlichen Denkens spiegelt sich zugleich ihre und der Kirche Bedeutung für die Wissens- und Wertevermittlung und damit für die Versittlichung ihrer Epoche wieder. Aber nicht nur in der Lehre, sondern auch in der *Organisation* der im Verlaufe des 13. Jahrhunderts entstehenden Universitäten kam – häufig im Wettbewerb mit den weltlichen Gewalten – der Einfluß kirchlicher Würdenträger zur Geltung. Die Päpste fertigten die Gründungsurkunden und Statuten der zum großen Teil aus theologischen Schulen entstandenen Universitäten aus. Bischöfe übten die Gerichtsbarkeit über die Studenten aus und hatten das Examensrecht, während andere Kirchenmitglieder das Amt des Kanzlers innehatten. Auf diese Weise war bei vielen Universitätsgründungen, wie beispielsweise beim zahlreich nachgebildeten Modell der Pariser Universität, gewährleistet, daß auch über den Einfluß auf die Struktur die Rangordnung und die Inhalte der christlichen Lehre gesichert werden konnten.[50] Schon gegen Ende dieses Jahrhunderts waren die nicht sehr zahlreichen Universitäten bereits zur prägenden Kraft für das europäische Kulturleben sowie für die geistlichen und weltlichen Eliten

---

[49] *Aquino, Thomas von* (1934): Summe der Theologie, 3 Bände, Leipzig.

[50] Vgl. hierzu *Verger, Jacques* (1993): Kapitel „Grundlagen“, Die Entstehung der Universitäten, in *Rüegg, Walter* (Hrsg.): Geschichte der Universität in Europa, München, S. 61.

geworden, so daß das von ihnen vermittelte Studium geradezu als die „geistige Gewalt“ des Mittelalters angesehen werden kann.[51]
Die Anziehungskraft hervorragender Gelehrter der Theologie, insbesondere in Paris, und der Rechte, vor allem in Bologna, und der Philosophie (Artes) sowie der Bedarf an Absolventen vornehmlich der Rechte und der Theologie, aber auch zunehmend in den Naturwissenschaften, hat im Heiligen Römischen Reich[52] wegen der einheitlichen Studienbedingungen an diesen Vorbild-Universitäten und an ihren „Nachgründungen“ bereits vom zwölften Jahrhundert an eine europaweite Mobilität der Studenten bewirkt, wie sie gegenwärtig durch die Integrationsprogramme SOCRATES oder ERASMUS der Europäischen Union als erstrebenswertes Ziel angesehen wird. „Der Gebrauch einer gemeinsamen Sprache, des Lateins, ebenso die Einheitlichkeit der Studienprogramme und Prüfungssysteme gaben dem Studenten die Sicherheit, daß er sein Studium von einer Universität zur anderen fortsetzen konnte und daß seine Prüfungen in der ganzen Christenheit anerkannt wurden.“[53]
Die bereits erwähnte Rivalität zwischen der Kirche, dem Papsttum und der weltlichen Macht, dem Kaiser, hatte zwar bereits Jahrhunderte vor der Gründung der Universitäten eine lange Tradition, in der zweiten Hälfte des 12. Jahrhunderts mündete sie indessen in eine für die gesellschaftlich-institutionelle Struktur des künftigen Europas entscheidende Auseinandersetzung zwischen zwei Herrschaftsmechanismen ein: „Auf der einen Seite der sozusagen aus dem Sattel regierende staufische Wanderkönig, auf der anderen der Papst mit seinen administrativen

---

[51] Vgl. hierzu *Verger, Jacques* (1993): a.a.O., S. 64.

[52] Vgl. hierzu *Rüegg, Walter* (1993) (Hrsg.): Geschichte der Universität in Europa, München, insbesondere das Kapitel „Mobilität“ von *Ridder-Symoens, Hilde de*, S. 263.

[53] *Ridder-Symoens, Hilde de* (1993): Kapitel „Mobilität“, in: *Rüegg, Walter* (Hrsg.): a.a.O., S. 274.

und legislativen Möglichkeiten."[54] In der Folge dieses Streites zwischen Kaiser *Friedrich I. Barbarossa*, und Papst *Alexander III.* um die letzte Zuständigkeit, als „Gesalbter des Herrn" beziehungsweise in der Nachfolge Christi für das Heil der Christen mit allen weltlichen und moralischen Vollmachten verantwortlich zu sein, kam eine dauerhafte, durch das Recht begründete und gesicherte Herrschaftsaufteilung zwischen Staat und Kirche zustande. Als Fernwirkung für die europäische Zivilisation hat diese allein unter den Bedingungen des Christentums in Europa entstandene „päpstliche Revolution" eine entscheidende Voraussetzung „für die Zähmung des Staates und damit für die Vielfalt autonomer und an die Herrschaft des Rechts gebundener Staatsgebilde geschaffen."[55] Diese letztlich so im Mittelalter begründete *Vielfalt* auch der andauernden Staatenrivalität hat trotz vieler kriegerischer Zusammenstöße insgesamt verhindern können, daß sich im – christlichen – Europa wie in anderen Teilen der Welt despotische Imperien oder religiös begründete autokratische Herrschaftsstrukturen durchsetzen und entfalten konnten.[56] Vielmehr wurde durch diese Konstellation eines andauernden Wettbewerbs der Staaten und ihrer *Institutionen* die Entwicklung zum demokratischen Rechtsstaat und zur Marktwirtschaft begünstigt.[57]

Die rechtsstaatliche und marktwirtschaftliche Ordnung auch in den säkularisierten Staaten bedarf, indem sie persönliche Freiheit ermöglicht, für deren sinnerfüllte Verwirklichung Orientierungserfahrungen und Werteüberzeugungen. Sie wurden über die

---

[54] *Fuhrmann, Horst* (1996): Überall ist Mittelalter. Von der Gegenwart einer vergangenen Zeit, München, S. 89 und weitere Erläuterungen zum Verlauf des Streites.

[55] *Leipold, Helmut* (1997): Der Zusammenhang zwischen der Entstehung und dem Wettbewerb von Ordnungen, in: *Delhaes, Karl von* und *Fehl, Ulrich* (Hrsg.): Dimensionen des Wettbewerbs, Stuttgart, S. 415.

[56] Vgl. hierzu ebenda, S. 418 ff.

[57] Vgl. hierzu ebenda, S. 420.

Jahrhunderte hinweg durch das Christentum und seine Kirchen vermittelt, so daß man mit *Kirchhof* folgern kann:

„In der Demokratie ist es weniger die staatliche Macht als vielmehr die individuelle Freiheit, die durch Religion begrenzt wird und durch die Auseinandersetzung mit dem Transzendenten ihr Maß findet. Zugleich gibt die ‚Verantwortung vor Gott' dem einzelnen eine innere Unabhängigkeit von den Mächtigen in Staat und Gesellschaft, die der grundrechtlichen Freiheit von Staat ein Fundament schafft und die Perspektiven der Freiheitsbewahrung über das Politische und Wirtschaftliche hinausgreifend weitet."[58]

IV. Die rechtliche Dimension

Schon als Bestandteil der Herkunftsgemeinschaften Europas hat das Recht eine herausragende Bedeutung. Nach einer bereits langen Tradition römischer Rechtspraxis, die bereits ebenso früh wie nachhaltig systematisiert und schriftlich niedergelegt wurde, wie zum Beispiel im „Corpus iuris civilis", hat die europäische Rechtsentwicklung im Mittelalter wegen der lange währenden Positionskämpfe zwischen der geistlichen Gewalt und der weltlichen Gewalt und schließlich auch innerhalb dieser, wesentliche Impulse erhalten. Die Widersacher bedienten sich des Rechts, um jeweils ihre Ansprüche auf Vorherrschaft zu sichern: der Kaiser belebte mit Hilfe der Rechtsgelehrten von Bologna wieder die Tradition des römischen Rechts, der aus der Herrschaftsbefugnis gegebenen Gesetze (lex regia), um mit einem derartig identifizierten „Kaiserrecht" die Machtgrundlagen des Reiches, vor allem die einträglichen Regalien, die Privilegienvergabe und den Einfluß auf die personelle Struktur der Amts-

[58] *Kirchof, Paul* (1997): Das Recht Europas und das der Staaten, in: *Konrad-Adenauer*-Stiftung, Auslandsinformation, Heft 8, S. 25.

kirche, sicherzustellen.[59] Weil aus diesen Gründen ein großes Interesse nicht nur an der Entfaltung solcher niedergeschriebenen Rechtsgrundlagen, sondern auch an der Ausbildung von fähigen „Anwendern" bestand, gewährleistete der Kaiser (*Barbarossa*) sogar durch ein besonderes Gesetz (1155) die Mobilität und den Rechtsschutz der Gelehrten und der Studenten.[60] Mit zunehmender bedarfsbedingter Ausbreitung der Universitäten auch im deutschen Territorium des Heiligen Römischen Reiches erhielten insbesondere die im römischen

---

[59] Vgl. hierzu *Fuhrmann, Horst* (1996): a.a.O., S. 87 f. Auch bereits beim Abschluß des Wormser Konkordats (1122) wurde der Kaiser von einem der führenden Rechtsgelehrten aus Bologna beraten, vgl. hierzu *Zippelius, Reinhold* (1994): Kleine deutsche Verfassungsgeschichte, München, S. 36

[60] Vgl. hierzu Monumenta Germaniae Historica, Tomus X, Pars II., Friderici I. Diplomata, bearbeitet von *Appelt, Heinrich* (1979), Hannover, S. 39 und 40.

Mit seinem Bedauern über die Vergänglichkeit einer derartigen obrigkeitlichen Anerkennung der Tätigkeit von Wissenschaftlern ruft der Verfasser dieses Beitrags (R.B.) die folgende Textstelle aus diesem Gesetz, die er Herrn *Dr. Hermann-Josef Scheidgen* verdankt, in Erinnerung:

„*... wir gewährten dieses Benefizium unserer Frömmigkeit allen Scholaren, die wegen der Studien umherreisen, und besonders den Professoren der göttlichen und heiligen Gesetze, daß sowohl sie selbst als auch ihre Boten sicher zu den Orten kommen, in denen die Studien ausgeübt werden, und dort sicher wohnen. Wir halten es für würdig, daß die, die Gutes tun, unser Lob und Schutz verdienen, daß wir also alle diejenigen, durch deren Wissenschaft die Welt erleuchtet und deren Leben der Unterwürfigkeit zugeordnet ist, um Gott zu gehorchen, und uns, seine Diener, mit einer besonderen Liebe vor jedem Unrecht verteidigen. Wer erbarmt sich ihrer nicht? Aus Liebe zur Wissenschaft wurden sie als Reiche zu Armen und entblößen sich selbst. Ihr Leben setzen sie allen Gefahren aus, und sie erleiden ohne Grund oft von minderwertigen Menschen körperliche Ungerechtigkeiten, was schwer zu ertragen ist. Mit diesem allgemeinen und ewig geltenden Gesetz setzen wir fest, daß sich in Zukunft kein so Kühner findet, der sich anmaßt, den Scholaren irgendein Unrecht anzutun, und ihnen nicht wegen einer Schuld in einer anderen Provinz irgendeinen Schaden zufügt ...*"

Recht und zunehmend auch in der Kameralistik Ausgebildeten eine Anstellung als Beamte bei den Landesherren vor allem für die Auseinandersetzung mit den Ständen. In den freien Reichsstädten wurden sie gebraucht, um die Selbstverwaltungsrechte, die eigene Gerichtsbarkeit, auszuüben.[61]
Anderseits entwickelten und systematisierten auch die Päpste zur Untermauerung ihrer Suprematie und der Zentralisierung der Kirchenorganisation das kanonische Recht, das sie in Rechtssammlungen kodifizieren ließen, so zum Beispiel im „Decretium Gratiani“ (1140). Die Instrumentalisierung des Rechts zur Machtsicherung in der für die staats-rechtliche Entwicklung Europas so folgenreichen Auseinandersetzung zwischen Papst und Kaiser läßt sich allein schon an einem einzelnen Satz dieser Kodifikation veranschaulichen: Als im Jahre 496 der Papst dem römischen Kaiser schrieb „Der Kaiser ist der Sohn der Kirche, nicht ihr Vorsteher“, wollte er diesen, ohne seinen Weltherrschaftsanspruch in Frage zu stellen, veranlassen, die innerkirchliche Autonomie der Kirche anzuerkennen.[62]
In der erbitterten Auseinandersetzung im 12. Jahrhundert wurde der Normzweck desselben Rechtssatzes indessen genau zur Begründung der Suprematie des Papstes auch in weltlichen Angelegenheiten gewendet.[63] Läßt man von hier aus die Einzelheiten der erfolgreichen prägenden Ausbreitung römischen Rechts- und Ordnungsdenkens in den nachfolgenden Jahrhunderten der wechselhaften Geschichte des Entstehens und des Untergangs von europäischen Staaten außer Betracht, um eine auch an diesem Beispiel bestätigte Erfahrung für die gegenwärtigen verfassungs-rechtlichen Probleme der europäischen Integration bereits geltend zu machen, so könnte man wohl folgende

---

[61] Vgl. hierzu *Zippelius, Reinhold* (1994): a.a.O., S. 70 ff.

[62] Vgl. hierzu *Rüthers, Bernd* (1995): Sprache und Recht, in: Veröffentlichungen der *Hanns Martin Schleyer*-Stiftung, Band 44, S. 59.

[63] Vgl. ebenda

Projektion vornehmen: Wenn also die zentralen Ordnungsbegriffe einer Rechtsordnung wechselnde Bedeutungsinhalte erhalten können, je nachdem welcher gesellschaftliche oder politische Zeithorizont unter bestimmten Machtverhältnissen maßgeblich ist[64], dann wird auch der Bedeutungsinhalt von Normen des EU-Vertrages, beispielsweise zur Sicherung der Stabilität und der Unabhängigkeit der Europäischen Zentralbank in der Währungsunion wandelbar sein – sofern sich dafür eine Machtkoalition unter den Mitgliedern ungestraft durch eine uninformierte Öffentlichkeit einsetzen würde. Gerade der notwendige Verzicht auf währungs- und geldpolitische Kompetenzen greift in die Substanz bisher immer noch sorgsam gehüteter Macht- und Symbolattribute der Souveränität ein. Deswegen bezeichnet auch im Rückblick auf die bisherigen europäischen Integrationsbestrebungen und auf das Ausmaß ihrer tatsächlichen Verwirklichung der Eintritt in die Währungsunion das Überschreiten einer Hemmschwelle, die bis heute den Fortschritt zu einer Verfassung der politischen Union verhindert hat.[65] Der Europäische Gerichtshof betrachtet in seiner Recht-

---

[64] *Rüthers* hebt diese „uralte Erfahrung" hervor. Vgl. *Rüthers, Bernd* (1995): a.a.O., S. 59.

[65] Seit Beginn der europäischen Integration wurden zahlreiche inoffizielle und offizielle – zunächst bundesstaatlich orientierte – Verfassungsentwürfe erstellt, die nicht über das Diskussionsstadium hinaus gelangt sind, zum Beispiel der Straßburger Entwurf einer Europäischen Bundesverfassung von Mitgliedern der Beratenden Versammlung des Europarates (Mai 1951), der von der Gemeinsamen Versammlung der EGKS im März 1953 vorgelegte Vertragsentwurf für eine Europäische Politische Gemeinschaft (EPG). Zu erwähnen sind auch die nicht umgesetzten Vorschläge des *Fouchet*-Planes von 1962, des *Davignon*-Berichts von 1970 sowie des *Tindemans*-Berichts über die Europäische Union. Auch der für eine Verfassung der EU vom Ausschuß für institutionelle Angelegenheiten (*Herman*-Bericht) 1994 ausgearbeitete Entwurf wurde vom Europäischen Parlament nicht angenommen. Vgl. zu dieser Problematik auch „Wie

sprechung den EWG-Vertrag zwar als das „Verfassungsdokument" der Gemeinschaft und ist an der Weiterentwicklung der Rechtsgrundlagen der Europäischen Union zweifellos maßgeblich beteiligt, aber nach der Auffassung des Bundesverfassungsgerichts hätten Rechtsakte der europäischen Einrichtungen und Organe mit einer extensiven, die eingeräumten Hoheitsrechte überschreitenden Auslegung von Befugnisnormen „für Deutschland keine Bindungswirkung"[66]. Die Weiterentwicklung des Gemeinschaftsrechts – und vor allem neues mit Verfassungscharakter, das ja einer Vertragsänderung gleichkäme – entzieht sich also nicht der Überprüfung durch das Bundesverfassungsgericht, ob die Gewährleistungen des Grundgesetzes berührt und die bestehenden Handlungsermächtigungen überschritten worden sind.[67]

Eine Erklärung für diese Rechtsauffassung und zugleich für die Problematik einer Europäischen Verfassung vermitteln die folgenden Leitsätze dieses Urteils: *„Der Unions-Vertrag begründet einen Staatenverbund zur Verwirklichung einer immer engeren Union der – staatlich organisierten – Völker Europas (Art. 1 EUV), keinen sich auf ein europäisches Staatsvolk stützenden Staat."*[68]

Weil die Legitimationsfunktion eines europäischen Staatsvolkes nicht gegeben ist, wird gefolgert: „*Vermitteln – wie gegenwärtig – die Staatsvölker über die nationalen Parlamente demokratische Legitimation, sind der Ausdehnung der Aufgaben und Befugnisse der Europäischen Gemeinschaften vom demokra-*

Europa verfaßt sein soll – Vorschläge zur institutionellen Weiterentwicklung der Europäischen Gemeinschaft", Gütersloh 1990.

66 Urteil des Bundesverfassungsgerichts zum Vertrag über die Europäische Union und seine Vereinbarkeit mit dem Grundgesetz vom 12.10.1993, Leitsätze, in: Staatsrecht der Bundesrepublik Deutschland, Bonn 1995, S. 328.

67 Ebenda

68 Ebenda

tischen Prinzip her Grenzen gesetzt. Dem Deutschen Bundestag müssen Aufgaben und Befugnisse von substanziellem Gewicht verbleiben.“[69]

Dieses Bewußtsein von der nationalen Legitimität der Macht und die damit verbundene Abneigung, immer weitere Kontroll- und Entscheidungskompetenzen abzugeben, sind auch in den anderen Mitgliedsländern der Europäischen Union, teilweise noch stärker, ausgeprägt. Zudem weisen sie historisch bedingte unterschiedliche Staatsverfassungen auf: 7 von ihnen sind Monarchien, 8 Republiken; 10 haben eine zentralistische, 3 eine föderalistische Staatsstruktur und 2 regionale Autonomien. Großbritannien hat keine geschriebene Verfassung, Finnland und Schweden eine „Regierungsform“[70] Auch diese Vielfalt weist ihrerseits wieder anschaulich auf die Verästelungen der unterschiedlichen europäischen Rechtstraditionen zurück. Sie wurden zum größten Teil durch die Fortentwicklung der „verrechtlichen“ Auseinandersetzung zwischen den weltlichen und den geistlichen Mächten und durch die dadurch ausgelösten Emanzipationsprozesse beeinflußt. Während die schwindende Macht der Kaiser und die Reformation in Deutschland eine zunehmende Zersplitterung der territorialen Herrschaft und der geistlichen Autoritäten mit einem immer neuen Bedarf an friedenstiftenden Rechtsregelungen bewirkte, bahnten sich in Frankreich und in England nationalstaatliche zentralistische Entwicklungen an.

Unter dem Einfluß der „Legisten“, die sich ebenfalls auf das römische Recht stützten und das französische Rechtswesen einschließlich seiner gewohnheitsrechtlichen Gepflogenheiten

---

[69] Urteil des Bundesverfassungsgerichts zum Vertrag über die Europäische Union und seine Vereinbarkeit mit dem Grundgesetz vom 12. 10. 1993, a.a.O: S. 327.

[70] Vgl. hierzu *Mayer-Tasch, Peter Cornelius* (Hrsg.) (1966): Die Verfassungen Europas, Stuttgart.

durch schriftliche Niederlegung systematisierten, rationalisierten und dem römischen Kaiserrecht entsprechend dem französischen König die letzte, nur Gott gegenüber verantwortete, Rechtssetzungskompetenz zuwiesen, wurde eine doppelte Verselbständigungstendenz verstärkt: gegenüber dem geschwächten Papsttum und dem Kaiser, dessen Machtschwund sich mit zunehmender Stärkung der Territorialherrschaften verstetigte. *Philipp der Schöne* drängte gewaltsam und endgültig den Suprematieanspruch von Papst *Bonifaz VIII.* zurück und brachte seinerseits dessen Nachfolger, *Clemens V.*, durch dessen Residenz in Avignon veranschaulicht, unter seinen Einfluß.[71]
Die von den Rechtsgelehrten der Universität von Paris in Denkschriften von 1394 und 1407 begründete und vom französischen König 1438 gesetzlich sanktionierte Unabhängigkeit von Papst und Kaiser bahnten im Rechtsdenken Frankreichs eine Entwicklung an, die schließlich in die Lehre *Jean Bodins* von der *Souveränität* einmündete.[72] Aus der Erfahrung seiner Zeit, der beständigen Auseinandersetzung mit der Kirche – und mit den Folgen der aufreibenden Religionskriege –, mit dem Reich und den Feudalherren gab er 1576 mit diesem Begriff[73], der mit der römischen res publica und der griechischen polis als Gemeinwesen eng verbunden ist, für Europa räumlich und zeitlich weitreichende Impulse zur Definition der originären nationalen Staatsmacht, der absoluten und ständigen Gewalt des Herrschers. In der Mitte des nächsten Jahrhunderts belebte *Thomas Hobbes* in England mit einer neuen nationalen Definition des Begriffs Souveränität insbesondere in seinem Buch „Leviathan“ die wissenschaftlich-staatsrechtliche und die politische Diskussion er-

---

[71] Vgl. hierzu *Zippelius, Reinhold* (1994): a.a.O., S. 78.

[72] Vgl. hierzu ebenda

[73] *Bodin, Jean* (1981): Sechs Bücher über den Staat, herausgegeben von *Mayer-Tasch, Peter Cornelius*, München.

neut.[74] Er sieht das befriedete Gemeinwesen durch einen vernunftmäßigen Totalverzicht der sich im – fiktiven – Naturzustand bedrohenden, schutzlos vereinzelten Menschen entstehen, indem sie zur Überwindung dieser Bedrohung vertraglich der physischen Gewaltenwendung entsagen und den so entmachteten Einzelwillen auf den „Souverän" übertragen, der fortan zur Ausübung des Gesamtwillens mit der totalen Gesetzgebungsgewalt ausgestattet ist.

Der Begriff der Souveränität hat sich längst von seinem zeitgeschichtlichen Hintergrund gelöst. Er ist jedoch ein Leitfossil europäischen Rechtsdenkens und der Staatsphilosophie geblieben, das gleichermaßen wegen seines nationalstaatlichen Profils wie auch wegen seiner Inkongruenz mit dem rechtsstaatlichen Legitimitätsprinzip und dem tatsächlichen Ausmaß internationaler Integration der Staaten fortwährend zur Neuinterpretation oder zur Umformung herausfordert. Auch der an der „politischen Klarsichtigkeit der Nationalismen"[75] gescheiterte Versuch, das Prinzip der „Supranationalität" zur Problemlösung in die europäische Integration einzuführen, offenbarte alsbald seine prinzipielle Schwäche: „Das Auftreten der ‚supranationalen' Gemeinschaften läßt viele Probleme entstehen, ohne jedoch auch nur ein einziges zu lösen. Während das ‚funktionelle Europa' gedeiht, bleibt der politische ‚Sprung' noch immer zu tun"[76] – denn „das ‚Supranationale' streift die Souveränitäten, ohne sie zu vereinigen."[77]

Die Auswirkungen jener – und zahlreicher anderer hier nicht erwähnter – Traditionslinien des Rechtsdenkens, wie beispielsweise über die Souveränität, reichen jeweils mit ihrer in den einzelnen Mitgliedstaaten heterogenen Ausprägung in die

[74] *Hobbes, Thomas* (1965): Leviathan, herausgegeben von *Mayer-Tasch, Peter Cornelius*, Reinbek.

[75] *Rosenstiel, Francis* (1964): Supranationalität, Köln-Berlin, S. 142.

[76] Ebenda

[77] Ebenda

Gegenwart der europäischen Integrationspolitik hinein. So bringt sich der Einfluß *Jean-Jacques Rousseaus* ähnlich wie der *Jean Bodins* in Frankreich in Erinnerung, wenn seine Regierungsvertreter mit der Bevorzugung „einer dominanten politischen Präferenz“[78] in der rein wirtschaftlichen Regelungsmaterie durch ordnungspolitische Unverträglichkeiten der europäischen Integration wiederholt Beschränkungen auferlegen. Sie lassen sich am Beispiel des Widerstandes gegen Mehrheitsentscheidungen im Ministerrat bei „lebenswichtigen Staatsinteressen“ ebenso veranschaulichen wie durch die beabsichtigte Institutionalisierung von politischen Entscheidungseinflüssen auf die Europäische Zentralbank oder im Bereich des europäischen Wettbewerbssystems, wenn nach dem französischen Selbstverständnis des „Service Public“ staatlich-monopolistischen Leistungen der „Daseinsvorsorge“ vor unternehmerischer Betätigung der Vorzug gewährt wird.[79] Solche und andere Tendenzen, wieder die Souveränität der Mitgliedstaaten zu stärken, wie sie auch im Vertrag von Maastricht als „Einerseits-Andererseits-Formulierungen“[80] sichtbar werden, schwächen indessen die Funktionsbedingungen „einer offenen Marktwirtschaft mit freiem Wett-

[78] *Mestmäcker, Ernst-Joachim* (1997): Risse im europäischen Contrat Social. In: Veröffentlichungen der *Hanns Martin Schleyer*-Stiftung, Band 48, Köln, S. 60.

[79] Ebenda, S. 60 f. Nicht nur in der Wirtschaft, sondern auch im Alltag der Franzosen ist der „service public“, der öffentliche Dienst, mit einer deutlich höheren Zahl von Beamten als in anderen Mitgliedsländern vorherrschend. „Das Monstrum mit dem Wasserkopf Paris ist ein Feind, den man gerne bei jeder sich bietenden Gelegenheit austrickst. Gleichzeitig konzentrieren sich die politischen wie sozialen Heilserwartungen noch immer auf den Staat, von dem die Bürger die Absicherung ihres Wohlstandes erwarten.“ *Altweg, Jürg*: Freundliche Übergabe, in: Frankfurter Allgemeine Zeitung, Nr. 93 vom 22. 04. 97, S. 37.

[80] Ebenda, S. 61.

bewerb“, worauf gerade dieser Vertrag die Gemeinschaft verpflichtet.[81]

Ebenso kommt der nachhaltige Einfluß der Denktradition von *Thomas Hobbes* und seiner Anhänger zum Vorschein, wenn die Regierungsvertreter Großbritanniens in den Organen der Europäischen Union gleichermaßen Mehrheitsentscheidungen vorzugsweise in „technischen“ Fragen und nur, sofern die „Souveränität“ der Mitgliedsländer nicht substanziell berührt wird, zulassen wollen. Desgleichen spricht aus der Abneigung der Briten gegenüber einer Europäischen Verfassung und auch gegenüber einer „unkontrollierten“ Rechtsetzungskompetenz des Europäischen Gerichtshofes sowie überhaupt gegenüber der unmittelbaren Anwendbarkeit von Normen des Gemeinschaftsrechts[82] ihre eigene Rechtskultur. Maßstab dafür sind die Souveränität des britischen Parlaments mit seinem Gesetzgebungsmonopol[83] und damit auch die Legitimität der politischen Macht des Nationalstaats. Der erste Präsident der Europäischen Kommission, *Walter Hallstein*, charakterisierte diese Souveränität: *„Sie lebt heute als hemmende Kraft in der Gemeinschaft nirgendwo kräftiger als im Parlament von Westminster. Mit einer geradezu elementaren Wucht brach sie sich Bahn, als es galt, dem Beitritt zur Gemeinschaft durch Ratifizierung Geltung zu verleihen.“*[84]
Mit der Feststellung „Die Union achtet die nationale Identität ihrer Mitgliedstaaten“[85] trägt der Maastricht-Vertrag auch diesen Eigenarten und der Vielfalt der einzelstaatlichen Rechtsüberlieferungen als „Entstehens- und Erkenntnisquelle gemeinsamer

---

[81] Art. 3a Abs. 1 des EG-Vertrages.

[82] Vgl. *Mestmäcker, Ernst-Joachim* (1997): a.a.O., S. 62.

[83] Ebenda

[84] *Hallstein, Walter* (1979): Die Europäische Gemeinschaft, 5. Auflage, Düsseldorf-Wien, S. 50.

[85] EU-Vertrag Art. F. Abs. 1.

Verfassungspraxis"[86] Rechnung.[87] Die europäische Integration stellt so eine beständige Herausforderung dar, „aus der Eigenständigkeit der europäischen Verfassungsstaaten die europäische Verfassungskultur neu zu entfalten."[88] Für deren Wirksamkeit gilt sicherlich, was *Karl Carstens* formuliert hat:

„Je mehr das europäische Recht die allgemeine geistige Tradition und die grundlegenden Ideen der Freiheit, der Würde des Individuums und der Gerechtigkeit widerspiegeln wird, die den europäischen Völkern gemeinsam sind, desto mehr werden es die Bewohner dieses Kontinents akzeptieren und respektieren."[89]

Die Gründungsverträge von Paris und Rom, die Ergänzungen und Veränderungen im Gefolge der bisher erfolgten Erweiterungen, die Einheitliche Europäische Akte (1987), der Vertrag von Maastricht (1992), der Vertrag von Amsterdam (1997) und die zahlreichen Zusatzvereinbarungen haben inzwischen ein schwer überschaubares Gemenge von Institutionen, Zuständigkeiten und Verfahrensregeln entstehen lassen, das eine beständige Herausforderung an die Politiker der „Rechtsgemeinschaft" darstellt. Wenn bisher ein Modus vivendi mit der unzureichenden demokratischen Legitimation – politisch – noch erträglich und die komplizierten Entscheidungsprozesse einigermaßen wirksam waren, so wird diese Genügsamkeit der Politiker nicht erst mit der Osterweiterung, sondern auch schon mit dem Funktionsbeginn der Europäischen Währungsunion vollends unverträglich. Der Europäischen Union wird zwar eine politische Finalität bei-

---

86 *Kirchhof, Paul* (1997): a.a.O., S. 19.

87 Art. F Abs. 2 des EU-Vertrages verweist auf die „gemeinsamen Verfassungsüberlieferungen der Mitgliedstaaten als allgemeine Grundsätze des Gemeinschaftsrechts."

88 *Kirchhof, Paul* (1997): a.a.O., S. 15.

89 *Carstens, Karl* (1988): Integratoren im Prozeß der europäischen Einigung, in: *Biskup, Reinhold* (Hrsg.): Europa – Einheit in der Vielfalt, Bern - Stuttgart, S. 44.

gemessen, eine eigene Rechtspersönlichkeit hat sie jedoch bisher nicht. Diese ist nach wie vor nur auf die drei ursprünglichen Gründungsverträge einschließlich der in die EG-Regelungsmaterie einbezogenen Europäischen Währungsunion beschränkt. Weil diese nunmehr in das Zentrum sensibler Kompetenzbereiche staatlicher Macht eindringt, wird – allein schon zur Effizienzsicherung – eine Reform der Rechtsgrundlagen unabdingbar. Wie und ob überhaupt sie Verfassungsrang erhalten wird, hängt von der Handlungsfähigkeit der Politiker ab. Der Widerspruch zwischen dem Möglichen und dem Wünschenswerten wird sich nicht weiter dadurch aufheben lassen, daß von ihnen das Verfassungsproblem mit theologischer Weisheit als bloße Ankündigung von „etwas ganz anderem" als dem Herkömmlichen transzendiert wird. Auch für diese Problemlösung läßt sich die Zukunft Europas nicht von seiner Vergangenheit befreien.

IV. Die wirtschaftliche Dimension

Auch das Nachdenken über den Sinn und die Zweckmäßigkeit des Wirtschaftens hat in Europa eine lange Tradition, die hier der Textbeschränkung wegen nur angedeutet werden kann. Die ältesten Prägungen lassen sich zugleich als Nachweis für den nachhaltigen übergreifenden Einfluß einzelner Faktoren der christlichen und der rechtlichen Dimensionen abermals auf Philosophen der griechischen Antike und auf die Kirchenväter bis zur Scholastik zurückverfolgen.[90] Sie haben sich vornehmlich aus ihrer fachlichen Perspektive zeitbezogenen Problemen zugewandt und dabei beiläufig oder kontrovers auch zu wirtschaftlichen Sach-

---

[90] Vgl. hierzu *Starbatty, Joachim* (Hrsg.) (1989): Klassiker des ökonomischen Denkens, 2 Bände, München, insbesondere die Einführung zu Band 1, Von *Platon* bis *John Stuart Mill*, S. 9 ff.

verhalten Stellung genommen.[91] Ein Beispiel für die Nachhaltigkeit derartiger „ökonomischer" Erkenntnisfindung ist die von *Aristoteles* ausgehende, von den Scholastikern kanonisierte „Stigmatisierung des Zinses" dessen konservierter „moralischer Schatten" ihn „offenbar zu allen Zeiten anfällig für ideologisch motivierte Eingriffe"[92] gemacht hat.

Nach den Rezepturen des „Merkantilismus" für die Wohlstandsmehrung der absolutistischen Herrscher begann die eigentliche systematische Auseinandersetzung mit volkswirtschaftlichen Abläufen durch die „Physiokraten" im 18. Jahrhundert und besonders wirkungsvoll durch die „englische Klassik". An ihr „haben sich alle nachfolgenden Ökonomen gerieben oder sie haben sich von ihr inspirieren lassen"[93]. Mit zunehmender Bedeutung der Wirtschaft auch in ihren internationalen Zusammenhängen nahmen auch die in Europa entstandenen wirtschaftswissenschaftlichen Lehrmeinungen, Schulen und Theorien entsprechend zu. Als Geschöpfe des Denkens spiegeln auch sie Eigenarten europäischen Geistes wider: nicht nur die Vielfalt, sondern auch die Widersprüche und die Gegensätze, wie sie sich beispielsweise in *Adam Smith* und *Karl Marx* personifizieren sowie in dem Leistungsvermögen der marktwirtschaftlichen Wirtschaftsordnung und in den Verheißungen der wirtschaftlichen Varianten sozialistischer zentralgeleiteter Ordnungsvorstellungen wahrnehmen lassen.

Auch diese Art wissenschaftlicher Erkenntnisse gehören „zu den universalisierbaren Gehalten europäischer Kultur, die in Europa entstanden sind, aber sich nicht an die räumlichen Grenzen

---

[91] Vgl. hierzu die anschauliche Darstellung „Die Lehre vom Haus und das Haus der Gelehrten" von *Horst Fuhrmann* (1996): a.a.O., S. 40-47.

[92] *Issing, Otmar* (1996): Vom Stigma befreit? Zur Rolle des Zinses in der modernen Wirtschaft, in: Geld, Musik, Mythos, Macht, herausgegeben von der Konferenz der deutschen Akademien der Wissenschaften, Mainz, S. 41 und 31.

[93] *Starbatty, Joachim* (1989), a.a.O., S. 12.

Europas binden ließen."[94] So sind besonders in diesem Bereich ebenso wie im technischen Wissenschaftler und Ideen aus Europa „ausgewandert“ und haben dazu beigetragen, in anderen Ländern den Fortschritt zu entfalten, währenddessen die traditionelle Monopolstellung Europas in der Wissenschaft und in der Technik verlorenging. Von dem Aufstieg der USA zur ersten Wirtschaftsmacht der Welt wird dementsprechend unangemessen häufig auch auf eine vollständige Überlegenheit in den Wirtschaftswissenschaften geschlossen, so wie manche Politiker und Politikwissenschaftler wegen der konsequenten Entwicklung von ehedem in Europa entwickelten Prinzipien der Demokratie die USA für das bessere Europa halten.

Es mutet wie eine ironische Bestätigung solcher Universalisierung durch die Geschichte an, daß die rechtliche Grundlage für die Realisierung zumindest eines methodischen Konzeptes der europäischen Integration der Nachkriegszeit, nämlich der Freihandelszone – aber wohl auch der Zollunion – orientiert war an außereuropäischen Anwendungsfällen. Was auf diese Weise international genehmigt wurde, hatte tatsächlich in der Wirtschaftsgeschichte Europas bereits zahlreiche Vorläufer. Das General Agreement on Tarifs and Trade (GATT), in das während der Konferenz von Havanna (1947/48) der Begriff Freihandelszone neben dem der Zollunion als Ausnahmeregelung für die Bildung regionaler Präferenzabkommen in Artikel XXIV eingefügt wurde,[95] hatte als Orientierungsmodell die weltwirtschaftlich völlig unbedeutende Freihandelszone zwischen dem damals noch bestehenden Palästina und Transjordanien sowie die Zollunion zwischen Syrien und Libanon zum Vorbild.[96]

---

[94] *Lübbe, Hermann* (1994): a.a.O., S. 113.

[95] Vgl. hierzu *Hesberg, Walter* (1969): Die Freihandelszone als Mittel der Integrationspolitik, Frankfurt, S. 12.

[96] Ebenda, S. 13.

Wegen der territorialen Zersplitterung der Wirtschaftsräume in Deutschland ist es zu erklären, daß hier die ersten Ansätze für das Zustandekommen von Zollpräferenzabkommen feststellbar sind, und zwar beginnend mit der Verkündigung des preußischen Zollgesetzes von 1818 und mit der damit verbundenen Bereitschaft Preußens zu Freihandelszonenbesprechungen.[97] Aus den sich daran anschließenden zunächst rivalisierenden Zollunionsformationen von Bayern und Württemberg sowie von Preußen und Hessen-Darmstadt ist schließlich durch den Vertrag vom 22. März 1833 der Deutsche Zollverein entstanden[98], dem sich zunehmend auch solche Länder anschlossen, die noch 1828 als Dokumentation der Eigenständigkeit gegenüber jenen Zollunionen einen Vertrag über den mitteldeutschen Handelsverein geschlossen hatten.[99] Nachdem auch Baden und Hannover sowie kleinere Territorien sich angeschlossen hatten und Österreich vergeblich versucht hatte, beizutreten und 1863 durch den Plan einer gesamtdeutschen Zollvereinigung die Vorherrschaft Preußens einzuschränken, wurde 1864 von den bisherigen Mitgliedern die Vertragsgrundlage für den Deutschen Zollverein erneuert.[100] Er wurde nach der Gründung des Norddeutschen Bundes 1867 abermals vertraglich neu gestaltet, und als dieser zum Deutschen Reich unter der Ägide *Bismarcks* erweitert wurde, übernahm dieses seine Funktionen.[101]
Als weitere Beispiele europäischer Originalität bei der Schaffung von regionalen Präferenzzonen seien die schwedisch-norwegische Freihandelszone von 1874 und der wegen des Widerstandes Österreichs nicht angewendete Vertrag von 1905 über die

---

[97] Vgl. *Hesberg, Walter* (1969): a.a.O., S. 20 f.
[98] Ebenda, S. 35.
[99] Vgl. ebenda, S. 28 f.
[100] Vgl. hierzu *Zippelius, Reinhold* (1994): a.a.O., S. 114 f.
[101] Vgl. hierzu ebenda, S. 115.

Bildung einer serbisch-bulgarischen Freihandelszone wenigstens noch erwähnt.[102]

Dieser kurze Rückblick auf die Vorläufer wirtschaftlicher Integrationsformen im Zentrum Europas erscheint zweckmäßig, weil in einer entscheidenden Phase der konzeptionellen Ausgestaltung der europäischen Integration nach 1945 historische Parallelen insbesondere zur Begründung der politischen Finalität konstruiert wurden. Ein an der Gestaltung der wirtschaftlichen Integration Europas maßgeblich beteiligter Zeitzeuge, Staatsekretär *Alfred Müller-Armack*, hat schon früh auf die fehlende politische Komponente der für den weiteren Integrationsverlauf wegweisenden Beschlüsse von Messina (Juni 1955) hingewiesen.[103] Damals (1957) hat er – mit fortdauernder Gütigkeit, wenn man an die gleichartigen Erwartungen denkt, die an das Zustandekommen der Europäischen Währungsunion geknüpft werden – vor dem Irrglauben der Politiker gewarnt, daß sich über den Umweg einer nur ökonomischen Integration die politische bewirken und sich als Hoffnungsspender dafür der Rückgriff auf die geschichtlichen Vorgänge in Deutschland eigne:[104]
„Eine nicht ungefährliche Rolle spielte bei diesen Erörterungen die Analogie mit der Gründung des Deutschen Zollvereins von 1833, von dem gesagt wird, daß er die damals nicht erreichbare politische Einigung nach sich gezogen habe. Ganz abgesehen davon, daß damals die politische Einheit der Deutschen zum mindesten noch ein lebendiges Erbe der deutschen Geschichte war, bedurfte es zur Herbeiführung der Einheit sehr eindeutiger politischer Aktionen, die mit dem Namen Bismarck verbunden sind, so daß wir die Fähigkeit einer Zollunion, aus sich heraus

---

[102] Vgl. hierzu *Hesberg, Walter* (1969): a.a.O., S. 40 f. und S. 52 f.

[103] Vgl. *Müller-Armack, Alfred* (1957): Fragen der europäischen Integration, in: Wirtschaftsfragen der freien Welt, herausgegeben von *Beckerath, Erwin von, Meyer, Fritz W., Müller-Armack, A.,* Frankfurt, S. 533.

[104] Ebenda

politische Einheit zu produzieren, wenigstens in diesem Falle als eine geschichtliche Legende ansehen müssen."[105]
Ein weiteres Monitum von ihm, das er mit der Ablehnung des Vorschlags der deutschen Verhandlungsdelegation in Messina, eine Europäische Universität zu gründen, verband, veranschaulicht, wie sehr seither trotz besserer Einsichten in die Notwendigkeit einer umfassenderen Konzeption die europäische Integration pragmatisch auf das Wirtschaftliche konzentriert blieb: „*Aber man verkennt die Reichweite der europäischen Aufgabe, wenn man am Geistigen vorübergeht. Man braucht keiner abendländischen Mystik zu huldigen, sondern kann dieses Anliegen aus der nüchternen realen Situation unseres heutigen Lebens sehen. Wenn man jedoch die europäische Integration als Gesamtaufgabe begreifen will, die ohne eine Resonanz in der Öffentlichkeit nicht zu denken ist, sollte man hier mehr tun als bisher geschehen ist. Europa kann nicht von Experten allein geschaffen werden. Es bedarf des freudigen Mitgehens der öffentlichen Meinung und insbesondere der Jugend.*"[106]
Die Tatsache, daß nach mehr als 40 Jahren die Diskussion um die Bildung der Europäischen Währungsunion, vor allem die weitgehend uninformierte, abweisende öffentliche Meinung eine solche Mahnung wieder aktuell werden läßt, vergegenwärtigt ein fortbestehendes Defizit der Integration Europas, das wohl immer weniger allein oder überwiegend durch wirtschaftliche Integrationsfortschritte kompensiert werden kann, zumal diese mit der Währungsunion an die Grenze ihres „Selbstlaufs" geraten sind. Die fortwährende politische Instrumentalisierung der wirtschaftlichen Integration Europas hat einerseits feststellbar die mit ihr verknüpften sachfremden Erwartungen einer Ersatzleistung für die eigentliche Europa*politik* nicht erfüllen können. Eine Zwangsläufigkeit fortschrittsbegründender Entscheidungen und

[105] Vgl. *Müller-Armack, Alfred* (1957): a.a.O. S. 534.
[106] Ebenda, S. 535.

Entwicklungen im politischen Bereich hat sich aus den wirtschaftlichen Integrationsabläufen heraus nicht ergeben. Im Gegenteil, wenn die flankierende Unterstützung durch die Politiker ausblieb, stagnierte der Integrationsprozeß oder geriet gar in eine Krise – wie zum Beispiel 1965 durch die Weigerung Frankreichs unter *de Gaulle*, an den Entscheidungen des Ministerrats mitzuwirken. Anlaß für diese Krise waren fürwahr nicht ökonomische Sachverhalte, obwohl die Finanzierung der Agrarpolitik und die finanziellen Eigenmittel der Europäischen Gemeinschaft vordergründig den Konflikt auslösten, sondern vielmehr ein politischer Dissens zwischen Frankreich und anderen Mitgliedsländern über die Beeinträchtigung der nationalen Souveränität durch Preisgabe von Kompetenzen gegenüber der Gemeinschaft, beispielsweise durch die Unterwerfung unter vertraglich vorgesehene Mehrheitsentscheidungen oder durch Stärkung der gemeinschaftlichen Finanzautonomie. In *de Gaulle*, der das „Europa der Vaterländer" vor Augen hatte, und als Gegenpol in *Walter Hallstein*, dem ersten Kommissionspräsidenten der EWG, der sich dafür einsetzte, den „unvollendeten Bundesstaat"[107] Europa zu vervollständigen, waren die extremen Auffassungen personifiziert.[108] Diese dramatische Krise gehört zwar inzwischen der Geschichte der europäischen Integration an, nicht aber die Faktoren ihrer Verursachung. Sie sind gegenwärtig und

---

[107] So der Titel seines 1969 erschienenen Buches. Die Veränderung der Titel der Neuauflagen – „L'Europe inachevée" (1970), „Europe in the Making" (1972) und „Die Europäische Gemeinschaft" (1974) – spiegelt sicherlich auch eine Veränderung seiner politischen Zielvorstellungen wider.

[108] *Hallstein*, der 1967 demissionierte, zog danach folgende Schlußfolgerung aus dieser Kontroverse: *„Es scheint, daß im Sommer 1965 der französische Staatschef den politischen Kern der Gemeinschaft erkannt hat. Nach der für den Angreifer ruhmlosen Liquidation der freilich folgenschweren Krise in Luxemburg (Ende Januar 1966) wurden im Mai und Juni 1966 die Beschlüsse über die Finanzierung und die übrigen Preise und Marktordnungen gefaßt". Hallstein, Walter* (1979): a.a.O., S. 222

geben als von der Währungsunion erwartete politische Begleitwirkungen Anlaß zu Befürchtungen[109], nachdem die eigentliche Bringschuld der Politiker für den Fortschritt der politischen Union auch seit allen Konferenzen nach Maastricht auf sich warten läßt und der Vertrag von Amsterdam (Juni 1997) abermals „die Konzentration auf die Wirtschaftsintegration“ bestätigt und „das politische Unvermögen der Nationalstaaten“ widerspiegelt, „eine wirksame politische Gemeinschaft zu verkörpern“[110]. Indessen ist allein schon der rein wirtschaftliche Erfolgszwang einer Europäischen Währungsunion unvergleichlich größer als alle anderen ökonomischen Integrationsprojekte zuvor, weil auch nur ein teilweiser Fehlschlag wegen der sensiblen Reaktionen der Finanz- und Devisenmärkte sowie wegen der besonderen psychologischen Verstärkungsfaktoren von nahezu mythischem Ursprung folgenschwere gesamtwirtschaftliche Auswirkungen auf die Volkswirtschaften der Gemeinschaft hat, und zwar auch auf die nicht gleichermaßen integrierten Restbereiche nationaler wirtschaftspolitischer Zuständigkeiten. Zudem besteht angesichts der anhaltend hohen Arbeitslosigkeit in den meisten Mitgliedsländern der Europäischen Union ohnehin die Gefahr einer indirekten Beeinträchtigung der Erfolgsbedingungen der Währungsunion über eine stabilitätswidrige Haushaltspolitik. Daneben bedarf es einer – ungewöhnlich – einsichtsvollen Zurückhaltung der Politiker, um nicht zur vermeintlichen Problemlösungskapazität für die drängenden wirtschaftspolitischen „Notlagen“ direkten Einfluß auf die Geld- und

[109] *Jochimsen* unterstreicht diese Bedenken: *„Schon gar nicht taugt das Gemeinschaftsgeld als Hebel zur politischen Union, wovon neuerdings manche träumen. Der Euro als Sprengsatz für den heimischen Reformstau, eine für jede Demokratie riskante frustrationsgebierende Vorstellung, die an va banque und an Verzweiflungstat erinnert und das Pferd vom Schwanz her aufzäumt.“ Jochimsen, Reimut* (1998b): a.a.O., S. 13.

[110] Zitate aus *Jochimsen, Reimut* (1998b): Geld und Währungspolitik am Vorabend der Konvergenzprüfung, a.a.O., S. 12.

Währungspolitik zu nehmen. Gedankliche Probeläufe für entsprechende institutionelle Vorkehrungen ließen sich ja bereits vernehmen, auch seitens des Europäischen Parlaments, indem für den Präsidenten der Europäischen Zentralbank – mit Hilfe einer falschen Analogie zu den Gepflogenheiten in den USA – eine „demokratische Rechenschaftspflicht“ vor diesem Gremium vorgeschlagen wurde.[111]

Neben diesen Einflüssen aus dem unmittelbaren Umfeld der Währungsunion werden sich diejenigen bemerkbar machen, die von der Regelungsmaterie der „Agenda 2000“ der Europäischen Kommission ausgehen, insbesondere von den Haushaltswirkungen der zusätzlichen finanziellen Ausgaben für die Osterweiterung[112] sowie für die Weiterfinanzierung der Dauerkrise der Gemeinsamen Agrarpolitik.[113] Es besteht also aller Anlaß, die

---

[111] Näheres hierzu, insbesondere zu den damit verbundenen Absichten, die Unabhängigkeit der Europäischen Zentralbank abzuschwächen, bei *Hesse, Helmut* (1998): Neues auf dem Weg zur Europäischen Wirtschafts- und Währungsunion, in: Deutsche Bundesbank, Auszüge aus Presseartikeln Nr. 16, 4. 3. 1998, S. 12 u. 13.

[112] Die Europäische Kommission räumt darüber hinaus noch folgende mögliche Auswirkungen auf die Währungsunion ein: „Können Beitrittsländer die Voraussetzungen eines nicht an der WWU teilnehmenden Mitgliedstaates nicht erfüllen, so könnten externe Effekte entstehen, die die Stabilität innerhalb des Euro-Gebiets und das ordnungsgemäße Funktionieren des Binnenmarktes gefährden können ... Durch die Erweiterung dürfte sich das institutionelle und wirtschaftliche Gleichgewicht zwischen den am Euro-Gebiet teilnehmenden und den nichtteilnehmenden Mitgliedstaaten verändern ...“ Europäische Kommission „Agenda 2000 – Eine stärkere und erweiterte Union, Bulletin der Europäischen Union, Beilage 5/97, S. 131.

[113] Zum Fortbestand von ökonomischem Widersinn und politischer Zielverfehlung der europäischen Agrarpolitik siehe: *Biskup, Reinhold* (1984): Europa – von der Wirklichkeit zur Utopie? Mainzer Beiträge zur Europäischen Einigung, herausgegeben von *Werner Weidenfeld*, Band 4, Bonn., insbesondere S. 15 ff. (Die Symbiose von Pragmatismus und Pro-

Funktions- und Erfolgsbedingungen für die Währungsunion zu optimieren anstatt sie offen oder versteckt mit ökonomischen Zusatzleistungen und mit politischen Verheißungen zu befrachten, indem sie zum Hoffnungsträger für die politische Union erklärt wird. Es ist zu vermuten – und zu hoffen –, daß die Europäische Währungsunion, durch die wie nie zuvor die Bedeutung der wirtschaftlichen Dimension Europas gerade auch von den Regierungen der Mitgliedsländer hervorgehoben wird, zumindest eine *politische* Wirkung haben wird, nämlich für die Politiker erfahrbar zu machen, daß die politische Union nicht mehr auf Umwegen und schon gar nicht unter Ausschluß der Öffentlichkeit zu verwirklichen sein wird.

Ungeachtet dieser Sachverhalte werden gegen die überragende Stellung der Wirtschaft im europäischen Integrationsprozeß mit kulturkritischer, moralischer oder auch ideologischer Motivation und entsprechender fachlicher Unbefangenheit Kurskorrekturen durch eine stärkere „gesellschaftliche" – also durch staatliche – Kontrolle gefordert. Diese Kritik entzündet sich nicht an der fehlenden politischen Umhüllung der Wirtschaft in einem geeinten Europa, sondern an der vermeintlichen Potenzierung aller Übel des Nur-Wirtschaftlichen auf europäischer Ebene. Eine solche Sicht, so berechtigt sie auch im Sinne einer asketischen Selbstbeschränkung einzelner sein mag, verkennt nicht nur die Wirkungszusammenhänge der Wirtschaft im allgemeinen und die besonderen der *wirtschaftlichen* Integration Europas. Sie läßt auch die Entstehung der europäischen Integration sowie die naheliegenden ersten Zwecke außer Acht.
So ist daran zu erinnern, daß die ersten Ansätze zur Reorganisation Europas wirtschaftlicher Art waren. Sie dienten mit Hilfe des *Marshall*-Planes und der ersten Wirtschaftsorganisationen

tektionismus: Der politische Flurschaden durch die ‚heiligen Kühe' der europäischen Agrarpolitik.).

(OEEC, EPU)[114] gleichsam als Vorläufer der eigentlichen europäischen Integrationsvorhaben der Wiederherstellung der zerstörten Wirtschaftskraft und der internationalen Zusammenarbeit in Europa. Auch der *Schuman*-Plan (1950) als erstes supranationales Modell einer sektoralen Integration mit dem Ziel, auf der Grundlage der Gleichberechtigung friedenstiftende Kontrolle über die Kohle- und Stahlproduktion sicherzustellen, beschränkte sich nur auf die Montanwirtschaft. Da die in Aussicht genommenen weiteren wirtschaftlichen Module der sektoralen Integration – beispielsweise für die Landwirtschaft, Textilerzeugung, für den Verkehr und Energiesektor – nicht zustande gekommen waren und 1954 das *politische* supranationale Ergänzungselement der Europäischen Verteidigungsgemeinschaft (EVG) scheiterte, erfolgte 1955 auf der Konferenz von Messina[115] die richtungsweisende Orientierung für die künftige Integration als Europäische Wirtschaftsgemeinschaft (EWG). Ihr war ein kurzer Prozeß der Meinungsbildung über die zweckmäßige mögliche Integrationsmethode vorausgegangen zugunsten einer institutionellen, aber nicht mehr supranationalen, wirtschaftlichen Vollintegration auf der Grundlage einer Zollunion.[116] Seit der Gründung der Montan-Union (EGKS) – und dem Scheitern ihrer politischen Ergänzung durch die EVG – sind wesentliche nationalstaatliche Kompetenzen nur im Bereich der Wirtschaft auf die Gemeinschaft übertragen worden. Das geschah so, weil es die vertraglich begründeten und gegebenenfalls durch neue Beschlüsse, wie durch die Einheitliche Europäische Akte von 1987, bekräftigten Integrationsvorhaben vor-

114 OEEC bezeichnet die 1948 gegründete Organisation für Europäische Wirtschaftliche Zusammenarbeit mit Sitz in Paris. 1950 wurde die EPU, die Europäische Zahlungsunion, als Clearingstelle für den multilateralen Verrechnungsverkehr hinzugefügt.

115 Vgl. hierzu: *Müller-Armack, Alfred* (1971): Auf dem Weg nach Europa, Tübingen, S. 91 ff.

116 Ebenda, insbesondere S. 98 f.

sahen, aber sicherlich auch, weil Konzessionen in diesem Bereich mit dem Souveränitätsbewußtsein leichter – unmerklicher – vereinbar waren. Wie sich an den Reaktionen in verschiedenen Mitgliedsländern gezeigt hat, ist die entsprechende Fühlbarkeitsschwelle bei der Bildung der Währungsunion öffentlich überschritten worden, so daß damit die bisherige Praxis der Politiker, über den wirtschaftlichen Umweg zum politischen Ziel zu gelangen, ihre Grenze erreicht hat.
Schließlich sei noch eine weitere Zielvorstellung mit politischen Nebenwirkungen genannt, die schon früh mit dem Integrationsprozeß verknüpft wurde. Es war zunächst die bereits durch den *Marshall*-Plan nach Beginn des Koreakrieges (1950) unterstützte Absicht, im „Wettkampf der Systeme“ durch eine wirtschaftliche Stärkung Westeuropas es verteidigungsfähig und ideologisch unanfällig zu machen und es dabei gleichzeitig als wirtschaftliches und politisches Modell für die osteuropäischen Staaten im sowjetischen Machtbereich attraktiv werden zu lassen. Andererseits wurde – vornehmlich von französischen Politikern – im Verlauf der wirtschaftlichen Integration Europas deren räumliche Ausweitung über die 6 Gründungsmitglieder hinaus zu einer Großen Europäischen Freihandelszone, die auch Großbritannien eingeschlossen hätte, verhindert.[117] Das französische Veto gegen einen Beitritt dieses Landes 1963 entsprach dem Mißtrauen *de Gaulles* gegenüber der Politik Großbritanniens, die er für prinzipiell amerikafreundlich und nicht für europafähig hielt.[118] Damit wurde auch eine besondere Akzentsetzung der französischen Außenpolitik über die Amtszeit *de Gaulles* hinaus sichtbar, die sich auf die Zielsetzung der wirtschaftlichen Integration Europas in dem Sinne auswirkte, daß durch sie eine bessere wirtschaftspolitische – insbesondere währungspolitische – Unabhängigkeit von den USA und damit auch eine politische Emanzipation als

---

[117] Vgl. hierzu *Müller-Armack, Alfred* (1971): a.a.O., S. 212.
[118] Vgl. hierzu ebenda, S. 238 ff.

dritte Kraft im Spiel der entscheidenden Weltmärkte ermöglicht werden sollte. Zumindest hinsichtlich der – erhofften[119] – Eigenständigkeit des Euro-Währungsraumes im Wettbewerb mit den Devisen- und Kapitalmärkten, die durch den Dollar beherrscht werden, wird diese Art von Zwecksetzung der wirtschaftlichen Integration Europas von den meisten Mitgliedsländern geteilt. Es würde sich dabei im wesentlichen um die positive Außenwirkung einer von allen Teilnehmerstaaten angestrebten erfolgreichen Währungsunion handeln. Aber auch für diese internationalen Wirkungen, die vom Euro erwartet werden, gilt, was *Issing* folgert:

„Ohne Fortschritte bei der politischen Integration steht die außenpolitische Rolle des Euro auf tönernen Füßen – ohne die Stabilität der Währung wird auch kein positiver Integrationsbeitrag des gemeinsamen Geldes zu erwarten sein. Die politische Vereinigung ist nun einmal nicht durch die Hintertür der Währungsunion zu erlangen."[120]

Die Belohnung des Risikos ist der Erfolg. Er kann, wenn er gelingt, einmal mehr, und diesmal zudem mit sichtbarem Symbolgehalt, die Vorteile Europas für die Bürger erfahrbar machen – auch wenn es sich „nur" um wirtschaftliche handelt. Aber gerade wegen der vielfältigen Schwierigkeiten, die sich ihm entgegenstellen und ihn bedrohen können, ist er nicht von vornherein der „Kälte des Marktes"[121] zuzuschreiben und entsprechend abzuwerten. Den Metakritikern der wirtschaftlichen Dimension Europas sei daher ins Gedächtnis gerufen, was *Lübbe* formuliert hat:

---

[119] Zur Beurteilung der Möglichkeiten vgl. *Issing, Otmar* (1997a): Der Euro im Weltwährungssystem, in: Deutsche Bundesbank, Auszüge aus Presseartikeln, Nr. 22, 16. 4. 1997, S. 1-7.

[120] *Issing, Otmar* (1997a): a.a.O., S. 7.

[121] Vgl. hierzu: Deutscher Streit über die Einbettung des Euro – Eine „warme" Hülle gegen den „kalten" Markt? in Neue Zürcher Zeitung, Nr. 78 vom 3.4.1998, S. 9.

„Die Mißachtung materieller Voraussetzungen der Kultur ist ein sicheres Anzeichen kultureller Dekadenz. Entsprechend wäre es intellektuelle Pseudosouveränität, sich darüber mokieren zu wollen, daß die politische Einheit eines Teils Europas sich real zunächst einmal als die Einheit eines gemeinsamen Marktes darstellt. Nur auf hohem Wohlfahrtsniveau kann man es sich gestatten, die Wohlfahrtssteigerung, die doch der erste und nächstliegende Effekt eines gemeinsamen Marktes ist und sein soll, geringzuschätzen."[122]

V. Die räumliche Dimension

Das Bedürfnis, sich an der Geographie zu orientieren, ist dem Menschen wie wohl jedem entwickelten Lebewesen zu eigen. Daher sind auch die Versuche, Europa räumlich abzugrenzen und zu definieren, verständlich – aber von jeher oberflächlich. Je mehr sich die geistigen Prägekräfte – beschleunigt durch das zunehmende Wissens- und Technikpotential und den Forscherdrang – ausbreiteten, desto schwieriger wurde es, in der vielgegliederten Topographie der Territorialstaaten und der Imperien die geographische Grenze Europa zu markieren. Zudem haften den meisten räumlichen Definitionen auch geopolitische, sicherheitspolitische Inhalte an.
Ebenso fragwürdig, weil wenig aussagefähig, sind die häufig bemühten historischen Analogien, wie „Europa der Franken" oder „Europa *Karls des Großen*" oder „Europa der Habsburger" sowie „Mitteleuropa". Hierfür gilt wohl im übertragenen Sinne eine Charakterisierung der Historiker, die man *Horst Fuhrmann* zuschreibt, nämlich sie seien phantasievolle ehrliche Lügner. Denn es handelt sich in der Regel um in die Vergangenheit projizierte Visionen von Europa die, wiederum vergegenwärtigt als

---

[122] *Lübbe, Hermann* (1994): Abschied vom Superstaat, a.a.O., S. 117.

– idealisierte – geschichtliche Vorbilder, bestimmte inhaltliche und räumliche Dimensionen vorstellbar und wünschbar erscheinen lassen sollen. Deshalb verbindet sich mit solchen Parallelen zwangsläufig die Frage, ob es wirklich so war und ob das tatsächlich Gewesene so wieder Wirklichkeit werden könne.

Gewiß lassen sich in einigen Herkünften späterer europäischer Gemeinsamkeiten die Franken, Nachfahren König *Chlodwigs*, bereits als „Wegbereiter Europas“[123] hervorheben. Aber es wäre ein Anachronismus, aus ihrer staatlichen Organisation und den vielfältigen kulturellen Erscheinungsformen Parallelen zu konstruieren, die dem Werden des heutigen Europa zuzuordnen wären. Das gilt auch für das Reich *Karls des Großen*, dessen Ideal allerdings die Wiederherstellung des Römischen Reiches war und das als „europäische“ Einheit alsbald nach seinem Tode wieder zerbrach.[124]
Desgleichen verfehlt die nostalgische Utopie eines aktualisierten Habsburgerreichs als Modell für eine Friedensordnung eines multinationalen europäischen Großraumes allein schon durch eine solche rückblickende Sinngebung die geschichtliche Wahrheit. Denn einerseits war die eigene „politische Konzeption der Habsburgermonarchie völlig gescheitert“[125] und andererseits herrschte auch das alte Österreich „mit Hilfe seiner Armee, erzwang Gemeinsamkeit mit bornierter Bürokratie“[126]. Gleichwohl ist die Geschichte der „Donaumonarchie“ mit den habsburgischen Kernländern Österreich, Ungarn und Böhmen ergiebig

---

[123] Vgl. *Staab, Franz* (1996): Die Franken – Wegbereiter Europas, in: Reiss-Museum Mannheim (Hrsg.): Die Franken – Wegbereiter Europas, Mainz, S. 10-22.

[124] Vgl. *Duroselle, Jean-Baptiste* (1990): Europa – Eine Geschichte seiner Völker, Gütersloh-München, S. 109.

[125] *Vacha, Brigitte* (Hrsg.) (1993): Die Habsburger. Eine europäische Familiengeschichte, 2. Auflage, Graz, Wien, Köln, S. 481.

[126] Ebenda, S. 483.

für phantasievolle Auswertungen für Zukunftsentwürfe Europas geblieben. So hat *Friedrich Naumann* 1915 in einer weitläufigen Beschreibung ihrer Vergangenheit und der Probleme der Gegenwart eine Organisationsform für „Mitteleuropa" als einem „Bund existierender Staaten"[127] gesucht, mit einer Methode, „ohne Beeinträchtigung der Souveränitäten einen überstaatlichen Rechts- und Verwaltungszustand anzubahnen."[128] Die sehnsüchtige Spurensuche nach Verwertbarem aus der Existenz der alten Donaumonarchie als Kern für ein künftiges „Mitteleuropa" hält an[129] und wird durch die bevorstehenden „Osterweiterungen" der Europäischen Union weiter belebt, die gleichsam als ‚finalité d'Europe' in „Mitteleuropa" betrachtet werden.[130]

Die genannten Beispiele verdeutlichen, daß solche zukunftsorientierten Deutungen der Vergangenheit nicht geeignet sind, Europa zu definieren – schon gar nicht räumlich. Auch die viel zitierte scheinbar ausdrücklich geographische Definition *de Gaulles* „Europa vom Atlantik bis zum Ural" ist dafür untauglich. Vielmehr verbirgt sich hinter der Unverbindlichkeit der mit ihr umschriebenen Möglichkeiten einer Gemeinschaftsstruktur das Konzept eines „Europa der Vaterländer" und als langfristige Perspektive die Einbindung Rußlands in ein europäisches Sicherheitssystem. Ebensowenig überzeugten Versuche, die ursprüngliche „Westintegration" der sechs Gründungsmitglieder sowie der ersten Erweiterungen der EWG identitätsstiftend mit der Ausbreitung des römischen Reiches in Verbindung zu bringen. Solche Tendenzen entstanden einmal wegen der östlichen Begrenzung der Integration Europas durch den Eisernen Vor-

---

[127] *Naumann, Friedrich* (1964): Werke, Band 4, Schriften zum Parteiwesen und zum Mitteleuropaproblem, herausgegeben von *Theodor Schieder,* Köln und Opladen, S. 735.

[128] Ebenda, S. 741.

[129] Vgl. hierzu *Busek, Erhard* (1997): Mitteleuropa – Eine Spurensicherung, Wien.

[130] Ebenda, S. 168.

hang. Außerdem machte sich mehr und mehr die Neigung der Integrationsorgane, insbesondere der EG-Kommission, zur Exklusivität bemerkbar.[131] Sie äußerte sich in einer Verzögerungstaktik der Europäischen Kommission, mit der sie aus unterschiedlichen Motiven Beitrittsgesuchen begegnete[132], obwohl die „Gründungsverträge", wie zum Beispiel der EWG-Vertrag in Artikel 237, eine Öffnungsklausel enthalten[133] – wie es auch dem Willen der geistigen Urheber der Verträge entsprach. Die entsprechende Auffassung *Adenauers* bestätigt eindrucksvoll einer seiner amtlichen Wegbegleiter, indem er sich auf eine Ansprache des Bundeskanzlers anläßlich seines 87. Geburtstags am 8. 1. 1963 beruft: „Während der Geburtstagscour sagte *Adenauer* zu *Hallstein*, der als Präsident die Glückwünsche der EWG überbrachte, daß sich die europäische Union eines Tages auch auf Osteuropa ausdehnen und wirklich ganz Europa umfassen solle. *Hallstein* wußte nicht, was er sagen sollte. ... Diese Aussage wirkte wie ein Fanal."[134]

Mit *Karl Jaspers*, der wegen der grundlegenden Wertegemeinschaft Europa begrifflich weit als „Abendland" definiert, könnte man mithin folgern:

„Diese Grenzziehung des Abendlandes kann nicht äußerlich erfolgen. Entscheidend ist nicht die Geographie, sondern der geschichtliche Mensch und das Wesen seiner Freiheit und die Zusammengehörigkeit durch Herkunft und Schicksal und Miteinanderleben. Die militärischen und ökonomischen Interessen

[131] Vgl. hierzu die ausführliche Darstellung von *Biskup, Reinhold* (1992): Europäische Integrationspolitik und ihre Außenseiter, in: *Görgens, Egon, Tuchtfeldt, Egon* (Hrsg.): Die Zukunft der wirtschaftlichen Entwicklung – Perspektiven und Probleme, Bern-Stuttgart-Wien, S. 308 ff.

[132] Vgl. hierzu ebenda

[133] Näheres hierzu ebenda, S. 304 ff.

[134] *Osterheld, Horst* (1987): „Ich gehe nicht leichten Herzens ..." *Adenauers* letzte Kanzlerjahre – ein dokumentarischer Bericht, 2. Auflage, Mainz, S. 177.

vergessen diese allem anderen vorhergehende Substanz.“[135]
Gleichermaßen bleibt seine Feststellung gültig:
„Nur Gesinnung, Lebensweise, Denkweise in der Kontinuität einer Bewährung und das dadurch bedingte unmittelbare Verstehen zwischen den Bevölkerungen dürfte maßgebend sein. Alle Völker können sich zwar im Laufe der Zeiten dorthin entwickeln und die Mitgliedschaft, die sie etwa begehren, dann auch gewinnen. Aber das setzt diese Kontinuität voraus. Es genügt nicht ein einfacher Staatsakt einer gegenwärtigen zufälligen Regierung.“[136]
Da als ein Motiv für die Einigung Europas auch die Verselbständigung gegenüber den USA – oder zuweilen gar die „Äquidistanz“ zwischen ihnen und Rußland – genannt wird, erscheint in diesem Zusammenhang auch das bedenkenswert, was *Jaspers* zur „abendländischen“ Zugehörigkeit Amerikas ausführt:
Die Einigung Europas, sofern sie als Freiheit von Amerika gemeint ist, gilt dem europäischen Geist, der Freiheit des Einzelnen, die dem Europäer in der unerschöpflichen Umwelt seiner überall gegenwärtigen jahrtausendealten Vergangenheit möglich ist. Diese Freiheit ist durch die Lebenspraxis wohl faktisch von amerikanischer Lebensart abweichend, aber auf keine Weise gegen Amerika auszuspielen. ... Das europäische Selbstbewußtsein wird eng, wenn es sich gegen Amerika wendet. Was ist Europa, wenn Amerika, durch europäische Herkunft abendländisch, nicht selber Abendland in Gemeinschaft mit Europa ist!“[137]
Diese beiderseitige Teilhabe an den Quellen, aus denen die Wertegemeinschaft gespeist wird, macht abermals bewußt, wie sehr die verschiedenen Dimensionen Europas dessen Kultur geprägt haben und diese wiederum raumübergreifend universa-

---

[135] *Jaspers, Karl* (1958): a.a.O., S. 179
[136] Ebenda
[137] Ebenda, S. 184.

lisierbar ist. Die „Globalisierung" ist ein anschauliches Beispiel dafür, daß die Aneignung kultureller Errungenschaften Europas sich weltweit vollzieht und ihm sogar wieder als Herausforderung entgegentritt.[138] Die Zugehörigkeit zur europäischen Kultur- und Wertegemeinschaft hängt also letztlich von der freiwilligen Übernahme ihrer Inhalte ab. Sie läßt sich nicht räumlich begrenzen.
Aber dennoch bestehen offenbar Hindernisse für einen beliebigen Anschluß an – das institutionalisierte – Europa. Die undiplomatisch aggressive Reaktion der türkischen Regierung auf die immer wieder vertagte Behandlung des Beitrittsantrags durch die Organe der Europäischen Union, die Problematik des geteilten Zypern als Beitrittskandidat sowie die Auswahl der Länder Polen, Tschechien, Ungarn, Estland und Slowenien als – zeitlich – bevorzugte Verhandlungspartner im Prozeß der „Osterweiterung" sind Beispiele dafür, daß Zugehörigkeitsbewußtsein allein noch nicht den Zugang zur Europäischen Union öffnet. „Es sind", wie *Lübbe* die entsprechenden Hemmnisse beschreibt, „exklusiv Fragen der politischen, ja der organisations-technischen und ökonomischen Zweckmäßigkeit, die uns zögern lassen, unsere Phantasie europapolitisch räumlich zu entgrenzen. Unsere Vorstellungskraft reicht nicht aus, uns gebietskörperschaftliche Institutionen zu denken, deren Zuständigkeiten sich von Lissabon bis Wladiwostok erstrecken."[139]

Es besteht also ein Unterschied zwischen der grenzenlosen Dimension einer europäischen Wertegemeinschaft, dem Bewußtsein ihrer kulturellen Identität einerseits und der Ausdehnung der wirtschaftlichen oder politischen Organisationsform einer aus europäischem Selbstbewußtsein entstandenen Zweck-

---

[138] Vgl. hierzu *Biskup, Reinhold* (Hrsg.) (1996): Globalisierung und Wettbewerb, 2. Auflage, Bern-Stuttghart-Wien.
[139] *Lübbe, Hermann* (1994): a.a.O., S. 111.

gemeinschaft andererseits. Eine Nicht-Mitgliedschaft in dieser Gemeinschaft, der Europäischen Union, bedeutet für die Außenseiter keine Stigmatisierung als uneuropäisch – weder für die Schweiz, deren politische Führung die Gunst der Stunde eines frühen Beitritts aus freier Entscheidung nicht wahrgenommen hat, noch für die Länder, deren Begehren nicht erfüllt wird, bereits in die Verhandlungen mit der EU für die erste Beitrittsrunde der „Osterweiterung" einbezogen zu werden. Üblicherweise entscheiden die Mitgliedsländer – im Falle der EU der Ministerrat gemäß Art. 0 einstimmig –, wer in die Gemeinschaft zusätzlich aufgenommen wird.

Diese zunächst nach außen auf die Erweiterung gerichtete Entscheidung wird maßgeblich beeinflußt durch eine unterstellte Verhaltensweise, die die Präambel des EU-Vertrags für das Innenverhältnis vorsieht, nämlich durch den „Wunsch, die Solidarität zwischen ihren Völkern unter Achtung ihrer Geschichte, ihrer Kultur und ihrer Traditionen zu stärken."[140] Das europäische Selbstbewußtsein der Beitrittsbewerber rechtfertigt so seinetwegen deren Erwartungen auf Aufnahme in die europäische Solidaritätsgemeinschaft. Solidarität bedeutet indessen Einschränkungen beziehungsweise Mehrbelastungen für die Insider der Europäischen Union, die den Bestand an kodifiziertem Interessenausgleich, umschrieben als „acquis communautaire", den Prozeß der kollektiven Entscheidungsfindung und nicht zuletzt die finanziellen Ressourcen sowie ihre zweckdienliche prioritäre Verteilung, insbesondere im Bereich der Gemeinsamen Agrarpolitik, betreffen.[141] Es ist daher nicht auszuschließen, daß sich – nach dem Insassenverhaltensprinzip: alles besetzt, Tür zu und weiterfahren! – der „Omnibuseffekt" vorerst zumindest in Form

140 Vertrag über die Europäische Union, a.a.O., Präambel.

141 Vgl. hierzu: Europäische Kommission, Agenda 2000. Eine stärkere und erweiterte Union, Bulletin der Europäischen Union, Beilage 5/97, insbesondere S. 67 ff.

eines verzögerten Verhandlungsverlaufs und danach als Einstiegssperre bemerkbar machen wird. Wenn aus den erwähnten Beispielen historischer „Vorbilder“ der räumlichen Dimension Europas eine Erfahrung zu ziehen ist, so ist es die der Gefahr einer selbstzerstörerischen Überdehnung. Sie stellt sich dann ein, wenn im Prozeß der internationalen Rivalität – vornehmlich aus Sicherheitsgründen – die geographisch-strategischen Positionen so weit ausgedehnt werden, daß dafür einseitig zu viele Ressourcen beansprucht werden, die das wirtschaftliche Wachstumspotential, die gesamtwirtschaftliche Produktivität abschwächen und Wohlfahrtsverluste für die Bürger verursachen.[142] Die daraus entstehende politische und wirtschaftliche Bedrohung von außen ist dann geeignet, den inneren Desintegrationsprozeß zu beschleunigen, der sich gleichermaßen anbahnt, wenn „die pragmatische Evidenz der Lebensvorzüge“[143] der Europäischen Union für die Bevölkerung abnimmt. Die Offenheit Europas hat ihre inneren Grenzen.

---

[142] Vgl. hierzu: *Kennedy, Paul* (1991): Aufstieg und Fall der großen Mächte, Frankfurt/Main, S. 793.

[143] *Lübbe, Hermann* (1994): a.a.O., S. 115.

Literatur

Altweg, Jürg: Freundliche Übergabe, in: Frankfurter Allgemeine Zeitung, Nr. 93 vom 22. 04. 97.

Aquino, Thomas von (1934): Summe der Theologie, 3 Bände, Leipzig.

Balthasar, Hans Urs von (1955): Nachwort in: *Augustinus*, Bekenntnisse, Frankfurt-Hamburg (Fischer Bücherei Band 103).

Biskup, Reinhold (1984): Europa – von der Wirklichkeit zur Utopie? Mainzer Beiträge zur Europäischen Einigung, herausgegeben von *Werner Weidenfeld*, Band 4, Bonn.

Biskup, Reinhold (1992): Europäische Integrationspolitik und ihre Außenseiter, in: *Görgens, Egon, Tuchtfeldt, Egon* (Hrsg.): Die Zukunft der wirtschaftlichen Entwicklung – Perspektiven und Probleme, Bern-Stuttgart-Wien.

Biskup, Reinhold (Hrsg.) (1996): Globalisierung und Wettbewerb, 2. Auflage, Bern-Stuttghart-Wien.

Bless, Josef (1965): Mater et Magistra, Luzern und Stuttgart.

Bodin, Jean (1981): Sechs Bücher über den Staat, herausgegeben von *Mayer-Tasch, Peter Cornelius*, München.

Busek, Erhard (1997): Mitteleuropa – Eine Spurensicherung, Wien.

Carstens, Karl (1988): Intergration im Prozeß der Europäischen Einigung, in: *Biskup, Reinhold* (Hrsg.): Europa – Einheit in der Vielfalt, Bern - Stuttgart.

Churchill, Winston: Rede an die akademische Jugend, in: Neue Zürcher Zeitung Nr. 217 vom 18.9.1996.

Deutsche Bundesbank (1997): Informationsbrief zur Europäischen Wirtschafts- und Währungsunion, Nr. 6.

Duroselle, Jean-Baptiste (1990): Europa – Eine Geschichte seiner Völker, Gütersloh-München.

Europäische Kommission, Agenda 2000. Eine stärkere und erweiterte Union, Bulletin der Europäischen Union, Beilage 5/97.

Fuhrmann, Horst (1996): Überall ist Mittelalter. Von der Gegenwart einer vergangenen Zeit, München.

Geißler, Heiner: Interview des Deutschlandfunks in der Sendung „Informationen am Morgen“ am 10.2.1998.

Hallstein, Walter (1979): Die Europäische Gemeinschaft, 5. Auflage, Düsseldorf-Wien

Hesberg, Walter (1969): Die Freihandelszone als Mittel der Integrationspolitik, Frankfurt.

Hesse, Helmut (1998): Neues auf dem Weg zur Europäischen Wirtschafts- und Währungsunion, in: Deutsche Bundesbank, Auszüge aus Presseartikeln Nr. 16, 4. 3. 1998.

Hobbes, Thomas (1965): Leviathan, herausgegeben von *Mayer-Tasch, Peter Cornelius*, Reinbek.

Issing, Otmar (1996): Vom Stigma befreit? Zur Rolle des Zinses in der modernen Wirtschaft, in: Geld, Musik, Mythos, Macht, herausgegeben von der Konferenz der deutschen Akademien der Wissenschaften, Mainz.

Issing, Otmar (1997a): Der Euro im Weltwährungssystem, in: Deutsche Bundesbank, Auszüge aus Presseartikeln, Nr. 22, 16. 4. 1997

Issing, Otmar (1997b): Die Europäische Währungsunion – Vision und Realität, in: Deutsche Bundesbank, Auszüge aus Presseartikeln, Nr. 63, 28.10.1997.

Issing, Otmar (1998): „Als Euroskeptiker falsch etikettiert“ – Interview der Süddeutschen Zeitung in: Deutsche Bundesbank: Auszüge aus Presseartikeln, Nr. 15, 2.3.1998.

Jaspers, Karl (1952): Über das Tragische, München, (Auszug aus dem Werk „Von der Wahrheit“, München 1947).

Jaspers, Karl (1958): Die Atombombe und die Zukunft des Menschen, München.

Jochimsen, Reimut (1998a): Vor der Auswahlentscheidung zur EWWU, in: Deutsche Bundesbank, Auszüge aus Presseberichten, Nr. 6, 28.1.1998.

Jochimsen, Reimut (1998b): Geld- und Währungspolitik am Vorabend der Konvergenzprüfung, in: Deutsche Bundesbank, Auszüge aus Presseartikeln, Nr. 14, 24.2.1998.

Juncker, Jean-Claude (1997): zitiert nach Europaparlament - Pressebericht 22-10-97(1).

Kennedy, Paul (1991): Aufstieg und Fall der großen Mächte, Frankfurt/M.

Kirchof, Paul (1997): Das Recht Europas und das der Staaten, in: *Konrad-Adenauer*-Stiftung, Auslandsinformation, Heft 8.

Kohl, Helmut (1993): Europa auf dem Weg zur politischen Union, *Konrad-Adenauer*-Stiftung, St. Augustin.

Kösters, Wim / Neumann, Manfred / Vaubel, Manfred (1998): Memorandum „Der Euro kommt zu früh", veröffentlicht in: Frankfurter Allgemeine Zeitung, Nr. 33 vom 9.2.1998.

Leipold, Helmut (1997): Der Zusammenhang zwischen der Entstehung und dem Wettbewerb von Ordnungen, in: *Delhaes, Karl von* und *Fehl, Ulrich* (Hrsg.) : Dimensionen des Wettbewerbs, Stuttgart.

Lübbe, Hermann (1994): Abschied vom Superstaat – Vereinigte Staaten von Europa wird es nicht geben, Berlin.

Lübbe, Hermann (1998): Europa - Philosophische Aspekte seiner Union, in diesem Band.

Lützeler, Paul Michael (1992): Die Schriftsteller und Europa – Von der Romantik bis zur Gegenwart, München-Zürich.

Mayer-Tasch, Peter Cornelius (Hrsg.) (1966): Die Verfassungen Europas, Stuttgart.

Mestmäcker, Ernst-Joachim (1997): Risse im europäischen Contrat Social. In: Veröffentlichungen der *Hanns Martin Schleyer*-Stiftung, Band 48, Köln.

Monumenta Germaniae Historica, Tomus X, Pars II., Friderici I. Diplomata, bearbeitet von *Appelt, Heinrich* (1979), Hannover.

Müller-Armack, Alfred (1957): Fragen der europäischen Integration, in: Wirtschaftsfragen der freien Welt, herausgegeben von *Beckerath, Erwin von, Meyer, Fritz W., Müller-Armack, Alfred,* Frankfurt.

Müller-Armack, Alfred (1971): Auf dem Weg nach Europa, Tübingen.

Naumann, Friedrich (1964): Werke, Band 4, Schriften zum Parteiwesen und zum Mitteleuropaproblem, herausgegeben von *Theodor Schieder,* Köln und Opladen.

Osterheld, Horst (1987): „Ich gehe nicht leichten Herzens ..." *Adenauers* letzte Kanzlerjahre – ein dokumentarischer Bericht, 2. Auflage ,Mainz.

Raumer, Kurt von (1953): Ewiger Friede, Friedensrufe und Friedenspläne seit der Renaissance, Freiburg-München.

Ridder-Symoens, Hilde de (1993): Kapitel „Mobilität", in: *Rüegg, Walter* (Hrsg.): Geschichte der Universität in Europa, München.

Rosenstiel, Francis (1964): Supranationalität, Köln-Berlin.

Rüthers, Bernd (1995): Sprache und Recht, in: Veröffentlichungen der *Hanns Martin Schleyer*-Stiftung, Band 44.

Staab, Franz (1996): Die Franken – Wegbereiter Europas, in: Reiss-Museum Mannheim (Hrsg.): Die Franken – Wegbereiter Europas, Mainz, S. 10-22.

Starbatty, Joachim (Hrsg.) (1989): Klassiker des ökonomischen Denkens, 2 Bände, München, insbesondere die Einführung zu Band 1, Von *Platon* bis *John Stuart Mill*

Stürmer, Michael (1997): Was beim Euro auf dem Spiel steht, in: Neue Zürcher Zeitung, Nr. 264, 13.11.1997.

Tietmeyer, Hans (1997): Europa auf dem Weg zur gemeinsamen Währung, in: Deutsche Bundesbank, Auszüge aus Presseartikeln, Nr. 63, 28.10.1997.

Un sistema ingobernable, según Matutes, El Pais, No. 7600, 5.3.1998.

Urteil des Bundesverfassungsgerichts zum Vertrag über die Europäische Union und seine Vereinbarkeit mit dem Grundgesetz vom 12. 10. 1993, Leitsätze, in: Staatsrecht der Bundesrepublik Deutschland, Bonn 1995.

Utz, Arthur-Fridolin (1953): Das Subsidiaritätsprinzip, Freiburg/Schweiz.

Utz, Arthur-Fridolin (1963) in: Die Friedensanzyklika Papst *Johannes XXIII.*, Pacem in Terris, Freiburg-Basel-Wien (Herder-Bücherei Band 157).

Vacha, Brigitte (Hrsg.) (1993): Die Habsburger. Eine europäische Familiengeschichte, 2. Auflage, Graz, Wien, Köln.

Verger, Jacques (1993): Kapitel „Grundlagen", Die Entstehung der Universitäten, in *Rüegg, Walter* (Hrsg.): Geschichte der Universität in Europa, München.

Vertrag über die Europäische Union, veröffentlicht vom Amt für amtliche Veröffentlichungen der Europäischen Gemeinschaften, Luxemburg 1992.

Weidenfeld, Werner (1988): Die Schlüsselrolle der deutsch-französischen Zusammenarbeit für den Fortschritt Europas, in: *Biskup, Reinhold* (Hrsg): Europa – Einheit in der Vielfalt, Bern-Stuttgart.

Welty, Eberhard (1964) in: Die Sozialenzyklika Papst *Johannes' XXIII.*, Mater et Magistra, Freiburg-Basel-Wien (Herder Bücherei Band 110)

Zippelius, Reinhold (1994): Kleine deutsche Verfassungsgeschichte, München.

o.V., Schuld am Mißgeschick haben die anderen, in: Frankfurter Allgemeine Zeitung vom 13.12.1997.

o.V., Gefahren einer politischen Eiszeit, in: Neue Zürcher Zeitung, Nr. 292 vom 16.12.1997.

o.V., Was die Deutschen vom Euro halten, Umfrage des Handelsblattes, Nr. 31 vom 13./14.2.1998.

Hermann Lübbe

Europa. Philosophische Aspekte seiner Union.

I. Kulturelle Herkunftseinheit Europas

Bei herausragenden, zumal feierlichen Gelegenheiten pflegt man die kulturelle Herkunftseinheit Europas herauszustellen – bei den Karlspreis-Verleihungen in Aachen zum Beispiel. Beschwörend klingt solche Vergegenwärtigung der Herkunftsidentität Europas insbesondere dann, wenn der Prozeß der politischen Einigung Europas stockt. Gern wird in solchen Lagen auf ein inzwischen zum Topos gewordenes Wort *Jean Monnets* zurückgegriffen, wonach, wenn es sich noch einmal darum handeln sollte, die europäische Einigung auf den Weg zu bringen, bei der Kultur der Anfang zu machen sei. Die Vorstellung, die sich mit diesem Zitat verbindet, ist ersichtlich die, daß doch immerhin, bei soviel vergangener und noch anhaltender europäischer Diskordanz, die Herkunftskultur einschließlich der Religion die Völker Europas seit jeher verbinde. Das berühmte Photo, das uns *Charles de Gaulle* und *Konrad Adenauer*, die Unterzeichner des Elysée-Vertrages, betend in der Kathedrale zu Reims zeigt, symbolisiert eindrücklich die hier gemeinte Verbindung von europäischer Herkunft und Zukunft. Es gehört heute bis in die Schulbücher hinein zur Ikonographie der Europäischen Einigung.

Die Herkunftseinheit Europas ist nun in der Tat eine manifeste Realität. In höherer wie in gemeiner Bildung hat sie Präsenz, und die ausdrückliche Erinnerung an sie vergegenwärtigt Vertrautheiten, die zur kulturellen Hintergrundserfüllung unserer Lebensverbringung in Europa gehören und die eben deswegen eher selten in den Blickpunkt unserer speziellen Aufmerksamkeiten rücken. Das hat sich der Papst bei seinen Visitionen in europäischen Ländern gelegentlich zunutze gemacht, indem er die um ihn versammelte Menge aufforderte, sich doch einmal in der Phantasie hinwegzudenken, was sich im umgebenden Ensemble schöner Plätze und Örter gemeinsamer christlicher Herkunft und Prägung verdanke. Es ist evident: Man blickte alsdann in gähnende Leere – der gotische Dom wäre verschwunden, der Rathausgiebel mit seinem Kreuz im städtischen Wappen dazu, das nahe Gymnasium Paulinum wäre, wenn als Bauwerk nicht abgeräumt, so doch durch Umwidmung aus seiner christlichen Bindung entlassen, im Stadttheater würde *Goethes* Faust, weil hier ja der Teufel mitspielt, vom Spielplan abgesetzt sein und auf der Festwiese fände der Galli-Markt nicht mehr statt. Der halbe Stadtfriedhof läge seiner beiseite geräumten Kreuze wegen kahl, und von den Beständen Schöner Literatur in der Landesbibliothek verbliebe fast nichts, wenn alles entfernt werden müßte, was sich auf Topoi christlicher Weisheit beriefe – vom Teufel, der nur "wenig Zeit hat" bis zum Geist, der "weht, wo er will". Selbst die Europa-Flagge wäre nur noch ein blaues Tuch, weil wir mit ihrem biblischen Ursprung auch noch ihre goldenen Sterne hinwegzudenken hätten.

Das Loch, in welchem die uns nach Bildung wie in täglicher Anschauung vertraute Herkunftseinheit Europas, hinweggedacht, verschwände, vergrößerte sich mit den christlich nostrifizierten vorchristlichen Herkunftsgemeinsamkeiten der europäischen Nationen noch beträchtlich. Meiner Generation, die unmittelbar nach dem Ende des Zweiten Weltkriegs ihr Studium begann, hat dafür seinerzeit wie kein anderer *Ernst Robert Curtius* den Blick geöffnet, und zwar mit seinem großen Buch "Europäische Literatur und lateinisches Mittelalter". Im nationalsozialistisch observierten gymnasialen Deutschunterricht hatten wir gelernt, die deutsche Literatur mache mit dem *Hildebrand*slied und mit den Merseburger Zaubersprüchen ihren Anfang. Nun ist gewiß gegen die Merseburger Zaubersprüche nichts zu sagen. Sie gehören zu den wenigen althochdeutschen Texten, die an uns gelangt sind, und inhaltlich ließen sie sich auch aktualisieren, denn sie sagen ja, unter anderem, daß zusammenwachsen solle, was zusammen gehört. Indessen: Die klassische deutsche Literatur hat, als Teil der Weltliteratur, ersichtlich ihre Wurzeln nicht in althochdeutschen Texten. Sie ist vielmehr, wie die europäische Weltliteratur insgesamt, Teil der Wirkungsgeschichte *Homers* oder *Vergils*, der Bibel, der griechischen Tragödie oder der römischen Komödie. Für die Wirkungsgeschichte *Aesops* gilt nichts anderes, und die Literaturgattung der Utopie ist einschließlich ihrer prekären Aspekte nicht ohne *Platon* zu denken. Die Senatoren-Titel unserer Stadtväter greifen auf Traditionen des republikanischen Rom zurück. Römisches Recht war noch vor kurzem obligater Bestandteil eines jeden Jura-Studiums, und ohne die technischen Revolutionen des Mittelalters, die rasch fast überall in Europa wirksam wurden, hätten sich, zum Beispiel, jene zahllosen europäischen Städte und sonstigen festen Plätze nicht gründen lassen, die sich auf die Feier ihres sieben- oder achthundertsten Geburtstags vorbereiten. – Jeder Gymnasiast könnte, überall in Europa, mit solchen Vergegenwärtigungen europäischer Herkunftseinheit fortfahren, und noch der progressive Student, der vor fünfundzwanzig Jahren dergleichen als Gehalte bildungsbürgerlicher Vergangenheitsbefangenheit verschrie, benutzte als Forum für seine kulturrevolutionäre Agitation einen Klub namens "*Spartakus*".

Kurz und zusammenfassend: Die kulturelle Herkunftseinheit Europas ist, als Bestandteil unseres Bildungswissens, trivial. In jeder Stadtsilhouette ist sie unübersehbar. In den Unterrichtskanons der Gymnasien überall in Europa spiegelt sie sich. Der Vielheit der europäischen Nationen lief sie voraus, und in den aktuellen Prozeß der politischen Einigung Europas geht sie als Voraussetzung ein. Grund und Motiv für die Errichtung einer

Europäischen Union ist die kulturelle Herkunftseinheit Europas hingegen nicht. Sie könnte es schon allein deswegen nicht sein, weil jene Kultur, die in der Tat europäisch verwurzelt ist, nach Geltung und Wirkung weit über die Grenzen des Teilkontinents hinausreicht, aus dem jetzt eine Europäische Union werden soll. Die europäische Herkunftskultur gehört uneingeschränkt auch den Amerikanern, und längst ist Europa von den amerikanischen Hervorbringungen seiner eigenen Ursprünge abhängig geworden. Sogar für die Philosophie gilt das und für die übrigen Wissenschaften einschließlich vieler Kulturwissenschaften gilt es ohnehin. Das Christentum, so glaubt man zu sehen, manifestiert sich im nordamerikanischen Alltag inzwischen lebendiger als in den hochsäkularisierten Ländern Europas, und die Erhaltung oder Wiedergewinnung ihrer politischen Freiheit verdanken diese Länder in unserem Jahrhundert der Schutzmacht der USA.

Das alles bedeutet: Die Kultur europäischer Herkunft reicht nach Geltung, Wirkung und Rückwirkung weit über die Grenzen der existenten oder angestrebten Europäischen Union hinaus. Die politische Einigung Europas läßt sich als Fälligkeit aus der kulturellen Herkunftseinheit dieses Kontinents nicht plausibel machen. Die europäische Kultur ist eine Kultur des Reichtums an Gehalten, die sich, sogar über Amerika hinaus weltweit, als universalisierbar erwiesen haben. Bis in die Lebenszusammenhänge moderner Wissenschaft, Technik und Wirtschaft hinein findet Europa sich heute durch Folgen der Anstöße herausgefordert, die es anderen gegeben hat. Nicht seine Herkunftseinheit, vielmehr die Ungewißheit seiner Zukunft unter dem Druck seiner global gewordenen Abhängigkeiten legen den Versuch nahe, die europäischen Staaten, unter denen sich eine Weltmacht nicht mehr befindet, in eine politisch handlungsfähige Union zu integrieren.

Um es noch einmal zu wiederholen: Gerade wegen ihres Reichtums an Gehalten, deren Geltung weit über unseren eigenen Kontinent hinausreicht, ja inzwischen globalisierend wirkt, eignet sich die in der Tat manifeste, unleugbare kulturelle Herkunftseinheit Europas nicht als spezifischer Grund seiner politischen Einigung und damit der Grenzbildung gegenüber transatlantischen und sonstigen Weltregionen, die gleichfalls aus der Herkunftseinheit Europas leben oder doch nutzen, was ursprünglich auf europäischem Boden entstanden ist, sich aber längst, wie insbesondere die Wissenschaft und die Technik, als von seinen Herkunftswurzeln ablösbar und genau in diesem Sinne als universalisierbar erwiesen hat.

II. Europäische Einigung trotz staatlicher Pluralisierung und kultureller Differenzierung

Es gibt noch einen weiteren Grund, der uns erkennen läßt, wieso rückwärtsgewandte Beschwörung europäischer Herkunftsidentität wenig geeignet ist, den Prozeß der politischen Einigung Europas zu stimulieren. Anders als noch im 19. Jahrhundert scheint nicht Einheitsbildung, vielmehr staatliche Pluralisierung und kulturelle Differenzierung auf der Tagesordnung der Geschichte zu stehen. Zu diesem Vorgang gehört insbesondere der Zerfall der staatlich-herrschaftlich zusammengebundenen großen Räume. Mit dem Ersten Weltkrieg verfielen das Osmanische Reich und die österreichisch-ungarische Doppelmonarchie. Der deutsche "Griff nach der Weltmacht" – so faßt ein deutscher Historiker deutsche Weltkriegsziele zusammen – scheiterte. Mit dem Ausgang des Zweiten Weltkriegs endete dann der verspätete deutsche Versuch einer imperialen Großraumbildung nach den totalitären Maßgaben der Nationalsozialistischen Deutschen Arbeiterpartei, und ineins damit erledigte sich auch der imperiale Ausgriff des faschistischen Italien auf Nord- und Nordostafrika sowie über die Adria hinweg auf den Balkan. Es triumphierten die alten Demokratien des Westens sowie die Sowjetunion. Diese erhob sich freilich zunächst durch ihren Sieg zur Weltmacht im strategisch-militärischen Sinn mit unverkennbar imperialen Zügen. Inzwischen ist nun auch dieser Großstaat und mit ihr der von ihr zusammengehaltene Ostblock zusammengebrochen – teils kraft der ökonomischen Irrationalität des real existent gewesenen Sozialismus, teils kraft der Unglaubwürdigkeitswirkungen einer Ideologie, die das Selbstbestimmungsrecht der Völker der geschichtsphilosophischen Doktrin historischer Irreversibilität der machtpolitischen Ausbreitungserfolge des bolschewistischen Systems unterwarf.

Überdies erwies sich der Ausgang des Zweiten Weltkriegs als der Anfang vom Ende der großen Kolonialimperien. Frankreich hat aus Gründen, die nicht zuletzt mit seiner politischen Sonderstellung unter den westalliierten Siegermächten des Zweiten Weltkriegs zusammenhängen, sich zunächst schwerer als Großbritannien getan, seine Machtpositionen jenseits der Meere zu räumen. Nur noch einige wenige Relikte aus der europäischen Kolonialgeschichte sind existent geblieben.

Gewiß: Das krude und uns allen bekannte Faktum, daß sich die Geschichte unseres Jahrhunderts im Rückblick, statt als eine Geschichte imperialer Großraumbildungen, als eine Geschichte des Scheiterns der Versuche ihrer Selbstbehauptung oder Neuerrichtung darstellt, läßt sich nicht zum Gesetz erheben. Aber der Trend ist unverkennbar: Pluralisierung der Staatenwelt mit der eindrucksvollen Schlußbilanz, daß in der Weltregion zwischen St. Petersburg und dem vorderen Orient sich die Zahl souveräner Völkerrechtssubjekte von 1914 bis zum Beginn unseres eigenen Jahrzehnts versiebenfacht hat. Es gibt Gründe anzunehmen, daß dieser Prozeß gegenwärtig noch nicht einmal abgeschlossen ist. Es ist unplausibel, daß man dieser mächtigen Tendenz staatlicher

Pluralisierung gegenüber die Europäische Einigung als eine Gegenbewegung zu interpretieren hätte.

Die skizzierte Pluralisierung der Staatenwelt, die für unser Jahrhundert, statt Großstaatsbildung, charakteristisch zu sein scheint, hat sich in Ostmitteleuropa sowie in Osteuropa, unter der Legitimation irresistibel wirkender Selbstbestimmungsansprüche vollzogen. Das Selbstbestimmungsrecht der Nationen gehört bekanntlich zu den völkerrechtsgeschichtlich jungen Rechten, und es ist kein Zufall, daß zu den Vordenkern dieses Rechts in herausragender Weise Theoretiker in der österreichisch-ungarischen Doppelmonarchie gehörten. Ersichtlich ist das Selbstbestimmungsrecht der Völker ein Recht mit großem Konfliktpotential. Die Ereignisse in der Kaukasusregion einerseits und auf dem Balkan andererseits demonstrieren es uns. So versteht man, daß das Selbstbestimmungsrecht in der Politik der Mitgliedsländer der Europäischen Union, zum Beispiel im Rahmen ihrer Mitgliedschaft in der OSZE eher mit einer gewissen Zurückhaltung zur Geltung gebracht wird. Nichtsdestoweniger wäre das Beschweigen der Selbstbestimmungsrechte wenig geeignet, zur Entschärfung potentieller Volksgruppenkonflikte beizutragen. Wer die Entschärfung dieser Konflikte durch Bagatellisierung des Selbstbestimmungsrechts der Völker für aussichtsreich hält, neigt entsprechend dazu, den Volksbegriff für einen Atavismus zu halten. In der Tat würde jeder Versuch, aus der historisch kontingenten Vielfalt faktisch vorliegender politischer Volkszugehörigkeitserfahrungen einen normativ brauchbaren und zugleich inhaltlich sei es kulturell, sei es ethnisch gefüllten Volksbegriff zu destillieren, in Willkür enden. Erst recht läßt sich freilich die Existenz oder Nichtexistenz von Völkern als völkerrechtlichen Selbstbestimmungssubjekten in der gegenwärtigen Welt nicht mehr machtpolitisch bei Gipfeltreffen, in Friedenskonferenzen oder durch Diplomatenrunden am Grünen Tisch dekretieren. Das Selbstbestimmungsrecht der Völker bedarf heute der Positivierung durch völkerrechtlich anerkannte Verfahren, in denen die Selbstkonstitution eines Volkes als Staatsvolk sich vollzieht – auf der Basis welcher faktischen Zusammengehörigkeitserfahrungen auch immer.

Einforderung von Selbstbestimmungsrechten, die auf staatliche Separation drängen, sind in den Mitgliedsländern der Europäischen Union Sache von marginalen Gruppen, die freilich in Extremfällen sich radikalisieren und zu terroristischen Mitteln greifen. Aber auch moderat wirkende Kräfte gibt es, die gegenwärtig in Europa, statt Großstaatsbildung, gebietskörperschaftliche Pluralisierung und schließlich Föderalisierung begünstigen. So läßt sich vor allem die gemeineuropäisch beobachtbare Bewegung des sogenannten Regionalismus charakterisieren. Kritiker haben im Regionalismus Formen modernitätsverweigernder Vergangenheitszugewandtheit erkennen wollen. Man vermutet "Provinzialismus" und Defizite fälliger Orientierung an den Herausforderungen der Zukunft einschließlich der Zukunft europäischer Einigung. In Wahrheit ist diese Vermutung unbegründet. Es ist gerade die Aufgeschlossenheit gegenüber demjenigen, was uns alle in der modernen Zivilisation großräumig miteinander verbindet, die komplementär dazu Interessen kultureller und politischer Selbstbehauptung herkunftsgeprägter Besonderheiten weckt sowie den Willen, für diese Besonderheiten Selbstbestimmungsrechte in Anspruch zu nehmen. Man vergegenwärtige sich diesen Zusammenhang exemplarisch am Phänomen des Sprachengebrauchs. In der Wissenschaft wie in der Wirtschaft und selbstverständlich auch in der Politik vollzieht sich die sich globalisierende Kommunikation zumeist im Medium eines überwiegend freilich nur rudimentär beherrschten Englisch, und sogar in der Europapolitik bedienen sich Kontinentaleuropäer, wenn sie auf Dolmetscher verzichten möchten, der Sprache des europäischen Inselvolkes. Genau komplementär zu diesem Prozeß der Herausbildung einer neuen lingua franca revitalisieren sich überall jene Regionalsprachen, die man schon für Relikte der Vormodernität gehalten hatte. Vom niederländischen Friesland über Südtirol bis zum Nordrand der Karawanken nimmt die Häufigkeit zweisprachiger Ortstafeln zu. Schweizer Banknoten werden nicht mehr, wie noch vor einem Vierteljahrhundert, dreisprachig, vielmehr viersprachig beschriftet. In Barcelona hat man den spanischen Kronprinzen in offizieller Rede bereits katalanische Sätze sprechen hören. Okzitanen und Kelten, Ladiner und Basken treten aus ihrer Marginalität heraus und demonstrieren so, daß im Horizont einer zivilisatorischen Evolution von kontinentaler, ja globaler Reichweite die alten Polaritäten von metropolitan geprägter hoch- und nationalsprachlich privilegierter Kultur einerseits und volkssprachlich marginalisierter Provinz andererseits sich aufzulösen beginnen. Statt dessen bringen sich, komplementär zur herkunftsindifferent erwerbbaren zivilisatorischen Kompetenz, Ansprüche auf Geltungsgleichheit beliebiger kultureller Herkunftsprägungen zur Geltung. Soweit diese Prozesse politisch bis in ihre rechtlichen Konsequenzen hinein erfolgreich verlaufen, bewirken sie schließlich, daß Bevölkerungsgruppen, die früher einmal als "Minderheiten" gekennzeichnet wurden, statt sich aufzulösen, sich der Subsumtion unter die Kategorie "Minderheit" überhaupt entziehen.

Dabei wäre es falsch, zumindest einseitig zu finden, die regionalistischen Bewegungen seien eben nichts als ein Kompensationsphänomen – nützlich für den emotionalen Ausgleich der belastenden Seiten zivilisatorischer Modernisierungsvorgänge, im übrigen aber politisch irrelevant, nämlich für die Zwecke der politischen Selbstorganisation moderner Gesellschaften, die ihre Kleinstaatlichkeit zu überwinden und in großstaatliche Organisationsformen sich einzufügen hätten, die der Großräumigkeit moderner zivilisatorischer wechselseitiger Abhängigkeiten gewachsen sind. Die Sache verhält sich grundsätzlich anders, und man erkennt das, wenn man sich vergegenwärtigt, daß ineins mit der wachsenden regionalen und sozialen Reichweite unserer wechselseitigen Abhängigkeiten auch die Komplexität unserer modernen Lebensvoraussetzungen anwächst, und zwar dramatisch. Wachsende zivilisatorische Komplexität, gewiß, mehrt auf der einen Seite auch den Bedarf an gewissen zentralen Steuerungskapazitäten, und die neuen internationalen Institutionen, weit über die Grenzen der Europäischen Union hinaus, sind funktional auf diesen wachsenden zentralen Steuerungsbedarf bezogen. Aber ineins mit diesem Vorgang wächst zugleich der Anteil zivilisatorischer Lebensvoraussetzungen, die zentraler Regulierung gar nicht mehr fähig sind. Der entscheidende Sachgrund dieser relativ abnehmenden Steuerungspotenz politischer Zentralen von der Art der alten Einheitsstaaten ist informationsverarbeitungstechnischer Natur. In modernen, komplexen Zivilisationen sind Zentralen – nationale wie internationale – sowohl erhebungspraktisch wie verarbeitungspraktisch der dramatisch anwachsenden Menge der Informationen, die zur Selbsterhaltung und Fortentwicklung der Systeme erhoben und verarbeitet sein wollen, immer weniger gewachsen. Der klassische Zentralstaat wird als eine historisch überlebte, nicht zukunftsfähige politische Organisationsform erkennbar, und im Rückblick läßt sich sagen, daß der real existent gewesene Sozialismus nicht zuletzt an seinem modernitätswidrigen planungspraktischen "demokratischen" Zentralismus gescheitert ist. Aus dieser Erfahrung ergeben sich auch Konsequenzen für die Organisation der Europäischen Union.

Man vergegenwärtige sich die relativ abnehmende Administrationskompetenz ortsferner großstaatlicher Zentralen am Exempel des Straßenbaus. Jeder Pkw-Reisende, der heute durch die einmal napoleonisch beherrscht gewesenen Regionen Europas fährt, kennt die Landstraßen, die heute noch den damals auf dem Reißbrett gezogenen Trassen folgen – über mehr als ein Dutzend

Kilometer schnurrstracks von Kirchturm zu Kirchturm führend und hier und da noch mit den inzwischen denkmalpflegerisch konservierten Alleen ausgestattet, die einst marschierenden Militärkolonnen Schatten zu spenden hatten. Dergleichen war damals möglich. Das flache Land bot sich als ein Raum dar, in welchem die infrastrukturbeschädigenden Eingriffe straßenbautechnischer Art gering waren. Handelte es sich um Bauernland, so konnten die Einsprüche der allenfalls Geschädigten ohnehin als unbeachtlich gelten. Aufklärend ließ sich, und zwar zu Recht, nötigenfalls sagen, die administrativ von oben verfügte Straßenbaumaßnahme komme gesamthaft doch der Wohlfahrt des Landes und damit langfristig gesehen auch den aktuell unangenehm Betroffenen zugute.

Es bedarf nur geringer technischer und politischer Phantasie, um zu sehen, daß solche Rationalität, die einst in der Tat zentral optimal exekutierbar war, bei der höchst komplex gewordenen Flächennutzung in hochentwickelten Industriegesellschaften nicht mehr möglich ist. Ferngasleitungen durchziehen das Gelände. Wasserversorgungsnetze binden Siedlungen zusammen, auf den Versorgungs- und Entsorgungsbedarf höchst unterschiedlicher Industrien ist Rücksicht zu nehmen. Baugebiete, die sich in der Entwicklung befinden, haben Anschluß- oder Lärmschutzinteressen. Ökonomisch höchst relevante Nutzungserwartungen von Grundeigentümern sind zu beachten. Naturschutzgebiete sind zu verschonen, und Kommunen oder Ortsteile konkurrieren im Geltendmachen ihrer nachteiligen oder auch vorteilhaften Betroffenheiten, etc.

Organisationstechnisch bedeutet das: Mit der Komplexität und Großräumigkeit moderner zivilisatorischer Lebensverhältnisse wächst zugleich der Bedarf an sektoraler, aber eben auch regionaler und lokaler Selbstorganisation beliebiger Kommunitäten einschließlich gebietskörperschaftlicher Kommunitäten. Eben das setzt sich in Selbstbestimmungs- und Selbstverwaltungsansprüche um. Die Impulse, denen diese Ansprüche sich verdanken, sind insoweit nicht Impulse der Modernitätsflucht hinein in die Pseudoidyllik kleiner Räume. Es handelt sich vielmehr um Impulse aus der Erfahrung organisationstechnischer Notwendigkeiten, das heißt aus der Erfahrung, daß die eigenen Angelegenheiten sich zentral nur in einigen wenigen, freilich sehr wichtigen Bereichen handhaben lassen, im übrigen aber und zum weitaus größeren Anteil selbstbestimmt erledigt sein wollen.

Die Konsequenzen dessen lassen sich in den aktuellen verfassungsrechtspolitischen Entwicklungen der europäischen Länder erkennen. Sogar Frankreich hat bekanntlich inzwischen über seine mehr als neunzig revolutionär geschaffenen Departements ein Netz von Regionen gelegt, die nicht Verwaltungseinheiten, vielmehr Selbstverwaltungseinheiten darstellen. Ihre Kompetenzen sind schwach. Nichtsdestoweniger handelt es sich um eine kleine Revolution, wie man erkennt, wenn man sich vergegenwärtigt, daß dergleichen noch unter *De Gaulle* nicht möglich gewesen war. Für Spanien und für Italien gilt Analoges, und es ist kein Zufall, daß ineins mit der Integration in die Europäische Union auch die traditionellen Föderalstaaten, also vor allem Deutschland und Österreich, verfassungsrechtspolitisch inzwischen einem Prozeß der Stärkung von Länderkompetenzen ausgesetzt sind.

In der Zusammenfassung bedeutet das: Die unleugbare kulturelle Herkunftseinheit Europas gibt als Motiv seiner politischen Einigung nichts her, und Zusammenschlüsse nach Art der nationalstaatlichen Einigungen des 19. Jahrhunderts sind in einem Zeitalter dramatisch verlaufender staatlicher Pluralisierung ohnehin nicht erreichbar. Einzig pragmatische Zwecke erklären und rechtfertigen den Versuch, in Europa eine supranationale Körperschaft zu errichten, und der Erfolg dieses Versuchs setzt voraus, daß die europäischen Nationen in der Unionsbildung ihr

Interesse erkennen. Ohne pragmatische Evidenz der Antwort auf die Frage, wofür die Errichtung Europäischer Gemeinschaften und ihre Erhebung zu einer politischen Europäischen Union überhaupt gut sei, hätten die damit verbundenen partiellen Souveränitätsverzichte und rasch anschwellenden Kosten Zumutungscharakter. Mit zunehmender Komplexität unserer zivilisatorischen Lebensvoraussetzungen nimmt die legitimitätsstiftende Kraft von "Visionen" ab, und die Begründungslasten für die einem zusätzlich zugemuteten Änderungen steigen mit der Dynamik der zivilisatorischen Evolution, von der wir uns ohnehin mitgerissen finden.

III. Pragmatische Zwecke der Europa-Politik

Welches sind entsprechend die pragmatischen Zwecke, an denen die Politik der Europäischen Einigung orientiert ist und die sie, partiell, auch erfolgreich sein ließen? Es ist tatsächlich dann und wann nötig, sich diese Zwecke ausdrücklich zu vergegenwärtigen, ohne die die Politik der Europäischen Einigung ihre Akzeptanz verlöre – auch zur Ernüchterung der herkunftsromantischen Neigung, aus analogen Vergangenheitsabhängigkeiten Fälligkeiten eines politischen Zusammenschlusses ableiten zu wollen.

Aus der Fülle der Zwecke, die der Politik der Europäischen Einigung Zustimmung und damit die Kraft verschaffen, seien hier, als die wichtigsten, vier ausdrücklich genannt – erstens die Errichtung einer europäischen Friedensordnung. Der Friede, der in den Europäischen Gemeinschaften eine gewisse Ordnung gefunden hat, die nun in der Europäischen Union fortgeführt und gefestigt werden soll, ist dabei allerdings weniger das Resultat als die Voraussetzung der Vergemeinschaftung europäischer Politik. Anders gesagt: Nicht die Europäische Gemeinschaft für

Kohle und Stahl, nicht die Europäische Atomgemeinschaft und auch nicht die institutionalisierte Europäische Politische Zusammenarbeit hat den europäischen Nachkriegsfrieden gestiftet. Vielmehr verdanken sich umgekehrt diese Vergemeinschaftungen und Kooperationen der mit dem Ende des Zweiten Weltkriegs und seinen politischen Folgen zur Evidenz gelangten Unfähigkeit der europäischen Nationen, miteinander oder gegeneinander noch Übermächtigungskriege oder auch Kriege zur Herstellung von Gleichgewichtslagen zu führen. Wie die besiegten totalitären Regime noch einmal den Versuch zu machen, verspätet Großimperien zu errichten oder gar eine sich ideologisch selbst privilegierende sogenannte Rasse zum Sieg im Weltbürgerkrieg zu führen – darum könnte es sich ohnehin nicht mehr handeln. Die europäische Friedensordnung, die mit den Europäischen Gemeinschaften auf den Weg gebracht worden ist, verdankt sich dem unwidersprechlich gewordenen Ende der Großmachtrolle der Europäischen Hauptmächte. Sie verdankt sich der Herausforderung des Kalten Krieges, der ohne den Rückhalt der Atlantischen Allianz und damit ohne den Beistand der USA nicht hätte ausgehalten werden können, sowie den Zwängen weltwirtschaftlicher Abhängigkeiten, in denen Erfolge und Mißerfolge ungleich weniger von Potentialen militärischer oder sonstiger politischer Macht als von der Fähigkeit abhängen, den Imperativen technischer, ökonomischer und organisatorischer Rationalität zu gehorchen.

Die skizzierte Kausalität, wonach der europäische Nachkriegsfriede weniger die Folge als die Voraussetzung der Europäischen Gemeinschaften ist, erklärt die Irritation, die der deutsche Bundeskanzler mit seiner Erhebung der europäischen Einigung einschließlich der Währungsunion zum Instrument der Kriegsvermeidung ausgelöst hat. Nur wenn man dem Frieden ohnehin traut, vertraut man doch auch einer gemeinschaftlichen Geldpolitik, und wo es Kräfte gibt, die zum Friedensbruch sich entschließen möchten, wären sie daran auch durch Hüter einer gemeinsamen Währung nicht zu hindern. Eben das bedeutet: Vorteil und Nachteil einer Währungsunion sollten exklusiv mit Rekurs auf die Pragmatik ökonomischer Rationalität erörtert werden. Wer sie statt dessen auf Fälligkeiten der Friedenssicherung bezieht, mindert ineins das Vertrauen in die Stabilität des Friedens, den wir doch bereits haben, wie in die Stabilität des gemeinsamen Geldes, das als vermeintliches Medium der Friedenssicherung funktional überlastet wäre.

Zweitens verbindet sich mit der partiellen Vergemeinschaftung europäischer Politik von Anfang an der Zweck der Einbindung Deutschlands in diese Politik. Das gilt schon für die bald nach der staatlichen Rekonstruktion Deutschlands errichtete Europäische Gemeinschaft für Kohle und Stahl, und für den Maastrichter Vertrag mit seiner Bekundung des Willens zu "einer immer engeren Union der Völker Europas" gilt es nicht minder. Dem Maastrichter Vertrag geht die Wiedervereinigung Deutschlands voraus sowie die Einsicht in die Unaufhaltsamkeit des Verfalls der politischen Gegebenheiten, die über mehr als vier Jahrzehnte hin die Teilung Deutschlands verbürgten.

Es ist nicht populär, das zu sagen. Es fördert aber den europapolitischen Realismus, sich zu dieser Antriebskraft europäischer Einigung unbefangen zu verhalten, und den Deutschen sollte das noch am leichtesten fallen. Die Integration Deutschlands in die Europäischen Gemeinschaften hat, nächst den Herausforderungen des Kalten Krieges, wie nichts anderes die Wiederherstellung Deutschlands als handlungsfähiges politisches Gemeinwesen begünstigt. Gemessen an der Lage, in der Deutschland sich nach dem Ende der Diktatur der Nationalsozialistischen Deutschen Arbeiterpartei befand, ist die europäische Integration Deutschland mehr als jedem anderen Lande zugute gekommen.

Man verfälscht die politischen Motivationen nicht, wenn man festhält, daß selbst noch die im Maastrichter Vertrag für das Ende des Jahrtausends beschlossene Währungsunion ineins mit ihren erhofften wirtschaftlichen Vorzügen auch die sich herausbildende Sonderstellung der D-Mark als europäischer Ankerwährung beseitigen soll. Auch das sollte sich unbefangen sagen lassen. Wahr ist, daß das Unbehagen gegenüber einer währungspolitisch sich herausbildenden Sonderstellung der D-Mark nicht primär ökonomische Gründe hat. Aber der dazu komplementäre Wille, der die D-Mark ihres Prestiges wegen nicht aufgeben möchte, wäre auch kein der ökonomischen Rationalität unterworfener Wille, und die ökonomische Rationalität sollte die einzige sein, von der man sein Urteil über die europäische Währungsunion abhängig macht.

Gewiß: Prestigegesichtspunkte und Zwecke der Kompensation von Bevölkerungsdisparitäten und Handelsbilanzdifferenzen wirken heute in der innereuropäischen Politik wie Vergangenheitsrelikte. Die Zukunft Europas läßt sich, so scheint es, über die Konservierung solcher Relikte nicht sichern. Andererseits ist insbesondere Deutschland gut beraten, wenn es auf demonstrativen europapolitischen Avantgardismus verzichtet. Der Einwand läge allzunahe, daß, wer eine selbstverschuldete nationale Katastrophe hinter sich hat, als Lehrmeister europapolitischer Postnationalität nicht sonderlich glaubwürdig ist. So oder so: Noch die Relikte nationaler Rivalitäten sind heute als Motive europäischer Einigung wirksam. Die nationalen Interessen konvergieren partiell mit dem Gemeinschaftsinteresse, und eben dadurch gewinnt das Gemeinschaftsinteresse zukunftsprägende Kraft.

Drittens ist die Ausrufung einer Europäischen Union von der pragmatischen Absicht mitbestimmt, Europa nach dem irreversiblen Verlust der Weltmachtstellung seiner einstmals groß gewesenen Nationen erneut und nun eben gemeinschaftlich international handlungsfähig zu machen. Naheliegenderweise ist es Frankreich, welches am konsequentesten diese Absicht zur Geltung bringt. Noch die jüngsten Atombombenversuche sind davon mitbestimmt und die Ankündigung einer geradezu revolutionären Veränderung der traditionsreichen französischen Militärverfassung desgleichen. Die europapolitischen Aspekte dieser Bemühungen um Gewinnung und Behauptung verteidigungs- und sicherheitspolitischer Souveränität hat Frankreich in Reaktion auf laut gewordene Kritik ausdrücklich hervorgehoben, und das ist ernst zu nehmen. Zu förmlichen Souveränitätsverzichten im Interesse einer vergemeinschafteten europäischen Verteidigungs- und Sicherheitspolitik ist Frankreich freilich zugleich nicht bereit, so daß insoweit die Auflösung des Problems, wie ungeteilte nationale Souveränität sich mit den Potentialen eines partiell geeinten Europas verbinden ließe, wohl in einer französisch dominierten Europäisierung der Verteidigungspolitik läge. Die Alternative repräsentiert Großbritannien, in dessen verteidigungspolitischer Orientierung im Verhältnis zu den USA Prestigegesichtspunkte keine Rolle spielen, so daß Großbritannien verteidigungspolitisch wie bisher die Atlantische Allianz favorisiert und an einer Verselbständigung der Westeuropäischen Union zu einem EU-abhängigen ostatlantischen Pfeiler der Allianz nicht interessiert ist. So oder so: Als "Union" hat sich die Europäische Gemeinschaft zum Subjekt gemeinsamer Außen- und Sicherheitspolitik erklärt, und man dächte in kurzen Fristen, wenn man das nach dem Ende des Kalten Krieges nicht mehr für aktuell hielte.

Viertens hat die Europäische Gemeinschaft sich als Markt von kontinentaler Weite etabliert. Die Wohlfahrtsgewinne, die das den Europäern eingebracht hat, sind beträchtlich, und wer das gering schätzte, hätte die europäische Armutsgeschichte, die auch heute noch keineswegs vollständig Vergangenheit ist, schon vergessen und die weltpolitische Katastrophe des Versuchs, diese Armut kommunistisch zu überwinden, desgleichen. Richtig bleibt, daß ein europäischer Markt in wesentlichen Hinsichten sich auch als Freihandelszone hätte organisieren lassen. Aber die institutionelle Vergemeinschaftung europäischer Wirtschaftspolitik beschleunigt doch die Vorgänge wünschenswerter Rechtsangleichung, und Transferleistungen bedeutenden Umfangs, deren Effizienz freilich nicht durchweg garantiert ist, setzen gleichfalls politisch entscheidungskompetente Gemeinschaftsinstitutionen voraus. So oder so: In den Regeln des vergemeinschafteten europäischen Marktes wird für jeden, der an ihm teilnimmt, die Realität gewordene politische Einheit Europas am aufdringlichsten spürbar.

Mit der Aufzählung und Erörterung der pragmatischen Zwecke, die die Politik der europäischen Einigung heute bestimmen, ließe sich lange fortfahren – von der Gewährleistung innerer Sicherheit über die Handhabung der Migrationsprobleme bis hin zum Umgang mit ökologischen Krisen, die Nationalstaatsgrenzen nicht respektieren. Das erübrigt sich hier. Es soll aber noch einmal bekräftigt sein, daß eine europäische politische Identität sich einzig über eine Politik bilden wird, die in Orientierung an den genannten pragmatischen Zwecken erfolgreich ist. Die bloße Vergegenwärtigung der kulturellen und religiösen Herkunftseinheit Europas hingegen bliebe als solche ohne auch in politischer Hinsicht Einheit stiftende Kraft.

Daß politische Identität sich, statt herkunftsabhängig, erfolgsbedingt bilden könne – das ist für politische Romantiker eine ungewohnte Vorstellung. Indessen: Es gibt doch historische Lehrstücke, und zwar in großer Zahl, die uns zeigen, daß sich in der Tat körperschaftsbezogene Gemeinschaftsbildung, statt über kulturelle Prozesse reflexiver Vergegenwärtigung gemeinsamer Herkunft, über Erfahrungen mit den Erfolgen politischer Gründungen vollzieht. Sagen wir es exemplarisch: Das heute im Landschaftsverband Westfalen-Lippe institutionell gewordene Bewußtsein der Identität dieser Region ist doch keineswegs ein Bestand von großer Herkunftstiefe und traditionaler Mächtigkeit. Vielmehr ist die neupreußische Provinz Westfalen ein politisch-administratives Kunstgebilde aus höchst heterogenen Herkunftselementen gewesen – zusammengestückt von den lutherischen Gebieten Ravensbergs über die reformierten Territorien Steinfurts und Tecklenburgs und die katholisch-geistlichen Territorien bis hin zu reichsstädtisch geprägten Traditionen und den nicht einmal mehr niederdeutschen, sondern oberdeutschen Regionen jenseits des Rothaargebirges im Siegerland. Was hat denn hier über dergleichen tiefreichende Herkunftsunterschiede hinweg Einheit gestiftet? Es sind die im Rahmen einer modernen Provinzialverwaltung ablaufenden wirtschaftlichen, sozialen und kulturellen Fortschritte gewesen, die hier überzeugend gewirkt haben.

Für andere Regionen Deutschlands und Europas ließen sich ähnliche Geschichten erzählen – für das Großherzogtum Oldenburg zum Beispiel, in welchem ja von Herkunftshomogenität zwischen Friesen und Niedersachsen, zwischen Lutheranern im Norden und Katholiken in den Territorien des alten Niederstifts Münster auch nicht die Rede sein konnte. Nichtsdestoweniger sang man später im Großherzogtum zwischen Dinklage und Jever einhellig "Heil Dir, o Oldenburg". Die Erfolgsgeschichte eines relativ modernen Staates und seiner Verwaltung im Rahmen der armutsüberwindenden Industriegesellschaftsgeschichte des 19. Jahrhunderts macht dergleichen plausibel, überdies im zuletzt genannten exemplarischen Fall eine kluge Konfessionspolitik, die das Land vor den Destruktivismen der *Bismarck*-schen Kulturkampfpolitik einigermaßen zu schützen wußte.

Für das Gelingen der europäischen Einigung bedeutet das: Wenn ihr Nutzen nicht Evidenz gewinnt, werden gebildete Bemühungen der Vergegenwärtigung der kulturellen Herkunftseinheit Europas auch nichts nützen. Mehr als für alle anderen Elemente der europäischen Einigung gilt das natürlich für die in Maastricht vertraglich festgeschriebene Währungsunion. Nur wenn der Euro hält, was ihn betreffend heute die Politiker versprechen, wird man, und zwar im nachhinein, von Gulden, Mark, ja vielleicht sogar vom Pfund gern Abschied genommen haben.

Reinhard Mohn

Geistige Orientierung als Grundlage der Gemeinschaftsfähigkeit im Prozeß der europäischen Integration

I. Selbstverwirklichung und Verantwortung

Europa wird seinen Herausforderungen nicht allein dadurch gerecht werden, daß es unterschiedslos vereinheitlicht wird. Vielmehr können sein vielfältiges Erbe, das von ihm geprägte Menschenbild und der globale Wettbewerb Kräfte in einem geeinten kooperationsfähigen Europa entfalten, die ihm seine traditionelle Wettbewerbsfähigkeit wiedergeben. Dazu trägt vornehmlich nicht seine Größe, sondern seine qualitativ verbesserte, geistig gestaltete Struktur bei.

Wenn wir die Geschichte Europas betrachten, so können wir feststellen, daß wir über gewisse einheitliche geistige Grundlagen verfügen, wie beispielsweise über die christliche Ethik und über das römische Recht. Aber gleichwohl muß auch eingeräumt werden, daß sich Europa nicht geradewegs durch Einigkeit ausgezeichnet hat, sondern eher durch Vielfalt, durch Konkurrenz, durch widersprüchliche Bestrebungen. Heute sind wir an einer Epochenschwelle angelangt, die eine schnelle Anpassungsfähigkeit verlangt. Können die Nationalstaaten das überhaupt noch leisten? So stellt sich vor allem die Frage, wie auf europäischer Ebene ein Verständnis von Gemeinsamkeit, von Ordnung, von Zielen erreicht werden kann, die die Menschen teilen und mit denen sie sich identifizieren können.

In einer Kultur mit überzeugenden Zielen und Regeln wird die Frage nach der geistigen Orientierung der Menschen kaum gestellt. Die Menschen akzeptieren die überlieferten Ordnungen und verstehen sie als notwendige Prämisse für ihre Gemeinschaft. Ihrem Wesen nach suchen Menschen Gemeinschaft und schätzen sie in ihren verschiedenen Äußerungen, wie zum Beispiel Geselligkeit, Arbeitsteilung, Hilfe und Geborgenheit. In früheren Zeiträumen und unter eher hierarchisch-statischen Strukturen konnten Kulturen in diesem Sinne dem Gemeinschaftsbedürfnis der Menschen oft über viele Jahrhunderte unverändert entsprechen. Gelegentliche wissenschaftliche Bemühungen der Evolution berührten kaum die Gesellschaftsordnung. Allen Gemeinschaftsordnungen lagen zwei menschlich bedingte, unverzichtbare Vorgaben zugrunde:

1. eine die Menschen überzeugende ethische Begründung der Verhaltensregeln und
2. den Glauben tragende, transzendente Verheißungen. Diese Komponenten stabilisierten die politische Führung und genügten dem Sinnverständnis der Menschen.

Es ist uns schmerzlich bewußt, daß in unserer Zeit von dem Vorhandensein solcher Prämissen nicht mehr die Rede sein kann. Die heute täglich demonstrierte Unfähigkeit zum Konsens innerhalb unserer Gesellschaft beruht weniger auf unseren unzulänglichen Führungs- und Ordnungsstrukturen als auf einem weitgehenden Verlust gemeinsamer Werte und Ziele. In den vergangenen zwei Jahrhunderten haben sich die Lebensbedingungen und das Selbstverständnis der Menschen grundlegend geändert. Die Industrialisierung erhöhte den Lebensstandard und erlaubte angemessene soziale Sicherungssysteme. Vermehrtes Wissen und das Streben nach Demokratie führten zu einem Selbstverständnis der Menschen, welches sich im Verlangen nach Eigenständigkeit, Freiraum und Mitgestaltung ausdrückte. Fortschritte in Technik und Wissenschaft sowie der einsetzende globale Wettbewerb führten zu Innovations- und Anpassungszwängen. Zunehmend erwiesen sich unter diesen Einflüssen hierarchische politische Strukturen als unwirksam. Zur selben Zeit begann in der westlichen Welt die Debatte über die notwendige Fortschreibung gesellschaftlicher Ordnungen. Dabei wurde weniger die nachlassende Effizienz in Frage gestellt, sondern vielmehr die Übereinstimmung mit dem Selbstverständnis der Menschen hinterfragt. In unserem Jahrhundert haben die Menschen mit unterschiedlichen politischen Ordnungssystemen versucht, Lösungen zu präsentieren. Dieser Prozeß führte nicht zu befriedigenden Ergebnissen und kann noch nicht als abgeschlossen betrachtet werden. Solange wir nicht begreifen, daß wir in unserem Kulturkreis zu übereinstimmenden geistigen Orientierungen und daraus abgeleiteten Zielen kommen müssen, können neue Ordnungen auch nicht erfolgreich sein!

Unzureichend geklärt ist in unserem Lande in diesem Sinne das Verhältnis des einzelnen Menschen zur Gemeinschaft. Die Bemessung solidarischer Verantwortung der Gesellschaft einerseits und subsidiarischer Verpflichtungen des einzelnen andererseits ist weder zutreffend definiert noch von den Bürgern verstanden worden. So sehr sich am Anfang der Industrialisierung eine solidarische Haltung als unverzichtbar erwies, so schwer fiel es nachher der Politik, in dieser Hinsicht Maß zu halten und insbesondere in Wahlkämpfen opportunistischen Versuchungen im Bereich der Sozialpolitik zu widerstehen. Es wurde zur Gewohnheit, in bezug auf die soziale Verantwortung nicht nur das Notwendige zu tun, die Parole hieß vielmehr bald „soviel wie möglich“! Diese Politik führte rasch zur finanziellen Überforderung des Staates und gleichzeitig bei den Bürgern zu einer unvertretbaren Anspruchsmentalität. Erst langsam begreifen wir wieder, daß soziale Ansprüche auf das Notwendige begrenzt und Bürgerpflichten eingefordert werden müssen. Wir müssen lernen, den Anspruch des einzelnen auf Selbstverwirklichung wieder zu verbinden mit Verantwortungsübernahme für seine Gemeinschaft. Wir sollten wieder begreifen, daß aktive Teilhabe an der Gemeinschaft auch ein Stück Selbstverwirklichung darstellt! Diese gesellschaftlichen Grundüberlegungen müssen insbesondere unsere Politiker wieder lernen!

II. Gemeinschaftsfähigkeit und Zielorientierung

Gemeinschaftsfähigkeit muß erworben werden! In einer Epoche flexibler gesellschaftlicher Prämissen sind die Definition richtiger Ziele und das Erlernen entsprechenden Verhaltens extrem erschwert. Dazu kommt, daß die Bürger das Vertrauen in die Kompetenz ihrer Führung verloren haben, humane und zugleich funktionstüchtige Ziele zu setzen. Der heute eingetretene Vertrauensverlust in die Politik ist außergewöhnlich und leider sehr begründet! Längere Zeit kann sich keine Gesellschaft eine solche Führung erlauben! So darf es nicht verwundern, daß wir nur sehr zögernd funktionstüchtige Gemeinschaftsstrukturen wieder errichten können. Von einer systematischen und wirksamen Einübung der Gemeinschaftsfähigkeit kann keine Rede sein!

An die Definition neuer, unserer Zeit entsprechenden Ziele wagen sich die anderen gesellschaftlichen Institutionen, wie beispielsweise das Bildungswesen und die Kirchen, kaum heran. Leider ist auch festzustellen, daß die derzeitige Beliebigkeit und Orientierungslosigkeit in den Zielen unserer Gesellschaft insbesondere die Einflußmöglichkeiten der Familie stark beschränkt haben. Zu dieser Entwicklung hat nicht zuletzt der Staat selbst in dem irrigen Bemühen beigetragen, die natürliche Verantwortung der Familie – ebenso wie die Selbstverantwortung des einzelnen Menschen – durch staatliche Regelungs- und Sicherungssysteme zu ersetzen. Ein internationaler Vergleich auf diesem Gebiet bestätigt eindrucksvoll, daß wir bei diesem Bemühen um gesell-

schaftlichen Fortschritt gescheitert sind! Der eingetretene Lernprozeß ist schmerzhaft und benötigt viel Zeit! Die Bürger sollten in dieser Situation wissen, daß die notwendigen Initiativen zu einer Neuorientierung in erster Linie von ihnen selbst kommen müssen! Der Zustand der hierarchischen Strukturen in Politik und Staat lassen zeitnahe Reaktionen nicht erhoffen.
Bei einer Bestandsaufnahme der geistigen Verfassung unserer Gesellschaft müssen wir neben den Defiziten aber auch die Möglichkeiten ausweisen, die zur Wiedergewinnung einer tragfähigen geistigen Orientierung führen können! Solche Möglichkeiten zeichnen sich ab! Wir sollten sie verstehen, unterstützen und nutzen! Unser größtes Kreativpotential in bezug auf die Fortschreibung der geistigen Orientierung liegt in dem anthropologisch begründbaren Verlangen der Menschen nach einer funktionstüchtigen und zugleich humanen Gemeinschaftsordnung. Angesichts der Komplexität der heutigen Aufgabenstellung wird eine solche Ordnung nicht mehr hierarchisch entwickelt und vorgegeben werden können. Wir dürfen aber darauf vertrauen, daß das unserem demokratischen System zugrunde liegende Menschenbild auch die Kräfte freisetzen kann, welche auf dem mühsamen Weg einer Neuordnung der Orientierung und der Ziele zu sachgerechten Regelungen führen werden. Führungstechnisch heißt das, daß wir das Versagen hierarchischer Strukturen begreifen, Verantwortung delegieren und Freiraum gewähren müssen. Mein Vertrauen in das schöpferische Potential des Menschen und zugleich seine Bereitschaft, sich für richtig erkannte Ziele einzusetzen, gründet auf meiner eigenen Erfahrung. Ich bin gewiß, daß der skizzierte Weg gangbar ist, und ich muß eingestehen, daß ich keinen anderen Weg erkennen kann!
Am Beginn eines solchen Reformansatzes stehen nun das Entwickeln der Ziele und das Definieren sachgerechter Verhaltensweisen. Bei dieser Aufgabe sollten wir menschlich bewährte Grundlagen der europäischen Kultur, der christlichen

Ethik und des römischen Rechts zu Rate ziehen. Aus unserer Zeit sind darüber hinaus Erkenntnisse in bezug auf das Menschenbild in der Demokratie sowie aus der Definition der Menschenrechte heranzuziehen. Hier besitzen wir geistige Fundamente, auf denen aufgebaut werden kann!
Die benötigten neuen Ordnungen für die verschiedenen Lebensbereiche der Menschen müssen dezentral entwickelt werden! Dabei sollten wir die heute bestehenden Möglichkeiten nutzen, Ordnungen meßbar zu gestalten und bei der Bewertung ihrer Ergebnisse die erneuernde Kraft des konzeptionellen Wettbewerbs einzubeziehen. Und wir müssen stets daran denken, daß Fortschritt ohne Freiheit und Mut nicht erreichbar ist.
Im ethischen Bereich erhoffe ich mir neue Initiativen der Kirchen und des Bildungswesens. Nicht dogmatische Rechthaberei und die Bestandswahrung von Überzeugungen der Vergangenheit können uns den Weg in die Zukunft weisen. Wohl ist es aber möglich, bewährte ethische Grundsätze auf die heutigen Gegebenheiten der Gesellschaft anzuwenden. Dies gilt für viele unbewältigte Probleme, insbesondere bei dem Bemühen um eine größere materielle Gerechtigkeit und die Sicherung einer Chance zur beruflichen Bewährung. Wir sollten auch noch nachdenken über die unausgeschöpften Möglichkeiten des Dialoges und der Bedeutung des Grundsatzes der Achtung von Menschenwürde und Toleranz!
Bei gutem Willen und mit mehr Anständigkeit ist dieser dezentrale Weg der Erarbeitung einer neuen Orientierung um ein Vielfaches erfolgversprechender als die früheren Versuche der Problemlösung mit Hilfe einer Flut von Vorschriften! Wir müssen uns darüber klar sein, daß die historische Entwicklung derzeit zu einem Orientierungsdefizit geführt hat, welches den Konsens blockiert und den Fortschritt gefährdet. Dieser Zustand muß überwunden werden! Das heute zu beobachtende individualistische Streben nach persönlichem Einfluß, Reichtum und Macht ist gesellschaftlich nicht weiterführend! – Ich bejahe

die Freiheit als Grundlage der persönlichen Entwicklung. Aber diese Freiheit muß eingebunden sein in eine neue geistige Orientierung, die Konsens ermöglicht und auf Humanität und Gerechtigkeit gegründet ist.

III. Selbstverständnis und ethische Begründung

Schon heute gibt es bemerkenswerte Versuche und auch Erfolge auf der Basis eines neuen Zielverständnisses und abgeleiteter Regelungen. Es hat sich dabei gezeigt, daß Einsichtsfähigkeit und Kooperationsbereitschaft der Menschen in hohem Maße vorhanden sind. In der Praxis kann sehr viel mehr Konsens hergestellt werden, als die Äußerungen der Exponenten unserer Streitkultur vermuten lassen! Damit ist auch erwiesen, daß die notwendigen Prämissen für die Dezentralisierung, nämlich Identifikation mit der Aufgabe und Motivation beim Einsatz, geschaffen werden können. Es war für mich sehr befriedigend zu lernen, welche Leistungs- und Kreativitätsreserven wir mit Hilfe einer neuen Kultur der Partnerschaft in der Arbeit mobilisieren konnten! Dabei ist anzumerken, daß diese Effekte nicht nur im Bereich der Wirtschaft beobachtet wurden, sondern in gleicher Weise auch in den verschiedenen Zuständigkeitsbereichen des Staates.
In unserem Bildungswesen müssen wir zur Erreichung der Gemeinschaftsfähigkeit junger Menschen diesen neuen Ansatz einer Gesellschaftsordnung verständlich machen. In Zukunft wird erfolgreiches Handeln auf Konsens beruhen, und nur eine akzeptierte geistige Orientierung kann einen solchen Konsens vermitteln! Darüber hinaus muß in unserer Zeit des Liberalismus und der Individualisierung aber auch wieder die Fähigkeit zum Gemeinschaftsleben gelehrt und gelernt werden. Dabei sind ethische Begründungen an praktischen Beispielen zu erläutern!

Die Klärung der Relation des einzelnen zur Gesellschaft muß im Mittelpunkt des Lernprozesses stehen!

Bezüglich der Aufgabenstellung der Kirchen sei in diesem Zusammenhang angemerkt, daß das neue Selbstverständnis der Menschen sehr wohl mit den ethischen Forderungen des Christentums in Einklang zu bringen ist. In diesem Zusammenhang rate ich an, einmal zu überprüfen, weshalb das Christentum sich am Beginn seiner Ausbreitung den anderen Religionen als überlegen erwiesen hat! Die seinerzeit dafür entscheidende Begründung beruhte nämlich auf der Überlegenheit und Akzeptanz christlicher Ethik! Nach meiner Auffassung haben die christlichen Kirchen in diesem Sinne auch heute hervorragende Möglichkeiten, an einer neuen geistigen Orientierung mitzuarbeiten. Um es noch deutlicher zu formulieren: Wir brauchen die Mitarbeit der Kirchen!

Vielleicht wird in unserer aufgeklärten Zeit manch ein Leser überrascht sein, wenn ich mich im Zusammenhang mit der kirchlichen Aufgabe auch für das Ernstnehmen transzendenter Verheißungen einsetze. Dabei stelle ich weniger ab auf historische Fakten oder relevante Behauptungen. Meine Anmerkung zielt auf die kultur- und religionsgeschichtliche Erkenntnis, daß der anthropologisch bedingten Erwartung des Menschen an eine geistige Orientierung allein mit ethischen Geboten nicht entsprochen werden kann. Es ist diesbezüglich nicht weiterführend, den Unterschied von "Wissen" und "Glauben" zu problematisieren. Die Kulturgeschichte hat gezeigt, daß der Mensch in einer transzendenten Verheißung die Grundlagen seines Glaubens sucht und akzeptiert. Eine Religion ohne transzendete Verheißung entspricht nicht menschlicher Erwartung – und befriedigt nicht seinen Orientierungsbedarf.

Der Prozeß der Erneuerung unserer geistigen Orientierung ist nicht gleichzusetzen mit der uns bekannten Durchsetzung eines neuen Gesellschaftssystems oder der Stiftung einer neuen Religion. In unserer Zeit – unter Berücksichtigung der Lebensumstände und des Selbstverständnisses der Menschen – geht es vielmehr darum, viele tragfähige Bausteine zu entwickeln, die in dem Gesamtbauwerk einer neuen Orientierung in Übereinstimmung mit den heutigen Lebensprämissen stehen. Solch ein Bauwerk mag eine historisch unbekannte Herausforderung darstellen. Aber es spricht doch vieles dafür, daß dieser Lösungsansatz der Erarbeitung einer neuen geistigen Orientierung zielführend sein wird.

Die europäische Gemeinschaft bietet eine große Chance. Mit ihr können und müssen wir den internationalen Systemwettbewerb annehmen. Dafür brauchen wir den Freiraum zur Gestaltung und das Engagement zugunsten des Fortschritts. Dieses Gemeinschaftsengagement muß als Teil unserer Selbstverwirklichung begriffen werden. Dabei kann man sich nicht nur auf Theorie, Erkenntnis oder Wissen verlassen, sondern gefordert ist eine schnelle Reaktion auf die Zwänge der Entwicklung. Die europäische Demokratie verlangt, daß wir als Bürger mitdenken und mitgestalten. Wir haben die Verantwortung dafür. Es sieht nicht alles glänzend aus in unserer Zeit, aber dennoch: Es ist eine wunderbare Zeit, eben weil wir zum Mitgestalten gezwungen sind.

Franz Schoser

Die wirtschaftliche Dimension Europas: Wirtschaft als Grundlage und Antriebskraft der Europäischen Integration

Die Europäische Integration erschöpft sich gewiß nicht in wirtschaftlichen Fragen. Sie war seit dem Ende des zweiten Weltkrieges von einem politischen Motiv geprägt. Es ging darum, Deutschland einzubinden in die westliche Staatengemeinschaft, es zu kontrollieren, ohne es, wie nach dem ersten Weltkrieg, arm zu machen. Aus diesem zunächst defensiven Motiv ist eine ungeheure Dynamik gewachsen. Und die Instrumente, die zur Integration gewählt wurden, waren nahezu ausschließlich wirtschaftlicher Natur. Jedenfalls gilt dies bis zum Vertrag von Maastricht. Im Folgenden soll dies nachgezeichnet und mit einer Analyse zentraler wirtschaftspolitischer Fragestellungen der europäischen Politik verknüpft werden.

I. Vom *Marshall*-Plan zum Binnenmarkt

Den Anfang der Europäischen Integration markierte eine denkwürdige Rede. Gehalten wurde sie am 5. Juni 1947 an der Harvard-Universität. Der Redner war *George Marshall*. Die Dynamik, die diese Rede in Gang setzte, hat die Entwicklung Europas über Jahrzehnte hinweg nachhaltig beeinflußt. Es war die Geburtsstunde für das europäische Wiederaufbauprogramm, das European Recovery Program (ERP), den „*Marshall*-Plan“. Rückblickend muß man das Jahr 1947 insgesamt als Schlüsseljahr für die weitere Entwicklung Europas bezeichnen. Es war –

im Nachfeld des Krieges - geprägt von der Spaltung Europas und der Welt in zwei Machtblöcke.

Das europäische Wiederaufbauprogramm für die 16 teilnehmenden Staaten Westeuropas war sowohl wirtschaftlich als auch politisch äußerst erfolgreich. Von den etwa 14 Milliarden US-Dollar profitierten die Teilnehmerstaaten auf ganz unterschiedliche Art und Weise. Während die einen die Hilfe zur Stabilisierung ihrer Finanzen und zum Abbau der Staatsschuld nutzten, setzten die anderen die Mittel zum Wiederaufbau ihrer Industrien ein.

Die Außenpolitik der Vereinigten Staaten war darauf ausgerichtet, die ideologische und machtpolitische Expansion der vormaligen UdSSR einzudämmen. Gleichzeitig gelang es, eine wirtschaftliche und politische Stabilisierung Westeuropas einzuleiten. Hierbei kam Deutschland bzw. Westdeutschland als Nahtstelle der antagonistischen Mächte im Ost-West-Konflikt eine besondere Bedeutung zu. Auf einen kurzen Nenner gebracht, wurde mit der Einbeziehung in das European Recovery Program für Westdeutschland das Fundament für den Beginn des wirtschaftlichen und politischen Wiederaufstiegs nach dem Zweiten Weltkrieg gelegt.

Dennoch: Der *Mashall*-Plan gilt zu unrecht in weiten Kreisen als ein Aufbauprojekt für Deutschland. Es war ein europäisches Projekt. Dies zeigt schon allein die Verteilung der Mittel. So erhielt Großbritannien 3,4 Mrd. Dollar und Frankreich 2,8 Mrd. Dollar, während auf die drei Westzonen Deutschlands „nur“ 1,3 Mrd. Dollar entfielen.

Nahezu zeitgleich mit dem Erlaß des europäischen Wiederaufbauprogramms wurde am 16. April 1948 die Organisation für europäische wirtschaftliche Zusammenarbeit mit Sitz in Paris gegründet [Organisation for European Economic Co-Operation, OEEC]. Von ihr gingen wichtige Impulse zur Bildung einer Wirtschaftsunion aus, die zu einem engeren Zusammenschluß in die Europäische Gemeinschaft für Kohle und Stahl [EGKS, Montanunion] und später in die Europäische Wirtschaftsgemeinschaft [EWG] führten. Schließlich wurde mit der Gründung der Europäischen Zahlungsunion [EZU] im Rahmen eines multilateralen Verrechnungs- und Beistandskreditsystems im September 1950 der Zahlungsverkehr zwischen den Mitgliedstaaten geregelt. Alle diese Entwicklungen stellen bis in die frühen 50er Jahre hinein erste Ansätze für eine europäischen Integration dar. Und sie alle betrafen die wirtschaftliche Zusammenarbeit in Europa.

Mit der Gründung der Montanunion im Juli 1952 haben die Staaten erstmals auf freiwilliger Basis einen Teil ihrer Hoheitsrechte auf eine supranationale Körperschaft übertragen. Insofern wurde schon mit der Montanunion auch ein erster richtungweisender Schritt auf dem Weg zu einer *politischen* Einheit vollzogen.

Die Europäische Wirtschaftsgemeinschaft gab der Entwicklung der Europäischen Integration eine völlig neue Dimension; denn im Unterschied zu den *sektoralen Zusammenschlüssen* „Montanunion" und „Europäische Atomgemeinschaft" [EURATOM, EAG] zielte die EWG auf die *Integration aller Wirtschaftssektoren* der beteiligten Länder. Der Weg zum eigentlichen Ziel der EWG, die Schaffung eines Gemeinsamen Marktes mit den „vier Grundfreiheiten" wurde aber länger und steiniger als es nach den ersten euphorischen Integrationsschritten zu erwarten war. Nach Phasen der Blockade und der „Eurosklerose" hat eigentlich erst das Weißbuch der Kommission von 1985 das Ziel der „vier Grundfreiheiten" der Römischen Verträge wieder aufgegriffen und dem Projekt eines einheitlichen Binnenmarktes der wirtschaftlichen Integration neue Nahrung gegeben. Das Zieldatum 31.12.1992 sollte auf dem Weg einer schrittweisen Reduzierung der sogenannten „nichttarifären Handelshemmnisse“ innerhalb der Gemeinschaft erreicht werden. Man darf die Vollendung des Binnenmarktes wohl zu Recht als ordnungspolitische „Großtat“ der Kommission bezeichnen. Allein mehrere hundert Rechtsakte waren für die Umsetzung dieses „Quantensprungs der europäischen Integration“ erforderlich.

Der Anschub des Binnenmarktes ließ den Handel innerhalb der EG schneller wachsen als den Handel der Gemeinschaft mit Drittstaaten. Dies war natürlich zum einen die Folge beschleunigter Handelsströme aufgrund des vereinfachten Güter-, Kapital- und Dienstleistungsverkehrs. Zum anderen jedoch löste außerhalb der EG die Entwicklung zu einem einheitlichen Binnenmarkt Ängste vor einer „Festung Europa“ aus. Daraus resultierte eine spürbare Zunahme ausländischer Direktinvestitionen in der EG; wodurch wiederum zum Teil traditionelle Exporte in die EG substituiert wurden. Auf das Stichwort „Festung Europa“ soll später noch einmal zurückgekommen werden.

In den folgenden Jahren trat angesichts internationaler Krisen die asymmetrische Fähigkeit der Gemeinschaft zur Lösung ihrer inneren und äußeren Probleme immer mehr zu Tage. Die Verwirklichung des Binnenmarktes entwickelte sich zwar weiter, die Rolle der EG bei internationalen Krisen war aber aufgrund ihrer eingeschränkten politischen Handlungsfähigkeit eher zurückhaltend. Dieses deutliche Ungleichgewicht der Gemeinschaft zwischen ihrem wirtschaftlichen Einfluß auf der einen Seite und ihrem politischen auf der anderen erzeugte Unzufriedenheit. Dies nährte die Absicht, die Europäische Einigung wiederum einen wesentlichen Schritt voranzutreiben.

Dieser Geist prägte sehr deutlich die Verträge von Maastricht [1993]. Sie waren von dem Anliegen getragen, der europäischen Integration eine neue Qualität zu verleihen - und als äußeres Zeichen der inneren Vertiefung änderte die Gemeinschaft auch ihren Namen: Sie wurde zur „Europäischen *Union*". Damit unterstrich sie die Absicht, über die *wirtschaftliche Integration* hinaus auch eine *politische Union* zu verwirklichen. Sichtbar wurde dies durch die Schaffung zweier zusätzlicher „Säulen" unter dem Dach der Union, der *Gemeinsame Außen- und Sicherheitspolitik* [GASP] und der *Zusammenarbeit in den Bereichen Justiz und Inneres* [JI]. Wobei die bei weitem stärkste dieser drei EU-„Säulen" nach wie vor die Europäische Gemeinschaft ist. Nicht zuletzt durch die Übertragung umfangreicher Kompetenzen von seiten der Mitgliedstaaten hat sie längst einen supranationalen Charakter erlangt. Demgegenüber sind die Nationalstaaten bei der Gemeinsamen Außen- und Sicherheitspolitik sowie der Zusammenarbeit in den Bereichen Justiz und Inneres bestrebt, so weit wie möglich das Subsidiaritätsprinzip zur Anwendung zu bringen; das heißt, sie möchten ihre Souveränität in diesen äußerst sensiblen Politikbereichen in möglichst geringem Umfang preisgeben und ihre Zusammenarbeit zwischenstaatlich regeln. Die kürzlich in Amsterdam abgeschlossene EU-Regierungskonferenz hat wieder einmal deutlich gemacht, wie schwierig der Weg von einer intergouvernementalen Zusammenarbeit hin zu einer echten Vergemeinschaftung in diesen Bereichen immer noch ist.

Doch das Erreichte ist insgesamt schon beachtlich - ökonomisch und politisch. Was vom *Marshall*-Plan bis zu den Maastrichter Verträgen in Europa und mit Europa geschehen ist, läßt sich an der inzwischen hohen Zahl der integrierten Mitglieder in der Europäischen Union, aber auch an deren Wohlstand festmachen. Die gewachsene Gemeinschaft hat alle Länder, auch die zuletzt hinzugekommenen, wohlhabender gemacht - auch wenn die

Unterschiede im Wohlstandsniveau zwischen den einzelnen Ländern nicht zu leugnen sind. Wenn auch dem wirtschaftlichen Riesen die politische Qualität seiner Außenwirkung noch bei weitem nicht entspricht, so ist es doch mit den Mitteln der ökonomischen Integration gelungen, Europa zu einem Hort der politischen Stabilität werden zu lassen. Der politische Erfolg der Integrationspolitik geht heute weit über sein ursprüngliches Motiv hinaus, die Bedrohung des Friedens durch ein übermächtiges Deutschland in der Mitte Europas zu bannen.

II. Europäische Handelspolitik und die „Festung Europa"

Die EU ist mit der Realisierung des gemeinsamen Binnenmarktes zum 1. Januar 1993 zum wirtschaftsstärksten Binnenmarkt der Welt aufgestiegen. Außerhalb der Gemeinschaft hat dies durchaus zwiespältige Gefühle ausgelöst: Die Vertiefung und Erweiterung der Europäischen Integration und das damit verbundene wirtschaftliche Machtpotential nährt die Sorge, Europa könne sich durch die Ausweitung des regionalen Präferenzhandels zu einer Art "Festung" im internationalen Handel aufbauen. Besonders bei Entwicklungsländern hat das Binnenmarktprogramm zu der Befürchtung geführt, die Zunahme der Handelstätigkeit zwischen den Mitgliedstaaten der Gemeinschaft werde auf Kosten einer Verschlechterung der Zugangsbedingungen für Importe durch Abschottung gegenüber Drittstaaten gehen.

Gibt es die "Festung" Europa? Hat sich die EG gegenüber Dritten abgeschottet?

Zunächst einmal steht außer Zweifel, daß die Gemeinschaft bei der Liberalisierung ihrer Handelspolitik wichtige Erfolge erzielen konnte; nehmen wir als Beispiel nur die Abschaffung nationalstaatlicher Handelsbeschränkungen oder den Beitrag der EG zur multilateralen Liberalisierung im Rahmen der WTO.

Gleichwohl darf man nicht die Augen verschließen vor einigen Entwicklungen in der Handelspolitik der Gemeinschaft, die den Liberalisierungsbemühungen entgegenstehen. Nationale Handelsbeschränkungen gingen in Zölle und nichttarifäre Mengenbegrenzungen der Union ein. Damit wurde aus einer nationalen Handelsschranke eine unionsweite Importbarriere. Durch diese Einigung auf den kleinsten gemeinsamen handelseinschränkenden Nenner werden Mitgliedstaaten mit einer liberaleren Handelspolitik bestraft. Leidtragender ist letztendlich der Verbraucher, der diesen Protektionismus mit längeren Wartefristen und höheren Preisen bezahlen muß.

Ähnlich protektionistische Wirkungen können von den verschiedensten handelspolitischen Instrumenten ausgehen - und unter ihnen hat die Antidumping-Politik sicherlich die größte Bedeutung. Bei der Feststellung, ob tatsächlich "räuberisches" Dumping vorliegt, steht die Kommission vor nahezu unlösbaren Informationsproblemen. Das sogenannte „Gemeinschaftsinteresse“ - als Voraussetzung für die Verhängung einer Antidumping-Maßnahme - ist an keiner Stelle konkretisiert und somit weit interpretierbar. Der diskretionäre Spielraum der Kommission erweist sich als beträchtlich und macht aus der Antidumping-Politik eine wirksame protektionistische Waffe.

Empirisch interessant ist die Tatsache, daß Drittländer, die ein relativ niedriges EU-Importvolumen aufweisen, stärker als andere Länder durch europäische Antidumping-Maßnahmen betroffen sind. Offenbar werden solche Sanktionen durch die Gemeinschaft vorwiegend bei denjenigen Ländern eingesetzt, von denen keine entsprechenden Gegenmaßnahmen zu erwarten sind. Auf der Grundlage dieser Beobachtungen ließe sich die

These aufstellen, daß es bei der Antidumping-Politik weniger um die Bestrafung "unfairer" Preise als vielmehr um eine Importabwehr mit dem geringsten Risiko geht!

Erfreulicherweise ist die EU jedoch gemäß EG-Vertrag dem "Grundsatz einer offenen Marktwirtschaft mit freiem Wettbewerb" verpflichtet. Der mit Art. 130 EG-Vertrag verbundene Auftrag, die Wettbewerbsfähigkeit der europäischen Industrie zu stärken, hat zwar die Möglichkeit für dirigistische und interventionistische Maßnahmen gegeben - dieser Artikel ermutigt Partikularinteressen geradezu, nach dem Schutz der Industriepolitiker zu rufen. Allerdings verpflichtet gleichzeitig der „Grundsatz einer freien Marktwirtschaft" nach Art. 3a des EG-Vertrages zu einem freien Wettbewerb und damit auch zu einem freien Welthandel.

Alles in allem ist "Festung" keinesfalls ein korrektes Attribut zur Umschreibung des Bauwerks Europa. Die EU präsentiert sich durchaus als ein offener Handelspartner - auch, wenn bei manchen Anti-Dumping-Maßnahmen und besonders in der Agrarpolitik Hinweise für einen selektiven Protektionismus erkennbar sind. Langfristig muß es das Ziel der Europäischen Union sein, den im EG-Vertrag verankerten Grundsatz einer offenen Marktwirtschaft mit freiem Welthandel zu verwirklichen. Dies kann nicht durch Bilateralismus oder „Managed Trade" erreicht werden; es muß vielmehr auf dem Weg multilateraler Liberalisierungen geschehen.

Die Losung ist relativ einfach: Europäischer Protektionismus - in welcher Form auch immer - ist unangebracht; denn er verschlechtert die Chancen deutscher und europäischer Unternehmen im beständig intensiver werdenden Wettbewerb auf den globalen Märkten - und zwar nachhaltig.

III. Europa und Globalisierung

Die vielzitierte Globalisierung wurde noch vor gar nicht allzu langer Zeit als Impulsgeber für wirtschaftlichen Erfolg beschworen. Das ist sicher richtig. Aber wie jedes Ding, hat auch die ökonomische Wahrheit ihre zwei Seiten. Und so erkennt die europäische Wirtschaft - und die Politik nicht minder - zwar durchaus die Chancen, die in einer immer engeren Integration der Weltmärkte in Verbindung mit einer sich vertiefenden internationalen Arbeitsteilung liegen; aber gleichzeitig sehen sich beide unter dem Vorzeichen der Globalisierung auch immer neuen Herausforderungen gegenübergestellt.

Die Politik muß ihrer Verantwortung nachkommen, ordnungspolitische Rahmenbedingungen für unternehmerisches Handeln derart zu gestalten, daß europäische Unternehmen im Weltmarktmaßstab konkurrenzfähig bleiben. Konkurrenzfähigkeit ist die entscheidende Voraussetzung dafür, daß die gerade in der gegenwärtigen Situation so dringend benötigten Arbeitsplätze gesichert, daß neue geschaffen werden. Die endgültige Vollendung und Erweiterung des Europäischen Binnenmarktes ist zweifellos ein wichtiger Schritt, um den Unternehmen in Europa zu mehr internationaler Wettbewerbsfähigkeit zu verhelfen. Gleichwohl darf sie nur als ein - wenn auch wichtiger - Meilenstein auf dem Weg zu einer umfassenden Liberalisierung der Weltwirtschaft verstanden werden. Um dieses Ziel zu erreichen, muß auch die Welthandelsorganisation politisch gestärkt werden, damit sie auf dem Weg multilateral vereinbarter Marktöffnungen und Deregulierungen rasch voranschreiten kann. Jeglichen protektionistischen Bestrebungen der Union muß Einhalt geboten werden.

Dies gilt besonders angesichts der für viele beängstigenden Erkenntnis, daß die Globalisierung auch die wohlfahrtsstaatlichen Strukturen in der Europäischen Union dem Standortwettbewerb aussetzt. Unüberhörbar sind in diesem Zusammenhang die Rufe nach einer Harmonisierung der Sozialpolitik auf europäischem Niveau, um einen solchen Wettbewerb zu verhindern. Begründet wird diese Forderung mit der Mär vom „Sozialdumping“: Der europäische Binnenmarkt solle abgeschottet werden gegenüber Produkten aus den aufstrebenden Ländern, die sich unseren Sozialstandard nicht leisten können. Dieser Ansatz ist jedoch verfehlt. Anstatt sich abzuriegeln, sollte man den Druck des Standortwettbewerbs als heilsamen Impulsgeber für die dringend notwendigen Reformen ansehen. Es wäre verantwortungslos, die Augen vor den allzu deutlichen Realitäten auch nur einen Tag länger zu verschließen. Deutlicher als jemals zuvor in der Vergangenheit zeigt uns die Globalisierung heute, daß die Sozialpolitik die Grenzen der wirtschaftlichen Leistungsfähigkeit deutlich überschreitet. Dies ist schon jetzt kaum noch tragbar - geschweige denn in der nahen oder gar fernen Zukunft.

Einem Verfechter der Sozialen Marktwirtschaft überkommen bei näherer Betrachtung der gegenwärtigen sozialstaatlichen Strukturen in vielen Ländern der Europäischen Union zwiespältige Gefühle. So unbestritten notwendig Regeln zum sozialen Ausgleich sind, so bedenklich erscheint das zwischenzeitlich erstarrte Besitzstandsdenken - leider vor allem in Deutschland. Bei einem Sozialbudget, das mehr als ein Drittel des Bruttoinlandsprodukts umfaßt, wird heute vielfach von der rechten in die linke Tasche des Bürgers umverteilt. Dadurch wird die wirtschaftliche Freiheit sowohl der Unternehmer als auch der Arbeitnehmer erheblich eingeschränkt. Und das kann man nicht gutgehen.

Wiederum ist es das Prinzip des Wettbewerbs, das einen wichtigen Beitrag zur Lösung des Problems leisten und das die notwendigen Reformen im Sozialbereich voranbringen kann. Ein großer Vorteil einer Föderation, die nach dem Prinzip der Subsidiarität organisiert ist, liegt darin, daß jedes Land von seinen Nachbarn lernen kann. Nicht etwa das Schreckgespenst „Kapitalismus pur“ ist die Folge des Reformdrucks, sondern ein insgesamt besseres Preis-Leistungs-Verhältnis im Innern des Sozialstaates. Auch hier gilt das ökonomische Prinzip, gilt die Forderung, daß sozialpolitische Ziele mit einem möglichst geringen finanziellen Aufwand verwirklicht werden müssen.

Die Rückführung des Wohlfahrtstaates auf ein wirtschaftlich verträgliches Maß kann jedoch nur gelingen, wenn eine Harmonisierung der Sozialpolitik - und damit eine Anpassung auf hohem Niveau - innerhalb der Europäischen Union unterbleibt. Das Weißbuch der Kommission sagt zu Recht sehr deutlich: „Anhaltender sozialer Fortschritt kann nur auf wirtschaftlichem Wohlstand, d.h. auf der Wettbewerbsfähigkeit der europäischen Wirtschaft beruhen.“ Schon ein kurzer vergleichender Blick zeigt, daß die wirtschaftliche Leistungsfähigkeit in den verschiedenen Mitgliedstaaten der Union gegenwärtig noch sehr unterschiedlich ausgeprägt ist. Die Festlegung von Mindeststandards im Bereich der Sozialpolitik hätten unweigerlich eine Verringerung der Entwicklungschancen in den wirtschaftlich schwächeren Regionen zur Folge. Gleichzeitig würde damit noch ein weiteres Aufnahmehindernis für die mittel- und osteuropäischen Staaten geschaffen.

Die gravierenden Unterschiede zwischen den Mitgliedstaaten im Bereich der Sozialpolitik sind nicht allein auf eine divergierende ökonomische Leistungsfähigkeit zurückzuführen. Auch von einander abweichende soziale und kulturelle Traditionen sowie unterschiedliche wirtschaftspolitische Modelle haben ihren Anteil an dieser Heterogenität. Man muß es ganz klar sagen: Die Politik ist gut beraten, den nationalen Regierungen ihren Spielraum zu belassen. Ansonsten liegt die Gefahr nahe, daß konfliktträchtige sozialpolitische Entscheidungen in Brüssel die Akzeptanz der Europäischen Union in Frage stellen könnten. Dies kann niemand wirklich wollen.

V. Marktwirtschaft als Grundlage und Antriebskraft der Integration

Die Einführung des europäischen Binnenmarktes mit der Verwirklichung jener vier Grundfreiheiten war ein wichtiger Beitrag zur Verbesserung der Funktionsfähigkeit der Marktwirtschaft. Die marktwirtschaftliche Integration Europas durch die Schaffung eines gemeinsamen Marktes hat zweifellos zur Wohlfahrtssteigerung beigetragen. Nationale Monopole und wettbewerbsverzerrende Regulierungen innerhalb der Mitgliedstaaten wurden aufgelöst; man denke nur an den Energiesektor oder an den Bereich der Finanzdienstleistungen. Diesen vitalen Kern der Europäischen Union gilt es zu stärken und mit allen Mitteln zu verteidigen - und zwar namentlich gegen die immer wieder aufkeimenden Versuche, durch die „Brüsseler Hintertür" neue Regulierungen einzuführen.

Der Wettbewerb in Europa wird mit der gemeinsamen Währung einen neuen und sehr nachhaltigen Schub erhält. Der Euro wird die Preistransparenz deutlich erhöhen. Mit steigender Preistransparenz nimmt auch die Funktionsfähigkeit einer Marktwirtschaft zu, denn je transparenter die Preise sind, desto schneller bewegen sie sich. Und je schneller sich die Preise den wirtschaftlichen Veränderungen anpassen, um so besser funktioniert wiederum der Allokationsmechanismus des Marktes.

Die Forderung nach Beweglichkeit des Preises gilt auch für den Faktor Arbeit. Der Euro führt Lohndifferenzen für jedermann sichtbar an das Tageslicht - mit der Folge, daß auch der Wettbewerb am Arbeitsmarkt intensiviert wird. Man kann hoffen, daß hiervon ein heilsamer Druck auf die nationalen Tarifparteien ausgeht - insbesondere in Deutschland. Denn zur Funktionsfähigkeit einer Marktwirtschaft gehört auch, daß nicht nur die Güterpreise, sondern auch die Löhne als Preise für den Faktor Arbeit weitgehend frei vereinbart werden können. Der Anstieg der Arbeitslosigkeit in Deutschland ist nicht zuletzt darauf zurückzuführen, daß wir in vielen Bereichen bislang nicht von marktgerechten Löhnen sprechen können.

Dem Druck des Wettbewerbs am Arbeitsmarkt kann man nicht ausweichen, indem man die Freizügigkeit im Binnenmarkt durch nationale oder europäische Entsenderichtlinien einschränkt. Vielmehr muß man auch in Deutschland wieder lernen, daß der Faktor Arbeit seinen Preis im Wettbewerb rechtfertigen muß.

VI. Mißlungene Ansätze zur monetären Integration

Neben der Wirtschaftspolitik war es stets das Ziel, auch Geldpolitik in Europa zu integrieren. Die Idee der monetären Integration Europas ist so alt wie die Europäische Gemeinschaft selbst. Schon in den Römischen Verträgen bekundeten die Gründungsstaaten der EG erstmals ihre Absicht, die Wechselkurspolitik als eine Angelegenheit von gemeinsamem Interesse zu behandeln. Aber alle Versuche, vom *Werner*-Plan bis zum EWS sind gescheitert.

Die Mißerfolge der Vergangenheit resultieren zum einen aus der fehlenden Übereinstimmung der wirtschafts- und insbesondere geldpolitischen Stabilitätsziele der beteiligten Länder. Zum anderen fehlte es letztlich an der Bereitschaft, nationalstaatliche Souveränitätsrechte auf europäische Institutionen zu übertragen.

Es erwies sich immer wieder als unmöglich, die zur Vermeidung von Paritätsänderungen erforderliche strenge Abstimmung der nationalen Wirtschaftspolitiken zustandezubringen. Die Währungen derjenigen Länder, deren Notenbanken dem Ziel der Geldwertstabilität eine größere Bedeutung beimaßen, standen unter einem immer wiederkehrenden Aufwertungsdruck: Die Finanzmärkte brachten diesen Währungen größeres Vertrauen entgegen. Waren die Länder mit den schwächeren Währungen nicht bereit, die Paritäten rechtzeitig zu ändern, bauten sich zunehmend Spannungen auf den Finanzmärkten auf, die sich letztlich sowohl 1972/73 als auch 1992 in heftigen Turbulenzen entluden.

Erst in den letzten Jahren ist durch einen Politikwechsel hin zu mehr Stabilitätsorientierung auch in den Ländern mit abwertungsbedrohten Währungen die Konvergenz der Währungspolitik und auch der Wirtschaftsdaten erheblich vorangekommen. Der Schritt in Richtung einer Europäischen Währungsunion wird nach den bisherigen Erfahrungen nur dann ein Erfolg werden, wenn diese Konvergenzpolitik fortgesetzt wird.

VII. Währungsunion - Voraussetzung oder Erschwernis der Integration Europas?

Zum geeinten Europa gehört eine gemeinsame Währung. Darüber herrscht in Deutschland weitgehend Einigkeit. Nur hatten sich viele vorgestellt, daß die Währungsunion zeitlich der Politischen Union folgen würde. Und zwar nach der Devise: „Die Währungsunion kann nicht der Motor, sie muß vielmehr die „Krönung" der Integration sein". Aber man geht heute den anderen, den umgekehrten Weg: Voraussichtlich ab dem 1.1.1999 wird es zu einer Europäischen Währungsunion kommen; eine Politische Union ist bislang nicht vereinbart worden. Man geht einen in der europäischen Politik erprobten Weg. Die ökonomische Integration geht voran in der Hoffnung, daß die politische Integration nachzieht. Es sei nicht zu verkennen, daß dies Risiken birgt. Jedoch sind diese mit den Vereinbarungen zur Europäischen Währungsunion auf ein vertretbares Maß reduziert worden.

Mit dem geplanten Start der 3. Stufe der EWWU wird es zwangsläufig zu einer Entnationalisierung der Geld- und Währungspolitik kommen. Für den Kreis der Teilnehmerstaaten bedeutet dies den Übergang zu einer *Europäischen* Geld- und Währungspolitik. Die Aussage „eine Währungsunion erfordert eine Politische Union" ist vor allem mit Blick auf die Fiskalpolitiken in den Ländern der EU formuliert. Im Zuge der Europäischen Währungsunion wird mit dem Stabilitäts- und Wachstumspakt die fiskalische Autonomie der Teilnehmerstaaten zumindest begrenzt.

Aus heutiger Sicht ist es der Politik gelungen, Stabilitätspfeiler in dem Projekt Europäische Währungsunion aufzubauen: Die Währungsunion wird der nationalen Politik in den Mitgliedstaaten Instrumente entziehen, die bislang allzu oft mißbraucht wurden. Das Statut der Europäischen Zentralbank gibt der Notenbank Unabhängigkeit von der Politik. Die EZB wird im Statut auf das Ziel der Geldwertstabilität verpflichtet. Der Stabilitäts- und Wachstumspakt beschränkt die Möglichkeiten der Teilnehmerstaaten, ihre Staatshaushalte übermäßig zu verschulden. Ausgeschlossen wird in Zukunft der Weg einer Staatsverschuldung über die Notenpresse. Auch kann kein Staat aus rein fiskalischen Gründen mit der finanziellen Hilfe der anderen Teilnehmerstaaten rechnen. Die vielbeschworene Transferunion darf es und wird es nicht geben.

Auch Marktkräfte werden Mißbrauchsmöglichkeiten der Politik beschränken: Staaten, die ihre Finanzen nicht in Ordnung halten, werden schon frühzeitig über die Finanzmärkte mit Zinsaufschlägen negativ sanktioniert. Infolge der Transparenz der Preise wird zudem eine Lohnpolitik erschwert, die von wirtschaftlichen Erfordernissen absieht.

Es ist zu erwarten, daß die Entnationalisierung der Geldpolitik dank der Stabilitätspfeiler auch zu ihrer Entpolitisierung führen wird. Das größte Risiko für ein Gelingen der Europäischen Währungsunion sind Politiker, die diesen Machtverlust nicht akzeptieren wollen. Auf seinem Weg zum Euro-Erfolg werden zwei Nagelproben zu bestehen sein: zuerst die sachorientierte Prüfung der Konvergenzkriterien im nächsten Jahr und dann die nachfolgende Entscheidung über die Teilnehmerstaaten der Währungsunion. Die Finanzmärkte müssen das notwendige Vertrauen in den Euro aufbauen. Dafür gibt es eine Voraussetzung – und die liegt in einem Prüfungs- und Entscheidungsvorgang, der sich strikt an den Bestimmungen des Maastricht-Vertrages orientiert.

Natürlich sind mit der Europäischen Währungsunion auch Risiken verbunden. Wenn die gemeinsame Währung nicht zustandekommt, vor allem aber, wenn sie nicht funktioniert, wird die Politik in ihrem Bemühen um die Europäische Integration weit zurückgeworfen. Dann würde sich das Projekt Währungsunion in ein Integrationserschwernis umkehren. Jedoch dürfen die Risiken nicht den Blick auf die Chancen versperren. Die institutionellen Voraussetzungen für eine stabilitätsorientierte Europäische Geldpolitik sind jedenfalls in den Vertragspapieren niedergelegt. Jetzt liegt es an der Politik, sich an Geist und Buchstaben der Vertragsbestimmungen zu halten. Denn eine funktionierende Währungsunion könnte der Europäischen Integration neuen Schwung geben.

VIII. Ausblick: Osterweiterung und EU-Reformen als Chance

Die Gewässer, in denen sich das Schiff Europa vorwärts bewegt, werden wohl immer bewegte Gewässer bleiben. Es wäre sicherlich müßig, jede Turbulenz gleich zum Anlaß zu nehmen, um die Grundsatzfrage zu stellen. Wir wissen, was hinter uns liegt und was wir bisher geschafft haben. Daraus sollte man auch Zuversicht für die Zukunft schöpfen.

Zu den neuen Herausforderungen, zählen besonders die Erweiterung der EU in Richtung Osteuropa und das damit verbundene Aufgabenpaket der „Agenda 2000“, also die Reform der Struktur- und Agrarpolitik sowie die Finanzierung der EU mit dem Eintritt in das neue Jahrtausend.

Unter wirtschaftlichen und politischen Aspekten ist eine Osterweiterung zweifellos notwendig. Ohne eine grundlegende Reform der EU-Institutionen wie auch der Agrar-, Struktur- und Regionalpolitik dürfte die geplante Erweiterung jedoch kaum verkraftbar sein. Hierzu eine kurze Erläuterung.

Das institutionelle Gefüge der EU muß schlanker und flexibler werden, wenn die politische Handlungsfähigkeit der EU bei einer Erweiterung auf 20 oder sogar noch mehr Mitgliedstaaten gewahrt werden soll. Die Legitimität und Akzeptanz europäischer Entscheidungen muß verbessert werden. Daher empfiehlt es sich, repräsentative Bevölkerungsmehrheiten stärker zu berücksichtigen. Hierfür bietet sich z.B. das Modell der doppelten Mehrheiten an, das die Stimmgewichtung im Rat und die Bevölkerungsgröße eines Mitgliedstaates in den Abstimmungsmodus miteinbezieht.

Auch in der Agrarpolitik sind einschneidende Reformen unerläßlich. Die Mehrheit der beitrittswilligen Länder sind ausgesprochene Agrarstaaten. Ein Beitritt unter den bisherigen Bedingungen hätte zur Folge, daß die Agrarproduktion der EU rapide ansteigen würde - mit den entsprechen Konsequenzen für die Agrarmärkte und unter Aufblähung des EU-Agrarhaushalts. Es käme zu einer untragbaren Ungleichgewichtigkeit im Verhältnis zu allen übrigen Aufgaben der Union. Hier muß mit Bedacht und Weitblick vorgebaut werden. Keinesfalls darf der Agrarsektor zum Fallstrick der Erweiterung werden.

Ein anderes Beispiel: Bei der derzeitigen Struktur- und Regionalpolitik hätten alle Beitrittskandidaten als sogenannte „Ziel-1-Länder" Ansprüche auf Mittel aus den Strukturfonds und dem Kohäsionsfonds. Auch hier gilt, daß ohne eine grundlegende Reform dieser Politik die EU-Osterweiterung schlicht nicht finanzierbar ist. Die Reform der Regionalpolitik sollte eine inhaltliche Beschränkung auf Kernförderbereiche zum Ziel haben und zu einer Senkung des Beihilfeniveaus führen. Die Förderung muß konzentriert werden, um die EU-Mittel effizienter als bisher einzusetzen. Förderungswürdige Projekte sollten nicht zuletzt die ökonomische Entwicklung einer Region vorantreiben. Kurzum: Die Erwartungen der Beitrittskandidaten auf hohe Transferleistungen müssen von vornherein gedämpft werden.

Vor diesem Hintergrund stand der neue Vertragsentwurf für die Europäische Union ganz besonders im Rampenlicht des Treffens der Staats- und Regierungschefs vom 16./17. Juni 1997. Wenn auch der neue EU-Vertrag von Amsterdam sicherlich ein Schritt in die richtige Richtung ist, so hat er im Hinblick auf die EU-Osterweiterung leider nicht den erhofften Durchbruch gebracht. Eine verstärkte Handlungsfähigkeit im Rahmen der gemeinsamen Außen- und Sicherheitspolitik sowie mehr Zusammenarbeit in den Bereichen Justiz und Innenpolitik wurden zwar in Ansätzen erreicht. Die dringend notwendige Reform der EU-Institutionen im Hinblick auf eine funktions- und entscheidungsfähige Union mit mehr als 20 Mitgliedstaaten wurde aber vertagt. Der Reformstau insbesondere im institutionellen Bereich muß daher von der nächsten Regierungskonferenz unbedingt gelöst werden.

Es ist vorgesehen, daß Anfang 1998 die Betrittsverhandlungen mit einem ersten Kreis von mittel- und osteuropäischen Reformstaaten beginnen können. Die Beitrittskandidaten müssen jedoch ihre demokratischen und rechtsstaatlichen Ordnungen weiter ausbauen und vor allem die Funktionsfähigkeit ihrer Marktwirtschaft deutlich verbessern. Ansonsten werden sie dem Wettbewerbsdruck des Binnenmarktes nicht standhalten können. Die geplante Osterweiterung wird für die Europäische Union eine Kraftprobe – in wirtschaftlicher ebenso wie in politischer Hinsicht. Sie muß gut vorbereitet werden, damit die Erweiterung nicht auf Kosten der Vertiefung der Europäischen Integration geht. Wenn hier mit Augenmaß und Sorgfalt zu Werke geschritten wird, kann dies eine große Chance für die europäische Wirtschaft im allgemeinen und für die Möglichkeit zur Schaffung wichtiger neuer Arbeitsplätze im besonderen sein.

Die Wirtschaft war und ist zugleich tragende Säule und Impulsgeber in der 40jährigen Entwicklung der Europäischen Integration. Die Bildung erster sektoraler Integrationsmodelle, der Zusammenschluß zur alle Wirtschaftssektoren umfassenden Europäischen Wirtschaftsgemeinschaft, der Europäische Binnenmarkt und die bevorstehende Währungsunion sind untrügliche Beweise dafür. Die politische Integration ging zwar mit der wirtschaftlichen einher, hat aber deren Umfang bisher nicht erreicht - auch, wenn mit dem neuen EU-Vertrag und den beiden zusätzlichen „Säulen" gewisse Fortschritte in diesem Bereich erzielt wurden.

Es sind noch große Anstrengungen erforderlich, um die politische Dimension Europas auszubauen. Dabei muß als Handlungsmaxime für die wirtschaftliche und politische Integration auch weiterhin - und vielleicht stringenter als bislang - das Subsidiaritätsprinzip gelten. Man kann zuversichtlich sein, daß auch eine größere Union Frieden, Freiheit und Wohlstand wird sichern können. Aber für das „europäische Haus" gelten dieselben Gesetzmäßigkeiten wie für alle großen europäischen Kulturdenkmäler: Man muß daran bauen, um sie zu erhalten und vor dem Verfall zu schützen.

Olaf Sievert

Europa – Dominanz des Wirtschaftlichen?[1]

I. Worum es geht

Europa wird die Dominanz des Wirtschaftlichen akzeptieren, oder es wird einen schlimmen, bestenfalls einen langweiligen Weg gehen. Akzeptiert es die Dominanz des Wirtschaftlichen nicht nur defensiv, sondern deckt es zudem ausgreifendere Ambitionen, so wird es neuen Raum geben für sehr viel mehr als das Wirtschaftliche. Doch manches spricht für die These: Europa wird sich eher von der Weltgeschichte verabschieden als den amerikanischen Weg wählen.

Das Wirtschaftliche – was ist das? Je weiter wir es definieren, um so gegenstandsloser wird unser Thema. In einem strengen Sinne umfaßt das Ökonomische alle Probleme, für die Menschen eine effiziente Lösung suchen. Effizientes Handeln – das ist nahe bei rationalem Handeln. Aber es ist nicht dasselbe. Ökonomen haben durchaus gelernt, daß nur beschränkte Rationalität möglich ist. Gleichviel, der Einzelne handelt ökonomisch, wenn er Nutzen und Kosten im Hinblick auf selbstgesetzte Zwecke abwägt. Er handelt außerökonomisch – moralisch oder sonstwie motiviert –, wo er eigene Zwecke hintansetzt, sich jedenfalls nicht aufgrund einer Vorteilsabwägung entscheidet. Der Staat, wichtigster Ort kollektiver Entscheidungen, handelt ökonomisch orientiert, insoweit er mit der Bereitstellung öffentlicher Güter

[1] Eine Vortragsfassung dieses Textes ist erschienen in: Europa – Idee, Geschichte, Realität, herausgegeben von der Konferenz der Mainzer Deutschen Akademien der Wissenschaften und der Akademie der Wissenschaften und der Literatur, Mainz 1996.

und mit der Definition – sprich Begrenzung – der Handlungsrechte des Bürgers, nicht zuletzt mit der Zuteilung und Gewährleistung exklusiver Handlungsrechte – sprich Eigentumsrechte – dazu beiträgt, daß die Effizienz des Wirtschaftens der Bürger insgesamt zunimmt, was vor allem verlangt, die Kosten vorteilhafter Transaktionen – in Produktion und Handel – zu senken und dafür zu sorgen, daß die Bürger Anreize haben, Transaktionen, die sich für sie objektiv lohnen, auch subjektiv lohnend finden und also möglichst vollständig zu verwirklichen. Der Staat handelt außerökonomisch, wo es vor allem darum geht, bestimmten Bürgern – zu Lasten anderer – besondere Vorteile zukommen zu lassen. Ein Handeln des Staates zählt also nicht schon deshalb zum Bereich des Wirtschaftlichen, weil es mit dem Produzieren und Tauschen von Gütern zu tun hat. Ist der Hauptinhalt die Einflußnahme auf die Verteilung der Vorteile aus dem Produzieren und Tauschen gerichtet, so gehört es nicht dazu. Effizienz versus Verteilung – das ist der fundamentale Antagonismus, weil jede erzwungene Umverteilung von exklusiven Handlungsrechten, die nicht durch das Effizienzziel gedeckt ist, es regelmäßig nicht unberührt läßt, sondern verletzt. Von der Möglichkeit sei abgesehen, daß der Staat als solcher Zwecke haben könnte, die sich nicht auf Ziele seiner Bürger zurückführen lassen. „Effizienz für die Bürger“ und „Umverteilung“ umschließen also das Ganze der Staatstätigkeit. Freilich, von einer strengen Dichotomie ist nicht auszugehen. Befriedung der Gesellschaft ist die Aufgabe, die beide Bereiche verknüpft. Sperrig bezüglich der Einordnung ist auch, was der Staat zur Sicherung seiner Legitimation unternimmt. Im übrigen: Ein effizienzorientierter Staat ist ein schlanker Staat, aber er ist deshalb nicht zugleich ein schwacher Staat. Im Gegenteil, ein auf Gewährleistung effizienter Ordnungsrechte ausgerichteter Staat braucht Hoheit und Strenge.

II. Die Ebene der Europäer

1. Entlastung der individuellen Moral und Wertewandel

Es gehört zu den wenig bezweifelten Beobachtungen in den hochentwickelten Industrieländern, nicht zuletzt Europas, daß das Verhalten der Menschen einem Wertewandel unterliegt, zu dem als wesentliches Kennzeichen zählt, daß das wirtschaftliche, vom individuellen Vorteilskalkül bestimmte Verhalten gegenüber moralisch motiviertem Verhalten stark an Gewicht zugenommen hat. Inwieweit diese Beobachtung zutreffend ist, ist hier nicht zu erörtern. Sie ist jedenfalls einleuchtend und auch nicht einfach bloß an der Klagemauer vorzutragen.

„Freiheitliche Großgesellschaften wurden möglich und beispiellos erfolgreich, weil Rahmenbedingungen – Spielregeln – gefunden und respektiert, eingeübt wurden, unter denen die Kraft des Eigeninteresses genutzt wird für die Erwirtschaftung riesiger Kooperationsgewinne zum Wohle aller... Auf Kooperation zielende Verhaltenslenkung alter Art, nämlich durch Herrschaft von Menschen über Menschen oder durch individuelle Moral, nur allzu oft repressiven Ursprungs, konnte mehr und mehr abgelöst werden – und der Prozeß ist noch nicht zu Ende – durch Verhaltenslenkung auf der Basis des austauschwirtschaftlichen Prinzips „do ut des“, unter hohem Gewinn, was die Mobilisierung von Leistungskraft und Kreativität und die Einsparung von Transaktionskosten anbelangt“.[2] Die Entlastung der individuellen Moral durch die Moral einer Ordnung, die vernünftige Anreize setzt, muß man nicht als Werteverfall beklagen. Vor allem *Karl Homann* hat das Argument und den mit ihm

---

2 Kronberger Kreis (1994): Mehr Langfristdenken in Gesellschaft und Politik, Schriftenreihe des Frankfurter Instituts, Bd. 28, Bad Homburg v.d.H.

angesprochenen Prozeß in systematischer Weise aufgefaltet. Daran sei angeknüpft. Richtig ist freilich auch, daß es ohne das Außerökonomische – ohne Moral zumal – nicht geht, im Wirtschaftsleben nicht und noch weniger bei der Aufgabe, zu einigermaßen rationalen kollektiven Entscheidungen zu kommen, also im staatlichen Bereich. Ökonomen tun sich mit solcher Einsicht häufig schwer, trotz der fortdauernden Strahlkraft so bedeutender Schriften wie denen von *Max Weber* (Die protestantische Ethik und der Geist des Kapitalismus) oder *Josef Schumpeter* (Kapitalismus, Sozialismus und Demokratie). Vielmehr haben sie in ihren „imperialistischen" Neigungen die Grenze des Ökonomischen immer weiter hinausgeschoben. Früher konnte man vereinfachend sagen: Ökonomen befassen sich mit dem Bereich menschlichen Verhaltens, in dem anhand endlicher Preise und Kosten zu entscheiden ist. Fälle, in denen der Preis Null ist, interessieren sie nicht, Fälle, in denen die Preise gegen unendlich gehen – sprich in denen es um absolute Werte geht –, schrecken sie ab. Das ist bekanntlich nicht länger so. Die Ökonomen haben sich weit hinausgewagt über die Grenze, die früher der Anwendbarkeit des ökonomischen Prinzips gezogen schien. Siehe etwa die Schriften von *Gary Becker*, Träger des Nobelpreises für Wirtschaftswissenschaften im Jahre 1991. Und sie werden nicht aufhören, wie *Karl Homann* einmal gesagt hat, bis sie die Botschaft des Neuen Testaments mit Hilfe ökonomischer Kategorien rekonstruiert haben. Das wäre dann eine Dominanz des Ökonomischen von besonders radikaler Art. Wir können diese Möglichkeit hier vielleicht auf sich beruhen lassen. Jedenfalls soll gelten: So wenig wir darüber nachsinnen wollen, „wie die Farbe in die Blumen kam", so wenig wollen wir darüber spekulieren, wie die Moral in die Menschen kommt – zumal, mit *Schopenhauer* zu reden, die Bilanz des Lebens schlecht ist.

Selbst unter den neueren Wirtschaftshistorikern, die ihr Fach in wesentlichem Maße als angewandte Wirtschaftstheorie verstehen, gibt es bedeutende Köpfe, die ökonomisch letztlich nicht deutbare Verhaltensweisen von Menschen zu den geschichtsmächtigen Faktoren zählen, die den Erfolg oder Mißerfolg von Wirtschaft und Gesellschaft wesentlich bestimmen. So setzt sich etwa *Douglass North*, Träger des Nobelpreises für Wirtschaftswissenschaften im Jahre 1993, bewußt ab von *Mancur Olson*, dem nicht minder bekannten Autor des Buches über den „Aufstieg und Niedergang von Nationen“[3], indem er bei der Analyse der wirtschaftsgeschichtlichen Bedeutung des Wandels von Institutionen den Einstellungen, den formlosen Verhaltensbeschränkungen, nicht zuletzt solchen der Moral – all dem, was er das ideologische Rüstzeug des Menschen nennt –, eine gleichermaßen autonome Rolle zuweist wie den Institutionen, die ökonomische Verhaltensweisen formgebunden regeln[4]. „Eine neoklassische Welt wäre wahrhaftig eine Art Freistilringen; keine Gesellschaft könnte in ihr überleben ... Wirksame moralische bzw. ethische Normen einer Gesellschaft sind das Bindemittel der sozialen Stabilität, das ein Wirtschaftssystem funktionsfähig macht“[5]. „Der Hauptzweck der Institutionen in einer Gesellschaft – als jegliche Art von Beschränkung, die Menschen zur Gestaltung menschlicher Interaktion ersinnen[6]– besteht

---

[3] *Olson, M.* (1985): Aufstieg und Niedergang von Nationen. Ökonomisches Wachstum, Stagflation und soziale Starrheit, Tübingen, Originalausgabe: The Rise and Decline of Nations: Economic Growth, Stagflation and Social Rigidities, New Haven und London 1982.

[4] siehe *North, D.C.* (1988): Theorie des institutionellen Wandels. Eine neue Sicht der Wirtschaftsgeschichte, Tübingen; Originalausgabe: Structure and Change in Economic History, New York und London 1981, Kapitel 5.

[5] Ebenda, S. 48, 60.

[6] *North, D.C.* (1992): Institutionen, institutioneller Wandel und Wirtschaftsleistung, Tübingen; Originalausgabe: Institutions, Institutional Change and Economic Performance, Cambridge u.a. 1990, S. 4.

darin, durch die Schaffung einer stabilen (aber nicht notwendigerweise effizienten) Ordnung die Unsicherheit menschlicher Interaktion zu vermindern".[7] Das Problem der Verläßlichkeit läßt sich zwar auf der Basis ökonomischer Motive und auf sie gegründeter Vorkehrungen wesentlich eingrenzen. Aber: Ohne Moral gibt es keine Verläßlichkeit unter den Menschen. Und ohne Verläßlichkeit ist eine hocharbeitsteilige Wirtschaft unmöglich. Die Gefahr, daß die Menschen sich verhalten, wie man es von ihnen befürchtet, ist ohne Moral nicht zu beherrschen. Ebenso: Ohne daß sich Furcht mit Vernunft verbindet und daraus dann auch Moral entsteht, ist das Umweltproblem nicht zu lösen, das in seinem Hauptteil ein wirtschaftliches Problem darstellt, vorab jedoch besonders schwierige Wertentscheidungen erfordert, wofern es die Menschen mit ihrer sehr langfristigen Zukunft konfrontiert.

2. Ungenüge an der Dominanz des Wirtschaftlichen mehr als Nostalgie?

Es ist ein schon älterer Gedanke, nicht zuletzt von *Schumpeter*, daß die Wirtschaft außerökonomische Werthaltungen nicht nur braucht, sondern auch verbraucht. Man mag die Marktwirtschaft ihrer funktionellen Moral wegen ethisch positiv bewerten. Aber die Einübung in der Marktwirtschaft hat nun einmal Rückwirkungen auf die individuelle Moral der Menschen, nicht geringe positive, aber eben auch negative. Soweit die negativen Rückwirkungen mit der Entlastung beim Bedarf an individueller Moral korrespondieren, die sich aus der Performance der Marktwirtschaft ergibt, kann man sie unbedenklich finden. Solche Entsprechung ist aber selbstverständlich nicht gewährleistet. Die tägliche Einübung im „do ut des" ist nun einmal eine

[7] *North, D.C.* (1992): a.a.O., S. 6.

Vorstufe der Heiligung des Egoismus. Die „Einübung in der Tauschmoral" ist so prägend wie die „Einübung im Christentum", wahrscheinlich stärker.[8] Der Kronberger Kreis hat es an dem schon zitierten Ort[9] zugespitzt: „Die Fixierung auf das eigene Interesse, der Egoismus ohne schlechtes Gewissen haben eine Selbstverständlichkeit erreicht, die außerhalb der abendländischen Tradition liegt". Es ist die Stärke der Marktwirtschaft, daß sie mit Menschen auskommt, wie es sie tatsächlich gibt, überwiegend egoistischen Menschen – anders als eine sozialistische Wirtschaft, die auf einen Menschen angelegt war, den es nicht gibt und den man auch nicht schaffen konnte. Aber wenn richtig ist, daß das Egoistische nicht ausreicht, und wenn weiter richtig sein sollte, daß eine marktwirtschaftlich geordnete Gesellschaft ihre über das Egoistische hinausreichenden Funktionsbedingungen in ausreichendem Maße nicht selbst erzeugen kann (was allerdings nicht erwiesen ist) – was dann? Diese Frage bleibt bestehen. Das Fragezeichen wird uns begleiten, wenn wir später unser Thema auf der staatlichen Ebene beziehungsweise der europäischen Ebene weiter verfolgen.

Die funktionelle Seite des Außerökonomischen ist nur die eine. Sein Eigenwert ist nicht weniger bedeutsam. Von der frühen Kapitalismuskritik an hat es die Klage über die Reduktion dessen gegeben, was der Mensch sein kann, wenn man ihn allzu strikt unter die Bedingungen ökonomischer Effizienz stellt. „Der Wettbewerb als wichtigste Lebensbedingung in einer von der Marktwirtschaft geprägten Gesellschaftsordnung – für den liberalen Ökonomen mit das Höchste – ist ethisch immer auch ein Problem geblieben. Der Wettbewerb ist Erlebnisraum für das

8 Vgl. *Sievert, O.* (1994): Stellungnahme aus Sicht der Wirtschaftspolitik, in: Markt mit Moral. Das ethische Fundament der sozialen Marktwirtschaft, Gütersloh.

9 Kronberger Kreis (1994), a.a.O.

Bewährungsstreben des Menschen. Der Wettbewerb ist Motor für Effizienz und Kreativität. Der Wettbewerb ist friedliches, unentbehrliches Mittel der Verhinderung, zumindest der Beschränkung von Macht und damit der Gewährleistung von Freiheit. So gesehen hat er ein gutes ethisches Fundament. Und doch muß man einräumen, daß es einen unerhörten Willkürakt darstellt, allen Menschen in fast allen existenziellen Bezügen Wettbewerb als Grundbedingung der Wahrnehmung ihrer Lebenschancen vorzugeben. Gewiß, vorgeben muß man ihn meist gar nicht. Er ist Manifestation der Freiheit von Menschen, die bei dem Streben nach selbst gesetzten Zielen rivalisieren. Aber zur unabdingbaren conditio humana zählt er deshalb doch nicht. So wie wir Hauen und Stechen als Form der rivalisierenden Interessenwahrnehmung ausschließen, könnten wir es auch mit dem Wettbewerb tun, zumindest in Teilbereichen. Aus guten Gründen tun wir es meist nicht (siehe oben). Ja, wir unternehmen viel – meist eher zu wenig –, damit der Wettbewerb erhalten bleibt. Zugleich wissen wir jedoch, daß viele Menschen Wettbewerb ablehnen, und zwar nicht nur zum Schutze ihrer partikularen materiellen Interessen (was man ohne große Begründungsnot als illegitim werten darf), sondern auch zum Schutze ihrer Würde und Integrität und zum Schutze anderer Formen des Zusammenlebens, die mit Wettbewerb nicht vereinbar sind, jedenfalls von ihm regelmäßig verdrängt werden, wo ihm Raum gegeben wird, wie etwa Solidarität und Mitmenschlichkeit. Noch allgemeiner: Überall im Wettbewerb stehen, ist eine bestimmte Art zu leben. Es gibt noch andere Arten zu leben. Und es ist ganz und gar nicht leicht zu rechtfertigen, warum sie keine gute Chance haben sollen. Man sage nicht, daß Wirtschaften ja nicht das ganze Leben ausmache. Es macht einen so maßgeblichen Teil aus, und der Preis, den man zu zahlen hat, wenn man sich dem Wettbewerb nicht stellt, ist oftmals so hoch, daß manche Menschen tief verstört sind ob der Zumutungen, Kränkungen, Reduzierungen, Schamverletzungen, die das wettbewerbliche System ihnen auferlegt. In den neuen Bundesländern begegnet man solchen Verstörungen besonders häufig.[10]

Keine Frage dürfte sein, daß es Frustationen der genannten Art massenhaft gibt. Schon eher eine Frage ist, ob es hier um potentiell geschichtsmächtige Kräfte geht, oder ob solche Frustationen vergehen, so wie die Nostalgie eines älteren Menschen, der im Rückblick auf Kindheit und Jugend viele liebenswerte Dinge sieht, die es nicht mehr gibt, mit ihm vergeht. Nicht alle Enttäuschungen mit der Ordnung und Performance von Wirtschaft und Gesellschaft stellen deren Legitimation in Frage. Wo dies allerdings der Fall ist, scheint ein wunder Punkt erreicht. *North* macht in dem schon zitiertem Buch zur Theorie der Wirtschaftsgeschichte immer wieder bewußt, daß diejenigen, die in einem Gemeinwesen die Herrschaft inne haben, riesigen Aufwand treiben, um in die Menschen das Bewußtsein einzupflanzen, daß sie in einer legitimen Ordnung leben, einer Ordnung, die zu achten, wenn schon nicht zu lieben ist, zu der zu gehören, ein Gefühl der Geborgenheit, wenn schon nicht des Stolzes auslöst, ein Zugehörigkeitsgefühl, tief genug, daß das Gemeinwesen ansinnen, wenn schon nicht beanspruchen darf, sich nötigenfalls für es aufzuopfern. Ein großer Teil der enormen Ausgaben für das Bildungswesen in einer Gesellschaft sei nicht als Investition in das Humankapital zu verstehen, wie die meisten Ökonomen meinten, sondern als Aufwand zur Erzeugung einer Werthaltung der Menschen, derzufolge es richtig und nötig ist, eine wohlbegründete Regel ohne viel Nachdenken selbst dann zu befolgen, Rücksichtnahme auf andere selbst dann zu üben und an den Aufgaben des Gemeinwesens selbst dann mitzuwirken, wenn das individuelle Interesse nahelegt, sich zu versagen, also eine Schwarzfahrerposition einzunehmen. Und die Bereitschaft so unerhört vieler Menschen, sich auf die unsinnigen sozialisti-

[10] Vgl. *Sievert O.* (1994), a.a.O.

schen Großexperimente dieses Jahrhunderts einzulassen, sowie die nicht minder rätselhafte Bereitschaft eines großen Teils der geistigen Führungsschicht Europas, diesen Experimenten unter dem Banner der Aufklärung fast bis zu derem offensichtlichen Scheitern *Succurs* zu geben, ist ja von daher zu verstehen, daß der bürgerlichen Gesellschaft diese Legitimationssicherung nicht gelungen war. Diese Bereitschaft war nicht vor allem Frucht der Not. Doch damit verlassen wir die Ebene des Individuellen.

III. Die Ebene der europäischen Staaten

1. Ein Jahrhundert des pathologischen Lernens

Auch die staatliche Ebene muß man nicht von vornherein mit einer Klage betreten, sondern erst einmal mit einem Ausdruck der Zufriedenheit.

Ein Jahrhundert des pathologischen Lernens geht zu Ende. Gelernt wird vor allem durch katastrophalen Mißerfolg. Daß das Wirtschaftliche mehr zählt als das Militärische – man stelle sich vor, die Europäer, namentlich die Deutschen hätten es schon zu Beginn des Jahrhunderts gewußt, des Jahrhunderts, in das sie mit so glänzenden Chancen gingen. Aber sie mußten es ja noch nach der alten Art versuchen, obwohl sie schon hätten wissen können, daß das Kriegerische nicht mehr zeitgemäß war. Und nachdem sie alle aus der Katastrophe des doppelten heißen Krieges gelernt hatten, versuchte die Welt den Kampf um die Plätze an der Sonne mit dem kalten Krieg – bis er nicht mehr zu bezahlen war.

Für den Ökonomen am deutlichsten aber ist das pathologische Lernen im Aufstieg und Fall der sozialistischen Utopie zu erkennen, die den Streit des Jahrhunderts um der Menschheit große Gegenstände so stark geprägt hat. Was wir heute zur Erklärung des Scheiterns dieser Utopie anführen, zur Erklärung dafür, daß das sozialistische Modell nicht funktionieren kann, das haben die Ökonomen der zwanziger Jahre auch schon gewußt. Aber ohne die Erfahrung des bitteren Endes war dies für die Gläubigen ohne Wert.

Auch hier ist bemerkenswert, daß es das Scheitern des banalsten Teils der sozialistischen Utopie war, der Wohlstandsverheißung nämlich, das sich als entscheidend erwies. Während die soziale Marktwirtschaft zeigen konnte, daß das „Prinzip der Freiheit" wirklich auch „zugleich ein solches des Wohlstands, der Ordnung und des Rechts" ist[11], mußten die sozialistischen Regime abtreten, weil die Planwirtschaften sich als unfähig erwiesen haben, im wirtschaftlichen Erfolg neben den freiheitlichen Ordnungen zu bestehen. In den Kategorien von *North*: Allzu unsinnig hatten die Sozialisten die Eigentumsrechte zugeteilt, als daß die Menschen Anreize haben konnten, das zu tun, was in ihrem eigenen Interesse und im Interesse aller war. Und nicht einmal die aufwendigste Indoktrination konnte ausreichen, die Menschen so umzuformen, daß sie auf unsinnige Anreize sinnvoll reagiert hätten. Wahrscheinlich wären die Unterdrückungsapparate noch lange intakt geblieben, wenn das wirtschaftliche Ergebnis nicht so miserabel gewesen wäre.

Viele Menschen in den ehemals planwirtschaftlichen Ländern Europas haben nun marktwirtschaftliche Träume an die Stelle der sozialistischen Träume gesetzt. Es sind im Prinzip realistische Träume, die sie damit an die Stelle von utopischen Träumen gesetzt haben – was allerdings nicht heißt, daß sie massenhaft schnell in Erfüllung gehen.

---

[11] so *Wilhelm Röpke* 1947

Träume und das von ihnen geleitete Handeln des Menschen machen den Charme des Lebens aus, geben ihm eine gewisse Würde, auch der Traum vom kleinen Glück. Viele Intellektuelle, die mit dem Untergang ihrer sozialistischen Träume nicht zurechtkommen, wurden und werden nicht müde, den Menschen der Marktwirtschaft die Ehre abzuschneiden, ihm seine Würde zu nehmen, etwa indem sie voller Ekel hundsföttische Bilder davon zeichneten, wie die Menschen der DDR bei Öffnung von Mauer und Zonengrenze in die Kaufhäuser des Westens drängten und sich zur Freude der Kapitalisten umsatzfördernd die Ärsche rieben. Graf *Krockow* setzte sich voller Nachsicht davon ab, aber auch er sprach von einer „*adam*itischen" Revolution. „Denn", so schrieb er 1990 in einem Gemisch aus Trauer und resignierender Zustimmung in der ZEIT, „im Ruinenfeld der Idole, auf einer Schädelstätte der Utopien ist es am Ende und zum Neubeginn der alte *Adam*, der triumphiert. ... In gewisser Weise wiederholt sich, jetzt für die Menschen in der DDR, was schon die Nachkriegsanfänge der Bundesrepublik kennzeichnete: Die Konzentration aufs Materielle, aufs Tüchtig-und Erfolgreichsein, aufs eigene bessere Leben statt auf eine andere und bessere Ordnung der Gesellschaft"[12] Hier geht es ans Eingemachte. Die Marktwirtschaft beansprucht ja eine uneinholbare Würde, weil sie sich als eine Veranstaltung von Menschen darstellt, die nach Zielen streben, die sie sich selbst setzen. Und die Verfassung der Freiheit, die *Hayek* uns ausgemalt hat, der Pursuit of Happiness, den die amerikanische Verfassung dem Bürger als unveräußerliches Recht garantiert, meint auch das Streben nach dem kleinen Glück. Gewiß, der Mensch der Marktwirtschaft mit seinem Handeln nach dem Grundsatz von „do ut des" ist nicht der Mensch der Bergpredigt. Aber wir müssen ihn doch nicht herabsetzen, weil wir ihn nicht überhöhen wollen. Die Tatsache, daß in der Marktwirtschaft – bei Vermei-

---

[12] Die ZEIT vom 9.11.1990.

dung von Marktmacht – im Prinzip derjenige besonderen Erfolg hat, der besonders erfolgreich etwas für andere tut – austauschwirtschaftlich nämlich –, verschafft der Marktwirtschaft in der Basis eine Legitimation, die bisher von keiner schon erprobten Wirtschaftsordnung erreicht wurde. Daß im einzelnen das Ergebnis marktwirtschaftlicher Einkommensverteilung immer auch für anstößig gehalten wird, ändert daran nichts.

So weit das Hohelied des Positiven, das sich mit dem Durchbruch zur Dominanz des Wirtschaftlichen in Europa verbindet. Der Durchbruch bestand nur oberflächlich betrachtet vor allem in der Befriedung Europas und der Beendigung der Ost/West-Konfrontation. Im Kern bestand er in der Ausbreitung und Durchsetzung individueller Handlungsrechte, Eigentumsrechte, die subjektiv vorteilhaft machen, was objektiv vorteilhaft ist. Dazu gehörte nicht zuletzt auch der Abbau, die Eindämmung effizienzfeindlicher Privilegien und Eigentumsrechte, die aus den Gesellschaften des vorigen Jahrhunderts in das unsere überkommen waren, ein Prozeß, der mit den Konvulsionen, die dieses Jahrhundert geprägt haben, großenteils eng verbunden war. Eine marktwirtschaftliche Ordnung, die konsequent am Effizienzziel ausgerichtet wird, ist im Kern auch eine friedliche Ordnung. Etwas zugespitzt kann man sagen: Die Marktwirtschaften Westeuropas waren nach dem Zweiten Weltkrieg nicht deshalb so erfolgreich, weil es aus anderen Gründen Frieden gab. Sondern es gab Frieden, weil Marktwirtschaften mit einer effizienten Verteilung der Handlungs- und Eigentumsrechte friedlich sind. Daß Marktwirtschaften bezüglich ihrer Effizienz und damit bezüglich ihrer Friedlichkeit nicht inhärent stabile Ordnungen sind, steht auf einem anderen Blatt.

2. Das Vordringen des Sozialstaats

Die zweite große Entwicklungslinie dieses Jahrhunderts, die hier besonders zu beleuchten ist, ist der ersten gegenläufig. Es geht um das Vordringen des Sozialstaats in Europa, eine Entwicklung, die der wachsenden Dominanz des Wirtschaftlichen entgegenwirkt.

Zu allen Zeiten waren Staaten Umverteilungsstaaten, sei es daß diejenigen, die die Herrschaft im Staat errungen hatten, sich selbst bevorteilten, sei es daß sie diejenigen begünstigten, auf deren Hilfe bei der Erhaltung ihrer Herrschaft sie rechnen wollten. *Douglass North*, aber auch *Mancur Olson* haben eindrucksvoll gezeigt, wie Art und Menge der verteilungsrelevanten Regulierungen Aufstieg und Fall der Nationen ganz wesentlich bestimmt haben. Spanien blieb über mehrere Jahrhunderte hinweg ein wirtschaftlich erfolgloses Gemeinwesen, obwohl es die eupropäische Szene als erster kompletter betrat und die ausgreifenden Ambitionen seiner Leute die Macht des Landes weit über dessen Grenzen hinaus ausbreiteten. Aber im Inneren verhinderte eine ineffiziente Ordnung fast alle Dynamik, „eine Folge des Finanzbedarfs von Herrschern, der eine Verkürzung der Zeithorizonte und somit eine Unausgewogenheit zwischen privaten Anreizen und gesellschaftlicher Wohlfahrt bewirkte“[13]. Die Gegenbeispiele bilden Holland und Großbritannien. Die Holländer hatten sich nach der Befreiung von Spanien als erste eine konsequent wettbewerbsfreundliche, privilegien- und monopolfeindliche Ordnung geschaffen und erlebten in ihrem Goldenen Jahrhundert – dem Siebzehnten – eine rasante Aufwärtsentwicklung. Die Briten kopierten wenig später die Holländer und erlangten dann aufgrund ihrer Größe und Lagevorteile die unangefochtene Vorherrschaft.

---

[13] *North, D.C.* (1992): a.a.O., S. 8.

Das Heraufkommen des Sozialstaats in fast allen Ländern Westeuropas ist von eigener Art. Nie zuvor in der Geschichte war Staatstätigkeit im Zeichen des Sozialen die mit Abstand bedeutendste außerökonomisch motivierte Staatstätigkeit. Die Ursprünge sind gleichwohl vielfältig, und sie liegen auch nicht vollständig außerhalb des Ökonomischen. Zur Veranschaulichung des Quantums seien statistische Angaben herangezogen, die international verfügbar sind. Von kleinen Anfängen her kommend, fließen durch die sogenannten Sozialbudgets in den Ländern der Europäischen Union heute Zahlungsströme, die im Jahre 1995 zwischen 20 vH und 34 vH des Inlandsprodukts ausmachten (vom Ausreißer Schweden abgesehen; siehe Tabelle). Einschließlich der Sozialbudgets liegt die Staatsquote – das ist die Gesamtsumme der über öffentliche Kassen laufenden Ausgaben im Verhältnis zum Inlandsprodukt – zwischen 42 vH und 61 vH. (Außerhalb dieser Spannbreite findet man nur Schweden mit – 1995 noch – 67 vH.)

Wir wollen, wie schon erwähnt, nicht verkennen, daß der Staat mit seinen Zahlungen aus den Sozialbudgets auch Aufgaben erfüllt, die durchaus ökonomische Aufgaben sind, weil sie Versicherungscharakter haben. Aber Zwangscharakter und Ausgestaltung der Ansprüche bringen doch selbst hier allemal die Verteilungspolitik ins Spiel.

Ein Mißverständnis wäre es anzunehmen, daß die Sozialbudgets der europäischen Länder vor allem mit der Aufgabe des Staates, sich um die Armen und Schwachen der Gesellschaft zu kümmern, zu tun hätten. Das trifft nicht zu. Der weitaus größte Teil der Transferströme fließt – über die Sozialbudgets – zwischen Menschen, die nicht in Not sind.

Der öffentliche Sektor in ausgewählten europäischen Ländern

Land	Staatsquote 1)		Sozial-Budget-quote 2)	Erweiterte Transfer-Quote 3)	Quote der laufenden Einnahmen 4)		Defizitquote 5)	
		1995	1995	1995	1960	1995	1960	1995
	Relation zum Bruttoinlansdprodukt in vH							
Belgien	34,5	55,3	29,7	43,9	29,3	50,8	- 5,0	- 4,1
Dänemark	24,8	61,1	34,3	47,3	27,3	58,1	3,1	- 1,9
Deutschland	32,4 a	56,9 c	29,4	37,9	35,0 a	46,0	3,0 a	- 10,2
Finnland	26,6	59,9	32,8	43,5	29,7	53,2	3,9	- 5,1
Frankreich	34,6	54,2	30,6	39,0	34,9	46,8	0,9	- 5,3
Griechenland	17,4 b	52,1 b	19,8	40,9	21,1	45,0	-	-
Großbritannien	32,2	45,1 d	28,0 d	33,3 d	29,9	37,3 d	- 1,0	- 6,9 d
Irland	28,0	41,6 d	20,3 d	29,4 d	24,8	39,3 d	- 2,4	- 1,7 d
Italien	30,1	52,1	24,7	39,0	28,8	44,5	- 0,9	- 7,1
Niederlande	33,7	60,3	31,4	44,1	33,9	50,3	0,8	- 9,2
Norwegen	29,9	49,3	-	-	33,1	50,9	3,8	3,3
Österreich	35,7	53,2	29,7	36,3	34,4	47,5	- 0,5	- 5,0
Portugal	17,0	45,3	18,6 e	29,4 e	17,6	41,7 e	0,6	- 3,6 e
Schweden	31,0	67,2	35,6	50,4	32,1	57,6	2,0	- 7,9
Schweiz	17,2 b	36,7 b	-	-	23,3	37,4	-	-
Spanien	-	47,1 d	22,4 d	30,0 d	18,1	39,6 d	-	-6,3 d
EU der 15	32,0	55,6	28,4	38,5	31,2	46,2	0,6	- 7,5
OECD-Europa	31,4	54,9	-	-	30,9	46,0	0,6	- 7,3

Quellen: OECD, Historical Statistics 1960 - 1995, Tabelle 6.2 bis 6.7
EUROSTAT, Einnahmen und Ausgaben des Sozialschutzes 1990 - 1995, Tabelle B 1.1

1) Relation der gesamten Staatsausgaben zum Bruttoinlandsprodukt
2) Relation der Ausgaben für den Sozialschutz zu Bruttoinlandsprodukt (Sozialschutzleistungen, Verwaltungskosten und sonstige Ausgaben für den Sozialschutz)
3) Sozialbudgetquote + Quote der Zinsen auf die Staatsschuld + Subventionsquote
Zinsen und Subventionen = Laufende Auszahlungen – Staatsverbrauch
Sozialversicherungstransfers (OECD, Historical Statistics, Tab. 6.4 – Tab. 6.3)
4) Im wesentlichen Relation der direkten und indirekten Steuern sowie der Sozialversicherungsbeiträge von Arbeitgebern und Arbeitnehmern, aber auch der Gebühren und Beiträge, zum Bruttoinlandsprodukt
5) Relation der Nettokreditaufnahme zum Bruttoinlandsprodukt (negatives Vorzeichen)
a) Früheres Bundesgebiet
b) Nur laufende Auszahlungen
c) Sondereinfluß wegen der Schuldenübernahme der Treuhandanstalt und der ostdeutschen Wohnungswirtschaft
Bereinigte Staatsquote: 50,3 vH; bereinigte Defizitquote: -3,6 vH (eigene Berechnung)
d) 1994
e) 1992

Hat ein Ökonom die spektakuläre Entwicklung der europäischen Sozialbudgets zu deuten, so wird er sich daher nicht von der These abbringen lassen: So wie zu allen Zeiten diejenigen, die den Staat beherrschten, vor allem sich und ihre Klientel bedient haben, so verhält es sich auch in den modernen Demokratien. Freilich, warum in Europa stärker als anderwärts? Eine valide Zusatzerklärung möchte sein: In der jahrzehntelangen Rivalität zwischen den Gesellschaftssystemen hatten die von kapitalistischer Wirtschaftsform geprägten westlichen Demokratien stets Legimitationsprobleme, vor allem was das Verteilungsergebnis der Marktwirtschaft anbelangt. Aus Wettbewerbsgründen also wäre der Marktwirtschaft eine soziale Komponente aufgepfropft worden, und in Europa eine größere als in der übrigen Welt, weil hier der Wettbewerb intensiver war. Man muß dieses Argument vielleicht nicht so eng zurren, wie es oftmals vorgetragen wird. Auch wenn man die Konkurrenz mit den in jeder Hinsicht wenig attraktiven östlichen Planwirtschaften wegdenkt, bliebe Raum für eine Teilerklärung, die auf Legimationssicherung abhebt. Im übrigen: Die verteilungspolitische Selbstkritik derer, die unter dem Regime der immer erfolgreicher werdenden kapitalistischen Marktwirtschaften leben, liegt in der Traditionslinie der europäischen Aufklärung. Wer sich nicht zum Sozialstaat bekennt, stellt sich außerhalb der säkularisierten Form von christlicher Solidarität, die unter dem Schutz der Political Correctness steht. Was im besonderen den Unterschied zwischen Europa und den Vereinigten Staaten anbelangt, so ist wohl am wichtigsten, daß aus der Geschichte heraus Selbständigkeit und Selbstverantwortung in Amerika eine viel mächtigere Grundeinstellung der Menschen ist als in Europa.[14]

---

[14] Zu der Besonderheit der Einstellungen in den Vereinigten Staaten und ihren historischen Quellen siehe *Lipset, S. M.* (1996): American Exceptionalism: A Double-Edged Sword, New York.

Seit den siebziger Jahren gibt es – nicht in allen europäischen Ländern gleichzeitig – die Besorgnis, daß die Dominanz des Sozialen gegenüber dem Ökonomischen die Marktwirtschaften erdrosseln werde. Dies hat sich in allgemeiner Weise zunächst nicht begründen lassen. Zuwenig erkennbar war eine deutliche Korrelation zwischen dem langfristigen Wirtschaftswachstum der einzelnen Industriestaaten und der relativen Größe ihrer Sozialbudgets. Dafür gibt es freilich zwei gute Erklärungen.

Zum einen läßt sich sagen, daß das überproportionale Wachstum der Sozialbudgets in Europa über lange Zeit hinweg Teil eines Prozesses war, in dem das Wirtschaftswachstum und dementsprechend das allgemeine Einkommenswachstum kräftig war. Hier wurde nur ein anderweitig erzielter Erfolg in einer allmählich, aber ständig geänderten Weise aufgeteilt. Mehr soziale Sicherheit war eine gewollte Form der Wohlstandssteigerung. Die negativen Rückwirkungen der Umverteilung gefährdeten die Entstehung des Verteilbaren noch nicht wesentlich. Doch dies läßt sich nicht immerzu fortsetzen. Irgendwann nehmen die negativen Rückwirkungen überhand. Und wenn dann noch eine Zeit anbricht, in der auch aus anderen Gründen die Masseneinkommen nicht mehr wesentlich steigen, in realer Rechnung womöglich sogar sinken, dann kann es einen Teufelskreis geben, in dem sich eine zunehmende Abgabenlast und ein Mangel an wirtschaftlicher Dynamik, verbunden mit wachsenden Beschäftigungsproblemen, wechselseitig treiben. In der Logik des früheren Prozesses läge es, wenn in einer Zeit schrumpfender Nettorealeinkommen der vorher einkommensabhängige Aufbau sozialer Regelungen nunmehr ebenso einkommensabhängig teilweise zurückgenommen wird. In der Logik kollektiver Entscheidungen (*Olson*) scheint es zu liegen, daß diese Revision lange Zeit unterbleibt, Ineffizienz sich womöglich weiter verstärkt. *North* differenziert: Es hat offensichtlich in der Geschichte viele – erfolglose – Staaten gegeben und gibt sie noch, in denen „die Transaktionskosten auf den politischen und ökonomischen Märkten ... im Verein mit den subjektiven Entscheidungsmodellen der Akteure diese nicht dazu anregen, schrittweise effizientere Ergebnisse anzunähern“[15].Aber in erfolgreichen Gesellschaften verhält es sich anders. Dort erkennen „Unternehmer in politischen und ökonomischen Organisationen ..., daß sie größere Erfolge erzielen könnten, wenn sie den gegebenen institutionellen Rahmen irgendwie marginal verändern“.[16]

Zum anderen läßt sich sagen, daß wachsende Sozialbudgets nur einen Teil des Niederschlags zunehmender Staatstätigkeit, die von Verteilungsinteressen geprägt ist, darstellen. Und wahrscheinlich sind die anderen sogar die noch effizienzschädlicheren. Nur zum Teil sind sie überhaupt direkt budgetwirksam. Dies sind die Subventionen (einschließlich spezielle Steuervergünstigungen). Nicht direkt budgetwirksam – sondern nur via Effizienzeinbußen im ganzen, die das Steueraufkommen beeinträchtigen – sind die zahllosen Regulierungen und vom Staat zugelassenen privaten Verteilungskoalitionen, die sich letztlich dem Ziel verdanken, das am Markt erzielbare Einkommen zugunsten bestimmter Gruppen – und zulasten anderer – zu verändern. Der Konnex zum Sozialstaat ist hier nicht in jedem Falle gegeben, aber sehr häufig. Zumal im Bereich der Subventionen (aber nicht nur hier) ist heute die beschäftigungspolitische Begründung, die in der Regel eine sozialpolitische Begründung ist, keine ökonomische, die durchschlagendste. Sie ist keine ökonomische, weil man Subventionen im allgemeinen keine positive Wirkung auf Beschäftigung und Einkommen insgesamt zu attestieren hat, sondern eher eine negative. Also geht es um Verteilungsfragen (zu Lasten der Effizienz).

---

[15] *North, D.C.* (1992): a.a.O., S. 11.

[16] Ebenda, S. 9.

An der Veränderung der Staatsfinanzen in der Zeit interessiert vor allem, daß für die Staatsaufgaben außerhalb des Sozialen und außerhalb des Subventionierens, wiederum gemessen am Sozialprodukt, heute weniger zur Verfügung steht als in früheren Zeiten, oder daß diese in problematischer Weise finanziert werden. Fassen wir die Quote der Sozialausgaben und die der Subventionen zur Transferquote zusammen und fügen wir auch noch die Quote der Zinsausgaben hinzu, da wir das Schuldenmachen und das Zahlen von Zinsen nicht zu den eigentlichen Staatsaufgaben zählen wollen! Die solchermaßen erweiterte Transferquote liegt in den Ländern der Europäischen Union mittlerweile (im Jahre 1995) zwischen 29 vH und 50 vH des Bruttoinlandsprodukts. Obwohl zugleich die Abgabenquote, einschließlich der sonstigen laufenden Einnahmen, in problematischer Weise erhöht wurde, nämlich – von Großbritannien abgesehen – auf 40 vH bis 58 vH Prozent, reichte dies nicht aus, neben der Erhöhung der erweiterten Transferquote auch die klassischen Staatsaufgaben aus den laufenden Einnahmen zu finanzieren. Überall ließ man die Zukunft bezahlen, machte zunehmend Schulden. Von 1960 bis 1995 hat sich die Defizitquote um bis zu 10 Prozentpunkte (des Bruttoinlandsprodukts) verschlechtert. Die meisten Staaten ließen zugleich Inflation zu und konnten so eine Zeitlang den Anstieg der realen Schuldenlast in Grenzen halten. Doch diese Zeit ist vorbei. Die hohen Beträge der jährlichen öffentlichen Kreditaufnahme beinhalten jetzt eine kräftige Zunahme der realen Schuldenlast. Die entsprechend wachsende Zinslast nimmt immer höhere Anteile der Staatsbudgets in Anspruch und treibt das Schuldenmachen weiter an.[17] Zugleich nähern sich fast alle europäischen Staaten der Zeit, in der aus demographischen Gründen offenbar wird,

[17] Zur Logik des fatalen Prozesses vergleiche *Schlesinger, H.* u.a. (1973): Staatsverschuldung – ohne Ende? Zur Rationalität und Problematik des öffentlichen Kredits, Darmstadt.

daß die auf die Zukunft gezogenen Versprechungen der Sozialgesetze nicht gedeckt sind.

Inzwischen kann man sagen, daß die frühere Unsicherheit bezüglich der Frage, ob Sozialstaat, Regulierungsdichte und Subventionswesen die wirtschaftliche Dynamik in Europa wesentlich beeinträchtigen, ja, die marktwirtschaftliche Ordnung aushöhlen, der verbreiteten Überzeugung gewichen ist, daß es sich so verhält. Der Staat ist sogar dabei, mit seinen Abgabeforderungen vom einfachen Arbeiter bis zum Angehörigen der Elite die Legitimation seiner Ordnung zu verspielen. Fast alle internationalen Organisationen, der Internationale Währungsfonds vornweg, haben eindringlich gemahnt, der fatalen Entwicklung zum übergroßen und dadurch ökonomiefeindlichen Staatsbudget Einhalt zu gebieten. Fast nirgendwo schert man sich noch um die Lehrbücher der Vergangenheit, die sagen, daß man in Zeiten der wirtschaftlichen Schwäche den Staat nicht auf den Rückzug schicken darf. Zu wenig Ökonomie, zu viel Verteilung.

3. Globalisierung der Märkte

„Wo aber Gefahr ist, wächst das Rettende auch." Zu reden ist von der Globalisierung der Märkte und deren Auswirkungen auf die Spielräume staatlichen Handelns. Es geht um einen Prozeß, der weit zurückreicht und ganz gewiß nicht erst begonnen hat, kurz bevor er unter diesem Namen ins öffentliche Bewußtsein trat. Aber er hat enorm an Tempo und Breite zugenommen, und niemand übersieht mehr, daß nicht nur im Bereich der Wirtschaft selbst, sondern auch im staatlichen Bereich die Handlungsbedingungen tiefgreifend verändert sind.[18] Viele bedrückt diese Erfahrung. Hier zählt zunächst einmal das Positive.

Zunehmende Globalisierung im Sinne von Marktverflechtung, im Sinne von zunehmender Mobilität von Gütern und Diensten sowie Menschen und Kapital löst zugleich im staatlichen Bereich Tendenzen der internationalen Integration aus wie auch Tendenzen der innerstaatlichen Dezentralisierung. Das Vehikel ist der Verlust an Macht in den alten Entscheidungszentren. Dieser erleichtert den Abbau auch der formellen Kompetenzen – wenngleich oft erst nach einer längeren Abwehrschlacht, in der man sich in zusätzlichen Interventionen verstrickt.

Zu einem guten Teil ist über den weitgehenden Verbund der Staaten und Ökonomien schon gewährleistet, daß auch private Ordnungen, wie sie aus Marktbeziehungen erwachsen, die Koordinationsfunktion leisten können, deren Erfüllung wir sonst vom Staat erwarten. Wechselseitige Abhängigkeiten disziplinieren. Die Minderung nationaler staatlicher Souveränität zugunsten der Herrschaft privater Ordnungen ist aber nur der eine Teil der Entwicklung. Der Bedeutungsverlust der nationalen Ebene geht einher mit einem relativen Bedeutungsgewinn lokaler und regionaler Ebenen, sei es weil diese von vornherein mit Politikfeldern befaßt sind, die weniger dem globalen Wettbewerb ausgesetzt sind, sei es weil nur dort die Flexibilität gegeben ist, die ohnehin schon immer wünschenswert war, auf die man sich aber erst unter dem Druck globalen Wettbewerbs besinnt, weil man merkt, daß man sich die Effizienzmängel der nationalen Kollektivlösungen nicht mehr leisten kann.

[18] Zu den vielfältigen Aspekten siehe *Biskup, R.* (Hrsg.) (1996): Globalisierung und Wettbewerb, Bern.

Vielleicht sind die Zeiten bald vorbei, daß sich die Analytiker gesamtwirtschaftlicher Zusammenhänge „National"- Ökonomen oder „Volks"- Wirte nennen. Das Zusammenrücken der Märkte ist weniger Ausdruck voluntaristischer Politikgestaltung als vielmehr Ergebnis ökonomisch-technischer Entwicklungen. Haupttriebkraft der Zunahme des internationalen Handels ist, daß sich die Angebotsbedingungen der Volkswirtschaft ständig ändern. Die Schaffung neuer Güter, deren Herstellung mit Vorteilen der Massenproduktion einhergeht, sowie die weltweite Ausbreitung technischen Wissens erlauben eine enorme Vertiefung der Arbeitsteilung. Noch wichtiger dürfte der Abbau von Transaktionskosten sein, von Friktionen im Handelsverkehr – beginnend mit fallenden Relativpreisen für Transportkosten, enormen Fortschritten in der Telekommunikation bis hin zu besserer Ausbildung, die Fremdsprachenkenntnisse einschließt. Hinzu kommt die Entwicklung von Handels- und Finanzierungsinstrumenten, die den Handelskreditverkehr zwischen Staaten erleichtern. Wichtig sind natürlich auch die politischen Verträge, die Verabredungen im GATT, auf das jetzt die neugegründete World Trade Organization gefolgt ist. Selbst die Arbeitsmärkte sind teilweise durchlässiger geworden. Und grenzüberschreitende Telearbeit, Software-Herstellung im Ausland und ähnliches haben sich als Formen des wirtschaftlichen Austauschs, die zwischen internationalem Güterhandel und echter Faktorwanderung angesiedelt sind, etabliert. Die Kapitalmarktintegration erscheint besonders spektakulär. Auffällig ist übrigens, mit welchem Eifer und mit welcher Eile etliche Länder Osteuropas und der GUS um die Konvertibilität ihrer Währungen bemüht sind. Dieses Tempo hat kaum historische Parallelen. Es belegt, welche Reize die Weltfinanzmärkte mit ihrer zinssparenden Effizienz und ihrer Disziplinierungskraft, die Verläßlichkeit erzwingt, wo sonst nur Unsicherheit ist, bieten. Sie veranlassen die Regierungen, sich selbst zu binden, sich partiell gleichsam selbst zu entmachten.

Der Respekt vor den neuen Bedingungen erfaßt alle Politikbereiche, namentlich die Wirtschaftspolitik, die Steuerpolitik und die Lohnpolitik, aber nicht nur sie. Die Antwort kann nicht nur Änderung im politischen Tagesgeschäft sein, sondern erfordert Wandel der Institutionen. In summa kann man feststellen: Die Globalisierung der Märkte hat die Bedingungen für verteilungsorientierte, in unserem Sinne also außerökonomisch motivierte staatliche Regelungen stark verschlechtert. Der Zwang zu effizienzorientiertem, in unserem Sinne also ökonomischem staatlichen Handeln ist größer geworden. Wir erleben einen Schub in Richtung Dominanz des Wirtschaftlichen.

Dies betrifft gleichermaßen die Steuerpolitik, die Sozialsysteme und die Arbeitsmarktverfassungen in Europa. Wer mittels steuerlicher Regelungen Umverteilung betreiben will, wird durch den internationalen Wettbewerb der Steuerpolitik begrenzt. Die Regelungen der Sozialsysteme stehen überall auf dem Prüfstand. Gesucht sind Reformen, die die weiterhin anzustrebenden sozialen Zwecke effizienter zu erreichen erlauben. Effizienter, das heißt, es sei wiederholt, mit weniger Schäden bei den Anreizen, die für die Menschen das, was für sie und alle objektiv vorteilhaft ist, auch subjektiv vorteilhaft machen. Der verstärkte internationale Wettbewerb auf den Arbeitsmärkten (nicht in erster Linie über Wanderungen, sondern über den internationalen Waren- und Dienstleistungsverkehr sowie über die Standortentscheidungen international tätiger Investoren) hat die Verfassungswirklichkeit auf den europäischen Arbeitsmärkten verändert. Die Kartellierbarkeit der Interessen am Arbeitsmarkt, in Deutschland wie anderwärts gesetzlich, ja verfassungsrechtlich abgeschirmt, geht faktisch mehr und mehr verloren, ohne daß das gesetzlich normierte Regelwerk geändert ist. (Es wäre auch kein Zeichen für Staatskunst, das Fallende zu stoßen.)

Dies ist in erster Linie eine gute Entwicklung. Wenn wir uns überhaupt zutrauen, mit dem allenthalben in Europa bedrückenden Phänomen hoher Arbeitslosigkeit fertigzuwerden – und dieses Phänomen wurzelt nicht in der zunehmenden Globalisierung der Märkte –, dann müssen wir die Herausforderung, die in der Globalisierung der Märkte liegt, offensiv aufnehmen und nicht defensiv. Das Offenbarwerden der Notwendigkeit effizienzorientierten Handelns des Staates ist eine Chance, den sonst üblichen langwierigen Lernprozeß abzukürzen.

Wer vor Zynismus nicht zurückscheut, möchte sagen: Dies ist keine Zeit für Gerechtigkeit. Und in gewisser Weise hätte er auch recht. Die Arbeitseinkommen sollen sich weiter aufspreizen. Fast überall in Europa müssen die Sozialsysteme umgebaut werden. Ein erheblicher Teil der Betroffenen wird dies als Abbau erleben. Gleichzeitig werden sich die Bedingungen für eine gute Rentabilität des Kapitaleinsatzes, die schon heute auch in Europa weithin nicht schlecht sind, weiter verbessern, und das muß man auch noch wünschen. Hier ist für den sozialen Konsens eine Strapaze vorgezeichnet. Man wird sie nur aushalten, wenn es klarzumachen gelingt, daß es nicht darum geht, die Solidarität mit den Schwachen in der Gesellschaft aufzukündigen, sondern darum, das Sozialsystem effizienter auszugestalten – was nicht nur heißt, im Sozialbudget Geld einzusparen, sondern auch, es dort gerechter zu verteilen – und die Balance zwischen Selbstverantwortung und Solidarität neu auszutarieren. Im übrigen gehört es zu den Vorzügen des – anonym wirkenden – Marktsystems, daß unvermeidliche Brutalitäten auch als unvermeidlich erlebt werden. In Grenzen, versteht sich.

Zu greifen ist nach großen, nicht bloß marginalen Verbesserungen bei beschäftigungspolitischen Problemen. Die in einer Volkswirtschaft mögliche Menge an Absatz, Produktion und Beschäftigung ist durch nichts von außen vorgegeben. In einem

Land wie der Bundesrepublik sind derzeit trotz der hohen Löhne rund 30 Millionen Arbeitsplätze rentabel. Selbstverständlich könnten es auch 33 Millionen sein – wenn sich diejenigen, auf die es ankommt, und das sind nicht wenige, sie zählen nach Millionen, mehr anstrengen würden. Aber ebenso selbstverständlich ist das für den Ökonomen keine Frage der moralischen Appelle, sondern eine Frage der effizienten Anreize.

IV. Die Ebene der Europäischen Union

1. Ein Januskopf

Wir betreten nun die Ebene Europas im Sinne der Europäischen Union und sehen einen Januskopf. Das eine Gesicht ist geprägt von der historischen Entscheidung der Römischen Verträge, die Zukunft Europas auf das Marktprinzip, das Wettbewerbsprinzip und das Prinzip der Nichtdiskriminierung zu gründen, den Pfeilern einer freiheitlichen Ordnung. Das andere Gesicht ist geprägt – in der Sprache *Olsons* – durch eine Fülle neuer und alter, von den Mitgliedstaaten auf die europäische Ebene verlagerter Verteilungskoalitionen.

Die Europäische Gemeinschaft ist die größte Erfolgsgeschichte internationaler Zusammenarbeit und spontaner Koordination seit dem attischen Seebund. Einem Nichthistoriker sei vielleicht gestattet, seine Begeisterung in so salopper Form auszudrücken. Ihren Erfolg verdankt die Gemeinschaft dem Umstand, daß die drei zuvor genannten Prinzipien trotz all dessen, was von Anfang an – und inzwischen eher noch stärker als früher – ihr anderes Gesicht geprägt hat, bis heute von dominantem Einfluß geblieben sind. Es war der Einfluß der Erweiterung der Märkte auf der Grundlage guter Ordnungsprinzipien, in neuerer Sprache: auf der

Grundlage einer effizienten Ausgestaltung der individuellen Handlungs- und Eigentumsrechte.

Doch dies ist nicht das Ganze der Geschichte. Es ist wohl nicht einmal das, was die vertragschließenden Parteien 1957 in vor allem gemeint haben. Allgemeine Ziele, wie die dauerhafte Befriedung Europas – nicht zuletzt die Einbindung Deutschlands –, haben eine wichtige Rolle gespielt. Aber während der Ökonom ohne weiteres noch unter die Elemente einer effizienten Ordnung aufnehmen würde, lassen es zahlreiche Regelungen der Römischen Verträge und der späteren Ergänzungen nicht zu, der Veranstaltung Europäische Gemeinschaft von vornherein eine Dominanz effizienzorientierten kollektiven Handelns zu attestieren. Solchem Gütesiegel widerspricht all das, was, rein äußerlich betrachtet, den größten Teil der Gemeinschaft ausmacht. Fast alles hat zwar mit Wirtschaft im Sinne des Produzierens und Tauschens von Gütern zu tun, aber nicht mit ökonomischen Regelungen im Sinne effizienzorientierter Entscheidungen. Das meiste Geld, das über den Haushalt der Europäischen Gemeinschaft gelaufen ist und noch läuft, ist Subventionsgeld. Allein die Agrarpolitik, die mit Wirtschaftspolitik nichts und mit der Bewahrung marktfremder Einkommenspositionen alles zu tun hat, absorbierte von Anfang an den allergrößten Teil des europäischen Budgets. Und daß ihre Budgetanteile inzwischen etwas kleiner geworden sind, ist in erster Linie eine Folge davon, daß überwiegend verteilungspolitisch motivierte Subventionen für andere Wirtschaftsbereiche hinzugekommen sind. So gesehen darf man nicht davon sprechen, die Europäische Gemeinschaft sei von Dominanz des Wirtschaftlichen geprägt.

Auf dem großen und weiter wachsenden Bereich der von Brüssel kommenden Regulierungen ist ein so allgemeines Urteil nicht möglich. Hier gibt es solche effizienzorientierter wie auch solche verteilungsorientierter Art. Darauf ist zurückzukommen.

Die wichtigste Frage ist, wie sich die Europäische Gemeinschaft, die jetzt Europäische Union heißt, weiterentwickelt. Die unbewältigten Herausforderungen, von denen auf der Ebene der europäischen Staaten die Rede war, stellen sich auch auf der Ebene der Union, zumal diese, von wenigen Bereichen abgesehen, eine Kooperationsveranstaltung der Mitgliedstaaten darstellt. Wird der Rahmen der europäischen Institutionen helfen, einen Lösungsweg, der nur ein effizienzorientierter Weg, ein Weg gegen das Übermaß von Verteilungskoalitionen sein kann, zu finden?

2. *Was zu befürchten ist: Dominanz der Verteidigung des Sozialstaats und der Verteilungskoalitionen*

Man mag die These vertreten: Europa wird sich eher von der Weltgeschichte verabschieden als den amerikanischen Weg gehen. Die Verteidigung des Sozialstaats und der vielfältigen effizienzschädlichen Verteilungskoalitionen in Europa hat viele Verbündete. Das spielt sich vor allem auf der Ebene der Mitgliedsstaaten ab. Aber eben nicht nur dort.

Man kann aus Geschichte und Gegenwart der Europäischen Union eine lange Liste von Indizien gewinnen, die pessimistisch stimmen.

- Für die Fähigkeit zu einem radikalen Abbau der enormen Agrarsubventionen, die die Gemeinschaft finanziell strangulieren und die Gemeinschaft auch sonst, namentlich was die erwünschte Osterweiterung angeht, an wichtigen Fortschritten hindern, gibt es noch keine verläßlichen Anzeichen, wenngleich das Bewußtsein wächst, daß man nicht so weitermachen kann wie bisher.

- In der Gemeinschaft gab es schon immer starke Kräfte und Bestrebungen, der strengen Geltung der konstitutiven Prinzipien der Gemeinschaft – Marktprinzip, Wettbewerbsprinzip, Prinzip der Nichtdiskriminierung – partiell zu entkommen. Das hat sich nicht gebessert. Im Gegenteil. Die Maastrichter Verträge haben der Gemeinschaft eine problematische Kompetenz für Industriepolitik verschafft. Die Vorschriften sind zwar nicht so gehalten, daß daraus Unfug erwachsen muß. Die politische Erfahrung lehrt jedoch, daß aus der Ermächtigung zum Unfug auch Unfug erwächst.

- Die Veränderung der handelspolitischen Regelungen, die die Maastrichter Verträge brachten, haben die Möglichkeiten für und die Versuchung zu protektionistischem handelspolitischen Verhalten der Gemeinschaft nicht gemindert. Eher trifft das Gegenteil zu.

- Die Kontrolle von Wettbewerbsbeschränkungen und von Verstößen gegen das Beihilfeverbot sind nach wie vor ein Gemisch aus Anwendung der marktwirtschaftlichen Grundprinzipien und Rücksichtnahme auf partikulare Interessen. Dabei leidet die Prinzipienfestigkeit immer mehr unter der beschäftigungspolitischen Not in fast allen Mitgliedstaaten, wegen der offensichtlich unausrottbaren, aber nichtsdestoweniger irrigen Vorstellung, daß die konsequente Durchsetzung marktwirtschaftlicher Prinzipien einem besseren Beschäftigungsstand nicht dienlich sei.

- Das gleiche gilt für viele Regulierungen, für die die Gemeinschaft direkt oder über eine entsprechende Richtlinienkompetenz zuständig ist.

- Die Entscheidungsregeln der Gemeinschaft bringen es mit sich, daß viele wichtige Entscheidungen nur zustande kommen, wenn jeder einzelne Mitgliedstaat spezifische Anreize hat, ihnen zuzustimmen. Spezifische Anreize haben – das heißt, daß man einen ausreichend großen partikularen Vorteil aus seiner Mitwirkung an einer kollektiven Entscheidung erwartet, tunlichst den maximal möglichen. In gewissem Maße ist das unvermeidlich. Kollektive Entscheidungen sind nun einmal viel schwieriger als individuelle. Aber der Grad an Integration der Interessen ist in der Europäischen Gemeinschaft noch nicht hoch genug, als daß vernünftige kollektive Entscheidungen allemal mit vertretbaren Kosten (Stimmenkauf, Log Rolling) zustandezubringen wären.

So weit die Liste mit Einzelelementen der Skepsis, ob Europa die Fähigkeit hat ober haben wird, sich bei kollektiven Entscheidungen zur Dominanz des Wirtschaftlichen – im Sinne des Effizienzorientierten – durchzuringen. Aber der wichtigste Punkt steht nicht auf dieser Liste.

Es geht um den gravierenden und weiter wachsenden Mangel an Erwerbsmöglichkeiten für diejenigen, die nur einfache Arbeit – oder Arbeit obsoleter Qualifikation – anzubieten haben und die sich massenhaft in Arbeitslosigkeit befinden. Die Entstehungsgründe des Problems sind hier nicht aufzufalten. Entscheidend ist die Diagnose, daß es marktwirtschaftlich, wenn überhaupt, nur lösbar erscheint, wenn der Lohn für einfache Arbeit weit unter das heruntergenommen würde, was wir in Europa aus sozialen Gründen als Existenzminimum definiert und durch entsprechende sozialpolitische Regelungen abgesichert haben. Das gilt mutatis mutandis für alle europäischen Staaten. Amerika geht auf dem Arbeitsmarkt einen anderen Weg, den Weg marktwirtschaftlicher Flexibilität. Im Bereich der qualifizierteren Kräfte werden wir ihm darin folgen können, folgen müssen, sind auch schon dabei. Aber der Weg der working poor – auf ihn sind die Anbieter einfacher Arbeit unter den gegebenen Umständen verwiesen, wenn es marktwirtschaftlich zugeht – widerspricht so sehr den Traditionen europäischer Sozialstaatlichkeit, daß man ihn für ausgeschlossen halten möchte. Damit soll nicht gesagt sein, daß es eine andere Lösung gibt, es gibt nun einmal Probleme, für die wir keine Lösung kennen, für die es möglicherweise keine gibt.

Viele drängen darauf, daß die Europäische Union die ungelösten Probleme des Arbeitsmarktes aller Mitgliedsstaaten zu den ihren macht. Davon ist dringend abzuraten. Schon deshalb, weil niemand Probleme an sich ziehen sollte, für die er keine Lösung hat. Dies muß und kann auch in der Europäischen Währungsunion durchgehalten werden, in der sich die für Lohnfestsetzungen Zuständigen darauf einzustellen haben, daß Fehler nicht länger auf Kosten des Geldwerts, des Binnenwerts oder des Außenwerts der heimischen Währung, geheilt werden können, in der sie aber auch darauf vertrauen dürfen, mit Lohnzurückhaltung die Wettbewerbsfähigkeit der heimischen Arbeitsplätze zu verbessern, weil keine Aufwertung der Währung solche Vorteile zunichte machen wird. Viele drängen außerdem darauf, daß die Europäische Union im Zeichen des Schlagworts „Soziale Dimension der Gemeinschaft" verstärkt im Bereich der Sozialpolitik tätig wird. Auch davon ist abzuraten. Bestimmte Mitgliedsstaaten wünschen, daß die Arbeit in anderen Ländern ebenso teuer wird wie bei ihnen selbst. Dabei kann nichts Gutes herauskommen. Oder es geht um die Vorstellung, das Soziale würde irgendwo zu kurz kommen, wenn die Gemeinschaft nicht für mehr Einheitlichkeit sorgt. Dafür fehlt jeder Beleg, von wenigen speziellen Problemen abgesehen, die sich aus dem Nebeneinander unabhängiger nationaler Systeme ergeben.

Folgt die Gemeinschaft gleichwohl beiderlei Drängen, oder auch nur einem von beiden, so wird sie die Probleme mit der wirtschaftlichen Dynamik in Europa, die wir schon haben, vergrößern, nicht verkleinern. Im übrigen geht es nicht nur um das Unterlassen neuer Unvernunft, sondern vor allem um die Revision alter Gewohnheiten, mit denen sich harte Interessen verbinden.

Die historische Erfahrung lehrt, daß sich bei allem Vertrauen auf Lernprozesse die Revision lange verzögern und lange dauern kann. Gewiß, die Folgen einer Verzögerung müssen nicht katastrophal sein. Der Niedergang Großbritanniens vollzog sich über viele Jahrzehnte; er führte schließlich den Wohlstand des Landes weit unter den europäischen Durchschnitt, ohne daß massive Widerstände wirksam wurden. Und der kultivierte Charme der britischen Gesellschaft wurde durch die Gelassenheit, mit der das Land diese Entwicklung hinnahm, keineswegs gemindert, vielleicht eher erhöht. Aber solche Idylle sollte niemanden betrügen. Der Abschied Großbritanniens von seiner weltgeschichtlichen Rolle ist in der Art und Folgenlosigkeit, in der er sich vollzog, vermutlich nicht zu übertragen auf ein Europa, dem es aus Mangel an wirtschaftlicher Effizienz an der Kraft fehlte, seine Interessen und seine Art zu leben in der Welt angemessen zu verteidigen und in der internationalen Politik die Klugheit des alten Kontinents mit der gelegentlichen Großzügigkeit und Opferbereitschaft desjenigen zu verbinden, der weiß, daß Führung nicht nur in guten Ratschlägen besteht. Die Analyse, die sich mit dem Wandel der Institutionen befaßt, übernimmt keine Gewähr für einen guten Ausgang der Geschichte, anders als *Marx*, für den sich am Ende alles in Wohlgefallen auflöst[19].

---

[19] so *North, D.C.* (1992), a.a.O., S. 157.

3. Was Erfolg verspräche: Dominanz des Wirtschaftlichen

Es ist an der Zeit wieder einmal aus dem Kanon der Argumente der Skepsis auszusteigen und auf Gegenkurs zu gehen. Erarbeiten wir also eine Positivliste!

Erstens: Mit dem Projekt des Gemeinsamen Binnenmarkts, obwohl noch nicht vollendet, hat die Europäische Gemeinschaft Handlungsfähigkeit, auch im Großen, bewiesen.

Zweitens: Mit der Europäischen Währungsunion haben die Mitgliedsstaaten implizit einen Schub an Effizienzorientierung verabredet. Unter dem Regime der Währungsunion werden – ähnlich wie aufgrund der Globalisierung der Märkte – viele nationale Verteilungskoalitionen in Frage gestellt sein. Zugleich wird marktgerechtes Verhalten eine größere Chance haben, belohnt zu werden.

Übertragung der Geldpolitik auf eine unabhängige europäische Instanz – das bedeutet nicht, daß die Geldpolitik in Europa nun allen anderen Politikbereichen übergeordnet ist. Sie bedeutet nicht mehr und nicht weniger als die bindende Vereinbarung, daß alle ihre jeweiligen Ziele und Aufgaben unter der strikten Nebenbedingung zu verfolgen haben, daß der Geldwert nicht mehr zu ihrer Disposition steht. So wenig die Bundesbank Agent der Ambitionen des Nationalstaats Bundesrepublik Deutschland war und ist, so wenig soll es die Europäische Zentralbank für Europa sein. Eine unabhängige Notenbank hat keine andere Aufgabe, als durch Objektivierung der Geldversorgung – Geld, das man nicht selbst herstellen kann – die jeweils gegebene realwirtschaftliche Restriktion für die Summe der Ambitionen aller monetär zu manifestieren, eben dadurch freilich auch zur Ausschöpfung der gegebenen Handlungsspielräume anzuregen. Das ist, bedenkt man die Geschichte des Geldwesens und das

Unheil, das auf diesem Felde angerichtet und von dort finanziert worden ist, von unerhörter Bedeutung.

Es geht in erster Linie um gutes Geld, um Geld von verläßlich vorhersehbarem Wert – für alle. Die Deutschen fühlen sich hier derzeit auf sicherem Terrain. Und das ist auch richtig so. Was aber oft zu kurz kommt, ist dies: Der Bürger eines Landes, das wirtschaftlich eng mit anderen verflochten ist, hat nicht nur ein vitales Interesse an der Qualität des Geldes der eigenen Notenbank. Er hat ein hohes Interesse auch daran, daß das Geld der anderen ebenfalls gut ist. Es gibt in Europa keine Beschränkung der schlimmen Folgen von Inflation auf das Land, dessen Währung sie erleidet, mehr. Auf vielfältige und für den einzelnen oft kaum durchschaubare Weise werden davon alle betroffen, der eine mehr, der andere weniger; und es ist nicht einmal sicher, daß der Inländer allemal stärker betroffen ist als der Ausländer; bei Wechselkursänderungen verhält es sich partiell nicht selten umgekehrt. So kann man sagen: Sich gemeinsam von einer unabhängigen Notenbank gutes Geld schaffen zu lassen, ist ein Fall für nationalen Eigennutz ebensowohl wie für europäischen Gemeinsinn.

Eine Währungsunion lenkt zudem das gesamte international bedeutsame Verhalten der Mitgliedsstaaten. Die Währungsunion vollendet die vollständige und endgültige internationale wirtschaftliche Einbindung der beteiligten Länder auf der Basis des Marktprinzips, des Wettbewerbsprinzips und des Prinzips der Nichtdiskriminierung, den drei Säulen der Europäischen Gemeinschaft. Die für wirtschaftliche Freiheit und für die Sicherung des Wettbewerbsprinzips – bis hinein in den Bereich aller Politik – unendlich wichtige Freiheit des Kapitalverkehrs wird innerhalb Europas erst durch die Währungsunion endgültig. Durch die so weitgehende wirtschaftliche Einbindung wird jeder Teilnehmerstaat dauerhaft und verläßlich dazu bestimmt, bei allen fortdauernden nationalen Egoismen, aus je eigenem Interesse – darauf kommt es an – eine in den Grundlinien letztlich an der Tatsache der internationalen Einbindung ausgerichtete Gesamtpolitik zu treiben.

Die Grundlage der Zuversicht ist ein Rechtswerk von Verfassungsrang. Das zählt, mögen auch die Motive der vertragschließenden Parteien, einer Europäischen Zentralbank nach dem Modell der Bundesbank zuzustimmen, ganz unterschiedliche und teilweise wenig schöne gewesen sein. Es wäre nicht das erste Mal, daß aus zweitklassigen Motiven etwas Erstklassiges entsteht. Noch einmal: Vernünftige kollektive Entscheidungen zu erlangen, ist schwierig. Hat man sie einmal erreicht, besteht kein Anlaß, sie zu zerreden. Ganz zu schweigen davon, daß wir vermutlich nie wieder einen so guten Vertrag über eine Geldverfassung für Europa bekommen würden, wie wir ihn unter den einzigartigen Umständen unmittelbar nach der Wiedervereinigung Deutschlands erreicht haben.

Aufpassen muß man, daß das Aufbrechen nationaler Verteilungskoalitionen nicht zum Anlaß wird, nun auf europäischer Ebene alsbald neue zu schmieden; zu verweisen ist auf das zur Lohn- und Sozialpolitik schon Gesagte. Die außerdem verbreitete Vorstellung, eine Währungsunion erfordere wegen der fortbestehenden Unterschiede im Stand der wirtschaftlichen Entwicklung in Europa mehr Umverteilung in Form von mehr zwischenstaatlichem Finanzausgleich (mehr und größere Transfertöpfe), ist unbegründet. Eine Währungsunion bedeutet Verzicht auf nationale Inflation, sonst nichts; und Inflation braucht man nicht, sie löst keine Entwicklungsprobleme, sie löst keine sozialen Probleme, eher schafft sie solche. Das gleiche gilt in Fällen temporärer Gleichgewichtsstörungen. Richtig ist nur, daß die Gemeinschaft sich gemeinschaftlich dauerhaft vom staatlichen Schuldenmachen abkehren muß, nicht in erster Linie wegen der Währungsunion (siehe oben), aber auch ihretwegen.

Drittens: Das Tempo der Revision sklerotisch verfestigter Verteilungspositionen, die Teil des acquis communautaire sind, kann beschleunigt werden und wird beschleunigt werden, wenn Großveränderungen der Gemeinschaft anstehen, die dies unausweichlich erscheinen lassen. Eine solche Großveränderung wäre die Erweiterung der Gemeinschaft nach Osten. Nehmen wir einmal an, daß sie aus Gründen, die hier nicht im einzelnen erörtert werden können, energisch betrieben wird. Kommt es dazu, so wird die Heiligkeit des acquis communautaire nicht durchzuhalten sein. Eine Durchbrechung der alten Verhaltensregeln in der Gemeinschaft, daß erworbene Besitzstände möglichst nicht mehr in Frage zu stellen sind, kann man nicht leichthin vorhersagen. Aber die Großerweiterung der Gemeinschaft wäre immerhin ein Vorgang, bei dem dies nicht ausgeschlossen ist – eben weil es dann eigentlich unvermeidlich ist. Dadurch könnte vieles in Bewegung gebracht werden.

Viertens: Die Europäische Union steht unter dem Vorwurf, daß sie in übertriebenem Maße auf eine einheitliche Regulierung des Wirtschaftslebens in Europa dringe, auf solche Weise der gewachsenen Vielfalt der Verhältnisse in den europäischen Ländern nicht gerecht werde und gravierende Effizienzschäden bewirke. Dieser Vorwurf erscheint nicht gerechtfertigt, jedenfalls nicht in seiner pauschalen Art. Zweifellos gibt es Beispiele für einen geradezu skurrilen Bürokratismus bei manchen Regulierungen Brüsseler Provenienz. Aber mit der verständlichen Aufgeregtheit darüber wird zweierlei verdeckt, möglicherweise bewußt.

– Mitgliedsstaaten, die sich über Brüsseler Regulierungswut beklagen, bekunden damit zunächst nur, daß ihnen bestimmte

Brüsseler Regulierungen mißfallen. Sie berufen sich dabei zwar regelmäßig auf hehre Prinzipien wie die heilige Vielfalt in Europa und das sogenannte Subsidiaritätsprinzip. Aber sie meinen eigentlich, wovon sie nicht sprechen, nämlich den Schutz der nationalen Verteilungkoalitionen, die die heimischen Regulierungen tragen. Prinzipiell eröffnet die europäische Regulierungskompetenz die Möglichkeit, nationale Verteilungskoalitionen zu brechen. Auch die Brüsseler Regulierungen sind zwar regelmäßig nicht frei von der Berücksichtigung partikularer Interessen. Aber prinzipiell ist die Gefahr, daß bei einer Regulierung Sonderinteressen zum Zuge kommen, um so geringer, je breiter der erforderliche Interessenausgleich gesucht werden muß, bevor eine Regulierung zustande kommt. Für die generelle Vermutung, daß eine Regulierung um so besser gerechtfertigt ist, je weniger zentralistisch sie ist, spricht nicht viel. Dabei fällt am ehesten derjenige hinten herunter, der am wenigsten partikulare Interessen hat und deshalb am wenigsten organisationsfähig ist, der allen aber am meisten am Herzen liegen sollte, der Verbraucher nämlich. Dominanz des Wirtschaftlichen heißt in erster Linie an den Verbraucher denken, nicht in erster Linie an den Produzenten.

- Die europäische Verantwortung für die fundamentalen Prinzipien der Gemeinschaft – Marktprinzip, Wettbewerbsprinzip, Prinzip der Nichtdiskriminierung – bedeutet zunächst einmal, daß weniger Regulierungen zugelassen werden dürfen. Das ist auch tatsächlich eingetreten, entgeht aber oft der Aufmerksamkeit, offenbar weil der Wegfall nicht mehr zulässiger nationaler Regulierungen weniger auffällig ist als die Schaffung neuer Regulierungen, die aus Brüssel kommen und allemal attackiert werden, weil sie partikulare nationale Interessen verletzen. *Bismarck* hat bei Anlaß der Gründung des Norddeutschen Bundes einmal davon gesprochen, daß es nun erst einmal einen großen Verordnungsdurchfall geben werde. Davon kann zwar in der Europäischen Gemeinschaft nicht die Rede sein. So gut hat das Abführmittel der vier fundamentalen Freiheiten der Europäischen Gemeinschaft nicht gewirkt, jedenfalls noch nicht. Aber die Diskussion läuft falsch, wenn sie sich einseitig darauf konzentriert, die Mängel der Brüsseler Regulierungspraxis herauszustellen und nicht ihre Verdienste.[20]

Man muß sich den Staat, der das Gemeinwohl definiert, in der Zukunft wohl wieder etwas herrischer vorstellen, weil der Staat gezwungen sein wird, seine Abgabenansprüche an die Bürger zurückzunehmen. Vielleicht nicht so herrisch, wie die unabhängige Bundesbank die Geldpolitik für den D-Mark-Raum definiert oder die künftige noch unabhängigere Europäische Notenbank die Geldpolitik für den größeren Euro-Raum. Aber eben doch nicht mehr ganz nach dem Muster der Konsens-Demokratie, die in den vergangenen Jahrzehnten das Geschehen in den meisten westeuropäischen Ländern – bei durchaus je unterschiedlicher Verfassungslage – zunehmend geprägt hat. Ein Grundzug der Konsens-Demokratie ist ihre Neigung zur Ignoranz bezüglich der Gesetze ökonomischer Logik, sprich ihre Neigung zum Selbstbetrug. Man verteilt mehr als hundert Prozent dessen, was man erwirtschaftet, am leichtesten per Termin. Und klopft sich auch noch auf die Schulter, was man denn wieder Großes für den sozialen Frieden, den dritten Produktionsfaktor, vollbracht habe.

Für die Zukunft sollte ein Dreifaches große Bedeutung haben: Die Zwänge zur stabilitätskonformen Interessenabgleichung

[20] Mehr hierzu siehe Deregulierungskommission (1991): Marktöffnung und Wettbewerb, Stuttgart, S. 8 ff. sowie Kronberger Kreis (1992): Einheit und Vielfalt in Europa. Für weniger Harmonisierung und Zentralisierung, Schriftenreihe des Frankfurter Instituts, Bd. 24, Bad Homburg v.d.H., S. 30 ff.

werden stärker. Sie verlagern sich teilweise auf die europäische Ebene. Und im größer werdenden Europa werden die Interessen zu heterogen sein, als daß man Gegensätze überwiegend im Konsens aufzulösen vermöchte. Die Klage wird sein: Der Staat wird kälter. Und das trifft wohl zu. Aber es wird eine erfolglose Klage sein. Die nationale Sozialpolitik muß sich – aus Wettbewerbsgründen – zurücknehmen. Europäische Sozialpolitik kann nicht an deren Stelle treten. Unüberbrückbar wären die Interessengegensätze und also unfinanzierbar die Aufgaben. Für die Lohnpolitik gilt das gleiche. Mangels Homogenität der Interessen werden diese auf europäischer Ebene noch für längere Zeit nicht, wenn überhaupt je, kartellierbar sein.

4. *Was darüber hinaus zu wünschen wäre: Ausgreifendere Ambitionen und dazu passende Rahmenbedingungen*

Wir können uns durchaus eine von Dominanz des Wirtschaftlichen, also von Effizienzorientierung geprägte Gesellschaft vorstellen, in der die Menschen vom täglichen Klein-Klein erfüllt sind, in der die Furcht vor dem, was eine allemal gefahrvolle Zukunft bereithalten möchte, sie ständig gefangen hält, nicht aber die Faszination angesichts der Chancen, die es immer auch gibt, sie motiviert. Viel Dynamik wird es dort nicht geben. Wir können uns aber auch ein ganz anderes Bild machen.[21] Ein individualistischer Mensch wird dabei selbstverständlich nicht vor allem an die Möglichkeit denken, daß der Staat als Subjekt ausgreifenderer Ambitionen auftritt. Den Nationalstaat als Träger kollektiver Selbstwertgefühle, wie wir ihn von früher her ken-

[21] Zum Selbstwertgefühl als Triebkraft für individuelle und kollektive Höchstleistungen und für die Stabilität und Akzeptanz der liberalen demokratischen Gesellschaftsordnung, siehe *Fukuyama, Francis* (1992): Das Ende der Geschichte. Wo stehen wir? München; Originalausgabe: The End of History, New York.

nen, ist ohne Faszination. Den Kultus des Nationalen wünschen wir uns nicht wiederkehren auf europäischer Ebene. Der Kultus des Nationalen hat, wie *Adorno* einmal allgemein vom Kultus der Werte gesagt hat, etwas Reaktives an sich. Darin „spricht sich ... die Schwäche von Menschen aus, die nicht vermögen, sich wahrhaft selbst zu bestimmen und ihrem Gesetz zu folgen, sondern nach etwas suchen, was da käme und sie mitnähme“[22]. Nein, wenn von ausgreifenderen Ambitionen die Rede ist, die zu wünschen wären, so ist zu allererst an Menschen zu denken, die sich etwas vornehmen, gelegentlich auch einmal etwas Großes, dabei auf Einklang rechnen dürfen mit der Gesellschaft und von seiten des Staates durch günstige Rahmenbedingungen unterstützt werden. Mit anderen Worten, die historische Inspiration kommt von den schon erwähnten schönen Beispielen Holland im siebzehnten Jahrhundert und Großbritannien zur Zeit der Glorreichen Revolution und danach, nicht von den Ambitionen des Wilhelminischen Reiches. Ein Gegenbeispiel wäre das Großbritannien des Niedergangs ab dem Ende des 19. Jahrhunderts, befallen von der britischen Krankheit, die so viele Rätsel aufgegeben hat. Auch das Wirtschaftliche im Sinne des Produzierens und Tauschens von Gütern geht nicht ohne Rest auf in dem, was sich mit den Kategorien der Ressourcenausstattung und der Zweckmitteleffizienz darstellen läßt. Wo ein großer Wille ist, ist ein breiter Weg.

Mit dem Individualismus soll man es nicht übertreiben. Eine verbreitete Vorstellung ist: So wenig wir an künftige Taten des einiger werdenden Europas auf der Grundlage der Ideologie des schlapper werdenden Nationalstaats denken müssen, so wenig müssen wir als Voraussetzung für eine dynamischere Entwick-

---

[22] *Adorno, Th.* (1996): Probleme der Moralphilosophie, Nachgelassene Schriften, Abteilung IV: Vorlesungen, Band 10, Frankfurt am Main, S. 180.

lung Europas ein Wir-Gefühl postulieren, das einer quasi nationalen Identifikation der Bürger in Europa mit Europa zum Ausdruck bringt. Von dieser These sind Abstriche zu machen. Für die Abdeckung der auf das Gemeinwohl Europas bezogenen Entscheidungen ist es vermutlich nötig, daß sich die Zugehörigkeitsgefühle, die auf der Ebene der Nationalstaaten kollektive Entscheidungen fundieren, nach und nach teilweise auf Europa übertragen. Bis dahin hängt unvermeidlicherweise zu viel von der europäischen Gesinnung der Politiker ab, die im Europäischen Rat auf der Grundlage eines hochstrapazierten Repräsentativitätsprinzips zu entscheiden haben.

Wenn man sich vorstellen wollte, daß die geistige Führungsschicht Europas eine zentrale Rolle bei der Heranbildung einer Art Nationalbewußtsein auf europäischer Ebene zu spielen hätte, fiele man vermutlich in Pessimismus. Dafür ist in den Köpfen der europäischen Intelligenz wenig Raum. Also müßte es ohne sie gehen, wie es bei der Überwindung des sozialistischen Treibens ebenfalls ohne sie ging. Bei der Europäischen Währungsunion fehlen sogar die Konservativen. Kurz, daß sich die vom Kapitalismus nicht angesprochenen moralischen Energien der europäischen Völker nach Europa wenden ließen, dafür gibt es schlechterdings keine Anzeichen.

Europas Reserven an Vitalität liegen vermutlich nicht im Westen, sondern im Osten. Dort leben die Aktiv-Hungrigen, denen in einem halben Jahrhundert Sozialismus Wohlstand nicht selbstverständlich geworden ist. Die Transformation ihrer Volkswirtschaften in ein marktwirtschaftliches System ist noch nicht abgeschlossen. Aber sie praktizieren teilweise Marktwirtschaft schon unbefangener als die von einem dichten Regulierungsnetz gefesselten Leute im Westen. Dies soll nicht heißen, daß sie es aggressiver tun, aber eben unbefangener, bedenkenloser. Und wenn *Mancur Olson* Recht hat mit seiner Deutung des deutschen Wirtschaftswunders der Nachkriegszeit als einer Frucht der Zerstörung zahlloser Verteilungskoalitionen, die die Dynamik in altgewordenen Volkswirtschaften ersticken, dann sollte man vor der Prognose einer rasanten Aufwärtsentwicklung in unseren östlichen Nachbarländern keine Bange haben. Die volle Integration Mittelosteuropas in die Europäische Union wird wahrscheinlich noch viel Zeit beanspruchen. Aber schon vorher könnte die Veränderung des Mischungsverhältnisses aus Menschen, die sich angewöhnt haben, Wohlstand zu beanspruchen, und solchen, die wissen, daß man ihn erst einmal erarbeiten muß, das Klima in Europa im ganzen verändern.

Daß in manchen Ländern Europas ein gebrochenes Verhältnis zu wirtschaftlichem Wachstum und zu Neuerungen, ja sogar Technikfeindlichkeit einen so großen Teil der Bevölkerung kennzeichnet, daß dies die einschlägigen Entscheidungsprozesse in Staat und Wirtschaft maßgeblich bestimmt, ist vielleicht das alarmierendste Merkmal von Vitalitätsschwäche. Aber hier geht es möglicherweise am wenigsten um eine Entwicklung, die man als irreversibel bezeichnen muß. Das wachsende Bewußtsein in Europa, vor unlösbaren Problemen bei der Arbeitslosigkeit und der Finanzierung der Sozialsysteme zu stehen, wenn man nicht Grundeinstellungen revidiert, die einem lieb geworden sind, die aber dynamikfeindlich sind, könnte zu dieser Revision tatsächlich Anlaß geben. Niemand möchte die positiven Folgen im einzelnen abschätzen. Aber zu erinnern ist daran, daß neben der Vergrößerung der Märkte die Fähigkeit zu Innovationen, namentlich zu technischen Neuerungen, seit Beginn der industriellen Revolution der wichtigste Motor der spektakulären Wohlstandssteigerung gewesen ist, die die westliche Welt erlebt hat.

Wenn Europa die Kraft hat, die wünschenswerte Dominanz des Wirtschaftlichen zu respektieren, und wenn es sich so wandelt, daß ausgreifendere Ambitionen im privaten und staatlichen

Bereich ihre Chance erhalten, so hätte es gute Aussichten, an die Wachstumsdynamik früherer Jahre wieder anzuschließen. Unsere Ratlosigkeit bezüglich der millionenfachen Arbeitslosigkeit im Bereich einfacher Arbeit könnte sich vermutlich nur so erledigen. Das Hintanstellen außerökonomischer Ziele müßte nicht in vollem Maße ein dauerhaftes sein. Dies gilt nicht zuletzt für die sozialen Aufgaben, für die freilich weiterhin vor allem die Nationalstaaten zuständig blieben. Es mag schofel klingen, die Erfüllung sozialer Pflichten als etwas anzukündigen, was von der Reichen Tische fällt. Aber es macht auch keinen Sinn, zu verkennen, daß soziale Aufgaben, was die konkrete Erledigung anbelangt, ganz und gar irdische Aufgaben sind.

Die meisten europäischen Regierungen haben vor einigen Jahren Fortschritte in Richtung eines vereinten Europa auf ihrer Agenda weiter nach oben gesetzt. Sie eilen damit anscheinend teilweise dem Wollen ihrer Völker voraus. In allen Mitgliedstaaten ist zwar das Bewußtsein vorherrschend, daß die Europäische Gemeinschaft ihnen große Vorteile gebracht hat und weiter bringt. Aber es ist wohl auch die Furcht gewachsen, daß Einheit und Vielfalt in Europa außer Balance geraten könnten, daß zunehmende Zentralisierung staatlicher Funktionen auf europäischer Ebene die jeweilige nationale Identität gefährdet. Diese Balance gilt es in der Tat zu wahren. Doch die These, daß Stillstand Rückschritt bedeutet, ist ebenfalls ernstzunehmen. Das heißt zugleich, daß die im bisherigen Integrationsprozeß entstandenen Unzuträglichkeiten in der Bewegung nach vorn zu überwinden wären.

Die europäische Einigung, die um ihrer friedensfördernden und wohlstandsmehrenden Wirkungen Willen angestrebt wird, ist ein dynamischer Prozeß, der sich wohl notwendigerweise in einer Abfolge von Ungleichgewichten vollzieht. Was sich heute für viele als Demokratiedefizit der Europäischen Gemeinschaft darstellt, mußte womöglich hingenommen werden als Durchgangsstadium in einer Entwicklung, die, nachdem man den Mut gehabt hat, sich auf sie einzulassen, selbst erst nach und nach auch die Voraussetzungen schafft, es zu überwinden. Was sich heute für viele als ungleichgewichtig darstellt an dem Plan einer europäischen Währungsunion, die nicht abgestützt sei durch hinreichend eingeübte Gemeinschaftlichkeit und Solidarität in anderen Politikbereichen, kann womöglich auch von ihnen hingenommen werden, weil die wohlstandsmehrenden und identitätsfördernden Wirkungen der Union dazu verhelfen sollten, soweit nötig außerhalb des Bereichs von Geld und Währung mit dem nachzuziehen, was vorläufig zurückhängt. Wer erfolgreich etwas Gemeinschaftliches unternimmt, ist gemeinhin auch bereit, auf der Basis des Erfolges die wechselseitige Rücksichtnahme und Solidarität zu üben und schließlich zu gewährleisten, die eine Gemeinschaft erhält. Dies ist jedenfalls eher möglich, als solche Rücksichtnahme und Solidarität schon im Vorhinein und also auch für den Fall des Mißerfolgs fest zu versprechen. Bereits das europäische Währungssystem war, politisch gesehen, Beispiel für ein programmiertes Ungleichgewicht, das entweder nach vorn – durch verstärkte währungspolitische Integration – überwunden wird oder zu Rückschritt nötigt.

Der Erfolg der Europäischen Gemeinschaft hatte Gewicht bei der Überwindung der Teilung Europas und der Welt. Er hat zudem die Gemeinschaft anziehend gemacht für eine große Anzahl von Ländern, die in die Gemeinschaft drängen. Teil von beidem ist die Veränderung des Gewichts Deutschlands in der europäischen Staatenwelt. Zugleich ist bewußt geworden, daß die politischen Zentrifugalkräfte in Europa nicht verschwunden sind und also durch Gegenkräfte gebunden werden müssen. Große Staatskunst soll mit den Sorgen fertig werden, die sich zugleich an die starke Stellung Deutschlands in einem vereinten Europa knüpfen wie auch an die Möglichkeit einer deutschen Vormacht unter den Bedingungen des Status Quo.

Bei einem Fortgang der Dinge in Europa geht es um Weichenstellungen, die ihrer Art nach vor allem verfassungspolitische Weichenstellungen sind. Ein dynamischer Prozeß ist nicht in jeder seiner Phasen im Vorhinein festlegbar. Um so wichtiger sind die Prinzipien, die eine Balance zwischen europäischem Miteinander und kreativer Pluralität im Wettbewerb auf Dauer verläßlich sichern müssen. Und hier sollte man ohne Scheu weiter darauf setzen, daß das Marktprinzip, das Wettbewerbsprinzip und das Prinzip der Nichtdiskriminierung, das ganze moderiert durch Solidarität, verstanden als Eigeninteresse auf lange Sicht in einer unsicheren Welt, die erfolgversprechenden Leitvorstellungen sind.

Literatur

Adorno, Theodor (1996): Probleme der Moralphilosophie, Nachgelassene Schriften, Abteilung IV: Vorlesungen, Band 10, Frankfurt am Main

Biskup, Reinhold (Hrsg.) (1996): Globalisierung und Wettbewerb, Bern

Deregulierungskommission (1991): Marktöffnung und Wettbewerb, Stuttgart

Fukuyama, Francis (1992): Das Ende der Geschichte. Wo stehen wir? München; Originalausgabe: The End of History, New York.

Kronberger Kreis (1992): Einheit und Vielfalt in Europa. Für weniger Harmonisierung und Zentralisierung, Schriftenreihe des Frankfurter Instituts, Bd. 24, Bad Homburg v.d.H.

Kronberger Kreis (1994): Mehr Langfristdenken in Gesellschaft und Politik, Schriftenreihe des Frankfurter Instituts, Bd. 28, Bad Homburg v.d.H.

Lipset, Seymor Martin (1996): American Exceptionalism: A Double-Edged Sword, New York

North, Douglass C. (1988): Theorie des institutionellen Wandels. Eine neue Sicht der Wirtschaftsgeschichte, Tübingen; Originalausgabe: Structure and Change in Economic History, New York und London, 1981

North, Douglass C. (1992): Institutionen, institutioneller Wandel und Wirtschaftsleistung, Tübingen; Originalausgabe: Institutions, Institutional Change and Economic Performance, Cambridge u.a. 1990

Olson, Mancur (1985): Aufstieg und Niedergang von Nationen. Ökonomisches Wachstum, Stagflation und soziale Starrheit, Tübingen, Originalausgabe: The Rise and Decline of Nations: Economic Growth, Stagflation and Social Rigidities, New Haven und London 1982

Schlesinger, Helmut, Manfred Weber und *Gerhard Ziebarth* (1973): Staatsverschuldung – ohne Ende? Zur Rationalität und Problematik des öffentlichen Kredits, Darmstadt

Sievert, Olaf (1994): Stellungnahme aus Sicht der Wirtschaftspolitik, in: Markt mit Moral. Das ethische Fundament der sozialen Marktwirtschaft, Gütersloh

Joachim Starbatty

Politik oder Markt als Wegbereiter der Integration Europas?

I. Ist Integration von oben angemessen?

Jean Monnet wird in Festreden zur Europäischen Integration zustimmend mit folgender Feststellung zitiert: „Könnte ich noch einmal mit unserer Europapolitik beginnen, so würde ich nicht mit Kohle und Stahl, sondern mit Bildung und Kultur anfangen". Sollte *Monnet* das wirklich so gesagt haben[1], dann hat er nicht verstanden, was Europa wirklich ausmacht; das gilt auch für diejenigen, die ihn zustimmend zitieren.

Es gibt eine gemeinsame europäische Kultur. Die jeweiligen kulturellen Ausprägungen in den verschiedenen Ecken und Winkeln Europas sind unterschiedlich und doch verwandt. Wer sie betrachtet, gewinnt den Eindruck, als entstammten sie demselben Urgrund. Dies empfindet derjenige besonders intensiv, der sich in kulturell anders gearteten Regionen dieser Welt auskennt. Zur kulturellen Einheit Europas in der Vielheit haben die griechische Antike einschließlich Philosophie, Staats- und Regierungslehre beigetragen, das römische Reich – auch in seinen mittelalterlichen und neuzeitlichen Formen – einschließlich des Lateins als lingua franca und des Römischen Rechts und ganz besonders das Christentum mit seinem jüdischen Ursprung. Geschichte, Kultur,

---

[1] Fundstelle für dieses Zitat ist *Puvogel, H.-H.* (1996): Wettbewerb zwischen Regierungen und berufliche Bildung in der Europäischen Union, Baden-Baden, S. 167. *Puvogel* zitiert nach *Klemm, K.* (1996, S. 61). *Klemm* zitiert *Monnet* ohne weiteren Beleg.

Kriege, Staatswerdung in Europa sind ohne diese Wurzeln nicht zu verstehen.

Wer den mittelalterlichen Pilgerweg – zum Grab des Apostels *Jakob* im spanischen Santiago de Compostela – ganz oder teilweise abgeht oder zufällig darauf stößt, spürt die Einheitlichkeit und die jeweilige Andersartigkeit der europäischen Kultur. Er entdeckt die Wiege der Romanik und der Gotik. Die Pilger brachten Kenntnisse, Sitten und Gebräuche mit und nahmen neue Erkenntnisse und andere Sitten und Gebräuche mit nach Hause; etwa die Baukunst der Gotik Frankreichs, abgewandelt und den regionalen Gegebenheiten – beispielsweise Gesteinsvorkommen – und Vorlieben angepaßt. Er sieht die Klöster der Zisterzienser in Frankreich und erinnert sich an deren kulturelle und soziale Spuren und Prägungen im übrigen Europa.

Man muß kein Spezialist sein, um dieses gemeinsame Erbe in den europäischen Kulturen zu entdecken. Es gab keinen bewußten politischen Willen, diese europäische Kultur von oben zu formen. Wenn also *Monnet* richtig zitiert wird, dann meint er, er wäre besser nicht Chef der „Hohen Behörde“ zur Schaffung einer „Europäischen Gemeinschaft für Kohle und Stahl“ (EGKS), sondern Chef einer „Hohen Behörde“ geworden, die solches auf dem Gebiet der Kultur versucht hätte: also politische Definition des Zieles „Gemeinsame europäische Kultur“, Formung der dazu notwendigen Instrumente und Bereitstellung der finanziellen Mittel. Wie eine solche „Hohe Behörde“ auf dem Gebiete der Kultur hätte arbeiten müssen, können wir uns vorstellen, nachdem wir *Alfred Müller-Armacks* Charakterisierung der Arbeitsweise der „Hohen Behörde“ für die EGKS kennengelernt haben. *Müller-Armack* berichtet in seinen Erinnerungen

„Auf dem Weg nach Europa“[2], daß er und sein politischer Chef, *Ludwig Erhard*, die Wirkungsstätte der „Hohen Behörde“ als Exekutivorgan der EGKS hätten kennenlernen wollen, um sich ein näheres Bild zu machen. Also seien sie zu einer Verhandlung nach Luxemburg gereist – die Verkehrsverbindungen waren Anfang der 50er Jahre noch unbequem und langwierig –, hätten dann im Vorzimmer Stunde um Stunde auf das Erscheinen der Hohen Behörde und deren Beratungsergebnisse gewartet; schließlich seien – lange nach Mittag – die Türen des Beratungsraumes aufgegangen, *Jean Monnet* an der Spitze; er habe die Verhandlungsergebnisse auf französisch verlesen. Dann habe er in Richtung der Delegationen aus den Mitgliedstaaten gefragt: „Quelques questions?“ Die deutsche Delegation habe sich – etwas unsicher und konsterniert – angeblickt. *Jean Monnet* habe einige Augenblicke gewartet, dann die Aktendeckel mit der Bemerkung geschlossen: „La consultation est finie“.

II. Krise der Politik oder der Integrationsmethode?

Die Delegation des Bundeswirtschaftsministeriums zog aus diesem Anschauungsunterricht folgende Konsequenz: Die Integration von oben – ein ausgesuchtes supranationales Gremium berät und entscheidet, die nationalen Exekutiven setzen um – dürfe nicht Richtschnur für die künftige Integrationspolitik sein[3]. Hat sich diese Auffassung durchgesetzt? Wo steht die Integration Europas heute? Einen ersten Aufschluß darüber vermittelt die Beurteilung des Amsterdamer Gipfels der europäischen Staats- und Regierungschefs durch *Jack Lang*[4], Vorsitzender des außen-

---

[2] *Müller-Armack, A.* (1971): Auf dem Weg nach Europa, Tübingen und Stuttgart, S. 64f.

[3] Vgl. ebenda, S. 66.

[4] Vgl. *Lang, J.*.(1997b): Europa ist handlungsunfähig, Interview in: Südwestpresse, 20.8.1997.

politischen Ausschusses der französischen Nationalversammlung: „Doch auf der Amsterdamer Regierungskonferenz im Juni dieses Jahres ist nichts herausgekommen, der Berg kreißte und gebar eine Maus. Folgerichtig konnte der dort unterzeichnete Vertrag auch keinerlei greifbare Fortschritte in den wichtigsten Bereichen – Ausbau der gemeinsamen Außenpolitik, Aufbau der Verteidigungspolitik der Europäischen Union, Verstärkung der Koordination der Wirtschaftspolitik – festschreiben. Der Vertrag ist schlicht und ergreifend bar jeden Interesses, warum sollte man ihn also ratifizieren?“

Ganz allgemein werden überwiegend krisenhafte Entwicklungen des Integrationsprozesses insgesamt oder auf Teilgebieten diagnostiziert. Bei den Bürgern ist die Europäische Union (EU) nicht beliebt. Sie interessieren sich oft noch nicht einmal für deren Arbeit und Entscheidungen. Die Beteiligung der Bevölkerung an Wahlen zum Europäischen Parlament ist weit geringer als bei nationalen Wahlen. Das Desinteresse ist bei vielen Bürgern in Unbehagen, teilweise sogar in Ablehnung umgeschlagen. Dabei greifen die Entscheidungen aus Brüssel immer stärker in das Leben der Bürger ein – leider nicht allzu häufig zur Freude der Menschen. Teilweise wird das auch in humoristischer Form präsentiert, so wenn man sich darüber lustig macht, daß Gurken nach EU-Normen über den Krümmungsgrad definiert werden. Sogar einer der Vorkämpfer des derzeitigen Integrationsprozesses, der deutsche Außenminister *Klaus Kinkel*, gibt den Bürgern recht, die Unbehagen gegenüber den Entscheidungen aus Brüssel empfinden. Er hat im Deutschen Bundestag gesagt[5]: „Die Bürger mögen diesen Blödsinn und diese Regelungswut aus Brüssel nicht mehr. Deshalb müssen wir Abhilfe schaffen“.

5 *Kinkel, K.* (1994): Beitrag in der Ansprache zur Regierungserklärung des Bundeskanzlers, Deutscher Bundestag, Stenographischer Bericht vom 23.11.1994, S. 79.

Zur Überwindung des Stillstandes oder auch vielleicht des Leerlaufs empfiehlt *Lang*[6]: „Der Maastrichter Vertrag ist ein guter Vertrag. Er wäre nie zustande gekommen ohne den Willen und den Enthusiasmus des Trios *Helmut Kohl/François Mitterrand/Jacques Delors*. Die von ihnen verkörperte europäische Führung hat die übrigen mitgerissen. Heute haben wir ein Problem, weil Leadership nicht mehr existiert. Darum wünsche ich, daß mehrere hohe Verantwortungsträger – ich denke da an den deutschen Bundeskanzler, den französischen Regierungschef und warum nicht den britischen Premier – in die Initiative gehen. Zwei, drei Regierungen müssen erklären, daß man sich nicht mit dem Erreichten abfinden kann, daß man jetzt reagieren muß, daß einer neuen Erweiterung der EU als Bedingung eine vorherige Vertiefung und Verstärkung der Strukturen voranzustellen ist." Also: *Jack Lang* diagnostiziert eine politische Krise – die nichtsagenden politischen Ergebnisse des Amsterdamer Gipfels stehen dafür – und fordert als Therapie eine ernsthafte Anstrengung von den maßgeblichen politischen Führern der EU, den Integrationsprozeß voranzubringen. Er lokalisiert die Krise im politischen Bereich – mangelnder politischer Wille – und nicht in der Form, in der die Europäische Integration sich Schritt für Schritt verwirklicht; er diagnostiziert also keine Krise der Integrationsmethode, sondern der Politik.

Ähnlich argumentiert *Klaus-Dieter Frankenberger*[7] in einem Leitartikel der „Frankfurter Allgemeinen Zeitung": „Es steht dahin, ob sich die Länder der Europäischen Union den Herausforderungen gewachsen zeigen werden und ob sie überhaupt den Willen dazu aufbringen. Aber solange die Union ihre innere Ver-

---

[6] *Lang, J.* (1997b): a.a.O.

[7] *Frankenberger, K.-D.* (1997): Der ewige Juniorpartner, in: Frankfurter Allgemeine Zeitung, 11.8.1997, Nr. 184, S. 1.

fassung nicht wesentlich verändert und auf die Frage der europäischen Führung keine neue Antwort gibt, wird sich an dem Ungleichgewicht zwischen Amerika und dem Staatenverbund namens Europa wenig ändern. Dann bliebe nur die Hoffnung auf eine 'europäisierende' Wirkung des Euro und auf eine Währungsunion, die zur politischen Union zwingt". Auch *Frankenberger* sieht die Krise der Integration in der Politik begründet – „solange die Union... auf die Frage der europäischen Führung keine neue Antwort gibt" – und hofft auf den Euro und dessen europäisierende Wirkung in Richtung einer politischen Union. Bundeskanzler *Kohl* hat im Deutschen Bundestag[8] ja ausdrücklich der Währungsunion die politische Union an die Seite stellen wollen, weil die Währungsunion ohne politische Union letztlich nicht überleben werde. *Frankenberger* setzt also darauf, daß die sich aus der Währungsintegration ergebenden „Sachzwänge" schließlich die politische Krise überwinden helfen könnten, also die bekannte Sachzwangstrategie.

Es geht im folgenden um die Frage, ob die diagnostizierte Krise des Integrationsprozesses in der Politik oder in der gewählten Integrationsmethode zu suchen ist. Treten die derzeitigen Schwierigkeiten auf, weil die Politiker nicht mehr wollen, oder wollen sie nicht mehr, weil jetzt die Schwierigkeiten und die Kosten der politischen Integration – Integration von oben – immer offensichtlicher werden? Die nun von der Bundesregierung angestoßene Debatte um die Finanzierungslasten innerhalb des Europäischen Systems kann ebenfalls als eine Facette der derzeitigen Integrationskrise gedeutet werden.

[8] Vgl. *Kohl, H.* (1991): Regierungserklärung des Bundeskanzlers, Deutscher Bundestag, Stenographischer Bericht vom 6.11.1991.

III. Integration von unten versus Integration von oben

Wir wollen einen Augenblick innehalten, um zunächst einmal die beiden zentralen Integrationsmethoden vorzustellen und daraufhin zu prüfen, welche institutionellen Ausformungen sie jeweils hervorbringen. Es läge nahe, auf die Tradition des deutschen Ordoliberalismus zurückzugreifen. Dieser Ansatz liefert uns zwar eine Reihe von Anhaltspunkten – insbesondere den Hinweis auf die Interdependenz von Staat und Wirtschaft –, doch keine unmittelbaren Hinweise auf die institutionellen Konsequenzen des Europäischen Integrationsprozesses.

Entsprechend der Tradition des deutschen Ordoliberalismus gehören Institutionen zum Datenkranz der Wirtschaft, dessen Entstehung selbst nicht ökonomischer Analyse unterliegt, sondern als gegeben – eben als Datum – hingenommen wird[9]. Wenn wir über Stand und Zukunft der Europäischen Integration sprechen, dann müssen Entstehen und Vergehen, Zweck und Wirkung von Institutionen selbst analysiert werden. Daher kann es sich als zweckmäßig erweisen, auf den Ansatz der „New Institutional Economics" (*Douglas North*) zurückzugreifen. Wir müssen – gewissermaßen – aus der statischen in die dynamische Perspektive wechseln, indem wir die Entstehung und Veränderung von Institutionen analysieren. *North*[10] versteht Institutionen nicht bloß als Konsequenz staatlicher Ordnungspolitik, sondern allgemein als das Ergebnis der Übereinkunft über Spielregeln, die spezifizierte und voraussagbare institutionelle Formen nach sich ziehen. Danach können wir sogar Ausprägungen von Marktwirt-

---

[9] Vgl. *Eucken, W.* (1952): Grundsätze der Wirtschaftspolitik Tübingen und Basel, S. 287f. und 377ff.

[10] *Vgl. North, D.* (1990): Institutions, Institutional Change and Economic Performance, Cambridge, S. 4.

schaften selbst als das Ergebnis von Spielregeln auffassen, die sich aus den spontanen Aktionen von Individuen ergeben haben.

Wenn nun politisch autonome Staaten den gegenseitigen Integrationsprozeß fördern wollen, können sie sich prinzipiell auf die beiden folgenden Spielregeln verständigen. Die erste Spielregel lautet: Wir wollen uns zusammentun und zu diesem Zweck unsere Grenzen öffnen, so daß Güter, Dienstleistungen, Kapital und Personen frei wandern können (Freiverkehr). Die zweite Spielregel lautet: Wir wollen uns zusammentun und dann politisch entscheiden, was und wie wir es gemeinsam tun wollen. Die Konsequenzen dieser unterschiedlichen Spielregeln – gerade auch für die individuelle Freiheit der Bürger – sind erheblich. Die erste Spielregel löst über die Öffnung der Grenzen Arbitragebewegungen aus: Waren werden exportiert, wenn die Profite im Ausland höher sind; ähnliches gilt für Dienstleistungen und für Kapital; für Personen gilt das bloß eingeschränkt. Solche Arbitragebewegungen gibt es solange, wie die Nutzendifferentiale in den einzelnen Ländern unterschiedlich sind. In der wissenschaftlichen Terminologie nennen wir diese Spielregel die *funktionalistische Integrationsmethode.* Bei dieser Spielregel sind es die Entscheidungen an der Basis – die Entscheidungen der Konsumenten, der Unternehmer, der Kapitalanleger und schließlich der Arbeitskräfte –, die mit ihren Wanderungsbewegungen die Integration voranbringen und schließlich auch die Politik zu Anpassungsprozessen zwingen: *Integration von unten*[11]. Über den Wettbewerb werden Preise, Zinsen, Löhne und schließlich auch Institutionen allmählich angeglichen. Dies schließt nicht aus oder bedingt sogar, daß die politisch Verantwortlichen diesen Prozeß über geeignete Rahmenbedingungen

---

[11] Vgl. *Streit, M.E.* und *Mussler, W.* (1994): The Economic Constitution of the European Community – From „Rome" to „Maastricht", in: Constitutional Political Economy 5, S. 319–353.

(z.B. Rechtssicherheit) ermöglichen und voranbringen. Es ist auch vorstellbar, daß im Zuge dieses Integrationsprozesses Institutionen entstehen (z.B. ein gemeinschaftliches Schiedsgericht oder gemeinsame Industrienormen), die den Integrationsprozeß begleiten und erleichtern. Wir können aus der ersten Spielregel auch folgern: Angleichung oder Harmonisierung durch Wettbewerb.

Wird die zweite Spielregel gewählt, dann finden sich Politiker aus den Staaten, die eine Gemeinschaft bilden wollen, in Gremien, die zu diesem Zwecke gebildet werden, zusammen und definieren gemeinschaftliche Ziele und verpflichten sich, die dazu notwendigen Beschlüsse in ihren Ländern umzusetzen; sie wollen Institutionen schaffen, die den Austausch von Waren, Dienstleistungen, Kapital und Personen in der politisch gewünschten Weise organisieren sollen. In der wissenschaftlichen Terminologie nennen wir diese Spielregel die *institutionalistische Integrationsmethode*. Dieser Ansatz setzt darauf, daß Politiker zunächst durch gezielte Entscheidungen die institutionellen Gegebenheiten schaffen sowie die wirtschaftlichen und sozialen Voraussetzungen einander angleichen, bevor es zu einem, in ihren Augen fairen Wettbewerb kommen kann. Das der zweiten Spielregel gemäße Verfahren der Integration können wir mit *Streit* und *Mussler*[12] als *Integration von oben* bezeichnen. Der zweiten Spielregel entspricht folgende Integrationsmethode: *Wettbewerb durch Harmonisierung*. Als Konsequenz dieser Integrationsmethode wird der Wettbewerb um die jeweils effizientesten Institutionen ausgeschaltet. Sind die jeweiligen Institutionen politisch bestimmt und realisiert worden, dann wird Wettbewerb als Entdeckungsverfahren in Richtung alternativer Institutionen nicht als wohlfahrtsschaffend, sondern als poli-

[12] Vgl. *Streit, M.E.* und *Mussler, W.* (1994): a.a.O., S.319-353.

tikstörend empfungen. Es besteht daher die Neigung, diesen Wettbewerb auszuschalten.

Im Zuge der Verhandlungen zur Schaffung einer Europäischen Wirtschaftsgemeinschaft gab es auf deutscher Seite zunächst zwei konträre Positionen: Auf der einen Seite *Ludwig Erhard*, der von seiner ordnungspolitischen Einstellung her, bestärkt durch seine Luxemburger Erfahrung mit der EGKS, für eine funktionale Integration eintrat – Integration von unten –, und auf der anderen Seite *Konrad Adenauer*, der über die marktwirtschaftliche Integration hinausgehend die Bundesrepublik Deutschland in Westeuropa in einer politischen Form verankert sehen wollte. Was *Erhard* aber in jedem Falle ablehnte, war ein supranationales Organ, das für die Mitgliedstaaten oder sogar an den Mitgliedstaaten vorbei den Integrationsprozeß organisierte[13]. Die einzelnen Mitgliedstaaten müßten den Gang des Integrationsprozesses selbst bestimmen können; gegen ihren Willen sollten Entscheidungen nicht getroffen werden können. Diese beiden Einstellungen wurden zu einer Position zusammengebunden, die als „Eicherscheider Kompromiß" in die Integrationsgeschichte eingegangen ist. *Alfred Müller-Armack*[14], dessen irenische Natur hier besonders zum Tragen kam, hatte zu einem Meinungsaustausch in sein kleines Landhaus in Eicherscheid eingeladen. Das Ergebnis war – in großen Strichen – das folgende: keine supranationale, sondern eine intergouvernementale Organisation, Zollunion (statt einer Freihandelszone), ein gemeinsamer Markt mit Freiverkehr für Waren, Dienstleistungen, Kapital und Personen und schließlich eine gemeinschaftliche

---

[13] Vgl. *Müller-Armack, A.* (1957): Fragen der europäischen Integration, in: *Beckerath, E. von* u.a. (Hrsg.), Wirtschaftsfragen der freien Welt, Festschrift für *Ludwig Erhard*, Frankfurt/M.

[14] Vgl. *Müller-Armack, A.* (1971): a.a.O., S. 98ff.

Institution zur Vorbereitung und Realisierung des Integrationsprozesses.

Im Rom-Vertrag zur Europäischen Wirtschaftsgemeinschaft lassen sich diese Positionen wiederfinden. Für die politische (institutionalistische) Integrationsmethode – „Integration von oben" – stehen die Zollunion und die Einrichtung der Europäischen Kommission, die den institutionellen Rahmen für den Europäischen Integrationsprozeß schaffen und diesen durch eigene politische Initiativen vorantreiben soll, sowie Vorschriften, die nicht auf Wettbewerb, sondern auf Harmonisierung als Voraussetzung für Wettbewerb setzen, wie im Bereich der Landwirtschaft[15]. Für die marktorientierte Integrationsmethode – „Integration von unten" – steht die Vereinbarung des freien Austauschs von Waren, Dienstleistungen, Kapital und Personen. Ferner stehen für diese Methode die Artikel 92 (Beihilfeverbot) und die strikten Wettbewerbsartikel 85 und 86. Es erscheint zunächst paradox, daß einzelne Länder, die selbst stark durch Interventionen auf die Entwicklung einzelner Branchen einwirkten und auch die Grundsätze der Wettbewerbspolitik nicht so streng beachteten, einem Vertragswerk zustimmten, dem *Alfred Müller-Armack*, einer der wesentlichen Verhandler des Rom-Vertrages, einen strikt antiinterventionistischen Charakter zugesprochen hat.[16]

---

[15] Immerhin waren solche Vorschriften und die sich daraus ergebenden dirigistischen Möglichkeiten für einige Vertreter des Ordoliberalismus – wie *Wilhelm Röpke*, aber auch *Alexander Rüstow* –, so gravierend, daß sie der EWG und dem mit ihr verbundenen Protektionismus skeptisch bis ablehnend gegenüberstanden.

[16] Vgl. *Müller-Armack, A.* (1966): Die Wirtschaftsordnung des Gemeinsamen Marktes, in: *Ders*: Wirtschaftsordnung und Wirtschaftspolitik. Studien und Konzepte zur Sozialen Marktwirtschaft und zur Europäischen Integration, Freiburg/Br, S. 405.

Dieses Paradoxon läßt sich mit Hilfe der modernen Institutionenökonomik erklären: Werden allgemein Interventionen und nationale Verstöße gegen das Wettbewerbsprinzip zugelassen, so wird der Wettbewerb verfälscht. Die einzelnen nationalen Regierungen müssen bei freiem Waren- und Dienstleistungsaustausch befürchten, daß womöglich die eigene nationale Industrie geschädigt wird. Natürlich kann man versuchen, die eigene Industrie ebenfalls durch Subventionen oder durch andere Formen der Protektion zu begünstigen; doch ist nicht auszuschließen, daß die eigene Industrie geschädigt wird, weil die anderen Regierungen womöglich intelligenter oder massiver intervenieren. Allgemein formuliert: Sind Interventionen und Verstöße gegen die Wettbewerbsgrundsätze generell zugelassen, so weiß keine Regierung mit hinreichender Sicherheit, wo die Nettovorteile solcher Interventionen liegen. Wir können auch mit *James Buchanan* sagen: Hinter dem „Schleier der Unsicherheit" sind alle Teilnehmer bereit, sich auf „faire" Spielregeln (Beihilfeverbot, strikte Wettbewerbsregeln) zu verständigen. Weiter müßten sie ansonsten mit Interventionsspiralen[17] rechnen. Bei allgemeiner Zulässigkeit von Interventionen zugunsten nationaler Industrien entstehen für alle Regierungen hohe Informations- und Transaktionskosten, wenn sie Nachteile für die eigene nationale Industrie abwehren wollen. Daher ist es auch aus nationalem Interesse rational, sich auf ein allgemeines Beihilfeverbot und die Einhaltung strikter Wettbewerbsregeln zu einigen. So entfallen als positiver Nettoeffekt die teilweise erheblichen Informations- und Transaktionskosten.

[17] Vgl. *Mises, L. von* (1929): Kritik des Interventionismus. Untersuchungen zur Wirtschaftspolitik und Wirtschaftsideologie der Gegenwart, Jena, S. 135f.

IV. Fehlentwicklung bei einem zentralen Gebiet der institutionalistischen Integrationsmethode

Die Wirkungsweise und zugleich die Problematik des institutionalistischen Ansatzes läßt sich an der Gemeinschaftlichen Agrarpolitik verdeutlichen. Im Rom-Vertrag zur Gründung der Europäischen Wirtschaftsgemeinschaft waren in Art. 40 für den Europäischen Agrarmarkt folgende Regelungen vorgesehen:

a) gemeinsame Wettbewerbsregeln,
b) bindende Koordinierung der verschiedenen einzelstaatlichen Marktordnungen,
c) eine Europäische Marktordnung.

Die „gemeinsamen Wettbewerbsregeln“ hätten der „Integration von unten“ – also Harmonisierung über Wettbewerb – entsprochen. Dieses Verfahren wurde nicht gewählt. Statt dessen entschloß man sich zu einer „Integration von oben“. Da eine bindende Koordinierung der traditionellen einzelstaatlichen Marktordnungen politisch und technisch nicht machbar schien, blieb aus politischer Sicht bloß der Aufbau einer Europäischen Marktordnung. Hierzu war notwendig, daß Politiker und Experten die Konstruktion einer solchen Marktordnung entwarfen und dann Punkt für Punkt aushandelten. Politisches Ziel war letztlich, der Landwirtschaft ein der Industrie vergleichbares Einkommen zu verschaffen. Dieses Einkommen sollte wesentlich über staatlich fixierte Preise garantiert werden. Die „Europäische Agrarmarktordnung“ soll aber nicht den Agrarmarkt ordnen und so funktionsfähig machen, sondern die marktwirtschaftliche Koordination ersetzen. Gehen bei marktwirtschaftlicher Koordination die Impulse auf die Produktionssteuerung durch die von Konsumentenwünschen gesteuerten Preise aus (was wir „Konsumentensouveränität“ nennen), richten die Preis- und Mengenentscheidungen der Politiker im Rahmen der politisch konzipierten „Marktordnung“ die Produktionsstruktur aus. Insofern können wir von „Politikersouveränität“ sprechen.

Politiker handeln zunächst die Grundpreise, z.B. für Getreide aus, die dann maßgeblich für die Agrarpreisstruktur insgesamt sind. Es wird eine Marge festgelegt, innerhalb derer sich die Preise bewegen sollen: Richt- und Interventionspreis. Zum Interventionspreis kaufen die Interventionsstellen Getreide an, zum Richtpreis verkaufen sie Getreide. Bewegen sich Richt- und Interventionspreis um den tatsächlichen Marktpreis, so gleichen sich An- und Verkäufe auf mittlere und längere Frist aus. Liegen sie über dem Marktpreis, so kommt es zu ständigen Überschüssen – wie es tatsächlich geschehen ist und immer noch geschieht. Die Überschüsse müssen angekauft und verwaltet werden; schließlich müssen sie mittels Subventionen exportiert oder denaturiert bzw. vernichtet werden. Und dies gilt nicht nur für Getreide, sondern für alle landwirtschaftlichen Basisprodukte. Schließlich können die Überschußmengen nicht mehr abgenommen und finanziert werden, so daß sich die politischen Instanzen zur unmittelbaren Mengensteuerung gezwungen sehen, wozu wiederum Institutionen aufgebaut und Kontrollen organisiert werden müssen.

Eine politisch gesteuerte Produktionsstruktur muß gegen die weltwirtschaftliche Konkurrenz wasserdicht abgeschottet werden – durch variable Zölle („Abschöpfung“), die jeweils die Differenz zwischen Weltmarktpreis und inländischem Preisniveau „abschöpfen“, und durch „Erstattungen“, die bei Überschußmengen in der Europäischen Union die Differenz zwischen inländischem Preisniveau und Weltmarktpreis ausgleichen, so daß Agrarproduzenten in der EU zu jedem Weltmarktpreis konkurrenzfähig sind und jede Konkurrenz aus anderen Staaten, die nicht wie die EU über die hierzu notwendigen Finanzmittel verfügen, ausschalten können.

Man kann jetzt noch zeigen, daß mit den Finanzmitteln der EU relativ verschwenderisch umgegangen wird – der Europäische Rechnungshof geht davon aus, daß mindestens 10% der Mittel in dunkle Kanäle fließen – und daß vielfach dem Verbleib dieser betrügerisch angeeigneten Gelder strafrechtlich nicht nachgegangen wird. Die einzelnen Mitgliedstaaten haben womöglich auch kein großes Interesse daran, weil diese Gelder ja zum Großteil von anderen Mitgliedstaaten aufgebracht wurden und weil ein Rückfluß dieser Gelder dann der eigenen Bevölkerung verloren ginge. Die agrarpolitische „Integration von oben“ ist weiterhin außerordentlich kostspielig (ca. 60% der europäischen Finanzmittel wurden bisher für die Finanzierung der Agrarwirtschaft beansprucht); sie ist überdies im internationalen Handel ein ständiger Stein des Anstoßes.

Teilweise sind die Praktiken im Rahmen der gemeinschaftlichen Agrarpolitik geradezu abstrus, grotesk, bisweilen auch unmenschlich. So wird mit EU-Geldern Schlachtvieh quer durch ganz Europa verbracht, nicht damit die Menschen mit Fleisch versorgt werden, sondern damit die Schlachthöfe auch in entlegenen Gebieten Arbeit haben. Ansonsten würde das Vieh zu den Schlachthöfen in den Regionen mit der höchsten Bevölkerungsdichte gebracht, und die Schlachthöfe in den peripheren Gebieten müßten schließen. Während der Sommermonate und bei längeren Staus, die sich bei dichtem Urlaubsverkehr nicht vermeiden lassen, leidet das Vieh besonders. Daß der europäische Steuerzahler dies auch noch finanziert und damit diese Tortur erst ermöglicht, ist für viele Bürger nur schwer erträglich[18].

---

[18] Baden-Württemberg und Bayern machen sich die Kritik an den Mißständen beim Transport von Schlachtrindern in Drittländer und die immer lauter werdenden Proteste der Öffentlichkeit weitgehend zu eigen. Die Regierungen in Stuttgart und München stimmen darin überein, daß Rinder in der Nähe der Erzeuger zu schlachten seien. Über weitere Strecken dürfe

Geradezu kurios dagegen ist, daß eine Zeitlang auf spanischen Weiden einohrige Rinder grasten. Erklärung: Von Zeit zu Zeit werden Rindfleisch- bzw. Milchüberschüsse durch Abschlachtaktionen aus dem Markt genommen. Da manipuliert natürlich der eine oder andere Tierhalter, um die Schlachtprämie zwei- oder dreimal zu kassieren. Um das zu verhindern, wurde in Spanien das Schlachtgeld nur bei Aushändigung eines Rinderohres mitsamt Erkennungsmarke ausgezahlt. Daher also das Phänomen der einohrigen Rinder auf spanischen Weiden.

Von Jahr zu Jahr wird eine Agrarstruktur finanziert, die nicht durch Konsumentenpräferenzen, sondern durch politische Entscheidungen determiniert wird; trotzdem scheiden immer mehr Landwirte aus dem Produktionsprozeß aus. Hauptnutznießer der Gemeinsamen Agrarpolitik sind nicht die von selbständigen Bauern geführten mittelständischen Betriebe, sondern die nach industriellen Methoden geführten Großbetriebe. Berechnungen haben ergeben, daß 80% der eingesetzten Finanzmittel bloß 20% der Betriebe erreichen; anders gewendet: 80% der Betriebe profitieren von der gemeinsamen Agrarpolitik nur in geringem Maße[19].

Als Folge der Ausschaltung des Wettbewerbs sind häufig nicht nur vielfältige ökonomische Fehlentwicklungen zu gewärtigen; oft sind diese nur eine erste (vordergründige) Konsequenz. Politiker vernachlässigen, daß Wettbewerb über seine dargestellte

---

nur noch Fleisch, nicht aber Lebensvieh verfrachtet werden. Häufig werde das Leiden der Tiere in Kauf genommen, weil die Transporte zu einem lukrativen Geschäft geworden seien. Vgl. hierzu Ho. (*P. Hort*), Der Streit um die Lebendvieh–Transporte in der EU setzt sich fort, in: Frankfurter Allgemeine Zeitung, 27.8.1997, Nr. 198, S. 14.

[19] Diese Prozentsätze sind in einer Analyse der Deutschen Bank (DB Research) zu den gesamtwirtschaftlichen Kosten der Gemeinsamen Agrarpolitik ausgewiesen worden.

ökonomische Rolle hinaus im gesamtgesellschaftlichen Kontext anerkanntermaßen ein zentraler Konfliktentschärfungs- und Abstimmungsmechanismus ist. Wo er entfällt, bleibt aller Erfahrung nach oft eine wachsende Zahl gesellschaftlicher Konflikte in wachsendem Maße ungelöst oder wird mit nach unserem Verständnis unbefriedigenden Mitteln (etwa durch Gewalt oder Täuschung) „entschärft". Auch wer sich mit einer durch das (partielle) Entfallen von Konkurrenz verursachten Verringerung ökonomischer Effizienz als solcher vielleicht noch abfinden möchte („dann sind wir eben etwas ärmer"), sollte diese umfassendere Sichtweise nicht verdängen[20]. Ein Eindruck von der damit verbundenen politischen Sprengkraft vermittelt die Auseinandersetzung um die beabsichtigen Reformen der gemeinsamen Agrarpolitik.

Wenn wir die Entwicklung der Europäischen Integration seit Unterzeichnung des Rom-Vertrages (1957) Revue passieren lassen, so ist die Dominanz der institutionalistischen Methode immer deutlicher hervorgetreten. Man kann anhand einzelner Politikfelder – Technologiepolitik, Industriepolitik, Kohäsionspolitik und vor allem anhand der politischen Vergemeinschaftung der nationalen Währungen – die Dominanz der „Integration von oben" nachweisen. Das war, wie betont, ursprünglich im Rom-Vertrag nicht angelegt, hat sich dann aber während des Integrationsprozesses entsprechend den politischen Intentionen so ergeben. Damit ist zugleich verbunden, daß Entscheidungen aus dem Marktbereich in den Politikbereich, d.h. in Richtung Rat und Kommission, verlagert wurden. Dies kann aus dem Art. 3 des Maastricht-Vertrages, der die Kompetenzen der

[20] Vgl *Mikus, R.* (1997): Staatsversagen und europäischer Rationalismus. Plädoyer für die Korrektur eines geistesgeschichtlichen Irrwegs, in: *Drescher, H.W.* (Hrsg.): Transfer. Übersetzungen Dolmetschen Interkulturalität, Bern, S. 369-410.

Gemeinschaft aufführt, und aus der Einschätzung von *Jacques Delors*[21] vor dem Europäischen Parlament entnommen werden, mittlerweile sei Brüssel für 80% des Wirtschaftsrechts in der EU verantwortlich. Auch der voluminöse Umfang des gemeinschaftlichen „acquis communautaire" mit etwa 40.000 Bestimmungen/Verordnungen, die von den Beitrittskandidaten in nationales Recht übernommen werden müssen, ist ein klarer Beleg dafür.

Die allgemeinen institutionellen Konsequenzen dieser Integrationsmethode folgen einem bestimmten Muster, das sich bei Wahl dieses Ansatzes prinzipiell prognostizieren läßt: Bediente man sich in einer anderen weltwirtschaftlichen Region auch dieses Ansatzes, dann wären die institutionellen Ausprägungen vergleichbar. Bei der „Integration von oben" wird eine Stadt als ein ständiger Versammlungsort ausgewählt (Brüssel), eine ständige Geschäftsstelle muß eingerichtet werden (Europäische Kommission), nationale Repräsentanten werden die Interessen der Mitgliedstaaten einbringen wollen und in Brüssel die Entscheidungen des „Ministerrates" vorbereiten („Ausschuß der ständigen Vertreter"); der jeweilige Ministerrat und – gegebenenfalls – der Rat der Staats- und Regierungschefs entscheiden letztlich, welche Initiativen der Europäischen Kommission umgesetzt werden. Schließlich muß der administrative Unterbau zur Vorbereitung und Umsetzung der politischen Beschlüsse geschaffen werden (Generaldirektionen); soweit die politischen Beschlüsse einschneidend das Leben der Bürger verändern können, bedürfen sie letztlich auch der parlamentarischen Kontrolle durch bestellte oder gewählte Abgeordnete (Europäisches Parlament) mit der dazugehörigen Administration. Darüber hinaus müssen Instrumente geschaffen werden (Richtlinien, Verordnungen), um die

---

[21] Vgl. *Delors, J.* (1998): Rede vor dem Europäischen Parlament am 4.3.1998, abgedruckt in: Bulletin der EG, Nr. 7/8, S. 124.

Entscheidungen wirksam werden zu lassen. Besonders dringlich sind Finanzmittel zum einen zum Unterhalt der genannten Organe, zum anderen zur Umsetzung der gemeinschaftlichen Politiken (Agrar-, Industrie-, Kohäsionspolitik usw.). Dies wiederum erfordert einen Kontrolleur (Europäischer Rechnungshof), der die Verwendung der Finanzmittel nach den politischen Zweckbestimmungen prüft. Wir sehen also ganz klar, daß die institutionellen Konsequenzen je nach Wahl der Integrationsmethode völlig unterschiedlich sind.

V. Stellt der Euro bereits die Hälfte des Weges zu den Vereinigten Staaten von Europa dar?

Jack Lang[22] sieht in der Institution der Europäischen Zentralbank und der Schaffung des Euro mehr als die Hälfte des Weges zu den Vereinigten Staaten von Europa zurückgelegt. Ähnlich auch *Frankenberger*[23], der vom Euro weitere integrationsstiftende Kraft ausgehen sieht. Beide Auffassungen unterstellen, daß die Schaffung des Euro und damit zeitgleich die Beseitigung der nationalen Währungen mit nationalen Kompetenzverzichten gleichzusetzen sei; weitere Schritte in dieser Richtung seien daher bloß konsequent. Handelt es sich aber bei der Schaffung der gemeinschaftlichen Währung tatsächlich um einen generellen Kompetenzverzicht? Wenn nein, dann kann man nicht folgern, mehr als die Hälfte des Weges zu einer politischen Union sei bereits geschafft. Um das zu prüfen, ist näher auf den fundamentalen Unterschied bei der Willensbildung zwischen Europäischem Währungssystem (EWS) und Europäischer Währungsunion (EWU) einzugehen.

---

[22] Vgl *Lang, J.* (1997a): Je ne voterai pas le traité d'Amsterdam, in: Le Monde, 19.8.1997.

[23] Vgl *Frankenberger, K.-D.* (1997): a.a.O.

War die Europäische Agrarmarktordnung der Einstieg in die „Integration von oben“, so ist die geplante Europäische Währungsunion das Herzstück der „Integration von oben“; dies ist auch deswegen eine politische „Integration von oben“, weil die Bürger selbst nicht gefragt wurden, ob sie einverstanden sind. Nach dem Fahrplan des Maastricht-Vertrages soll die Europäische Währungsunion am 1. Januar 1999 mit den Ländern begonnen werden, die die Konvergenzkriterien des Art. 109j erfüllen. Sie löst damit das EWS ab, das einer anderen Integrationsmethode folgt.

Um diesen Wechsel zu belegen, sei zunächst die Wirkungsweise zweier unterschiedlicher Wechselkursregime – flexible und stabile Wechselkurse – betrachtet. Bei flexiblen Wechselkursen wird die Kursfeststellung den Märkten überlassen; die nationalen Geld- und Finanzpolitiken bleiben autonom; die Beurteilung dieser Politiken durch die internationalen Kapitalanleger drückt sich in entsprechenden Wechselkursbewegungen aus. Zutrauen in eine Politik oder in ein Land bewirkt einen Kapitalzustrom, der die jeweilige Währung aufwertet; Mißtrauen drückt sich durch Kapitalabfluß und Abwertung aus. Bewegliche Wechselkurse sind das Ventil für ungleiche Politiken. Werden dagegen bei jeweils nationaler diskretionärer Geldmengensteuerung stabile Wechselkurse vereinbart, so müssen auch Vereinbarungen über die jeweiligen Geld- und Finanzpolitiken getroffen werden; es muß entweder eine automatische oder eine politische Abstimmung geben; dies kann sich unter Umständen als sehr schwierig herausstellen, weil unterschiedliche nationale Geld- und Finanzpolitiken Ausdruck unterschiedlicher politischer Prioritäten oder unterschiedlicher nationaler Problemlagen sind. Wie ist bzw. war der Abstimmungsprozeß im EWS geregelt?

Zur Erläuterung seien die wichtigsten Elemente des EWS herausgegriffen: Stabile Wechselkurse mit einer Brandbreite von ursprünglich ± 2,25%, bilaterale Interventionspflichten sowie ein kurzfristiger, prinzipiell unbegrenzter finanzieller Beistand, Wechselkursänderungen nur über konzertierte Aktionen (Einstimmigkeitsregel); jedoch haben die Schuldnerländer, also die Schwachwährungsländer, ihre bei den Gläubigerbanken aufgenommenen Kredite zu verzinsen und nach drei, spätestens nach sechs Monaten zurückzuzahlen. Es läßt sich theoretisch und empirisch nachweisen[24], daß diese Elemente letztlich die Schuldnerländer zu einer Anpassung ihrer jeweiligen Geld- und Finanzpolitiken zwingen, wenn sie an der Vereinbarung stabiler Wechselkurse festhalten wollen. Es läßt sich weiter zeigen, daß es im EWS einen Wettbewerb um die sogenannte Ankerposition gegeben hat und daß sie von demjenigen Land eingenommen wird, dem die internationalen Kapitalanleger das höchste Vertrauen entgegenbringen. Dieses Land kann seine Geldpolitik unabhängig gestalten, die andern Mitgliedstaaten müssen sich anpassen.

Den Zusammenhang zwischen Unabhängigkeits- und Abhängigkeitsposition bringt eine von *Rüdiger Dornbusch* mitgeteilte Anekdote anschaulich zum Ausdruck. Er berichtet von einer Begebenheit, die sich während eines Dinners ereignete, das die holländische Nationalbank anläßlich eines wissenschaftlichen Kongresses zu Ehren ausgesuchter Wissenschaftler gab. Ein Bote habe dem Präsidenten während des Essens einen Zettel hereingereicht; der Präsident habe kurz auf den Zettel geblickt, habe ihn zusammengefaltet und an seinen Vize weitergereicht. Der habe den Zettel kurz studiert, dann seinen Präsidenten angeschaut; beide hätten sich zugenickt; der Präsident habe dem Boten etwas zugeflüstert; dann sei dieser gegangen. Nach dem

[24] Vgl. *Herz, B.* (1994): Währungspolitische Asymmetrie im Europäischen Währungssystem (Integration Europas und Ordnung der Weltwirtschaft 3).

Dinner habe er, *Rüdiger Dornbusch*, nach der Bedeutung des Zettels gefragt. Der Präsident antwortete: Auf dem Zettel hätte gestanden, die Deutsche Bundesbank habe den Diskontsatz um einen halben Prozent-Punkt erhöht. Blickkontakt und Nicken hätten – „ja, wir gehen mit“ – bedeutet. Daraufhin *Dornbusch*: Die Autonomie der holländischen Nationalbank dauert genau dreißig Sekunden.

Je nach institutionellen Gegebenheiten sowie Größe und Prestige des einzelnen Landes konnte die Autonomie dann auch etwas länger währen. Damit hatte, um es überspitzt zu formulieren, der Präsident der Landeszentralbank Baden-Württemberg mehr Einfluß auf die Geldpolitik der Banque de France als der französische Finanzminister. Es leuchtet ein, daß dieser Zustand für manche Politiker und Länder nur schwer erträglich war. Es ist aber wichtig festzuhalten, daß eine solche Dominanz nicht Konsequenz einer politischen Festlegung, sondern Ergebnis eines marktwirtschaftlichen Wettbewerbsprozesses ist. Im Gegensatz zum Bretton Woods- System, wo das Leitwährungsland institutionell bestimmt wurde und die einseitige Interventionspflicht die Mitgliedstaaten zur Übernahme der Politik des Leitwährungslandes, gleichgültig um welche Politik es sich handelte, zwang, bewirkt das EWS über den Wettbewerb um die Ankerposition, daß das Land die Unabhängigskeitsposition einnimmt, dessen Politik von den internationalen Kapitalanlegern als die vertrauenswürdigste eingeschätzt wird.

Die Spielregeln des EWS, die über den Wettbewerb eine Integration der Geld- und Finanzpolitiken bewirkten, sind im August 1993 außer Kraft gesetzt worden. Es zeigte sich, daß damals bis auf die Niederlande kein anderer Mitgliedstaat der EU die Geldpolitik der Bundesbank akzeptieren mochte. Die Vereinbarung auf eine Bandbreite von ± 15% bedeutet, daß man in der Europäischen Union faktisch wieder zu flexiblen Wechselkursen übergegangen war, um sich dann freiwillig an die DM und die damit einhergehende Politik zu binden.

Die Ablösung des EWS durch eine „Europäische Währungsunion" bedeutet aus systematischer Sicht die Ablösung des Wettbewerbs um die Ankerposition durch eine Monopollösung; denn der Maastricht-Vertrag sieht vor, daß die nationalen Notenbanken ihre geldpolitischen Kompetenzen an die Europäische Zentralbank abgeben und nur noch die Rolle einnehmen, die heute die Landeszentralbanken in den deutschen Bundesländern spielen: Sie wirken über den Zentralbankrat an der Willensbildung der Europäischen Zentralbank mit und setzen deren Entscheidungen in den jeweiligen Ländern um. Gab vorher die Notenbank mit dem höchsten Vertrauenszuschuß den geldpolitischen Kurs vor, so wird er nach Einrichtung der Europäischen Währungsunion gemeinschaftlich bestimmt. Das heißt konkret: Die Deutsche Bundesbank, die bisher über den Wettbewerb die Ankerposition eingenommen hat, gibt ihre Kompetenzen an eine Europäische Zentralbank ab, in deren Direktorium und Zentralbankrat auch diejenigen Länder über den Kurs mitbestimmen und zwar mehrheitlich, die zuvor die Abhängigkeitsposition eingenommen haben. Aus politischer Sicht bedeutet die Europäische Währungsunion für Deutschland und die Deutsche Bundesbank einen Souveränitätsverzicht, während er für die anderen an der Währungsunion beteiligten Mitgliedstaaten einen Souveränitätsgewinn bedeutet.

So hat der frühere Präsident der Banque de France, *de Larosière*[25], auf die Frage, ob Frankreich mit der Zustimmung zum Maastricht-Vertrag nicht geldpolitische Souveränität abtrete,

---

[25] Vgl. *Larosière, J. de* (1992): Wir wollen unsere Souveränität behalten, abgedruckt in: Deutsche Bundesbank, Auszüge aus Presseartikeln, Nr. 7 vom 28.11.1992.

geantwortet: Nein – es gehe darum, sie zu teilen, um sie besser im Interesse Frankreichs und der Gemeinschaft auszuüben. Ganz konkret: Die Dominanz der Bundesbank via Ankerfunktion war für einige Mitgliedstaaten nicht mehr hinnehmbar. Der frühere Staatspräsident, *Valéry Giscard d'Estaing,* hat daran erinnert, daß aus französischer Sicht die Abschaffung der Mark ein vorrangiges politisches Ziel gewesen sei[26]. Wir können also aus der Schaffung einer gemeinschaftlichen Währung nicht auf eine Bereitschaft zu einem weitergehenden Verzicht auf nationale Souveränität schließen[27].

VI. Erfahrungen mit der Sachzwangstrategie

Die Annahme, ein bestimmter wirtschaftlicher Sachzwang müsse zu einer Angleichung nationaler Politiken führen, hat seit je die Integrationsdebatte beschäftigt. Ein herausragender Fall war die Schaffung eines einheitlichen Preisniveaus für Basisagrarprodukte im Rahmen der Europäischen Agrarmarktordnung. Es leuchtet unmittelbar ein, daß ein einheitliches Agrarpreisniveau nur durchgehalten werden kann, wenn sich die generellen Preisniveauentwicklungen in den einzelnen Ländern entsprechen. Also wurde allgemein ein Druck in Richtung gleichlaufender nationaler Geldpolitiken erwartet. Diese Erwartung hat getrogen: Es gab weiterhin unterschiedliche Geldpolitiken, unterschiedliche Inflationsraten und unterschiedliche Wechselkursentwicklungen. Die politische Antwort war im wesentlichen eine

---

[26] Vgl. Gesunde Finanzen – stabile Währung. Erfordernisse in Deutschland und Europa, in: Deutsche Bundesbank, Auszüge aus Presseartikeln, Nr. 19/26.3.1996, S. 4.

[27] Vgl. *Bilger, F.* (1997): Der Stand der Vorbereitungen zur Schaffung der Europäischen Währungsunion aus der Sicht Frankreichs, in: List Forum für Wirtschafts- und Finanzpolitik, Bd. 23, H. 3, S. 216f.

begrenzte Renationalisierung mittels nationaler Ausgleichzahlungen bei grenzüberschreitenden Warenbewegungen.

Bei dem auf dem *Werner*-Bericht (1970/71) aufbauenden Drei-Stufen-Plan, aber auch im Rahmen der „Europäischen Schlange" und des EWS setzte man auf den Sachzwang, der sich daraus für die nationalen Finanz- und Geldpolitiken ergeben mußte; offensichtlich hätten die mit diesen Abreden verbundenen politischen Konsequenzen nur dauerhaft bei einem geld- und finanzpolitischen Gleichlauf abgesichert werden können. Auch hier hat die Entwicklung gezeigt, daß die Regierungen nicht bereit waren, ihre nationalen Präferenzen einem gemeinschaftlichen Interesse unterzuordnen. Die Konsequenz waren entweder die Kündigung der Abmachungen durch Austritt, deren faktische Außerkraftsetzung oder stillschweigende Beerdigung.

Mit der Schaffung einer gemeinschaftlichen Währung geht man ein weit höheres Risiko ein. Der Ausstieg aus den Vorläufern der Währungsunion war nicht mit finanziellen Schädigungen oder Schadensersatzansprüchen verbunden; vielmehr gewannen die Nationalstaaten mit ihrem Ausscheiden aus den währungspolitischen Abmachungen Handlungsfreiheit, um ihre nationalen Probleme nachhaltiger und gezielter anzugehen. Wenn politisch und wirtschaftlich Disparates in einer Währungsunion zusammengeführt wird, dann muß von vornherein mit einem Auseinanderbrechen gerechnet werden[28]. Um dem vorzubeugen, sollen die potentiellen Beitrittsländer den Konvergenzkriterien des Art. 109j genügen. Die „nominellen" Konvergenzkriterien sind aber lediglich ein Minimum für den notwendigen Gleichklang in der wirtschaftlichen Entwicklung. Maßgebliche Experten vertreten die Auffassung, daß entweder zuvor die Arbeitslosigkeit besei-

---

[28] Vgl *Feldmann, H.* (1997b): Economic and Political Risks of European Monetary Union, in: Intereconomics, Vol. 32 (1997), No. 3, S. 107–115.

tigt sein müsse oder geeignete Vorkehrungen marktwirtschaftlicher Natur zur Rückführung der Arbeitslosigkeit getroffen sein müßten, damit die Währungsunion nicht wegen unüberbrückbarer politischer Differenzen auseinanderfliegen

Was stellt nun sicher, daß die Teilnehmerstaaten auch nach Vollzug der Währungsunion finanzpolitische Disziplin üben? In einer Währungsunion entfallen ja weitgehend die Sanktionsmechanismen, denen eine unsolide nationale Finanzpolitik bislang ausgesetzt ist: Kapitalflucht, Abwertung und schließlich höhere Nominal- und auch Realzinsen. *Otmar Issing* hat auf den inneren Zusammenhang zwischen stabilen und gesunden Staatsfinanzen hingewiesen: „Einer der Lehrsätze, der sich aus dem Fundamentaltheorem von der Interdependenz der Teilordnungen ableiten läßt, besagt nicht weniger, als daß jedes solide Staatengebilde, jede florierende Gesellschaft nur auf dem Fundament eines stabilen Geldes und gesunder Staatsfinanzen erreichtet werden kann. Ein Zweites, nicht weniger Bedeutsames, kommt hinzu. Das eine geht auf Dauer nicht ohne das andere! Beide Voraussetzungen bedingen einander, gehören zusammen wie eineiige Zwillinge“[29].

Der für die Disziplinierung nationaler Finanzpolitiken zuständige Art. 104c des Maastricht-Vertrages enthält überwiegend nur Kann-Bestimmungen. Man hätte diesen Artikel härten können, wenn sich die EU-Mitgliedstaaten darüber hätten verständigen können. Aber allgemein wurde davor gewarnt, den Vertrag zu öffnen: Das hieße, die Büchse der Pandora öffnen.[30] Stattdessen

[29] *Issing, O.* (1996): Gesunde Finanzen – stabile Währung. Erfordernisse in Deutschland und Europa, in: Deutsche Bundesbank, Auszüge aus Presseartikeln, Nr. 19/26.3.1996, S.4.

[30] Vgl. *Santer, J.*. (1995): „Niemand will eine Esperanto-Währung“, Interview, abgedruckt in: Deutsche Bundesbank, Auszüge aus Presseartikeln, Nr. 53,/27.6.1995.

hat man sich auf einen Stabilitäts- und Wachstumspakt als Abkommen zwischen den Regierungen geeinigt. Man war aber bereit, ein Beschäftigungskapitel in den Vertrag aufzunehmen. Nach dem Stabilitätspakt, wie er ursprünglich von Finanzminister *Waigel* vorgesehen war, sollten denjenigen Ländern finanzielle Bußen auferlegt werden, die das Defizitkriterium in Höhe von 3% überschritten (je angefangenen Prozentpunkt sollte eine Buße in Höhe von ¼ Prozent des Bruttosozialprodukts gezahlt werden). Das ist schon eine tollkühne Idee – vor allem die Erwartung, daß eine solche finanzielle Buße tatsächlich entrichtet worden wäre oder bei Widerstreben hätte eingetrieben werden können. Der Sinn dieser Regel und dieser Buße war darin zu sehen, daß die einzelnen Länder ihre Haushaltspolitik so orientiert hätten, daß in konjunkturellen Normaljahren eine Verschuldung von „null“ oder in der Nähe von „null“ realisiert worden wäre. Sie hätten sich dann bei rezessiven Entwicklungen verschulden können, ohne befürchten zu müssen, das Defizitkriterium zu verletzen.

Der Sinn des Stabilitätspakts hätte darin gelegen, daß die Finanzpolitik die Einhaltung der Geldwertstabilität durch die Europäische Zentralbank als Spielregel akzeptiert und sich entsprechend untergeordnet hätte. Dieses Spielregelverständnis ist hauptsächlich wegen des französischen Widerstands ausgehebelt worden; der Sanktionsautomatismus wurde durch ein politisches Entscheidungsverfahren ersetzt. Der französische Staatspräsident, *Jacques Chirac*, kommentierte dies wie folgt: „Was wir allerdings nicht akzeptieren wollten, war ein Automatismus, den die Deutschen zu Beginn wünschten. Den gibt es nun nicht“[31].

[31] *Chirac, J.* (1996): Europäischer Rat in Dublin. Pressekonferenz des französischen Staatspräsidenten *Jacques Chirac*, Dublin am 14. Dezember 1996; Frankreich-Info, Bonn, vom 19. Dezember 1996, abgedruckt in: Deutsche Bundesbank, Auszüge aus Presseartikeln, Nr. 80/31. Dezember 1996, S. 12.

Damit ist der Sachzwang hin zu einer stabilitätskonformen Finanzpolitik, ohne die die Europäische Zentralbank nicht ihrem Auftrag entsprechen kann, abgeschwächt, wenn nicht sogar aufgehoben worden. Es gilt die Feststellung von *Markus Lusser*: „Die EU zäumt jedoch das Pferd beim Schwanz auf: Sie konzipiert die Währungsunion als Grundlage und nicht als Abschluß einer für später gedachten politischen Union"[32].

VII. Erweiterung der EU als Probe auf's Exempel

Unsere Schlußfolgerung lautet: Die Entscheidung, mit dem Euro ein gemeinschaftliches Geld zu emittieren, kann nicht als Ausdruck des Willens angesehen werden, die Vereinigten Staaten von Europa zu schaffen. Daher ist auch *Langs*[33] Eindruck falsch, mit dem Euro sei bereits mehr als die Hälfte der Wegstrecke zurückgelegt. Auch die Annahme des Sachzwangs, der vom Euro ausgehe, ist trügerisch. Vielmehr zeigt die genaue Analyse des Maastricht-Vertrages, daß die Mitgliedstaaten zu substantiellen Souveränitätsverzichten bei Innen- und Außenpolitik nicht bereit sind.[34] Daher ist *Langs* Annahme, ein Voranpreschen der „großen Drei" werde zu weiteren politischen Integrationsfortschritten führen, wenig fundiert; gerade diese Drei sind derzeit am wenigsten dazu bereit – wider Erwarten gehört auch die deutsche Bundesregierung dazu, wie Verhandlungen und Ergebnisse des Amsterdamer Gipfels gezeigt haben.

---

32 *Lusser, M.* (1996): Nationale Geldpolitik zwischen Regionalisierungs und Globalisierungstendenzen, in: *Biskup, R.* (Hrsg.): Globalisierung und Wettbewerb, Bern-Stuttgart-Wien, S.194.

33 Vgl. *Lang, J.* (1997a):a.a.O.

34 Vgl. *Münster, W.* (1998): Morgengabe an wen? Der Euro verträgt kein unvollendetes Europa, in: *Jörges, H.-U.* (Hrsg.): Der Kampf um den Euro, Hamburg, S. 267.

Prüfstein für diese These werden auch die Verhandlungen zur Erweiterung der EU um Estland, Polen, Slowenien, Tschechische Republik und Ungarn sein. Der Amsterdamer Gipfel sollte eigentlich diesen Verhandlungen den Weg ebnen. Die institutionelle Reform der EU („Vertiefung") sollte vorangetrieben werden, um die Erweiterung erst möglich zu machen. Es ging hier vorrangig um die Revision des Einstimmigkeitsprinzips, die Gewichtung der Stimmen im Ministerrat, die Zahl der Kommissare und schließlich um Verfahrensänderungen, die den Entscheidungsprozeß beschleunigen und konzentrieren sollten. Keines dieser Vorhaben ist auf dem Amsterdamer Gipfel vorangebracht worden. Es wurden bloß Absichtserklärungen abgegeben. Auch sind keine Weichen in Richtung Reform einzelner Politikfelder (besonders Agrar- und Kohäsionspolitik) gestellt worden.

Wollte man ursprünglich erst in Verhandlungen mit den EU-Kandidaten nach Lösung dieser Fragen eintreten – Erweiterung durch Vertiefung –, so will die Bundesregierung offensichtlich jetzt Erweiterung und Vertiefung zugleich vorantreiben: Erweiterung gewissermaßen als Hebel für die Vertiefung. Zum Problemkreis der inneren Reform gehört auch, daß die deutsche Bundesregierung die Lastenverteilung innerhalb der EU – 60 v.H. der Nettozahlungen werden von der Bundesrepublik Deutschland geleistet – verhandeln will. Interessant sind nun folgende Stellungnahmen: Einige Mitgliedstaaten wollen offensichtlich die Vertiefung zur Vorbedingung für die Erweiterung machen; auch bestehen die bisherigen Nettobegünstigten – insbesondere durch Zahlungen aus den verschiedenen Töpfen des Kohäsionsfonds – auf ihren bisherigen Vergünstigungen. Damit ist die deutsche Bundesregierung in eine schwierige Verhandlungssituation geraten: Wenn sie ihre Nettozahlungen reduzieren will, blockiert sie gleichzeitig die besonders von ihr erwünschte Erweiterung. Wenn die französische Regierung die Vertiefung vor die Erweiterung setzt, muß sich die Bundesregierung bewegen (d.h. nachgeben), wenn sie an der Erweiterung festhalten will. Interessante Perspektiven verheißt auch die erstmals in solcher Deutlichkeit erkennbar gewordene Konstellation, daß sich die französische Regierung zuvor offensichtlich mit ihren südlichen Nachbarn abspricht.

VIII. Fünf Schlußfolgerungen

Wir ziehen aus unserer überschlägigen Analyse fünf Schlußfolgerungen, die zugleich als empirisch überprüfbare Prognosen zum weiteren Integrationsprozeß angesehen werden können:

- Die EU steckt in einer schwierigen Situation; sie ist Ausdruck der derzeit dominierenden Methode der politischen Integration. Sie wird sich im Zuge der Erweiterungsverhandlungen zuspitzen. Die Krise wird eher zu einer politischen Torpedierung bzw. Verschleppung der Erweiterung als zur inneren Reform von Teilpolitiken und Entscheidungsfindung führen.

- Ein Ausweg aus dieser Krise wäre ein „Paradigmenwechsel" – die stärkere Betonung der marktlichen Integration. Das wäre letztlich wohl auch eine Abkehr vom politischen Konzept der Vereinigten Staaten von Europa.

- Für einen solchen „Paradigmenwechsel" gibt es zur Zeit in keinem der EU-Mitgliedstaaten eine ausgeprägte politische Mehrheit. Daher ist eine Rückkehr zu einer stärker marktorientierten Integrationsmethode derzeit nicht wahrscheinlich. Da auch ein konsequentes Voranschreiten in Richtung „politische Union" nicht zu erwarten ist, kommt es vielmehr zu einem integrationspolitischen „muddling through".

- Dieses „muddling through“ wird krisenhafte Erscheinungen nur überlagern und deren Ausbruch nur verschieben. Das Krisenpotential erhöht sich. Ein eruptives Aufbrechen dieser Krise könnte das europäische Aufbauwerk zerstören. Wir wollen daher hoffen, daß die Politiker jetzt und später die Weichen richtig stellen werden – mit Mut, Augenmaß und Sachverstand.

- Der Ökonom setzt daher auf den Markt als Wegbereiter der Integration Europas. Wer sagt, das sei die einseitige Perspektive des Ökonomen, dem sei – in Abwandlung des berühmten Aufsatztitels von *Böhm-Bawerk:* „Macht oder ökonomisches Gesetz“ – geantwortet: Ökonomische Gesetze sind stärker als politisches Wollen.

Bilger, F. (1997): Der Stand der Vorbereitungen zur Schaffung der Europäischen Währungsunion aus der Sicht Frankreichs, in: List Forum für Wirtschafts- und Finanzpolitik, Bd. 23, H. 3, S. 216f.

Chirac, J. (1996): Europäischer Rat in Dublin. Pressekonferenz des französischen Staatspräsidenten *Jacques Chirac*, Dublin am 14. Dezember 1996; Frankreich-Info, Bonn, vom 19. Dezember 1996, abgedruckt in: Deutsche Bundesbank, Auszüge aus Presseartikeln, Nr. 80/31. Dezember 1996, S. 12.

Delors, J. (1998): Rede vor dem Europäischen Parlament am 4.3.1998, abgedruckt in: Bulletin der EG, Nr. 7/8, S. 124.

Eucken, W. (1952): Grundsätze der Wirtschaftspolitik, Tübingen und Basel.

Feldmann, H. (1997a): Ordnungstheoretische Aspekte der Institutionenökonomik (noch unveröffentlichte Habilitationsschrift), Tübingen.

Feldmann, H. (1997b): Economic and Political Risks of European Monetary Union, in: Intereconomics, Vol. 32, No. 3, S. 107-115.

Frankenberger, K.-D. (1997): Der ewige Juniorpartner, in. Frankfurter Allgemeine Zeitung, 11.8.1997, Nr. 184, S. 1.

Herz, B. (1994): Währungspolitische Asymmetrie im Europäischen Wärhungssystem (Integration Europas und Ordnung der Weltwirtschaft 3).

Issing, O. (1996): Gesunde Finanzen – stabile Währung. Erfordernisse in Deutschland und Europa, in: Deutsche Bundesbank, Auszüge aus Presseartikeln, Nr. 19/26.3.1996.

Kinkel, K. (1994): Beitrag in der Ansprache zur Regierungserklärung des Bundeskanzlers, Deutscher Bundestag, Stenographischer Bericht vom 23.11.1994, S. 79.

Klemm, K. (1992): Berufliche Bildung und das Projekt des einheitlichen Binnenmarktes, in: *Sadowski, D.* und *Timmes-*

mann, A. (Hrsg.), Ökonomie und Politik der beruflichen Bildung – Europäische Entwicklungen, Schriften des Vereins für Sozialpolitik, N.F. Bd. 213, Berlin.

Kohl, H. (1991): Regierungserklärung des Bundeskanzlers, Deutscher Bundestag, Stenographischer Bericht vom 6.11.1991.

Lang, J. (1997a): Je ne voterai pas le traité d'Amsterdam, in : Le Monde, 19.8.1997.

Lang, J. (1997b): Europa ist handlungsunfähig, Interview in: Südwestpresse, 20.8.1997.

Larosière, J. de (1992): Wir wollen unsere Souveränität behalten, abgedruckt in: Deutsche Bundesbank, Auszüge aus Presseartikeln, Nr. 7 vom 28.11.1992.

Lusser, M. (1996): Nationale Geldpolitik zwischen Regionalisierungs- und Globalisierungstendenzen, in: *Biskup, R.* (Hrsg.): Globalisierung und Wettbewerb, Bern-Stuttgart-Wien.

Mikus, R. (1997): Staatsversagen und europäischer Rationalismus. Plädoyer für die Korrektur eines geistesgeschichtlichen Irrwegs, in: *Drescher, H.W.* (Hrsg.): Transfer. Übersetzungen Dolmetschen-Interkulturalität, Bern, S. 369-410.

Mises, L. von (1929): Kritik des Interventionismus. Untersuchungen zur Wirtschaftspolitik und Wirtschaftsideologie der Gegenwart, Jena.

Müller-Armack, A. (1957): Fragen der europäischen Integration, in: *Beckerath, E. von* u.a. (Hrsg.), Wirtschaftsfragen der freien Welt, Festschrift für *L. Erhard*, Frankfurt/M.

Müller-Armack, A. (1966): Die Wirtschaftsordnung des Gemeinsamen Marktes, in: *Ders*: Wirtschaftsordnung und Wirtschaftspolitik. Studien und Konzepte zur Sozialen Marktwirtschaft und zur Europäischen Integration, Freiburg/Br.

Müller-Armack. A. (1971): Auf dem Weg nach Europa. Erinnerungen und Ausblicke, Tübingen und Stuttgart.

Münster, W. (1998): Morgengabe an wen? Der Euro verträgt kein unvollendetes Europa, in: *Jörges, H.-U.* (Hrsg.), Der Kampf um den Euro, Hamburg.

North, D. (1990): Institutions, Institutional Change and Economic Performance, Cambridge.

Puvogel, H.-H. (1996): Wettbewerb zwischen Regierungen und berufliche Bildung in der Europäischen Union (Integration Europas und Ordnung der Weltwirtschaft 13), Baden-Baden.

Santer, J. (1995): „Niemand will eine Esperanto-Währung", Interview, abgedruckt in: Deutsche Bundesbank, Auszüge aus Presseartikeln, Nr. 53,/27.6.1995.

Streit, M.E. und *Mussler, W.* (1994): The Economic Constitution of the European Community – From „Rome" to „Maastricht", in: Constitutional Political Economy 5, S. 319-353.

Thomas Straubhaar

Strategien für die europäische Integration

I. Einleitung

Die „Agenda 2000“ der Europäischen Kommission (1997) vom Juli 1997 rammt die strategischen Stützpfeiler des Europäischen Hauses für die nächste Dekade in die Erde. Dabei sind die Baupläne mehr als ambitiös. Vorgesehen sind nämlich sowohl sehr weitgehende *Erneuerung*sarbeiten als auch anspruchsvolle *Erweiterung*sbauten. Um die gesetzten Ziele auch nur einigermaßen erreichen zu können, müssen bis zur Jahrtausendwende folgende Schritte erfolgreich geschafft werden:

- Ratifizierung der Beschlüsse des Vertrags von Amsterdam
- Umsetzung und Übergang zur dritten Stufe der Europäischen Währungsunion
- Institutionelle Reform der Agrar- und Strukturpolitik
- Neuordnung der Finanzen im Rahmen einer Europäischen Finanzverfassung

Nach diesen höchst anspruchsvollen Sanierungsarbeiten kann dann der nicht weniger ehrgeizige Neubau angepackt werden. Auch hierzu liefert die „Agenda 2000“ einen Strategievorschlag (der im Herbst 1997 vom Europäischen Parlament diskutiert wurde). So wurden in einer ersten Runde Anfang 1998 mit Ungarn, Polen, der Tschechischen Republik, Estland und Slowenien sowie mit Zypern Verhandlungen über eine Aufnahme in die Europäische Union (EU) eröffnet. Gemäß der „Agenda 2000“ könnte diese erste Runde der geplanten Ost-Erweiterung zwischen 2003 und 2005 abgeschlossen sein. Sie dürfte die bisherige Gemeinschaft der 15 EU-Länder insgesamt etwa 45 Milliarden ECU kosten – 38 Milliarden ECU aus den Mitteln des Struktur- und Kohäsionsfonds und zusätzliche 7 Milliarden ECU als „Heranführungshilfe", um die Infrastruktur der Bewerberländer in den Bereichen Verkehr und Umwelt zu verbessern (Europäische Kommission 1997).

Was taugen die europäischen Baupläne, die gleichzeitig um- und neubauen aus ökonomischer Sicht? Wo ließen sich noch Korrekturen anbringen, die die Statik verbessern und die Kosten senken könnten? Welche alternativen Strategien wären möglich und sinnvoll? Diese Fragen stehen im Zentrum dieses Beitrages. Im folgenden wird in Abschnitt 2 auf die grundsätzliche Spannung zwischen Vertiefung und Erweiterung eingegangen. Abschnitte 3 und 4 skizzieren, wie konfliktreich und teilweise gegensätzlich sowohl mögliche Vertiefungs- als auch Erweiterungsstrategien sein werden. Abschnitt 5 deutet an, in welche Richtung die Reise gehen müßte, damit wenigstens etwas Hoffnung auf eine erfolgreiche Ankunft realistisch bliebe. Einige grundsätzliche Bemerkungen runden den Beitrag ab.

II. Vertiefung versus Erweiterung

Die *Einstein*sche Relativitätsgleichung $E = mc^2$ hat das 20. Jahrhundert in mehrfacher Hinsicht entscheidend geprägt. Zunächst hat sie unser Weltbild weiter „relativiert". Raum und Zeit verloren ihre Absolutheit. Ebenso erfolgte eine „Verzeitlichung der Utopie".[1] Die Hoffnung auf eine „bessere Zukunft" ersetzte den Traum „Ferner Welten". Anstatt weiße Flecken auf dem

[1] *Lübbe, H.* (1996): Globalisierung. Zur Theorie der zivilisatorischen Evolution. In: *Biskup, Reinhold* (Hrsg.): Globalisierung und Wettbewerb, 2. Auflage, Bern/Stuttgart, S. 40.

Globus zu entdecken, bleiben nur noch unbekannte Zukunftsräume und virtuelle Welten zu erforschen.

Die *Einstein*-Gleichung könnte aber auch das politische Leben in Europa nachhaltig beeinflussen. Bei *Einstein* standen *E* für die Energie, *m* für die Masse und *c* für die Lichtgeschwindigkeit. Wieso aber nicht E für *Europa*, m für die geringe *Masse* (die Kleinheit Europas) und c für die Intensität der europäischen *Kultur* (*Denis de Rougemont*)? Dann könnte Europa, dieser geografische Wurmfortsatz Asiens, ein globales Schwergewicht (E) sein.

Dazu aber muß die ausgeprägte kulturelle Vielfalt (c^2) das materielle Defizit kompensieren. Oder anders herum: Wird die gemeinsame Masse auf Kosten der kulturellen Vielfalt Europas zu rasch vereinheitlicht, wird die potentielle Energie Europas möglicherweise gemindert. Darauf haben schon *Alfred Müller-Armack* (1951) und *Reinhold Biskup* (1988) hingewiesen: „Der Gedanke einer europäisch genormten Einheitskultur, einer Nivellierung geschichtlicher Verschiedenheit und einer willkürlichen Standortwahl nach technischen Notwendigkeiten in einem europäischen Zentralstaat könnte europäische Einheit nicht begründen. ... Europäische Einheit ist nur als irenische Einheit möglich, als Versöhnung von Gegensätzen ohne Beseitigung gewachsener Eigenart“[2]. Denn „Europa – das ist die Wirklichkeit der Vielfalt und die Vision der Einheit“[3]. Gerade die Vielfalt bildet die Grundlage der Einheit!

---

[2] *Müller-Armack, A.* (1981 bzw. 1951): Die Einheit Europas – geistes- und wirtschaftsgeschichtlich gesehen. In: Wirtschafts-Historischer Verein an der Universität Köln (Hrsg.): Europa - Erbe und Auftrag (Festschrift für *Bruno Kuske*) Köln 1951, hier zitiert nach dem Wiederabdruck in: *Müller-Armack, A.* (1981): Religion und Wirtschaft, Bern/Stuttgart, S. 590.

[3] *Biskup, R.* (1988): Europa - Einheit in der Vielfalt. In: *Biskup, R.* (Hrsg.): Europa - Einheit in der Vielfalt. Bern/ Stuttgart, S. 17.

Der Grat zwischen Einheit und Vielfalt in Europa ist schmal. Wird hier zu rasch vorgegangen, wird ein Spaltpilz erzeugt, der in kürzester Zeit zerstören kann, was vorher lange gewachsen ist. Deshalb kann die Antwort nur lauten, daß politisch Wünschbares mit ökonomisch Machbarem in Einklang zu bringen ist. Sonst wird mit einem zu raschen Vorgehen mehr Schaden verursacht als Nutzen gestiftet. Dies gilt mit Blick auf die Osterweiterung genau so wie für die interne Weiterentwicklung zur Wirtschafts- und Währungsunion und später zur Politischen Union.

Der Problemstau innerhalb der Europäischen Union ist gewaltig. Der Spagat zwischen gleichzeitiger innerer Reform und Erweiterung ist kaum zu schaffen. Daran ändern auch die mit dem Vertrag von Amsterdam im Sommer 1997 erreichten Ergebnisse oder die von der Europäischen Kommission vorgelegte „Agenda 2000" wenig. Im Gegenteil: Der Berg hat gekreißt und eine Maus geboren. Wirkliche Reformschritte in sensitiven Bereichen wurden auf später verschoben (beispielsweise institutionelle Reformen oder die Reform der Agrar- und Strukturpolitik). Selbst der EU-Kommissionspräsident *Jacques Santer* bleibt hier dem Erreichten gegenüber kritisch: „Ich bedaure sehr, daß ... die Verhandlungen in einigen Bereichen durch einen Mangel an politischem Willen und durch eine zum Teil besorgniserregende Tendenz zu rein nationalstaatlichem Denken geprägt waren"[4]. Und weiter: „Ich hoffe, daß wir nicht am Vorabend der Erweiterung gegenüber den neuen Mitgliedstaaten zugeben müssen: Ihr habt alles getan, um euch für den Beitritt bereit zu machen, aber leider hat sich die Union nicht fähig gezeigt, eure Aufnahme vorzubereiten"[5].

[4] *Santer, J.* (1997): Kommentierung des Vertrags von Amsterdam vor dem Europäischen Parlament, zitiert nach: EU-Nachrichten der Europäischen Kommission (Vertretung in der BRD), Nr. 3 vom 9. Juli 1997 (Ergebnisse und Erläuterungen), I-VI., I.

[5] Ebenda, V.

In der Tat gleicht der Europäische Integrationsprozeß einem Gordischen Knoten. Wo immer ein Beginn gemacht wird, ihn zu entwirren (sei es bei der Vertiefung oder der Erweiterung), ergeben sich anderswo neue Verstrickungen. Und gerade die Hoffnung auf einen kurzentschlossenen erfolgreichen *Alexander* trügt. Denn anstatt großer Würfe und noch größerer Orakel sind flexible Lösungen gefragt. Dezentrale marktwirtschaftliche, dem Subsidiaritätsprinzip verpflichtete Lenkungsmechanismen dürften die Richtung weisen. Zu denken ist an Konzepte wie „abgestufte Integration“, „Europa der zwei (oder mehreren) Geschwindigkeiten“, „Europa à la Carte“ oder „variable Geometrie“ mit einem „Kerneuropa“ und verschiedenen Nachzüglern im Geleitzug. Als Grundsatz könnte gelten: „soviel Einheit wie nötig, soviel Vielfalt wie möglich“. Oder dem Optimierungsgesetz des Föderalismus[6] folgend, „soviel Zentralismus wie zweckmäßig, soviel dezentraler Spielraum wie denkbar“. Wie eine derartige Lösung in der Praxis gestaltet werden könnte, wird in den Abschnitten 4 und 5 veranschaulicht.

Bisher waren zwar „Gleichberechtigung“ und „gemeinsame Teilhabe“ als Grundsatz der „formalen Gleichrangigkeit aller EU-Mitgliedstaaten“ ein „Eisernes Gesetz des Europäischen Integrationsprozesses“. Wie schon bei früheren Erweiterungen hat der Europäische Rat mit Blick auf die Osterweiterung jeglichen Gedanken einer nur teilweisen Übernahme des „Acquis communautaire“ verworfen: „Die Bemerkungen, die die Kommission im Zusammenhang mit dem Beitritt Spaniens und Portugals in dieser Frage geäußert hat, treffen auch auf die bevorstehende Erweiterung zu: Demnach könnte eine nur teilweise Übernahme des acquis ohne Lösung des zugrunde-

---

[6] vgl. *Frey, R.* (1977): Zwischen Föderalismus und Zentralismus: Ein volkswirtschaftliches Konzept des schweizerischen Bundesstaates. Bern/Frankfurt (Lang).

liegenden Problems, die nur hinausgeschoben würde, neue, noch größere Schwierigkeiten heraufbeschwören"[7].

Langfristig wird jedoch kein Weg daran vorbeiführen, die mit dem Amsterdamer Vertrag vom Juni 1997 neu in den EU-Vertrag eingeführten Flexibilitätsklauseln zum Normalfall werden zu lassen und Mitglieder verschiedener Klassen zu akzeptieren. Ein wesentlicher Fortschritt dürfte hier bereits mit der Wortwahl geschaffen worden sein. Dominierte vor Amsterdam das eher negativ besetzte „Opting *out*" die Sprachregelung, wird nun - positiv - von „Opting *in*" und „engerer Zusammenarbeit" gesprochen. Einzelne Mitgliedstaaten sind jetzt ermächtigt, in speziellen Integrationsbereichen und im Rahmen der europäischen Institutionen voranzugehen und „enger zusammenzuarbeiten". Gerade die Übernahme des Schengener Abkommens in den Vertrag von Amsterdam und damit in den Rechtsrahmen der Union setzt hier ein richtungsweisendes Signal.

III. Pragmatismus bei der Vertiefung

Ende 1997 zeichnete sich ab, daß zu Anfang 1999 nahezu alle Mitgliedstaaten der EU den Sprung in die dritte Stufe der Wirtschafts- und Währungsunion schaffen werden (vgl. Tab.1): Die leicht verbesserte konjunkturelle Situation erlaubt im EU-Durchschnitt ein reales Wachstum des Bruttoinlandproduktes von rund 2,5% (1997) und 3% (1998). Damit sollten etwas mehr Steuereinnahmen in die Staatskassen gespült werden und etwas weniger Transferzahlungen an Arbeitslosenkassen und andere Sozialeinrichtungen fließen. Zusammen mit einem „kreativen fiskalischen Window dressing" dürften somit 1997 die

---

[7] Europäische Kommission (1997): Agenda 2000 (2 Bände), Doc/97/6 vom 15. Juli 1997, S. 60.

Budgetvorgaben der Maastricht-Kriterien mehr oder weniger erfüllt werden. Mit Ausnahme von Griechenland (mit einer Neuverschuldung von über 4% für 1997, aber nur noch erwarteten 3% für 1998) und Frankreich (mit einer Neuverschuldung von 3,1% für 1997, dem „Stichjahr" für die Prüfung der Beitrittsfähigkeit) liegen 13 der 15 EU-Mitgliedstaaten innerhalb des Interpretationsspielraumes der Maastricht-Kriterien. Der Euro steht also ante portas und es ist zu erwarten, daß eine recht große Zahl der EU-Länder von Anfang an dabei sein wird. Griechenland wird wohl außen bleiben müssen. Schweden will nicht von Beginn weg dazugehören - genau so wie Großbritannien und in seinem Schlepptau auch Irland und möglicherweise Dänemark.

Aber auch mit zehn Teilnehmern wird die Euro-Region größer werden als noch vor kurzem erwartet und aus deutscher Sicht „geduldet". Schon haben verschiedene Interessengruppen versucht, den Beitritt Deutschlands durch ein Nein aus Karlsruhe zu verhindern. Sie sehen mit einer großen Teilwährungsunion die Stabilität der gemeinsamen Währung (also des Euro) substantiell gefährdet. Lieber wollten sie den im Maastrichter Vertrag genannten Termin (1.1.1999) verstreichen lassen und den Eintritt in die dritte Stufe verschieben, bis sich die potentiellen Teilnehmer einem „optimalen Währungsraum" und damit einer „realen Konvergenz" angenähert haben. Das Jahrhundertwerk „gemeinsame europäische Währung" vermag sehr wohl einen Aufschub um ein oder zwei Jahre zu erdulden, wenn damit genügend Mitgliedstaaten die Möglichkeit erhielten, die Beitrittskriterien wirklich nachhaltig zu erfüllen.

Während aus ökonomischer Sicht die Verschiebungs-Option durchaus plausibel und überzeugend ist, bestehen rechtliche und polit-ökonomische Vorbehalte:

1. Ein *Ausstieg* aus dem völkerrechtlich bindenden Maastrichter Vertrag ist für einen Signaturstaat *nicht* mehr *kostenlos* möglich. Im Gegensatz zum Vereinigten Königreich und Dänemark „ist die Bundesrepublik ohne Vorbehalt an den Vertrag und sein Verfahren gebunden“[8]. Pacta sunt servanda. Es entspricht dem historisch gewachsenen (europa) rechtlichen Verständnis, die Europäische Gemeinschaft als Rechtsgemeinschaft zu sehen. „Auf diesem Fundament beruht auch der Vertrag von Maastricht. Wenn er in Kraft tritt, haben ihm alle Vertragspartner zugestimmt, einige haben dafür ihre Verfassung geändert, es haben Volksabstimmungen stattgefunden. Dem in Europa erreichten Standard entspricht es, daß die damit eingegangenen Verpflichtungen erfüllt werden“[9]. Der Maastrichter Vertrag gibt die Leitplanken zu einer Europäischen Währungsunion für die Signaturstaaten (ohne Großbritannien und Dänemark) zwingend und verbindlich vor. Hier bietet sich wenig Spielraum, die Automatik wieder durch ein handgeschaltetes Getriebe zu ersetzen, das auch einen Stop zuließe. Entgegen dem Verständnis des Bundesverfassungsgerichts ist die „Terminautomatik“ keine Zielvorgabe, die mehr oder weniger beliebig verletzt werden kann, sondern ein europarechtlich verbindliches und durchsetzbares Datum.[10]

2. Gerade die *verbindliche Terminvorgabe* für den Übergang in die Endstufe der Währungsunion übt einen erheblichen (und

---

[8] *Nicolaysen, G.* (1993): Rechtsfragen der Währungsunion. Schriftenreihe der Juristischen Gesellschaft zu Berlin, Heft 132, Berlin/New York, S. 25

[9] Ebenda, S. 42.

[10] vgl. *Kortz, H.* (1996): Der Termin des 1.1.1999 - Zielvorgabe oder Automatismus für den Beginn der Endstufe der Europäischen Wirtschafts- und Währungsunion? In: Europarecht, Heft 1/1996, S. 80-97 sowie *Kortz, H.* (1996a): Die Entscheidung über den Übergang in die Endstufe der Wirtschafts- und Währungsunion. Baden-Baden (Nomos).

bisher auch durchaus erfolgreichen) Anpassungsdruck auf die teilnahmewilligen Mitgliedstaaten aus. Hier liegt doch die eigentliche polit-ökonomische Innovation des Maastrichter Vertrages: „Erstmalig hat ein fester Terminplan für eine Europäische Wirtschafts- und Währungsunion Eingang in das Primärrecht gefunden"[11] - dies im Gegensatz zu früheren Anläufen, wie beispielsweise dem *Werner*-Plan. Nicht zuletzt kann die „Terminautomatik" auch als politische Gegenleistung an Frankreich und Italien gesehen werden[12] und zwar dafür, daß sie bereit waren, die Unabhängigkeit der Europäischen Zentralbank zu akzeptieren. Wird hier einmal verschoben und nach nationalen Partikularinteressen gehandelt, wird späteren Nachahmern Tür und Tor für ähnliche Schritte geöffnet.

Natürlich finden sich viele gute ökonomische Gründe für eine situative Interpretation des Europäischen Rechts, oder für die Möglichkeiten von Sezession oder späterem Austritt aus einer gemeinsamen Währungsunion - beispielsweise, wenn nationale politische Interessen dafür sprechen. Damit aber erhielte das (Europa-)Rechtsverständnis eine radikal geänderte neue Dimension. Wenn gewachsenes und gesetztes Europarecht nicht mehr als verbindliche Spielregel gilt, sind polit-ökonomischen Partikularinteressen beliebige Einfallsmöglichkeiten geboten. Noch einmal: Dies muß ökonomisch nicht generell negativ beurteilt werden. Offen bleibt jedoch, welche (politischen und damit auch ökonomischen) Kosten mit einer derart fundamentalen Abkehr von einem historisch gewachsenen Rechtsverständnis entstehen.

---

[11] *Kortz, H.* (1996): a.a.O.

[12] vgl. *Kortz*, H. (1996, 1996a), a.a.O.

Natürlich spricht aus ökonomischer Sicht vieles für einen Aufschub oder gar Abbruch des Projektes „Währungsunion". Die potentiellen Mitglieder sind weit entfernt, einen „optimalen Währungsraum" zu bilden. Der Wegfall eines flexiblen Wechselkurses wird zu verschärft asymmetrischen realen Anpassungsmechanismen innerhalb einer europäischen Währungsunion führen. Insbesondere die Beschäftigungsentwicklung und das wirtschaftliche Wachstum werden sich von Region zu Region mehr oder weniger stark unterscheiden. Dadurch sind Forderungen nach innereuropäischen Transferzahlungen (Regional-, Struktur- und Kohäsionsfonds), gemeinsamen Beschäftigungsprogrammen und einer interventionistischen Geldpolitik eher zu erwarten als tiefgreifende und damit für die betroffenen Interessengruppen schmerzhafte realwirtschaftliche und makroökonomische Reformen. Diese ökonomische Prognose verkennt jedoch zumindest zwei Faktoren:

1. Wer eine politische Finalität des Vertrages von Maastricht anerkennt und ebenso mit einbezieht, daß die Aufgabe der Deutschen Mark nicht zuletzt der Preis für die Deutsche Wiedervereinigung ist, wird die von den Befürwortern einer Verschiebung genannten Vorteile zu relativieren haben. Nach bestimmten Entscheidungen (der Ratifizierung des Vertrages von Maastricht) sind andere Optionen (wie die Verschiebung) nur noch mit enorm hohen Zusatzkosten gangbar. Nach erfolgter Empfängnis lassen sich weder der Status quo ante kostenlos erreichen, noch kann die Schwangerschaft ad libitum verlängert werden. Vielmehr sind lediglich der künstliche Schwangerschaftsabbruch oder die Geburt „echte" Alternativen, deren Vor- und Nachteile ganzheitlich gegeneinander abzuwägen sind. Konkret: Der Vertrag von Maastricht mit seinem verbindlichen Automatismus und dem eben so bindenden Terminplan läßt sich kostenlos weder ungeschehen machen, noch beliebig

„beugen“ oder verschieben. Er hat ein verbindliches Maß, das nicht nachträglich nach einzelstaatlichem Gutdünken korrigiert werden kann.

2. Im weiteren werden auch die *unmittelbaren ökonomischen Kosten eines Aufschubs* der Währungsunion zu gering eingeschätzt. Hier dominiert das „Prinzip des Diapositivs“: Das Negative einer vertragsgemäßen Einhaltung wird herausgefiltert und das Positive eines Beginns der dritten Stufe der Währungsunion per Anfang 1999 wird abgedeckt. Vernachlässigt bleibt, daß eine Verschiebung mit Unsicherheit verbunden ist. Letztere wiederum führt zu Verhaltensunsicherheit, verursacht Versicherungskosten und Kosten von Doppelspurigkeiten, mindert die Anreize zu langfristigen Kapitalverträgen und erzeugt somit auch ihrerseits Instabilität.

Sollte es bei der Diskussion pro oder contra Verschiebung nicht letztlich um die Frage gehen, wie aus der tatsächlich gegebenen Situation von Ende 1997 heraus die in der gesamten EU in hohem Maße erreichte Geldwertstabilität auch in den nächsten Dekaden institutionell abgesichert werden kann? Und hier kann es im Zeitalter der Globalisierung nicht nur um die Stabilität in einem Land gehen - beispielsweise jene in Deutschland. In einem hoch integrierten Europäischen Binnenmarkt schlägt eine Destabilisierung in einem EU-Mitgliedsland unmittelbar auf die übrigen Mitgliedländer zurück - auch bei flexiblen Wechselkursen. So gesehen, gilt es für ein einzelnes Land, eine „Externalitäten-Mischrechnung“ zu beachten. Die Währungsunion schafft das Risiko, daß der Euro schwächer wird als die Mark. Sie stärkt aber auch die bis jetzt instabileren Währungen. In der Summe ist der Stabilitätseffekt einer Währungsunion somit ex ante nicht klar feststellbar.

Schließlich bleibt auch bei einem Aufschub eine fundamentale Frage in der Schwebe, nämlich, woher denn Angehörige einer Zentralnotenbank wissen soll(t)en, welches die realwirtschaftlich „richtigen“ Wechselkurse sind und ob nicht hier die Gefahr droht, einem (falschen) Glauben an die politische Steuerbarkeit realwirtschaftlicher Prozesse zu erliegen? Können nicht auch Angehörige von Zentralnotenbanken polit-ökonomischen (Eigen)Interessen folgen, und wäre es nicht deshalb sinnvoll, das Spielzeug „Wechselkurspolitik“ einzuziehen - nicht zuletzt, um Wechselkurstricks wider fundamentale realwirtschaftliche Disparitäten zu vermeiden? Bei stark integrierten Güter- und Faktormärkten und hoch effizienten globalen Finanzmärkten lassen sich Wechselkurse nicht nach nationalem Gutdünken manipulieren. Allein die von einer direkten Wechselkurspolitik verschonten polaren Formen des vollkommen freien Floatings und der vollkommenen Fixierung der Wechselkurse - beispielsweise im Rahmen einer Währungsunion - vermögen hier zu überzeugen und zwar sowohl bezüglich der allokativen Effizienz als auch der polit-ökonomischen Unabhängigkeit.

Alles in allem sollte dieser Abschnitt ein Plädoyer für mehr Pragmatismus sein. Der Vormarsch des Euro ist so weit gediehen, daß ein Abbruch politisch kaum mehr denkbar ist und auch ökonomisch mit hohen Risiken und damit beträchtlichen Kosten verbunden wäre. Wenn also der Euro kommen wird, dann lieber „nach Plan“ als nach neuerlichen Verhandlungen, die ihrerseits wieder Raum bieten für polit-ökonomische Rangeleien. Diese „Augen zu und durch“-Strategie ist „idealtypisch“ unschön. Sie folgt nicht einer „besten“ Lösung. Vielmehr strebt sie aus einer real existierenden Situation heraus danach, Unsicherheit zu begrenzen und rasch klare Verhältnisse zu schaffen.

IV. Stufenpläne für die Osterweiterung

Die positiven Signale der „Agenda 2000" zur Osterweiterung der EU haben in Ungarn, Polen, der Tschechischen Republik, Estland, Slowenien (und Zypern) große Hoffnungen und wohl noch stärkere Illusionen geschaffen. Denn noch ist der Weg zum heiß ersehnten Ziel lang, voller Hindernisse und Stolperdrähte.

1. Soll die formale Vollmitgliedschaft rasch erfolgen (so wie die „Agenda 2000" vorgibt in der ersten Hälfte des nächsten Jahrzehnts), wird sie materiell mit gewaltigen Abstrichen ausfallen. Lange Übergangsfristen und weitgehende Ausnahmebereiche lassen die formale Aufnahme in wesentlichen Teilen zu einer inhaltslosen „Hülse" werden. Natürlich können sich die Neu-Mitglieder formal bereiterklären, den gemeinsamen Besitzstand (Acquis communautaire) zu übernehmen und ihre nationale Gesetzgebung an die Erfordernisse einer EU-Zugehörigkeit anzupassen. Materiell wird dies innerhalb absehbarer Zeit unmöglich zu erfüllen sein. Formale Vollmitgliedschaft bedeutet heute einen Sprung in eine Wirtschafts- und Währungsunion, für den Mittel- und Osteuropa ungenügend vorbereitet ist. Die Eintrittshürde zur Vollmitgliedschaft umfaßt praktisch die gesamte Wirtschaftspolitik und betrifft durchaus auch politische Kernbereiche der nationalstaatlichen Autonomie. Auch sehr lange Übergangsfristen bieten hier nur eine teilweise Abhilfe. Besonders illustrativ sind hier die Maastrichter Konvergenzkriterien: Bis die ost- und mitteleuropäischen Beitrittskandidaten hier die Grenzwerte erfüllen, wird viel Zeit verstreichen, vor allem auch mit Blick auf reale Konvergenzerfordernisse.

2. Allerdings sei hier – um Mißverständnisse zu vermeiden – klargestellt, daß die Konvergenzkriterien zur WWU keine

Beitrittskriterien zur EU darstellen. Der EU-Beitritt setzt primär rechtliche und politische Reife und nur nachrangig auch wirtschaftliche Konvergenz voraus. Großbritannien, Dänemark und Schweden freiwillig, Griechenland wohl gezwungenermaßen, sind Beispiele dafür, daß EU-Mitgliedschaft und WWU-Teilnahme nicht notwendigerweise deckungsgleich verlaufen müssen. Für die mittel- und osteuropäischen Länder mit ihrem großen wirtschaftlichen Rückstand auf die EU-Schlußlichter bedeutet dies aber auf Jahre hinaus eine EU-Mitgliedschaft ohne Teilnahme an der WWU und damit eine „abgestufte“ oder Teilintegration.

3. Soll die formale Vollmitgliedschaft mehr als eine „Hülse“ sein und auch Material zu einer institutionellen Gleichberechtigung und ökonomischen Teilhabe an der WWU führen, wird der Beitrittsweg lang und länger als in der Agenda 2000 vermutet. Dann muß nämlich die EU vor einer Erweiterung zunächst ihre inneren Entscheidungsstrukturen reformieren, effizienter gestalten und für eine Mitgliederzahl von 20 oder mehr Ländern vorbereiten. Die EU-Regierungskonferenz hat sich im Vorfeld der Beitrittsverhandlungen nicht auf weniger schwerfällige Beschlußverfahren und eine Reform der Institutionen, der Agrar- und Strukturfonds zu verständigen vermocht. Somit wird es nahezu unmöglich sein, bei der Osterweiterung einen Konsens zu finden. Dieser Konsens ist aber deshalb notwendig, weil eine EU-Erweiterung nach Artikel O EUV der Einstimmigkeit im Europäischen Rat, einer Zustimmung des Europäischen Parlamentes mit absoluter Mehrheit sowie schließlich der Ratifikation durch alle Vertragsstaaten bedarf. Hier haben Interessengruppen, die sich aus eigenem Kalkül gegen eine Osterweiterung stellen, mehrfach Gelegenheit, den Beitritt neuer Mitgliedstaaten zu verhindern oder zumindest zu verzögern und sich ihre Zustimmung teuer zu erkaufen. Zu denken ist hier etwa

an die heutigen Netto-Empfänger von EU-Subventionen. Durch den Beitritt anderer potentieller Netto-Empfänger-Länder werden sie direkt konkurrenziert. Mit großer Wahrscheinlichkeit müssen sie einen beträchtlichen Teil ihrer heutigen Privilegien abgeben oder zumindest teilen. Daß diese Länder bzw. ihre Interessenvertreter hier den Preis für den Beitritt hochschrauben werden, versteht sich von selbst. Was hier auf die EU-Kommission und (zu) erweiterungsfreundliche EU-Regierungen zukommen wird, läßt sich eindrücklich am Beispiel Dänemarks verdeutlichen. Kaum lag die „Agenda 2000" vor, kündigte die dänische Regierung an, ein Abkommen über die Osterweiterung dem Volk als Referendum vorzulegen.

Nüchtern betrachtet, scheint aus heutiger Sicht eine EU-Vollmitgliedschaft mittel- und osteuropäischer Länder in absehbarer Zukunft tatsächlich nicht realisierbar zu sein. Sie ist zur Zeit ökonomisch weder sinnvoll noch problemlos, sollte sie zu früh und zu rasch Wirklichkeit werden. Schließlich kaufen auch die mittel- und osteuropäischen Länder die Katze im Sack, je stärker sie drängen und je schneller die formale Vollmitgliedschaft erfolgen sollte. Denn je weniger weit die in der „Agenda 2000" aufgelisteten notwendigen Reformschritte erfolgreich vorangetrieben werden, desto unklarer wird sein, welche (institutionellen und ökonomischen) Rechte und Pflichten mit einer Vollmitgliedschaft verbunden sein werden.

Damit stellt sich jedoch die Frage nach Alternativen zu einer Vollmitgliedschaft. Politisches Ziel ist und bleibt eine EU-Vollmitgliedschaft Mittel- und Osteuropas. Der ökonomische Weg dazu soll bekannt und gradlinig verlaufen, auf Gewachsenem und Bestehendem aufbauen sowie mit minimalen Kosten gangbar sein. Diese Forderungen folgen aus juristischer und ökonomischer Logik.

Soll die wirtschaftliche Integration Mittel- und Osteuropas rasch vorankommen und trotzdem ökonomisch realisierbar bleiben, drängt sich ein „Königsweg“ auf. Die formale Vollmitgliedschaft soll am Ende die Krönung eines harten, aber erfolgreichen Integrationsprozesses sein. Was für ein Zusammengehen reif ist, soll lieber früher als später zusammengeführt werden: Soviel Integration wie möglich, aber keine Integration in Bereichen, die stark divergieren. Ein Konzept der „Binnenmarktmitgliedschaft ohne EU-Mitgliedschaft“ scheint hier für die Osterweiterung der EU besonders attraktiv zu sein. Das Stichwort dafür lautet „EWR“ - ein Europäischer Wirtschaftsraum, wie er mit Norwegen, Island und Liechtenstein heute schon besteht.[13]

Der EWR ist im Kern eine Integrationsform, bei der die neuen Beitrittsländer im realwirtschaftlichen Bereich (Binnenmarktbereich) nahezu vollständig den gemeinsamen Rechtsbestand (Acquis communautaire) der EU übernehmen. Sie bewahren jedoch in den weiterführenden fiskal-, geld- oder gar staatspolitischen Bereichen eine sehr weitgehende Autonomie. Zwar bietet der EWR wegen seines engeren sachlichen Anwendungsbereichs und wegen des „partizipativen Defizits“ bei der Fortentwicklung des EG/EWR-Rechts keine vollwertige integrationspolitische Alternative zur EU-Mitgliedschaft. Die Mitgliedschaft im EWR erleichtert jedoch den Schritt in die EU. Mit der Binnenmarktfähigkeit im Rahmen des EWR erfüllen potentielle Beitrittskandidaten gewissermaßen automatisch die ökonomische Hauptbedingung der EU-Mitgliedschaft (allerdings ohne Teilnahme an der EWU). Der EWR erlaubt, einem globalen und dynamischen Integrationsprozeß zu folgen. Das Endziel

[13] vgl. hierzu *Bruha, Th./Straubhaar, Th.* (1997): „EWR II“: Europäischer Warteraum oder Stufenplan für Mittel- und Osteuropa? In: *Hasse, R.* und *Schäfer, W.*: Die Kern-EWU in ihren währungs- und handelspolitischen Beziehungen nach außen. Göttingen (Vandenhoeck&Ruprecht), im Druck.

einer Vollmitgliedschaft läßt sich stufenweise, aber mit automatischem Getriebe erreichen. Wann welcher weitere Integrationsschritt gegangen werden könnte, kann von der Erfüllung bestimmter wirtschaftlicher Zwischenziele abhängig gemacht werden. Damit gewänne die EU-Osterweiterung für alle Beteiligten an Transparenz:

1. Die EU könnte ihrer internen Entwicklung mit der Umsetzung des Vertrags von Amsterdam, der Vollendung der Wirtschafts- und Währungsunion und der institutionellen Reform der Entscheidungsfindung bei 20 oder mehr Mitgliedstaaten den Vorrang vor einer Erweiterung um neue Mitglieder geben.

2. Für die mittel- und osteuropäischen Beitrittskandidaten würden evolutive und automatische Klauseln gesetzt, deren Erfüllung primär in ihren eigenen Händen liegt. Damit wären die mittel- und osteuropäischen Länder weniger von politökonomischen Verhandlungserfolgen als vielmehr von einer erfolgreichen inneren Wirtschaftsreform abhängig.

Ein EWR II würde flexible und situationsgerechte Integrationsschritte möglich machen. Vor allem bietet ein Stufenplan die Möglichkeit, das Notwendige (= die Marktliberalisierung) sofort und das Wünschbare (= die Vollmitgliedschaft) später und fallweise zu integrieren. Ein relativ weitgehender Gemeinsamer Binnenmarkt von EU und Mittel- und Osteuropa wäre sehr rasch realisierbar. Damit würden wichtige Deregulierungs- und Wachstumsimpulse ausgelöst. Vor allem wäre aber eine höhere Rechtssicherheit für Direktinvestitionen nach Mittel- und Osteuropa gegeben. Die Evolutionsklausel (Art. 118 EWR-Abkommen) würde auch ermöglichen, fallweise neues gemeinsames Recht zu schaffen und sukzessive auf dem Integrationspfad voranzugehen.

Ein EWR II könnte helfen, falsche Hoffnungen zu dämpfen und irreführende Versprechungen zu vermeiden. Er ist ein automatischer Stufenplan mit gangbaren, realistischen Zwischenschritten. Jede höhere Stufe ließe sich mit strengeren realwirtschaftlichen, fiskalpolitischen und monetären Zielvorgaben verbindlich koppeln. Ein Beitrittskandidat könnte jederzeit einen Antrag auf eine nächsthöhere Stufe stellen. Die Kommission hat lediglich ein formales Prüfungsrecht. Sind die Kriterien tatsächlich erfüllt, müßte den mittel- und osteuropäischen Ländern eine weitere Stufe der Integrationstreppe eingeräumt werden. Allein die Vollmitgliedschaft bedürfte nach Art. O EU-Vertrag noch der einstimmigen Zustimmung des Rates, der absoluten Mehrheit im Europäischen Parlament sowie der Ratifikation aller Vertragsstaaten. Hier zeigt sich natürlich aus der Sicht der mittel- und osteuropäischen Staaten auch der Nachteil eines EWR II verglichen zu einer raschen EU-Vollmitgliedschaft mit langen Übergangsfristen und weiten Ausnahmebereichen. Sie wären in den mit der Wahrung der gemeinschaftlichen Aufgaben betrauten Organen der Gemeinschaft nicht vertreten (Parlament, Rat, Kommission, Gerichtshof, Rechnungshof). Als Mitglieder „zweiter Klasse“ hätten sie in Sachverhalten, die über Binnenmarkt und gegebenenfalls Währungsunion hinausgehen, keine Mitbestimmung.

Den politischen Nachteilen zum Trotz, hätte ein Stufenplan für Mittel- und Osteuropa gewichtige wirtschaftliche Vorteile.[14] Er ermöglicht ein pragmatisches Vorgehen. Anstatt Illusionen würde Realismus die Europapolitik bestimmen. Dadurch lassen sich reale Anpassungskosten verringern. Entsprechend größer ist

---

[14] vgl. ergänzend *Franke, S. F.* (1997): Europa vom Atlantik zum Ural. In: Wirtschaftsdienst, Jg. 77, S. 573-579 sowie *Franke, S. F.* (1997a): CEFTA und Europäische Union. In: *Zohlnhöfer, Werner* (Hrsg.): Probleme der Osterweiterung der Europäischen Union. Berlin (Duncker&Humblot), im Druck.

die politische Akzeptanz hüben und drüben. Hier, weil die fiskalischen Transfers im Rahmen von Agrar-, Struktur- und Regionalfonds gemindert werden. Dort, weil keine nicht einhaltbaren Versprechungen auf rasche Vollmitgliedschaft, aber trotzdem eine integrationspolitische Perspektive gegeben wird. Daß damit die ökonomischen Realitäten die politischen Visionen dominieren, mag viele Politiker(-innen) stören. Daß zuerst eine Eigenleistung der Beitrittsländer (die ökonomische Transformation) gefordert wird, mag andere (in Mittel- und Osteuropa) enttäuschen. Letztlich aber wird gerade Mittel- und Osteuropa zum Test, wieweit der Europäische Integrationsprozeß der Nachkriegszeit auch im nächsten Jahrhundert eine Zukunft haben wird.

V. Perspektiven der Europäischen Integration

„Europa wird entweder 'balkanisiert' oder 'helvetisiert'", bemerkte der deutsche Philosoph *Karl Jaspers* 1946 auf einer internationalen Konferenz in Genf.[15] Er meinte damit, so der Schweizer Historiker *Jean Rudolf von Salis*[16], daß Europa entweder in den politischen Einflußbereich der beiden Supermächte USA und Sowjetunion komme oder im Gegenteil unabhängig eine politisch organisierte Einheit werden könne. *Denis de Rougemont* antwortete *Jaspers* mit der Meinung, „Europa dürfe nicht ein Block werden, der sich den beiden anderen Blöcken entgegensetze; es dürfe aber auch keinen 'Nationalismus in kontinentalen Dimensionen' geben, denn eine europäische Föderation hätte ihren Sinn nur im Blick auf eine

[15] zitiert nach *von Salis, J.R.* (1978): Grenzüberschreitungen – Ein Lebensbericht, Zweiter Teil, 2. Auflage, Zürich (Orell Füssli), S. 249.

[16] vgl. ebenda, S. 249-250.

weltumspannende Föderation"[17]. Nach über 40 Jahren mehr oder minder starker „Balkanisierung" im Spannungsfeld zwischen Ost und West und nach einer jüngsten Vergangenheit, die das Ende der Sowjetunion und Jugoslawiens gebracht hat, hätte Europa in den 90er Jahren dieses Jahrhunderts die Chance einer „Helvetisierung" gehabt. Aber bereits droht die Gefahr, daß diese historische Chance leichtfertig vergeben wird. Schon wird wieder in „Nationalismen kontinentaler Dimensionen" gedacht, wird zentralistisch und bürokratisch verwaltetet und träumen andere von einem Supernationalstaat „Europa", der sich „im Kampf der Kulturen" oder schlichter im „Wettstreit der Triade" zu bewähren hätte.

Gerade die Schwierigkeit der Regierungskonferenz, die innere Reform wirklich voranzutreiben und tatsächlich anzupacken, verdeutlichen in welchem Ausmaß die Vorstellungen der einzelnen EU-Mitglieder bezüglich Ziele, Wege und Ausgestaltung der EU divergieren. Diese Heterogenität innerhalb der EU wird noch einmal akzentuiert mit Blick auf die anstehenden Erweiterungsabsichten. Eine von kühler Vernunft und nicht emotionaler Hoffnung geprägte Sicht kann hier nur vor einem europäischen Integrationsprozeß warnen, soweit dieser danach strebt, das traditionelle nationalstaatliche Prinzip der universellen, allumfassenden Rundumkompetenz auf die supranationale Ebene zu übertragen. Vielmehr gilt es nach neuen, flexiblen Konzepten Ausschau zu halten, die der Heterogenität und Divergenz nationaler „Europa-Visionen" Rechnung trägt. Warum sollen einige Länder einzelne Integrationsschritte - beispielsweise die Wirtschaftsgemeinschaft - mitmachen, andere - beispielsweise die Währungsgemeinschaft oder die Sicherheitsgemeinschaft - aber ausschlagen können? Die drei Gemeinschaften sollten offen sein für unterschiedlich viele Mitglieder.

[17] *von Salis, J.R.* (1978): a.a.O., S. 250.

„Es ist völlig beliebig, wieviele Staaten jeweils welche Angelegenheiten integrieren. Im Integrationsfeld X können zwei, im Integrationsfeld Y können zwölf oder zwanzig Staaten agieren“[18].

Natürlich vertritt die hier eingenommene Position die Sicht eines „Minimaleuropas“. Sie läßt sich etwa so veranschaulichen: Das europäische Haus ist kein nach strengen und starren geometrischen Regeln konstruierter, auf drei Säulen ruhender Parthenon. Vielmehr erinnert das scheinbar zufällig zusammengewürfelte Kunterbunt an eine realisierte Vision von *Friedrich Hundertwasser*. Das europäische Haus ist demnach ein horizontales und vertikales Geflecht von Räumen, die je nach Bedarf unterschiedlich groß, individuell strukturiert und situativ zugeschnitten sind. Die Höhe der einzelnen Stockwerke aber auch die Gesamthöhe bleiben variabel. Das gemeinsame Dach ist nicht flach, sondern stark gestuft. Grundriß und Bauweise belassen die Option des flexiblen Aus-, Auf- und Umbaus.

Ebenso klar ist, daß in zu vielen Teilen die politischen Prozesse wohl irreversibel über das hier vorgeschlagene „Minimaleuropa“ hinaus gediehen sind. Ein „Minimaleuropa“ würde für den wirtschaftlichen Bereich lediglich die Eigentums- und Verfügungsrechte, die Funktionsfähigkeit des Wettbewerbs sowie eine Minimierung makroökonomischer Koordinierungskosten auf europäischem Niveau sicherstellen. Die heutigen Nationalstaaten delegieren an die europäische Ebene also allein die Kompetenz der Rahmengesetzgebung. Ansonsten werden an „Europa“ nur noch soweit aufgabenspezifische ökonomische Befugnisse übertragen, als die räumliche Ausdehnung eines

---

[18] *Mayer, K.* (1994): Europäische Union: Drei Gemeinschaften in einer! In: Orientierungen zur Wirtschafts- und Gesellschaftspolitik, Jg. 60 (2), S. 34.

Marktversagens gerade europaweit reicht. Innerhalb dieses Rechtsrahmens nimmt ein horizontal und vertikal gegliedertes Geflecht sich überlappender Zweckverbände (Kooperationen, Bündnisse, Allianzen, Clubs) jene funktionalen Aufgaben wahr, die nicht durch individuelle Entscheidungen auf freien Märkten effizient gelöst werden. Zuständigkeit und Kompetenzen der einzelnen Zweckverbände werden jeweils spezifisch und allein durch die Dimension des Marktversagens bestimmt: Nach politischen Gesichtspunkten festgelegte nationalstaatliche Grenzen werden durch ökonomisch definierte Effizienzbedingungen ersetzt.

Wenn auch in weiten Teilen dieses Konzept des funktionalen Föderalismus nur noch von akademischem Interesse ist, bleibt dennoch ein Funken Hoffnung. Wie so oft (wenn nicht gar als Regel) in der Weltgeschichte setzen sich nämlich wirtschaftliche Kräfte gegen ineffiziente politische oder rechtliche Regulierungen durch. Das Konzept des funktionalen Föderalismus ist für wirtschaftliche Akteure derart Transaktionskosten senkend, daß Menschen und Unternehmungen längst begonnen haben, in jenen Bereichen soweit zu kooperieren, wie es ihren mikroökonomischen Optimierungsplänen entspricht. „Standortarbitrage", „Standortverlagerung", „Internationalisierung", „Out Sourcing" oder „Contracting Out" sind einige Schlagworte, „Lean Administration", „New Public Management" oder „Wirkungsorientierte oder Effizienzorientierte Verwaltungsführung" sind andere. Sie bringen zum Ausdruck, daß sich im Zeitalter der Globalisierung „schlechte Politik" rächt und „gute Politik" lohnt. Zu hohe Produktionskosten durch ineffiziente staatliche Rahmenbedingungen oder ein schlechtes Preis-Leistungsverhältnis öffentlicher Tätigkeiten werden durch einen „Exit" bestraft.

Dort, wo nicht große Visionen, sondern das harte Tagesgeschäft die Menschen beschäftigt, beginnen automatisch und unter dem Druck des alltäglichen Überlebenskampfes Formen des funktionalen Föderalismus Fuß zu fassen. Gemeinden in Grenzregionen beginnen über bestehende Landesgrenzen hinweg zu kooperieren. Es entstehen „Euro-Regionen". Sie setzen praktisch um, was theoretisch zu erwarten wäre, aber politisch verkannt wird.

Und selbst auf höchster europäischer Ebene setzt sich die Realität gegen politische Absichten durch. Das „Opting out" wird immer weniger als ungern gesehene Ausnahme gebrandmarkt, sondern als "normale" Verhaltensweise akzeptiert. Was Großbritannien bei der Sozial-Charta, Dänemark bei der Währungsunion, Frankreich bei der Verteidigung wird nun anderen Ländern beim Schengener-Abkommen gewährt. „Opting out" oder moderner „Opting in" bieten erste Möglichkeiten für flexible Lösungen.

VI. Zusammenfassung

Flexibilisierung und Dezentralisierung: Dies sind die entscheidenden Kernbegriffe einer tragfähigen und erfolgversprechenden Strategie für die Europäische Integration nach der Jahrtausendwende. Noch nie kamen derart viele Herausforderungen in derart kurzer Zeit auf die EU zu: Die innere Reform (Stichworte: Agrar- und Strukturpolitik, Finanzverfassung, WWU, Institutionelle Reformen, Umsetzung der Amsterdamer Beschlüsse) muß vorangetrieben werden. Gleichzeitig ist ein überzeugendes Konzept für die Osterweiterung zu finden – und zwar im Konsensverfahren mit der Zustimmung aller Mitgliedstaaten. Schließlich sieht sich auch die EU dem Phänomen der Globalisierung gegenüber, das ohnehin hoheitliche Organisationen in Frage stellt und völlig neue institutionelle Strukturen erforderlich macht.

Diese in ihrer Dimension und Intensität erweiterten und verstärkten Herausforderungen erzwingen eine Abkehr von einem Denken in vergangenheitsbezogenen Größen. Omnipotente Hoheitsträger mit einer universellen Rundumkompetenz, die allmächtig über alle Aspekte innerhalb eines Territoriums bestimmen wollen sind todgeweiht. So auch der traditionelle Nationalstaat. Er ist ein junges Kind der Geschichte, groß geworden mit der Industrialisierung. Er wird im Zeitalter der Globalisierung und der Dienstleistungen ebenso rasch von der Bildfläche verschwinden, wie alle Versuche, institutionell zu vereinheitlichen, was in der Realität (zu) verschieden bleibt. „Staatlichkeit" läßt sich definitiv nicht mehr administrativ anordnen. Hier haben technologische Fortschritte die Kosten des Exit gesenkt, damit Macht und Willkür politischer Entscheidungsträger eingeschränkt, die Mündigkeit der Menschen gestärkt und so letztlich die Wirtschaftspolitik diszipliniert. Das 21. Jahrhundert wird offenen flexiblen Institutionen (Clubs) gehören, die sowohl bezüglich ihrer Größe (Anzahl der Mitglieder) als auch bezüglich ihrer Kernfunktionen einem ständigen Optimierungsprozeß unterliegen werden.[19]

Soll das europäische Haus nicht zusammenbrechen, eh es fertig gestellt ist, bedarf es flexibler und biegsamer Elemente. Nahezu absurd scheint die Vorstellung, nach dem Ende von Plattenbauten und „Alle gleich Ideologie" in einer europäischen Normierungswut Form und Gestalt der einzelnen Wohneinheiten hoheitlich vorschreiben zu wollen. Individualität und kulturelle europäische Vielfalt verlangen Kreativität und Originalität –

[19] vgl. dazu auch *Schäfer*, *W.* (1998): Soziale Harmonisierung oder Wettbewerb der Systeme in der Integration Europas, in diesem Band.

nicht Starrheit und Einheitlichkeit. Schlichte Funktionalität wird dominieren müssen. Die Mieter werden nicht mehr willens und auch nicht mehr in der Lage sein, Luxus und Protzigkeit zu finanzieren. Das 21. Jahrhundert wird alles rascher ändern als jemals zuvor. Wer hier stehen bleibt, alte Strukturen zu bewahren versucht und die wirtschaftliche Realität mißachtet, wird schlicht überrollt und sich in überalteten, zerfallenden und trostlosen Wohlstandsruinen wiederfinden.

Biskup, Reinhold (1988): Europa – Einheit in der Vielfalt. In: *Biskup, Reinhold* (Hrsg.): Europa – Einheit in der Vielfalt. Bern/ Stuttgart (Haupt), S. 17-31.

Bruha, Thomas und *Straubhaar, Thomas* (1997): „EWR II“: Europäischer Warteraum oder Stufenplan für Mittel- und Osteuropa? In: *Hasse, Rolf* und *Schäfer, Wolf*: Die Kern-EWU in ihren währungs- und handelspolitischen Beziehungen nach außen. Göttingen (Vandenhoeck&Ruprecht), im Druck.

Europäische Kommission (1997): Agenda 2000 (2 Bände), Doc/97/6 vom 15. Juli 1997.

Franke, Siegfried F. (1997): Europa vom Atlantik zum Ural. In: Wirtschaftsdienst, Jg. 77, S. 573-579.

Franke, Siegfried F. (1997a): CEFTA und Europäische Union. In: *Zohlnhöfer, Werner* (Hrsg.): Probleme der Osterweiterung der Europäischen Union. Berlin (Duncker & Humblot), im Druck.

Frey, René (1977): Zwischen Föderalismus und Zentralismus: Ein volkswirtschaftliches Konzept des schweizerischen Bundesstaates. Bern/Frankfurt (Lang).

Kortz, Helge (1996): Der Termin des 1.1.1999 - Zielvorgabe oder Automatismus für den Beginn der Endstufe der Europäischen Wirtschafts- und Währungsunion? In: Europarecht, Heft 1/1996, S. 80-97.

Kortz, Helge (1996a): Die Entscheidung über den Übergang in die Endstufe der Wirtschafts- und Währungsunion. Baden-Baden (Nomos).

Lübbe, Hermann (1996): Globalisierung: Zur Theorie der zivilisatorischen Evolution. In: *Biskup, Reinhold* (Hrsg.): Globalisierung und Wettbewerb, 2. Auflage, Bern/Stuttgart (Haupt), S. 39-63.

Mayer, Klaus (1994): Europäische Union: Drei Gemeinschaften in einer! In: Orientierungen zur Wirtschafts- und Gesellschaftspolitik, Jg. 60 (2), S. 33-36.

Müller-Armack, Alfred (1981 bzw. 1951): Die Einheit Europas – geistes- und wirtschaftsgeschichtlich gesehen. In: Wirtschafts-Historischer Verein an der Universität Köln (Hrsg.): Europa-Erbe und Auftrag (Festschrift für *Bruno Kuske*) Köln 1951, hier zitiert nach dem Wiederabdruck in: *Müller-Armack, Alfred*: Religion und Wirtschaft, Bern/Stuttgart 1981 (Haupt), S. 579-591.

Nicolaysen, Gert (1993): Rechtsfragen der Währungsunion. Schriftenreihe der Juristischen Gesellschaft zu Berlin, Heft 132. Berlin/New York.

Salis, Jean Rudolf von (1978): Grenzüberschreitungen – Ein Lebensbericht, Zweiter Teil (2. Auflage). Zürich (Orell Füssli).

Santer, Jacques (1997): Kommentierung des Vertrags von Amsterdam vor dem Europäischen Parlament, zitiert nach: EU-Nachrichten der Europäischen Kommission (Vertretung in der BRD), Nr. 3 vom 9. Juli 1997 (Ergebnisse und Erläuterungen), I-VI.

Schäfer, Wolf (1998): Soziale Harmonisierung oder Wettbewerb der Systeme in der Integration Europas, in diesem Band.

Abb. A1: EU-Prognosen
zum BIP-Wachstum und zur Neuverschuldung

	BIP-Veränderung (in %)			*Neuverschuldung (in % des BIP)*		
	1996	*1997*	*1998*	*1996*	*1997*	*1998*
Belgien	1,5	2,4	3,0	-3,2	-2,6	-2,3
Dänemark	2,7	3,5	3,3	-0,8	1,3	1,9
Deutschland	1,4	2,5	3,2	-3,4	-3,0	-2,6
Griechenland	2,6	3,3	3,5	-7,6	-4,2	-3,0
Spanien	2,3	3,3	3,5	-4,7	-2,9	-2,4
Frankreich	1,5	2,3	3,1	-4,1	-3,1	-3,0
Irland	8,6	8,6	8,1	-0,4	0,6	1,2
Italien	0,7	1,4	2,5	-6,8	-3,0	-3,7
Luxemburg	3,0	3,4	3,8	2,6	1,6	1,0
Niederlande	3,3	3,1	3,6	-2,3	-2,1	-1,9
Österreich	1,6	1,9	2,8	-3,8	-2,8	-2,6
Portugal	3,3	3,5	3,7	-3,2	-2,7	-2,4
Finnland	3,3	4,6	4,0	-3,1	-1,4	-0,2
Schweden	1,1	2,1	2,9	-3,7	-1,9	-0,2
Großbritannien	2,3	3,3	2,1	-4,9	-2,0	-0,6
EU-Durchschnitt	1,8	2,6	3,0	-4,3	-2,7	-2,2

Die definitiven Zahlen für dieses Jahr sind für den Beitritt zur europäischen Wirtschafts- und Währungsunion entscheidend.

Quelle: EU-Kommission (zitiert nach NZZ, Nr. 239 vom 15.10.97).

Rolf H. Hasse

Asymmetrien in der Integrationskonzeption von Maastricht/Amsterdam. Ein Beitrag zur Identifikation von Störungspotentialen

I. Das Problem

Die Europäische Währungsunion (EWU) wird aller Voraussicht nach am 1. Januar 1999 beginnen. Die Kontroversen um diesen Beginn sind heftig und häufig werden die Diskussionen mit mehr normativen als mit sachlichen Argumenten geführt. Für die Wissenschaftler ergibt sich daraus die Aufgabe, nach den tatsächlichen Problemen zu suchen, die eine Kritik rechtfertigen. Gleichzeitig ist es notwendig, dabei nicht selektiv nur nach Schwachstellen zu suchen, sondern auch die Regelungen zu würdigen, die deutliche Fortschritte gegenüber vorangegangenen Integrationsanstrengungen bedeuten.
Dennoch werden die unvollständigen, ungleichgewichtigen Lösungsansätze im Mittelpunkt stehen, da sie die Entwicklung in der EWU prägen werden und durchaus wie Hypotheken wirken können. Die Kenntnis der Probleme ist die wichtigste Voraussetzung, um rechtzeitig über angemessene Abhilfen nachzudenken.

I. Die konstitutiven Merkmale einer Europäischen Wirtschafts- und Währungsunion

Es wird in einem Atemzug von der Europäischen Wirtschafts- und Währungsunion (EWWU) gesprochen, als ob beide Teile vollständig komplementär seien. Dies ist nur partiell richtig. Eine Wirtschaftsunion bzw. ein Binnenmarkt ist ohne Währungsunion (als Wechselkursunion oder mit einer einheitlichen Währung) realisierbar, auch wenn sie mit einer Währungsunion vollendeter und definitiver ist. Umgekehrt muß die ökonomische Logik beachtet werden, daß eine Währungsunion ohne Wirtschaftsunion nicht nur unvollständig ist, sondern nicht funktionsfähig ist. Eine gemeinschaftliche Geldpolitik mit gleicher Wirkung im Raum benötigt einen einheitlichen Wirtschaftsraum. Wirtschafts- und Währungsunion sind zwar verbunden, aber nicht beidseitig komplementär.

Ebenso wichtig ist es, die gemeinsamen und die abweichenden Bedingungen für die Integration in beiden und zwischen beiden Teilen herauszuarbeiten. Denn nur auf einer klaren Grundlage können die Bereiche identifiziert werden, für die ökonomische und politische Lösungen gefunden werden müssen. Man kann die EWWU gliedern nach den funktionellen Elementen (Märkte) und den dazugehörigen politischen Handlungsbereichen, für die man weiterhin prüfen muß, welche ordnungspolitischen Grundsatzentscheidungen denkbar bzw. angemessen sind.

Diese Systematisierung führt zu den Ergebnissen, die in Abbildung 1 und 2 schematisch zusammengefaßt worden sind.

- Eine Europäische Wirtschaftsunion umfaßt auf der funktionellen Seite den Binnenmarkt, der sich in seine beiden Kernbereiche – Güter- und Dienstleistungsmarkt sowie Arbeitsmarkt – untergliedern läßt. Von den konstitutiven Freiheiten einer EWWU werden vom Binnenmarkt und damit von der Wirtschaftsunion drei erfaßt: die Freiheit des Güter- und Dienstleistungsverkehrs, die Freizügigkeit für Arbeitskräfte und die Niederlassungsfreiheit für Unternehmen. Hinzukommt in Marktwirtschaften deren Absicherung durch eine gemeinschaftliche Wettbewerbspolitik, einschließlich einer Kontrolle staatlicher Beihilfen.
- Eine Europäische Währungsunion hat die vierte konstitutive Freiheit einer vollendeten EWWU zu verwirklichen – die Freiheit des Zahlungs- und Kapitalverkehrs. Dies wird

formal unmittelbar mit der Einführung einer einheitlichen Währung geschaffen. Materiell reicht dieses Ziel aber weiter. Es verlangt die Herstellung eines gemeinschaftlichen Finanzmarktes, der die Bedingungen für eine wirksame Geldpolitik im Integrationsraum erfüllen muß (funktionsfähige, wettbewerbliche Geld- und Kapitalmärkte). Die Gestaltung eines gemeinschaftlichen Devisenmarktes gegenüber Drittstaaten ist die notwendige Ergänzung des internen Finanzmarktes als Pendant zum Binnenmarkt. Er umfaßt eine einheitliche Gestaltung des Wechselkurssystems, eine einheitliche Wechselkurspolitik und eine gemeinsame Entscheidung über die Reichweite der Freiheit des Zahlungs- und Kapitalverkehrs gegenüber Drittstaaten.

Diese Grundsatzentscheidungen zur funktionellen Integration müssen ergänzt und abgesichert werden durch ordnungspolitische Lösungen für die Geld- und Währungspolitik sowie für die Wirtschaftspolitik. Es geht um die politische Schaffung einer *währungspolitischen* und einer *wirtschaftspolitischen* Konvergenz für die EWWU. Prinzipiell stehen sowohl für die Übergangsphase als auch für die Endstufe unterschiedliche Lösungsmöglichkeiten zur Verfügung, wenn die Teilnehmerstaaten politisch eigenständige Einheiten bleiben. Für die Währungsunion gilt nach herrschender Lehre, daß die bessere Lösung eine Zentralisierung der Geld- und Währungspolitik sei. Dazu gehören die Vergemeinschaftung der Währungen, die zentrale Geld- und Wechselkurspolitik sowie die Zentralisierung der Kompetenz, über ein gemeinschaftliches Wechselkurssystem zu entscheiden. Die wichtigste ordnungspolitische Entscheidung für die Gestaltung der währungspolitischen Konvergenz ist die über den Status und die Funktionsfähigkeit einer gemeinsamen Zentralbank, in diesem Falle einer Europäischen Zentralbank (EZB) bzw. eines Europäischen Systems Europäischer Zentralbanken (ESZB), wenn ein zweistufiger, föderaler Aufbau geplant wird.

Viel komplizierter als die währungspolitische Konvergenz ist die Schaffung der zum Binnenmarkt und auch zur Geld- und Währungspolitik komplementären *wirtschaftspolitischen Konvergenz*. Anders als in der Geld- und Währungspolitik besteht hier kein vorherrschendes Paradigma, darüber hinaus greift in diesem Bereich jede Lösung noch direkter in politische Souveränitätsrechte der Staaten ein (Budgetrechte der Parlamente), wenn keine politische Union besteht oder in absehbarer Zeit geplant ist.
Die vollständige Aufgabe der wirtschafts- und währungspolitischen Souveränität ist nur in einer politischen Union realisierbar, dann wären eine echte de jure Währungs- und eine Wirtschaftsunion zu verwirklichen. Wenn dies keine Option ist, gilt es Lösungen zu suchen, die unterhalb einer politischen Union tragbar und funktionsfähig sind. Diese Option muß die wichtigste Aufgabe erfüllen können: die Schaffung von positiven Erwartungen in die Stabilität der Entwicklung einer EWWU.
Wenn eine Zentralisierung der wirtschaftspolitischen Kompetenzen ausscheidet, gilt es Alternativen zu suchen und diese zu prüfen, inwiefern sie die den Erfordernissen des Integrationsziels entsprechen und damit die Formel des Art. 103 EG-Vertrag erfüllen: "die Mitgliedstaaten betrachten ihre Wirtschaftspolitik als eine Angelegenheit von gemeinsamem Interesse und koordinieren sie ...". Die Lösungen für die währungspolitische Konvergenz und für die wirtschaftspolitische Konvergenz müssen kompatibel sein. Einer verbindlichen, zentralen Regelung für die Geld-, Währungs- und Wechselkurspolitik kann nicht eine dezentrale, unverbindliche Koordinierung der Wirtschaftspolitik gegenüber bzw. zur Seite gestellt werden. Eine Quasi-Wirtschaftsunion mit Verweigerungssrechten verhindert, das stabile Erwartungen in die Funktionsfähigkeit der EWWU entstehen können.

III. Lösungsfortschritte durch Maastricht

In den Diskussionen über die vermuteten bzw. tatsächlichen Unvollkommenheiten des Vertrages von Maastricht kommt in der Regel die Anerkennung der Integrationsfortschritte zu kurz, die durch die Vorschläge für eine Währungsunion seit 1987[1] und durch den Vertrag vom 7. Februar 1992 realisiert worden sind.[2] Der Integrationsansatz, der zum Vertrag von Maastricht geführt hat, ist der dritte Anlauf, eine EWU zu schaffen (1969 – 1971; 1978/79). Die beiden vorangegangenen Versuche sind nachhaltig gescheitert, weil elementare Voraussetzungen für eine EWU politisch nicht konsensfähig gewesen sind. Der Streit zwischen Ökonomisten und Monetaristen kennzeichnete die Problematik. In vielen Punkten waren diese Konzeptionen so unvereinbar und unvollständig, daß die Ansätze scheitern mußten. Die Überwindung wichtiger Teile dieses Gegensatzes ermöglichte erst die Entstehung des Vertrages von Maastricht. Die wichtigsten Fortschritte sind:

- Der Binnenmarktprozeß '92 hatte zwar nicht die Zielsetzung, eine Wirtschafts- oder gar eine Währungsunion zu schaffen. Aber mit der Entscheidung von 1985 für die tiefgreifende Integration der Güter- und Dienstleistungsmärkte wurde gleichzeitig eine wichtige Vorbedingung für eine EWU realisiert. Die Einheitliche Europäische Akte beschleunigte 1987 diesen Prozeß. Sie erweiterte die Bereiche, in denen politische Entscheidungen mit qualifizierter Mehrheit getroffen werden konnten.

---

[1] Vgl. *Hasse, R. H.* (with contributions by *Werner Weidenfeld* and *Reinhold Biskup*) (1990): The European Central Bank: Perspectives for a Further Development of the European Monetary System, Gütersloh, passim.

[2] Vgl. *Ungerer, H.* (1997): A Concise History of European Monetary Integration. From EPU to EMU, Westport, London, pp. 130 ff.

- Ein weiterer, nahezu unversöhnlicher Gegensatz zwischen Ökonomisten und Monetaristen verlor seine Brisanz schon vor der Regierungskonferenz zur EWU – die Frage, wann und wie umfassend die Konvertibilität der Währungen hergestellt werden sollte. Im Zuge der Globalisierung der Finanzmärkte vollzog sich auch in den EG-Ländern ein nachhaltiger Verhaltenswechsel. Vor allem Frankreich änderte seine Position nach 1983 zwar schrittweise, aber gradlinig, indem es Kapitalverkehrskontrollen abbaute und die Konvertibilität des Franc einführte sowie mit einer stabilitätsorientierten Politik den Geldwert absicherte.
  Der eigentlich sensationelle Vorschlag der *Delors*-Gruppe von April 1989, in die 1. Stufe zu einer EWU einzutreten, indem die vollständige Freiheit des Zahlungs- und Kapitalverkehrs als erster Schritt realisiert wird, erzeugte keine nennenswerten Widerstände. So wurde am 1. Juli 1990 fast lautlos eine Integrationsvertiefung vollzogen[3], die 20 Jahre früher eine Revolution hervorgerufen hätte.

- Der Beginn der Diskussion über eine EZB und eine EWU 1987 hatte ein schlichtes Ziel: Die Beendigung der Asymmetrie im EWS und die Aufhebung der geldpolitischen Dominanz der Deutschen Bundesbank. Das Ergebnis im Vertrag von Maastricht ist mit diesem Einstieg nicht vergleichbar. Das Status der EZB als unabhängige Institution sowie die Ausrichtung der Geldpolitik auf das primäre Ziel der Geldwertstabilität sind in dieser klaren Form nicht zu erwarten gewesen. Der internationale Paradigmawechsel in der Geldpolitik ist damit nachhaltig gefördert worden.

---

[3] Zeitliche Ausnahmeregelungen bestanden lediglich für Spanien, Irland, Portugal und Griechenland, bis maximal 1995.

- Der Vertrag von Maastricht betont das Ziel der Preisstabilität für die Geldpolitik (Art. 105, 109j), für die Wechselkurspolitik (Art. 109) und – etwas abgeschwächt – auch für die Wirtschaftspolitik. Gleichzeitig wird an mehreren Stellen der "Grundsatz einer offenen Marktwirtschaft mit freiem Wettbewerb" (Art. 3a, 102a, 105) und damit die Anpassung über die Märkte, Preise und Mengen sowie Einkommen hervorgehoben.

- Schließlich ist das Prinzip der Schaffung wirtschaftlicher Konvergenz vor Eintritt in die EWU und als Daueraufgabe in der EWU im Vertrag verankert worden (Art. 109j sowie die Protokolle und der Stabilitäts- und Wachstumspakt).

IV. Asymmetrische Lösungen als Probleme und Hypotheken

Trotz der unverkennbaren Fortschritte enthalten die Verträge von Maastricht und Amsterdam Lösungen, die den Erfordernissen einer EWWU nicht vollständig gerecht werden. Die Identifikation dieser Bereiche ist die genuine Aufgabe des Wissenschaftlers, indem er der Maxime von *Max Weber* folgt: "Lieber unbequeme Wahrheiten sagen als bequeme Halbwahrheiten". Denn ohne den rechtzeitigen Hinweis und die rechtzeitige Analyse von Unzulänglichkeiten, kann nicht sachgerecht wirtschaftspolitisch reagiert werden, wenn Störungen auftauchen.
Man kann insgesamt fünf Asymmetrien feststellen:

1. Die Asymmetrie in der Informationspolitik.
2. Die Asymmetrie zwischen der Lösung der Währungspolitik und der Wirtschaftspolitik im EU-Vertrag.
3. Die Asymmetrie in der Umsetzung der Paradigmenwechsel in der Geld- und Währungspolitik sowie in der Budgetpolitik.

4. Die Asymmetrie zwischen der Integration des Gütermarktes und des Arbeitsmarktes.
5. Die internationale Asymmetrie: Die wirtschaftlichen Stabilisierungsbemühungen in der EG genügen den internationalen Entwicklungen nicht.

1. Die Asymmetrie in der Informationspolitik

Die Schaffung einer EWU ist ein primär politisches Ziel. Die ökonomischen Vorteile reichen alleine nicht aus, dieses Integrationsziel anzustreben. Die EWU ist ein Integrationsziel, das – im Gegensatz zur Zollunion und auch zur Wirtschaftsunion bzw. dem Binnenmarkt – jeden Bürger direkt berührt. Die Politik hat also die Aufgabe, den Bürger von den politischen und ökonomischen Vorteilen zu überzeugen.
Hier besteht ein Defizit, das die Zurückhaltung der Bürger in Deutschland erklärt. Dieses Problem wird auch nicht dadurch gelöst, daß gegen eine Verschiebung bzw. ein Scheitern mit Horrorgemälden ("eine Sache von Krieg und Frieden"; "bei einem Scheitern der EWU droht ein Scheitern des Binnenmarktes und der EU") argumentiert werden, die den erreichten Stand der politischen Kooperation in der EG mit in Zweifel ziehen. Hier hat die Politik eine ihrer ureigensten Aufgaben nicht zureichend erfüllt. Der Bürger bleibt rational und dadurch mißtrauisch.

2. Die Asymmetrie zwischen der Währungspolitik und der Wirtschaftspolitik

In Abbildung 1 und 2 werden die Erfordernisse und Lösungsalternativen einer EWWU systematisiert. Für die Währungspolitik ist eine klare ordnungspolitische Lösung kodifiziert worden. Die Währungspolitik ist eindeutig zentralisiert worden. Gleichzeitig

wurden Institutionen geschaffen, die durch ihre Unabhängigkeit und die Zielvorgabe eine klare Aufgabenstellung erhalten haben – die EZB, das ESZB.
Diese Zentralisierung erfaßt die Geldpolitik, die Entscheidung über das Wechselkursregime sowie die Wechselkurspolitik. Als eine bessere Lösung ist in der Wechselkursfrage vorgeschlagen worden, die Verantwortung für Wechselkursänderungen stärker oder ganz auf die EZB zu übertragen. Diesen Aspekt kann man ohne Vertragsänderungen – zumindest teilweise – erfüllen. Dies könnte dadurch erfolgen, daß die Kommission auf ihr Initiativrecht bei Wechselkursänderungen in Art. 109 Absatz 1 Satz 2 verzichtet, so daß dieses allein bei der EZB verbleibt.
Eine Entscheidung in diesem Sinne hat der Europäische Rat für das EWS 2 in Amsterdam am 16./17. Juni 1997 beschlossen. Danach werden Entscheidungen über die Leitkurse und die Standardbandbreite "unter Beteiligung der Europäischen Kommission" sowie "im gegenseitigen Einvernehmen zwischen den Ministern der am Euro-Währungsgebiet teilnehmenden Mitgliedstaaten, der EZB ... getroffen".[4]
Für die Sicherstellung der wirtschaftspolitischen Konvergenz wurde eine vollständig andere Lösung gewählt – dezentrale Kompetenzen mit der Verantwortungsauflage des ursprünglichen EWG-Vertrages ("eine Angelegenheit von gemeinsamem Interesse") sowie verbesserten Koordinierungsverfahren. Diese Gestaltung ist weniger Ausdruck des praktizierten Subsidiaritätsprinzips als vielmehr des in diesem Bereich fehlenden Willens, Elemente der wirtschaftlichen Souveränität abzugeben. Die Regelungen bleiben eindeutig zurück hinter denen des *Werner-*

[4] Entschließung des Europäischen Rates über die Einführung eines Wechselkursmechanismus in der dritten Stufe der Wirtschafts- und Währungsunion, Amsterdam 16. Juni 1997, Anlage II zu den Schlußfolgerungen des Vorsitzes, Ziffer 2.3.

Planes sowie hinter den Vorschlägen der *Delors*-Gruppe zur makroökonomischen Politik.[5]

Die Konvergenzkriterien sind lediglich Orientierungspunkte und Elemente einer ex post-Koordinierung. Die Konvergenzverfahren des Art. 103 und insbesondere die Regelungen für die Budgetpolitik (Art. 104c sowie das Protokoll über das Verfahren bei einem übermäßigen Defizit) wurden als zu schwach eingeschätzt.

Eine Asymmetrie zur Lösung der währungspolitischen Konvergenz war entstanden. Der deutsche Vorschlag eines "Stabilitätspaktes" im November 1995 sollte diese Ungleichgewichtigkeit verringern. Nach langen Verhandlungen einigten sich die Mitgliedstaaten in Amsterdam am 16./17. Juni 1997 auf einen "Stabilitäts- und Wachstumspakt", der zwar wesentliche Elemente des ursprünglichen Vorschlages enthält, aber in einem entscheidenen Punkt eine Schwäche enthält: die ursprüngliche Automatik der Sanktionen ist aufgehoben worden und auch nicht durch denkbare Zwischenlösungen ersetzt worden, die die Unmittelbarkeit der Durchsetzung erhalten hätten. Trotz aller Detailregelungen in dem Paket mehrerer Verordnungen[6] bleibt bis zur finanziellen Sanktion ein (zu großer) politischer Ermessensspielraum. Ferner sind generelle Zweifel angesagt über die staatsrechtliche Legitimation finanzieller Sanktionen sowie über die Wirksamkeit und Durchsetzbarkeit dieses Druckmittels.

---

[5] Vgl. Brussels Initiative (1998): Convergence – Coherence – Adjustment. The need for the convergence in the area of economic policy and coherence in terms of mentalities of the EU Member States with a view to future cooperation and adjustment in the EMU, Brussel, *Konrad Adenauer* Foundation, 1998, S. 5-17.

[6] Entschließung des Europäischen Rates über den Stabilitäts- und Wachstumspakt; Verordnung des Rates über die verstärkte Überwachung der öffentlichen Haushalte und die Überwachung und Koordinierung der Wirtschaftspolitiken; Verordnung des Rates über die Beschleunigung und Klärung bei einem übermäßigen Defizit.

Trotzdem ist das Potential des nun gültigen Stabilitäts- und Wachstumspaktes formal so groß, daß es die Budgetpolitik in Richtung einer Anpassung an das neue Paradigma der Geld- und Währungspolitik bewegen könnte. Entscheiden über Erfolg und Mißerfolg wird der politische Wille und die politische Durchsetzungskraft, ob die Budgetdisziplin so verbessert wird, daß die neuen Leitlinien von Amsterdam realisierbare Ziele werden: "gesunde Staatsfinanzen als Mittel der Verbesserung der Voraussetzungen für Preisstabilität und für ein starkes und nachhaltiges Wachstum" sowie einen "nahezu ausgeglichenen oder einen Überschuß aufweisenden Haushalt".[7]

3. *Asymmetrie in der Umsetzung des internationalen Paradigmenwechsels in der Budgetpolitik*

Die 80er Jahre haben einen internationalen Wechsel in der Zielsetzung der Geld- und Währungspolitik gebracht. Die Preisstabilität wurde zum prioritären Ziel der Geldpolitik, die Unabhängigkeit einer Zentralbank gewann an geld- und währungspolitischer Bedeutung; die Freiheit des Zahlungs- und Kapitalverkehrs wurde realisiert und beschleunigte die Globalisierung der Finanzmärkte; die Beweglichkeit der Wechselkurse wurde akzeptiert, und die *Phillips*-Kurve verlor an wirtschaftspolitischer Bedeutung.
Dieser Wechsel des Paradigmas veränderte die Wirtschaftspolitik unwesentlich und die Budgetpolitik überhaupt nicht. Aus diesem Grunde ist auch die Budgetpolitik die wichtigste Quelle möglicher endogener, politischer Störungen in der EWWU. Dieses Problem ist deshalb so gewichtig, weil Schwierigkeiten

[7] Vgl. Entschließung des Europäischen Rates über Stabilität, Wachstum und Beschäftigung, Amsterdam 16. Juni 1997, Punkte I und IV.1.

durch die Budgetpolitik immer direkt zu politischen Konflikte führen.

Es hat dennoch eine Veränderung in den Budgetpolitiken stattgefunden seit Beginn der 80er Jahre, nämlich einen Wechsel vom keynesianischen Ansatz hin zur Gestaltung des Budgets nach Gesichtspunkten des Public Choice. Die Idee eines Budgets, das über einen Konjunkturzyklus ausgeglichen sein soll, wurde aufgegeben. Die Ausrichtung nach Kriterien und Zielen, wie sie im Ansatz des Public Choice beschrieben werden, hat die Entstehung struktureller Defizite und hoher öffentlicher Schulden begünstigt. Diese belasten nunmehr die EWWU in ihrer Ausrichtung auf die Stabilität des Euro.[8]

Ähnliche Divergenzen sind auch in der allgemeinen Wirtschaftspolitik zwischen den Mitgliedstaaten feststellbar. Sie wirken wie potentielle Gefährdungen. Man kann folgende Konfliktpositionen unterscheiden:[9]

- Zwischen den Mitgliedstaaten bestehen unterschiedliche Präferenzen gegenüber der Art der einzusetzenden Instrumente. Einige bevorzugen allgemeine Regeln, andere dagegen quantitative, ergebnisorientierte Maßnahmen;
- es existieren inkohärente Mentalitäten und abweichende Traditionen über die Formen der Wirtschaftspolitik;
- es bestehen beachtliche Unterschiede bezüglich der wirtschaftspolitischen Instrumente und ihrer rechtlichen Rahmenbedingungen (z.B. für die Arbeitsmärkte, eine staatliche Preis- und Einkommenspolitik);
- die wirtschaftspolitischen Philosophien differieren; einige Länder vertrauen auf den klassischen Ansatz, andere wie Frankreich stärker auf keynesianische Therapien;

---

[8] Vgl. *Hasse, R. H.*: Theoretische Defizite und normative Überschüsse. Zur Analyse der Budgetkriterien des Vertrages von Maastricht, in: ORDO, Band 48, S. 615-635.

[9] Vgl. Brussels Initiative (1998): a.a.O., S. 6 f.

- damit verbunden ist auf der einen Seite ein ausgeprägtes Vertrauen in die Funktionsfähigkeit und Stabilisierungskapazität des Marktprozesses, während andere Mitgliedsländer staatliche und politische Interventionen befürworten;
- die Präferenzen pro und contra wohlfahrtsstaatlicher Maßnahmen weichen stark ab;
- die Bedeutung und das notwendige Ausmaß budgetärer Stabilisierungsmaßnahmen, wenn das Wechselkursinstrument nicht mehr zur Verfügung steht, werden vollkommen unterschiedlich bewertet;
- schließlich sollten auch die zwischen den Mitgliedstaaten existierenden Vorurteile über den Willen und die Fähigkeiten zur wirtschaftspolitischen Disziplin nicht leichtfertig beiseite geschoben werden. In Fällen politischer und wirtschaftlicher Konflikte treten sie hervor, wenn Entschuldigungen und externe Sündenböcke gesucht werden.

Insgesamt ergibt sich ein Potential an konfliktfördernden Unterschieden, die beachtet werden müssen, wenn ein möglicherweise notwendiges Konfliktmanagement vorbereitet werden soll.

4. Die Asymmetrie zwischen der Integration des Gütermarktes und des Arbeitsmarktes

Der Binnenmarkt ist einseitig verwirklicht worden, indem alle Anstrengungen nur auf den Gütermarkt konzentriert worden sind. Der Arbeitsmarkt wurde ausgeklammert und stellt nun ein Problem dar, weil er – abweichend vom Gütermarkt – mit seinen Rigiditäten die Integration wirtschaftlich und politisch behindern kann. Andererseits darf auch nicht übersehen werden, daß Verzögerungen bei der Realisierung des güterwirtschaftlichen Binnenmarktes ebenfalls wie ein negatives Beschäftigungsprogramm wirken. Die Fortentwicklung der Gütermärkte, die

Öffnung neuer Märkte wird verhindert. Aufgrund der Interdependenz zwischen dem Güter- und dem Arbeitsmarkt werden so Chancen der Anpassung be- bzw. verhindert.
Die hohe Arbeitslosigkeit und die mangelhafte Flexibilität und Absorptionskraft der nationalen Arbeitsmärkte können eine ernsthafte Hypothek für die Politik, die Wirtschaftspolitik und die Geldpolitik werden. Dieses Potential kann ein offener Konflikt werden, wenn zudem auf nationaler oder auf Gemeinschaftsebene inkompatible wirtschaftspolitische Maßnahmen ergriffen werden, um die Arbeitslosigkeit zu bekämpfen. Die angekündigten gesetzlichen Arbeitszeitverkürzungen in Frankreich und in Italien enthalten diesen Zündstoff. Sie können – aus ökonomischer Sicht – durchaus als ein Verstoß gegen den Grundsatz des Art. 103 und des Art. 2 Absatz 2 des neuen Kapitels VIa des EG-Vertrages bewertet werden. Denn diese Aktionen erfüllen nicht die Verpflichtung, "die Wirtschaftspolitik als eine Angelegenheit von gemeinsamem Interesse" zu betrachten.
Eine Entlastung könnte ein wirtschaftlicher Aufschwung bringen, wenn er sich stabilisiert und zu einem nachhaltigen Abbau der Arbeitslosigkeit beiträgt. Ein anderer Lösungsansatz ist auf der Gipfelkonferenz von Amsterdam gewählt worden, indem der Europäische Rat eine Entschließung über Wachstum und Beschäftigung, ein neues Beschäftigungskapitel für den EG-Vertrag sowie einen Beschäftigungsausschuß beschlossen hat.[10]
Mit diesen Beschlüssen, denen eine Sonder-Gipfelkonferenz zur Beschäftigungspolitik im Oktober 1997 in Luxemburg folgte, wurden mehrere Fragen aufgeworfen:[11]

---

[10] Vgl. Europäische Kommission, Der Vertrag von Amsterdam. Ergebnisse, Erläuterungen, Vertragsentwurf, EU-Nachrichten Nr. 3 vom 9. Juli 1997, S. 30 ff.

[11] Vgl. *Wolter, A.* und *Hasse, R. H.* (1997): Gemeinsame Beschäftigungspolitik: überfällig oder überflüssig?, in: Wirtschaftsdienst, Nr. 7 (1997), S. 386 ff.

- Ist der ordnungspolitische Konsens von Maastricht (Vorrang für Preisstabilität und Marktanpassung) durch die massive Hervorhebung des Beschäftigungszieles im EU- und EG-Vertrag (Art. B, Art. 2, neues Kapitel VIa im EG-Vertrag) sowie durch die institutionelle Verankerung in Verfahren und in einer Institution (Beschäftigungsausschuß) verändert oder gar aufgehoben? Diese Frage muß besonders vor dem Hintergrund stark abweichender wirtschafts- und ordnungspolitischer Vorstellungen der Mitgliedsländer über die Lösung des Beschäftigungsproblems geprüft werden (vgl. oben).

- Welche Risiken entstehen, wenn die neue außenwirtschaftliche Dimension der EWWU zu einem wirtschaftspolitischen Strategiewechsel anregt. Die außenwirtschaftliche Offenheit der EWWU verändert sich dramatisch (Basis 1996 in Relation zum BIP): wenn alle 15 EU-Staaten teilnehmen: Exporte – 9,2 %; Importe – 8,6 %. Wenn nur 11 EU-Staaten teilnehmen (ohne Dänemark, Griechenland, Großbritannien und Schweden): Exporte – 9,3 %, Importe – 8,3 %. Dies könnte womöglich dazu verleiten, mit Hilfe einer leichten Abschwächung des Euro gegenüber dem Dollar die Exporte anzuregen, die Importe zu bremsen und die Beschäftigung zu stützen. Vorstellungen dieser Art sind in französischen Strategieüberlegungen stark verankert.

- Welche ordnungspolitische Orientierung wird sich in der konkreten Ausgestaltung der sehr präzisen Verfahrensvorschläge im neuen Beschäftigungskapitel des EG-Vertrages durchsetzen – eine am Markt orientierte oder eine staatlich-interventionistische Auswahl der beschäftigungspoltischen Instrumente? Aufmerksamkeit ist geboten, weil die Beschäftigungspolitik sehr deutlich als Staatsziel und Staatsaufgabe formuliert worden ist, eine Berichtspflicht verankert worden

ist und der Ministerrat mit qualifizierter Mehrheit Leitlinien festlegen kann, "die die Mitgliedstaaten in ihrer Beschäftigungspolitik berücksichtigen" (Art. 4 Absatz 2, Kapitel VIa EG-Vertrag). Ferner stimmt skeptisch, daß trotz der in allen Staaten gegebenen Tarifautonomie die Rolle der Tarifpartner in dem kodifzierten Konzept sehr randständig berücksichtig wird.
Ordnungspolitische Unterschiede existieren seit Beginn der europäischen Integration. Insofern ist eine überzogene, nur pessimistische Interpretation fehl am Platze. Vielmehr ist zu prüfen, welche Strategien sachgerecht wären im Sinne des Beschäftigungsziels und des Grundsatzes, eine "offene Marktwirtschaft mit freiem Wettbewerb" zu erhalten und auszubauen.
Die EG braucht eine konsequente Erweiterung des Projektes "Binnenmarkt '92", das auf den Gütermarkt beschränkt worden ist. Der Arbeitsmarkt kann nicht als Ausnahmebereich mit zu vielen Rigiditäten konserviert werden, wenn gleichzeitig die Gütermärkte dereguliert, dem Wettbewerb ausgesetzt und somit dynamisiert und flexibilisiert werden. Der Arbeitsmarkt ist im Verhältnis zum Gütermarkt der abhängige Markt; insofern ist auch die Beschäftigung abhängig von der Entwicklung auf den Güter- und Dienstleistungsmärkten. Diese unumkehrbare ökonomische Logik steht im Widerspruch zur normativen Betrachtung dieser Märkte in der Politik. Arbeit und der arbeitende Mensch werden hier in den Mittelpunkt gestellt.
Dadurch entstehen ordnungspolitische Kontroversen und ökonomische Kosten, wenn gegen die sich durchsetzende ökonomische Logik verstoßen wird – eine Erfahrung, die E*ugen von Böhm-Bawerk* bereits 1914 in einem Aufsatz gerade am Beispiel des Arbeitsmarktes und der Sozialpolitik

klassisch formuliert hat: "Macht oder ökonomisches Gesetz".[12]

Eine empfehlenswerte Strategie in der Beschäftigungspolitik könnte sein, eine analoge Initiative zu ergreifen, wie es die Integrationsentscheidung über den Binnenmarkt '92 gewesen ist. Die Grundlagen dazu könnte das erste Kapitel des Weißbuchs "Wachstum, Wettbewerbsfähigkeit, Beschäftigung. Herausforderungen der Gegenwart und Wege ins 21. Jahrhundert" von 1993 bilden. Auch wäre in diesem Falle eine Anregung und Koordinierung über die Kommission empfehlenswert, um – genauso wie beim Binnenmarktprogramm '92 – die nationalen Widerstände besser aufbrechen zu können. Hinzukommt, daß der Arbeitsmarkt nicht europaweit harmonisierte Regeln, sondern lediglich Flexibilität und Offenheit benötigt, die mit sehr verschiedenen Verfahren (z.B. Marktverfahren wie in Großbritannien, Konsensentscheidungen wie in den Niederlanden) auf nationaler Ebene geschaffen werden können. Diese Vorgehensweise hätte drei Vorteile: sie erkennt die sachlich gebotene Subsidiarität an, nutzt die Initiativfunktion der Kommission und wäre vom Ergebnis kompatibel mit den Erfordernissen einer EWWU, wie sie in Maastricht konzipiert worden ist.

5. Die internationale Asymmetrie

Wenn man die Diskussion über das Niveau der Konvergenzkriterien sowie über die Anstrengungen, sie zu erfüllen, verfolgt, fällt auf, daß die EG eine gigantische Nabelschau vollführt. Es ent-

---

[12] *Von Böhm-Bawerk, Eugen* (1914): Macht oder ökonomisches Gesetz?, wiederabgedruckt in: *Weiss, F.X.* (Hrsg) (1924): Gesammelte Schriften von *Eugen von Böhm-Bawerk*, Wien und Leipzig, S. 230-300.

steht die Suggestion, daß ein Konvergenzniveau angestrebt wird, das weltweit Referenzcharakter sein könnte.
Dieser Eindruck täuscht. In hohem Maße weist die Diskussion stark provinzielle Züge auf. Preisstabilität und niedrige Zinsen existieren auch in anderen OECD-Ländern. Bezüglich der Konsolidierung der öffentlichen Haushalte hinken die EG-Staaten eher hinter dem Trend der anderen OECD-Länder hinterher. Dies ist insofern von Bedeutung, weil die schnellere und effektivere Sanierung der öffentlichen Finanzen außerhalb der EG die Konkurrenz um die internationalen Kapitalanleger verschärft – zuungunsten der EG. Der Maßstab wird dann außerhalb der EG gesetzt, zum Beispiel in den USA. Hinzukommt, daß mit der Rückführung der öffentlichen Defizite auch crowding-out-Effekte abgebaut werden. Der Spielraum für private Investitionen wird größer. Das bedeutet, daß Länder mit einer besseren Bilanz der Budgetsanierung auch bessere Voraussetzungen für die wirtschaftliche Entwicklung und für eine hohe Beschäftigung schaffen.[13]
Neuere Studien belegen, daß zwischen steigenden Staatsausgaben und der Arbeitslosigkeit ein positiver (!) Zusammenhang besteht und daß eine Erhöhung der Beschäftigten im öffentlichen Sektor ebenfalls mit einer Zunahme der Arbeitslosigkeit verbunden ist.[14]

---

[13] Vgl. Brussels Initiative (1997), Trust – Credibility – Sustainability. Perspective on EMU and EURO, Brüssel, S. 8 f.

[14] Vgl. den Bericht über die Studien: o.V., Beschäftigung. Viel Staat und noch mehr Diener, in: Institut der deutschen Wirtschaft, iwd, Jg. 24, Nr. 7 vom 12. Februar 1998, S. 4-5.

IV. Zwischenbilanz

Die EWWU wird am 1. Januar 1999 quasi mit einer "Verspätung" von knapp 20 Jahren beginnen, verglichen mit dem Ziel des ersten Anlaufs von 1969, sie bis 1980 zu verwirklichen. Die Konzeption von Maastricht und Amsterdam weist enorme Verbesserungen gegenüber ihren Vorläufern auf. Dennoch enthält sie eine Reihe von Unvollkommenheiten, die eine positive Entwicklung empfindlich stören könnten. Aufgabe wissenschaftlicher Analysen ist es, diese Bereiche zu identifizieren, damit rechtzeitig über Abhilfen oder auch ein ad hoc Krisenmanagement nachgedacht werden kann. In diesem Sinne ist die Diagnose von fünf asymmetrischen Lösungen innerhalb der Gesamtkonzeption zu verstehen. Echte Gefahren erwachsen aus unvorbereiteten Störungen.

Brussels Initiative (1997): Trust – Credibility – Sustainability. Perspective on EMU and EURO, Brussel, *Konrad Adenauer* Foundation.

Brussels Initiative (1998): Convergence – Coherence – Adjustment. The need for the convergence in the area of economic policy and coherence in terms of mentalities of the EU Member States with a view to future cooperation and adjustment in the EMU, Brussel, *Konrad Adenauer* Foundation.

Entschließung des Europäischen Rates über die Einführung eines Wechselkursmechanismus in der dritten Stufe der Wirtschafts- und Währungsunion, Amsterdam 16. Juni 1997.

Entschließung des Europäischen Rates über Stabilität, Wachstum und Beschäftigung, Amsterdam 16. Juni 1997.

Europäische Kommission, Der Vertrag von Amsterdam. Ergebnisse, Erläuterungen, Vertragsentwurf, EU-Nachrichten Nr. 3 vom 9. Juli 1997.

Hasse, R. H. (with contributions by *Werner Weidenfeld* and *Reinhold Biskup*) (1990): The European Central Bank: Perspectives for a Further Development of the European Monetary System, Gütersloh.

Hasse, R. H.: Theoretische Defizite und normative Überschüsse. Zur Analyse der Budgetkriterien des Vertrages von Maastricht, in: ORDO, Band 48, S. 615-635.

Ungerer, Horst (1997): A Concise History of European Monetary Integration. From EPU to EMU, Westport, London.

Von Böhm-Bawerk, Eugen (1914): Macht oder ökonomisches Gesetz?, wiederabgedruckt in: *Weiss, F.X.* (Hrsg.) (1924): Gesammelte Schriften von *Eugen von Böhm-Bawerk*, Wien und Leipzig.

Wolter, A. und *Hasse, R. H.* (1997): Gemeinsame Beschäftigungspolitik: überfällig oder überflüssig?, in: Wirtschaftsdienst, Nr. 7, S. 386 ff.

o.V., Beschäftigung. Viel Staat und noch mehr Diener, in: Institut der deutschen Wirtschaft, iwd, Jg. 24, Nr. 7 vom 12. Februar 1998, S. 4-5.

Abbildung 1:

Europäische Wirtschafts- und Währungsunion (EWWU)

Teilgebiet: Europäische Währungsunion (EWU)

Markt

Gemeinschaftliche(r)

Finanzmärkte

Funktionsfähige
- Geldmärkte
- Kapitalmärkte
- Wettbewerb auf den Märkten

Devisenmarkt

- gemeinschaftliches Wechselkurssystem
- gemeinschaftliche Wechselkurspolitik
- Freiheit des Zahlungs- und Kapitalverkehrs erga omnes (Konvertibilität)

Politik

Währungs*politische* Konvergenz

dezentral

Koordinierung der Geld- und Wechselkurspolitik

(Quasi - Währungsunion mit Verweigerungsrecht)

zentral

Vergemeinschaftung
- der Währung
- der Geldpolitik (Status der EZB)
- des Wechselkurssystems
- der Wechselkurspolitik

(echte, de jure Währungsunion)

Abbildung 2:

Europäische Wirtschafts- und Währungsunion (EWWU)

Teilgebiet: Europäische Wirtschaftsunion (EWU)

Markt

Gemeinsamer Binnenmarkt

Güter- und Dienst-Leistungsmärkte

- Freiheit des Güter- und Dienstleistungsverkehrs
- Freizügigkeit für Arbeitskräfte
- Niederlassungsfreiheit
- Gemeinschaftliche Wettbewerbspolitik und Kontrolle staatlicher Beihilfen

Arbeitsmarkt

Politik

wirtschafts*politische* Konvergenz

zentral

Politische Union mit Gesetzgebungsbefugnis über die Ordnungs- und Ablaufpolitik (Wirtschaftsverfassung) der Gemeinschaft

(irreversible de jure Wirtschaftsunion)

dezentral

Rechtlich bindende Teil- Vergemeinschaftung der Wirtschaftspolitik und wirksame Ordnungspolitik für die Arbeitsmärkte durch Vereinbarungen/ Verträge (z.B. Stabilitäts- und Wachstumspakt)

(Quasi- Wirtschaftsunion mit Sanktionsregeln)

Koordinierung der Wirtschafts- und Arbeitsmarktpolitiken = faktisch Teil- Vergemeinschaftung durch Konvergenzkriterien und Konvergenzverfahren

(Quasi- Wirtschaftsunion mit Verweigerungsrechten)

Hanns-Eberhard Schleyer

Das Handwerk in Europa

I. Entwicklung des Handwerks in Deutschland

Seit dem Inkrafttreten der bundesrepublikanischen Handwerksordnung von 1953 hat sich das Handwerk zu einem dynamischen Zweig der deutschen Wirtschaft entwickelt. Heute arbeiten rund 6,7 Millionen Beschäftigte in etwa 824.000 Handwerksbetrieben. 1996 erwirtschaftete dieser Wirtschaftszweig einen Umsatz von etwa 1 Billion Mark. Damit arbeiten heute genauso viele Erwerbstätige im Handwerk wie in der Industrie.

Die Bedeutung des Handwerks für den Arbeitsmarkt und für die gesamtwirtschaftliche Stabilität ergibt sich aus diesen Zahlen jedoch erst, wenn sie in Beziehung gesetzt werden zu der wirtschaftlichen Entwicklung der vergangenen Jahre. Während die Industrie durch den Rationalisierungsdruck massiv Stellen abbaute, gelang es dem Handwerk in einer schwierigen gesamtwirtschaftlichen Lage, den Beschäftigungsstand zu halten und damit den Arbeitsmarkt in erheblichem Maße zu stabilisieren.

Selbstverständlich stellt das Handwerk aber keine Insel der Glückseligen dar, die auf Dauer konjunkturellen Einflüssen wiederstehen könnte. Vielmehr bekommt es auch längerfristige wirtschaftliche Entwicklungen zu spüren. Zu seinen Auftraggebern gehören die Industrie sowie die privaten und öffentlichen Haushalte. Wenn, wie im letzten Jahr, die Industrie mit erheblichen wirtschaftlichen Problemen zu kämpfen hat, wenn die Investitionsmittel der öffentlichen Haushalte kontinuierlich gesenkt werden und die Nachfrage der privaten Haushalte auf niedrigem Niveau stagniert, dann leidet auch das Handwerk darunter. So mußte das Handwerk in diesem Jahr einen Verlust von über 30.000 Stellen hinnehmen. Dennoch ist es augenfällig, daß es ihm insgesamt weit besser als anderen Wirtschaftszweigen gelingt, auf konjunkturelle Schwankungen zu reagieren. Deshalb kann es zu recht als Stabilitätsfaktor Nummer 1 in der deutschen Wirtschaft bezeichnet werden.

Die Gründe für die besondere Leistungsfähigkeit des Handwerks sind vielfältig. Während sie zu einem Teil auf die besondere Ausformung des deutschen Handwerkswesens zurückzuführen sind, so lassen sich auch strukturpolitische Parallelen zu den Handwerkssektoren anderer europäischer Staaten ziehen.

Ein offensichtlicher Wettbewerbsvorteil handwerklicher Betriebe in einer Zeit, in der sich die Märkte immer schneller wandeln, ist deren geringe Größe. Im Durchschnitt beschäftigt ein deutscher Handwerksbetrieb 11 Mitarbeiter. Ähnliches gilt für die übrigen Mitgliedstaaten der Europäischen Union. Diese kleine Betriebsgröße gestattet es den Unternehmen, flexibel auf veränderte Wettbewerbsbedingungen zu reagieren und sich den jeweiligen Markterfordernissen zügig anzupassen.

Entscheidender als der bloße Faktor Betriebsgröße ist aber der hervorragende Ausbildungsgrad der handwerklichen Unternehmer. Für die selbständige Leitung eines Handwerksbetriebs ist der große Befähigungsnachweis, also der Meistertitel, erforderlich. Er ist und bleibt die entscheidende Voraussetzung für die Leistungs- und Wettbewerbsfähigkeit des Handwerks. Die auf dem Weg zur Meisterausbildung vermittelten hohen fachlichen und betriebswirtschaftlichen Qualifikationen ermöglichen eine erfolgreiche Existenzgründung. Diese fachliche Kompetenz gewährleistet eine beständige Existenz, die nicht nur kurzfristig neue Arbeitsplätze schafft, sondern auf Dauer auch sichere Beschäftigungsperspektiven bietet. Und die Vermittlung von betriebswirtschaftlichen Kenntnissen stellt eine solide Basis für den Weg in die Selbständigkeit dar. Als Beleg hierfür sei nur darauf hingewiesen, daß die Konkursquote von Handwerksbetrieben um etwa 2/3 niedriger liegt als in den übrigen Wirtschaftszweigen. Diese eindrucksvolle Tatsache widerlegt damit auch den oft geäußerten Vorwurf, der Meisterbrief sei ein überholtes Ordnungsinstrument und die damit verbundenen hohen Anforderungen würden Unternehmensgründungen behindern. Nicht nur die Erfolgsgeschichte des Meistertitels in Deutschland widerlegt diese Kritik.

Die Bedeutung des Meisterbriefes für die dauerhafte Existenz eines Betriebes wird auch durch einen Vergleich mit den europäischen Nachbarländern unterstrichen. So sind zum Beispiel die Insolvenzquoten in Frankreich und Großbritannien deutlich höher als in Deutschland. Für Existenzgründer in Frankreich gelten sehr liberale Zulassungsbedingungen. Für ca. 90 Prozent aller handwerklichen Berufe wurde bislang keine berufsspezifische Qualifikation als Voraussetzung zur Unternehmensgründung verlangt. Von den angehenden Selbständigen wurde lediglich erwartet, daß sie ein einwöchiges Existenzgründungsseminar besuchen. Die Folge: Hohe Konkursraten und schlechte Wettbewerbsfähigkeit der französischen Handwerksbetriebe. Mittlerweile hat die französische Politik auf diesen Mißstand reagiert und ein Gesetz zur Existenzgründung im Handwerk verabschiedet. Dieses Gesetz legt Mindeststandards für die berufliche Qualifikation von Betriebsgründern fest. Ziel dieser Initiative ist es, das Konkursrisiko von Handwerksbetrieben zu verringern und deren Wettbewerbsfähigkeit zu verbessern.

Ähnliche Reformüberlegungen werden zur Zeit in Großbritannien angestellt. Auch in dem Mutterland der Zertifizierungen nach den berühmten ISO-Normen wird erkannt, daß die persönliche Qualifikation des Existenzgründers für die Qualität der Arbeit und für die gesicherte Existenz des Unternehmens sehr wichtig ist. Denn die Mehrzahl der britischen Schulabgänger steigt direkt in ein Unternehmen ein und erwirbt ihre Qualifikation über ein on-the-job-training. Insbesondere im Bauhandwerk führt der geringe Qualifikationsstandard zu erheblichen Problemen. Denn die Kunden dieser Handwerksunternehmen haben keine Garantie für die Qualität der geleisteten Arbeit. Deshalb fordern mittlerweile britische Institutionen wie das Construction Industry Board gesetzliche Zugangsbeschränkungen bei Existenzgründungen, um unprofessionelle Arbeit zu verhindern. In Großbritannien sollen dafür die persönlichen Qualifikationen zertifiziert werden. Das entspricht im Prinzip dem, was der deutsche Meisterbrief bereits seit Jahrzehnten gewährleistet. Aufgrund dieser Erfahrungen sind Befürchtungen, daß der Meisterbrief in der europäischen Wirtschaftsstruktur nicht mehr zeitgemäß sein könnte, fehl am Platze. Vielmehr wird er im europäischen Kontext seinen Wert behalten, wenn er - wie dies in der Vergangenheit ständig geschehen ist - den aktuellen sozio-ökonomischen Verhältnissen angepaßt wird.

In diesem Zusammenhang soll kurz auf die Behandlung des Meistertitels durch die Europäische Union eingegangen werden. Mitte der 60er Jahre hatte die Europäische Kommission eine Richtlinie erlassen, in der die Voraussetzungen für die gegenseitige Anerkennung ausländischer beruflicher Qualifikationen im Handwerksbereich niedergelegt waren. Für ausländische Handwerker, die sich in Deutschland selbständig machen wollen, gilt - stark vereinfacht gesagt - folgender Grundsatz: Sie müssen Berufserfahrung über einen längeren Zeitraum oder – als Betriebsleiter – die Leitung eines Betriebes im Heimatland nachweisen. Diese Regelung stellt zum einen die Niederlassungsfreiheit ausländischer Handwerker in Deutschland sicher, zum anderen gewährleistet sie, daß die Qualifizierungsansprüche deutscher Handwerker nicht unterlaufen werden. Dieses System hat sich seit über 30 Jahren bewährt. Deshalb gibt es auch keine Tendenzen innerhalb der Europäischen Kommission, die strengen deutschen Voraussetzungen für die Berufszulassung abzuschwächen. Im Rahmen einer Novellierung der Richtlinien über die gegenseitige Anerkennung von Diplomen hat die Kommission keine inhaltlichen Änderungen an den bisher und auf absehbare Zeit weiter geltenden Regelungen vorgenommen. Vielmehr hat sie wiederholt betont, daß der Große Befähigungsnachweis mit dem Anliegen und dem Interesse der EU-Kommission übereinstimmt, zu einer Qualitätssteigerung der beruflichen Bildung insgesamt beizutragen.

Aber der wichtigste Beitrag, den das Handwerk zur gesamtwirtschaftlichen Stabilität und dauerhaften Prosperität leistet, ist die Ausbildung. Das Handwerk ist und bleibt der „Ausbilder der Nation“. Es bildet rund 40 Prozent aller Lehrlinge in Deutschland aus. Allein 1996 sind rund 220.000 neue Lehrverträge abgeschlossen worden, was angesichts der prekären Lage auf dem Lehrstellenmarkt eine hervorragende Leistung darstellt. Von dieser Ausbildungsleistung des Handwerks profitieren die übrigen Wirtschaftszweige in einem erheblichen Maße, denn das Handwerk stellt jedes Jahr einen Pool fachlich hoch qualifizierter Arbeitnehmer auch für die Industrie und andere Wirtschaftszweige bereit. Vor allem angesichts der sinkenden Ausbildungsbereitschaft in der übrigen Wirtschaft ist die gesamtwirtschaftliche Bedeutung dieser Ausbildungsleistung nicht hoch genug einzuschätzen.

Schließlich soll in diesem Zusammenhang noch auf einen Aspekt hinweisen werden, dessen gesellschaftspolitische

Bedeutung oft unterschätzt wird: Das Verhältnis von Ausbildung und Jugendarbeitslosigkeit. Die Ausbildungsbereitschaft des Handwerks trägt entscheidend dazu bei, die deutsche Quote der Jugendarbeitslosigkeit im europäischen Vergleich auf niedrigem Niveau zu halten. Zur Zeit beträgt sie in der Bundesrepublik 12 Prozent. Im Vergleich dazu haben Länder wie Spanien mit 42 Prozent und Frankreich mit 27 Prozent Jugendarbeitslosigkeit eine erheblich höhere Quote aufzuweisen. Dies führt in jenen Ländern zu erheblichen sozialen Spannungen und belastet die Sozialsysteme.

Mit seiner insgesamt hervorragenden wirtschaftlichen Bilanz steht das deutsche Handwerk aber nicht alleine in Europa. Vielmehr darf zu Recht behauptet werden, daß in den meisten Mitgliedstaaten der Europäischen Union das Handwerk bzw. vergleichbare kleine und mittlere Unternehmen eine ähnliche Bedeutung für die wirtschaftliche Prosperität und Stabilität haben, wie ich es soeben am Beispiel Deutschlands erläutert habe.

II. Handwerk in Europa

Bevor auf die aktuelle Bedeutung des Handwerks für Europa eingegangen wird, soll zunächst ein kritischen Blick auf das Verhältnis von Handwerk und der wirtschaftlichen Einigung Europas geworfen werden. Denn bei genauerer Betrachtung kommt man nicht umhin festzustellen, daß das europäische Handwerk und Brüssel, also die Organe der europäischen Union, erst Ende der 80er Jahre zueinander gefunden haben. Bis zu diesem Zeitpunkt war dem europäischen Handwerk von Seiten der Europäischen Union, insbesondere der Europäischen Kommission, keine besondere Bedeutung beigemessen worden. Aber auch das Handwerk schenkte der europäischen Einigung nicht die nötige Aufmerksamkeit. Diese Erkenntnis ist um so erstaunlicher, wenn man sich die außerordentliche Bedeutung des Handwerkssektors für die europäische Wirtschaft anhand einiger aktueller Zahlen vor Augen führt: Die Handwerksbetriebe und die kleinen und mittleren Unternehmen (KMU) in der Europäischen Union sind Arbeitgeber für über 2/3 aller Beschäftigten europaweit. Die Kleinstunternehmen in der Union mit bis zu 9 Mitarbeitern tragen als Arbeitgeber fast in demselben Maß zur Beschäftigung bei wie die Großunternehmen - zu fast 1/3. Im Zeitraum von 1993 bis 1996 sind in Europa 75 Prozent der neu geschaffenen Arbeitsplätze im Bereich des Handwerks und der KMU entstanden. Berücksichtigt man darüber hinaus, daß mehr als 70 Prozent der Umsätze in der Europäischen Union auf das Konto dieser Unternehmen gehen, dann kann man ohne Übertreibung feststellen: Das Handwerk und die KMU sind der eigentliche wirtschaftliche und soziale Stützpfeiler der Europäischen Union.

Diese Feststellung vor Augen ist es um so erstaunlicher, daß es seit den Anfängen der europäischen Einigung im Jahre 1953 drei Jahrzehnte lang dauerte, bevor das Handwerk in Brüssel hinreichende Berücksichtigung fand.

Einen wichtigen Grund kann man bereits einer Änderung der eingangs gebrauchten Terminologie entnehmen. Was das Handwerk in Deutschland betraf, bedurfte dieser Begriff keiner weiteren Erläuterung. Sowohl gesetzlich als auch umgangssprachlich ist er hinreichend definiert. Kommt man aber auf Handwerk und Europa zu sprechen, wie bei der eben erfolgten Darstellung des Zahlenmaterials über das Handwerk in Europa, kommt man nicht umhin, „Handwerk und die kleinen und mittleren Unternehmen“ in einem Atemzug zu nennen. Der Begriff „Handwerk und KMU“ spiegelt die enorme Vielfalt des europäischen Handwerkswesens wider. Gleichzeitig deutet er darauf hin, wie schwierig es ist, diesen Wirtschaftssektor europa- und wirtschaftspolitisch zu fassen und damit einer zielgerichteten Politik der Europäischen Union zu erschließen.

Um es gleich auf einen Punkt zu bringen: Es gibt keinen einheitlichen europäischen Handwerksbegriff. Parallel zur eigenständigen, national-ökonomischen Entwicklung in den Staaten Europas insbesondere im 18. und 19. Jahrhundert, hat sich auch das Handwerk in dieser Zeit unterschiedlich entwickelt. Bei näherer Betrachtung lassen sich aber die unterschiedlichen Entwicklungsstränge des Handwerkssektors in Europa in drei Konzepte unterteilen: den fachorientierten mitteleuropäischen Ansatz, den sektor- bzw. größenorientierten südeuropäischen Ansatz und das künstlerisch angelsächsische Konzept.

Das fachorientierte Konzept liegt dem Handwerkswesen in Deutschland, Österreich und Luxemburg zugrunde. Es zeichnet sich zunächst durch eine präzise gesetzliche Normierung und Definition des Begriffs Handwerk aus. Die Anlage A zur deutschen Handwerksordnung legt detailliert die Zahl und die Tätigkeitsform handwerklicher Berufe fest. Zur Zeit finden sich in ihr 127 Handwerksberufe. Diese Anzahl wird aber schon bald erheblich vermindert. Ein Gesetzesentwurf der Bundesregierung, der demnächst im Parlament beraten wird, sieht eine Reduzierung der in der Anlage A aufgezählten Handwerksberufe auf 96 vor. Die Notwendigkeit, die gesetzlich normierten Handwerksberufe an veränderte wirtschaftliche Rahmenbedingungen anzupassen, lag auch der 1992 in Österreich durchgeführten Novelle zur Gewerbeordnung zugrunde, in der die Handwerksberufe niedergelegt sind. Mit der Novelle wurde die Zahl der reglementierten Berufe insgesamt verringert, während sich gleichzeitig die Zahl der Handwerke von 90 auf nunmehr 96 erhöhte. Auch in Luxemburg wurden die das Handwerk betreffenden gesetzlichen Regelungen zu Beginn der 90er Jahre überarbeitet. Das großherzogliche Reglement vom Februar 1990 ordnet 151 handwerkliche und handwerksähnliche Tätigkeiten dem Handwerkssektor zu. Ein weiteres charakteristisches Merkmal dieses fachlichen Konzeptes, das allen drei genannten Handwerksordnungen gemeinsam ist, stellt die Normierung strenger Zulassungsbedingungen zu den Handwerksberufen dar. Voraussetzung für den Zugang zu einem handwerklichen Beruf ist der Nachweis entsprechender Qualifikationen bzw. beruflicher Erfahrungen. Aus wirtschaftlicher Sicht gesehen orientiert sich die Definition des Handwerks in den genannten Ländern - vor allem in Abgrenzung zur Massenproduktion - an der typisch handwerklichen Fertigung von Unikaten und Kleinserien. Schließlich zeichnet sich das Handwerk in Österreich, Luxemburg und Deutschland durch einen hohen Organisationsgrad des Kammerwesens aus.

Demgegenüber liegt dem Handwerk in Frankreich und Italien das sektor- bzw. größenorientierte Konzept zugrunde. Hier orientiert sich die Definition von Handwerk lediglich an der Größe des Betriebes, d.h. an sektorspezifischen Höchstgrenzen von Mitarbeitern. So werden in Italien alle Unternehmen, die in bestimmten Wirtschaftssektoren tätig sind und die 18 oder weniger Mitarbeiter beschäftigen, pauschal dem Handwerk zugerechnet. In Frankreich bestimmt der „Code de l'artisanat", daß alle Unternehmen mit weniger als 15 Beschäftigten dem Handwerk zuzuordnen sind. Ähnliches gilt für die Niederlande, wo aufgrund einer amtlichen, aber nicht rechtsverbindlichen Begriffsbestimmung, nur Unternehmen mit bis zu 10 Mitarbeitern dem Handwerk zugerechnet werden. Eine Definition des Handwerks anhand fachlicher Gesichtspunkte ist diesem Konzept fremd.

Die angelsächsische Definition von Handwerk – ähnliches gilt auch für Spanien und Portugal – basiert auf einem sehr eng gefaßten, künstlerisch orientierten Konzept. In Großbritannien und Irland ist der Handwerksbegriff nicht gesetzlich definiert. In jenen Ländern beschränkt sich das Handwerkswesen auf das, was in Deutschland mit dem Wort „Kunsthandwerk" umschrieben wird. Alle anderen Handwerksbetriebe fallen unter die Kategorie „kleine und mittlere Unternehmen". In Spanien bezieht sich Handwerk gemäß dem königlichen Erlaß von 1982 nur auf angewandte Künste und künstlerische Studien, die auf freiberuflicher Basis ausgeübt werden. Aufgrund mehrerer Gesetze ist diese Definition heute um breiter gefaßte und flexiblere Kriterien erweitert worden, wie die enge Verflechtung von Unternehmenseigentum und Unternehmensleitung, den Nachweis fachlicher Fähigkeiten und unmittelbarer Mitarbeit des Unternehmers im Betrieb.

Dieser kursorische Überblick über die gesetzlichen Ausgestaltungen des Begriffs Handwerk in Europa zeigt, daß ihm vollkommen unterschiedliche Vorstellungen zugrunde liegen. Eine rein wirtschaftliche Betrachtungsweise vermittelt dagegen ein ganz anderes, homogeneres Bild. Denn unabhängig von der gesetzlichen Zuordnung zu einem bestimmten Wirtschaftssektor gibt es in allen europäischen Ländern Handwerks- bzw. Klein- und Mittelbetriebe, die typisch handwerkliche Produkte und Dienstleistungen anbieten. In allen Ländern gibt es Berufe wie Maurer, Zimmerer, Maler, Bäcker und Metzger, Elektroinstallateure und Kraftfahrzeugmechaniker. Jede funktionierende Volkswirtschaft braucht einen Wirtschaftszweig, der den Bedarf an individuellen und qualitativ hochwertigen Produkten und Dienstleistungen befriedigt.

Diese begrifflich schwer zu fassende mannigfaltige Erscheinungsform des europäischen Handwerks hat die Europäische

Kommission veranlaßt, von einer allgemein gültigen Definition von Handwerk Abstand zu nehmen und lediglich kleine und mittlere Unternehmen näher zu definieren. Diese Definition geht dabei nur von drei Merkmalen aus: Erstens: Ein gewisser Grad von wirtschaftlicher Unabhängigkeit, d.h. 25 oder mehr Prozent des Kapitals und der Stimmenanteile eines kleineren Unternehmens dürfen nicht im Besitz eines großen Unternehmens sein; zweitens: ein Jahresumsatz von höchstens 40 Millionen ECU; drittens: eine maximale Beschäftigtenzahl von 250. Diese Kriterien erfüllen selbstverständlich die meisten Handwerksbetriebe. Die besonderen Merkmale und Eigentümlichkeiten, vor allem die sozial-wirtschaftliche Komponente eines Handwerksbetriebes, werden von dieser Definition aber nicht erfaßt. Es fehlt zum Beispiel der Hinweis auf die enge Bindung von Familie und Unternehmen und dadurch auf die wichtige Rolle der mittätigen Ehegatten oder das korporative Miteinander und die persönlichen Bindungen zwischen Betriebsleiter und Mitarbeitern. Diese wertenden Kriterien müssen in Zukunft von der Europäischen Kommission stärker berücksichtigt werden. Denn die Erfahrung der letzten Jahre hat gezeigt, daß es immer mehr Unternehmen gibt, die unter die eben beschriebene KMU-Definition fallen, aber ganz andere wirtschaftliche Strukturen und Bedürfnisse haben als Handwerksbetriebe, die über Generationen gewachsen sind. Man denke hierbei etwa an das Problem des „Outsourcing". Ausgelagerte und formell rechtlich selbständige Einheiten großer Industrieunternehmen erfüllen dem Wortlaut nach die KMU-Definition. Bei wirtschaftlicher Betrachtungsweise bilden sie aber weiterhin einen integralen Bestanteil des industriellen Mutterunternehmens. Aufgrund der formellen Erfüllung der KMU-Kriterien können sie jedoch „unter falscher Flagge segelnd" in den Genuß von EU-Fördermaßnahmen gelangen, die eigentlich für KMU reserviert sind. Dies ist nur ein Beispiel für die Schwierigkeiten, die sich auf europäischer Ebene im Umgang mit der KMU-Definition ergeben. Die Europäische

Kommission von der Eigentümlichkeit handwerklicher Betriebe zu überzeugen, wird noch erheblicher Anstrengungen bedürfen.

Aber selbstverständlich lag es nicht nur an der enormen Diversifikation, daß das europäische Handwerk erst relativ spät von den Organen der Europäischen Union stärker beachtet wurde. Lange Zeit mangelte es auch im Handwerk selbst an einer europäischen Ausrichtung seiner wirtschaftlichen Aktivitäten. Traditionell waren und sind bis heute handwerkliche Betriebe eng mit der Region verwachsen, in der sie oft über Generationen hinweg bestehen. Insbesondere in ländlicheren Regionen spielen Handwerksbetriebe eine entscheidende Rolle. Sie prägen nicht nur die wirtschaftliche Struktur vor Ort, sondern haben auch einen wichtigen Anteil am politischen und kulturellen Gefüge. Die Region bleibt das primäre Bezugsfeld für die große Mehrheit der Handwerksbetriebe. Im deutschen Handwerk etwa werden durchschnittlich 80 Prozent des Umsatzes in einem Umkreis von 30 Kilometern erwirtschaftet. Nur jeder siebte Betrieb hat einen größeren Aktionsradius. Im grenzüberschreitenden Verkehr spielten Handwerksbetriebe deshalb lange Zeit nur eine untergeordnete Rolle.

Ende der 80er Jahre kam es dann aber zu einer Weichenstellung in Europa, die auch für das eher regional geprägte Handwerk von entscheidender Bedeutung sein sollte: Die Verwirklichung des Binnenmarktes in der Europäischen Union. 1985 legte der damalige Präsident der Europäischen Kommission, *Jacques Delors*, das berühmte „Weißbuch für den Binnenmarkt" vor, zu dessen Durchführung sich die Mitgliedsstaaten der Europäischen Union 1986 in der Einheitlichen Europäischen Akte verpflichteten. Das Weißbuch führte annähernd 300 legislative Maßnahmen auf, die erforderlich waren, um den freien Verkehr von Waren, Dienstleistungen, Kapital und Personen in der Europäischen Union zu gewährleisten. Ende 1992 war es dann soweit. Nachdem die Mitgliedsstaaten alle vorgesehenen Maßnahmen umgesetzt hatten, war der Binnenmarkt im wesentlichen verwirklicht.

Das Binnenmarktprogramm der Europäischen Kommission sollte auch für das Handwerk in Europa von entscheidender Bedeutung sein. Denn nun wurden alle Handwerksbetriebe, unabhängig von ihrem Wirkungskreis, unmittelbar von Entscheidungen betroffen, die in Brüssel gefällt wurden. Durch den Wegfall jeglicher Handelshemmnisse bekamen auch die bislang eher regional ausgerichteten Handwerksbetriebe nun in einem erheblich stärkeren Maße als bisher den europäischen Konkurrenzdruck zu spüren. Denn der Binnenmarkt ermöglichte es jetzt den Anbietern handwerklicher Dienstleistungen, ihre Geschäftsaktivitäten auch auf regionalen Märkten zu entfalten, die bis dahin ausländischer Konkurrenz faktisch verschlossen geblieben waren. Zum Beispiel mußte jetzt ein handwerklicher Baubetrieb jederzeit damit rechnen, daß ein holländisches, belgisches oder französisches Bauunternehmen bei der Auftragsvergabe den Zuschlag erhielt. Diese unmittelbare Präsenz ausländischer Mitbewerber zwingt das Handwerk in viel stärkerem Maße als bislang, seine Leistungsfähigkeit an internationalen Niveaus und Standards zu messen. Auf Dauer werden nur solche Handwerksbetriebe im europäischen Konkurrenzkampf überleben können, die sich schnell den Erfordernissen des europäischen Marktes anpassen und handwerkliche Produkte und Dienstleistungen zu europäisch wettbewerbsfähigen Preisen anbieten. Erfreulicherweise haben aber die letzten Jahre seit der Einführung des Binnenmarktes gezeigt, daß sich die deutschen Handwerksbetriebe zunehmend erfolgreich diesen neuen Herausforderungen stellen. High-tech-Produkte wie eines der ersten Hybridfahrzeuge mit Benzin- und Elektromotor oder ein sogenannter Touchscreen-Bildschirm, wie er an Geldautomaten eingesetzt wird, sind zukunftsweisende Ergebnisse innovativer

Handwerksbetriebe. Dazu gehört auch ein Zulieferbetrieb, der im Zeitalter intensiver Weltraumforschung Schutzanzüge für Astronauten herstellt. Diese Beispiele beweisen eindrucksvoll, daß das deutsche Handwerk in der Lage ist, die kommenden Herausforderungen anzunehmen und zu meistern.

Ob Handwerksbetriebe und kleine und mittlere Unternehmen vom Binnenmarkt profitieren können, hängt entscheidend von seinem reibungslosen Funktionieren ab. Hier gibt es noch viel zu tun. Man denke an zwei Bereiche, die gerade für Handwerksbetriebe von großer Bedeutung sind: Das öffentliche Auftragswesen und die technischen Normen. Obwohl die Europäische Kommission in den vergangenen Jahren erhebliche Anstrengungen unternommen hat, das öffentliche Auftragswesen zu harmonisieren, wird es in vielen Bereichen weiterhin von nationalen Strukturen geprägt. Auf diese Weise findet ein tatsächlicher europäischer Wettbewerb oft nicht statt. Ähnliches gilt für den Bereich der technischen Harmonisierung. Ungeachtet erheblicher Bemühungen der Europäischen Kommission zur Ausarbeitung und Einführung europaweit einheitlicher technischer Normen, gibt es in diesem Bereich weiterhin Mißstände, die zügig beseitigt werden sollten. Um nur zwei symptomatische Aspekte zu nennen: Wenn die Europäische Kommission europaweit gültige Normen erarbeitet, dann muß sie auch sicherstellen, daß diese in allen Mitgliedstaaten einheitlich angewandt werden. Auch sollte sie darüber wachen, daß es zu keiner Parallelität und Überlappung von nationalen und europäischen Normen kommt. Insbesondere der Bereich der Normung zeigt, daß seit der Verwirklichung des europäischen Binnenmarktes alle Handwerksbetriebe - ob vor Ort oder grenzüberschreitend tätig - von den Entscheidungen aus Brüssel unmittelbar betroffen sind.

Parallel zu dieser verstärkten Einbindung des Handwerks in den europäischen Binnenmarkt wurde auch die Notwendigkeit einer aktiveren Interessenvertretung des Handwerks in Brüssel deutlich. 1990 eröffnete deshalb der Zentralverband des Deutschen Handwerks eine Vertretung bei der Europäischen Gemeinschaft. Das ZDH-Büro stellt sicher, daß die Interessen insbesondere des deutschen Handwerks bei der Europäischen Kommission Gehör finden und im europäischen Gesetzgebungsprozeß berücksichtigt werden. Dies geschieht im engen Zusammenwirken mit dem 1979 gegründeten UEAPME, der Europäischen Union des Handwerks und der kleinen und mittleren Unternehmen. Sie vertritt allein innerhalb der EU fast 6 Millionen Unternehmen mit rund 27 Millionen Mitarbeitern. Damit ist die UEAPME die stärkste Stimme des Handwerks und der KMU auf europäischer Ebene.

Mit welch großem Erfolg die Interessen des Handwerks in Brüssel durch das ZDH-Büro und die UEAPME wahrgenommen werden, mögen folgende Ereignisse und Entwicklungen der letzten Jahre verdeutlichen. In der Generaldirektion XXIII, die die Hüterin der Interessen der kleinen und mittleren Unternehmen ist, wurde im vergangenen Jahr eine eigene Handwerksabteilung geschaffen. Die Hauptaufgabe dieser Abteilung besteht in der fachübergreifenden Ausarbeitung und Durchführung von Ausschreibungen und Projekten zugunsten von Handwerksbetrieben als auch in der Koordinierung der KMU-Aktionen anderer Generaldirektionen. Der Haushaltsausschuß des Europäischen Parlamentes konnte von der Einrichtung einer eigenen Haushaltslinie für diese Abteilung überzeugt werden, so daß deren finanzieller Spielraum gesichert ist. Neben dieser ressortübergreifend tätigen Abteilung wurden zudem in verschiedenen Generaldirektionen sogenannte KMU-Anlaufstellen eingerichtet. An diese können sich Handwerksbetriebe und KMU unmittelbar wenden, um sich über fachspezifische

Fördermöglichkeiten durch die Europäische Kommission zu informieren. Schließlich hat die Kommission in den vergangenen Jahren eine Vielzahl von Programmen zur europaweiten Förderung von Handwerksbetrieben und KMU aufgelegt. Trotz der verstärkten Maßnahmen zugunsten der Handwerksbetriebe und der KMU bleibt noch viel zu tun. Vor allem in Hinblick auf die Effizienz, Transparenz und Kohärenz der Förderungsmaßnahmen ist eine Überarbeitung der europäischen Programme erforderlich.

III. Perspektiven

Kaum hat die Europäische Union ihr ehrgeiziges Ziel, den Binnenmarkt zu verwirklichen, erreicht, befindet sie sich bereits in einer neuen Phase der Verfestigung und Vertiefung der europäischen Integration. Dieses für den europäischen Einigungsprozeß typische Merkmal der permanenten, dynamischen Weiterentwicklung durch das Setzen immer neuer, sich überlappender Ziele, kann zur Zeit wieder in zwei Bereichen beobachtet werden, die auch für das Handwerk von entscheidender Bedeutung sind.

Man denke dabei vor allem an die Wirtschafts- und Währungsunion mit der Einführung des Euro und an die Entscheidung des Amsterdamer Gipfels, die Europäische Union nach Osten zu erweitern.

Auf dem Gipfel von Dublin war der endgültige Rahmen für die Einführung des Euro gesetzt worden. Vor allem begrüßte das Handwerk die Einigung auf einen Stabilitätspakt, d.h. die Festlegung von klaren Regelungen und gegebenenfalls auch Sanktionen für die dauerhafte Einhaltung der im Maastrichter Vertrag niedergelegten Kriterien. Dieser Pakt bietet die Gewähr dafür, daß der Euro eine starke und stabile Währung wird. Das setzt aber zunächst voraus, daß über die Teilnehmer der Währungsunion nicht nach politischen Gesichtspunkten entschieden wird, sondern die strikte Erfüllung der Konvergenzkriterien als einzige Beitrittsvoraussetzung gilt. Für die Wirtschaft wird der Übergang zur einheitlichen europäischen Währung erhebliche Umstellungskosten und -arbeiten verursachen. Im Interesse der hiervon besonders betroffenen Handwerksbetriebe und KMU gilt es, diese Kosten so gering wie möglich zu halten. Deshalb lehnt das deutsche Handwerk die Verpflichtung zur doppelten Preisauszeichnung in Mark und Euro ab. Um den Übergang zur neuen Währung möglichst reibungslos zu gestalten, kommt es darauf an, die Betriebe frühzeitig und umfassend auf die Währungsumstellung vorzubereiten. Hier bietet die Handwerksorganisation den Betrieben vielfältige Informations- und Beratungsangebote. Dennoch bleibt noch erhebliche Überzeugungsarbeit zu leisten, da sich viele Betriebsinhaber nur widerwillig mit den Umstellungsschwierigkeiten befassen. Doch ungeachtet dieser anfänglichen Belastungen ist das deutsche Handwerk davon überzeugt, daß der Euro ein Erfolg wird, der unser aller Vertrauen genießt.

Schließlich soll noch kurz auf die geplante Erweiterung der Europäischen Union nach Osten eingegangen werden, die sowohl aus geopolitischer als auch aus wirtschaftlicher Sicht für die Entwicklung der Gemeinschaft in den nächsten Jahren von herausragender Bedeutung sein wird. Zur Vorbereitung dieser Verhandlungen hat die Europäische Kommission die sogenannte „Agenda 2000“ vorgelegt. Diese erfaßt sämtliche Fragen, auf welche die Europäische Union in den nächsten Jahren eine Antwort geben muß, um ihre Erweiterung unter günstigen Bedingungen aushandeln und realisieren zu können.
Auf dem Amsterdamer Gipfel gaben die europäischen Staats- und Regierungschefs „grünes Licht“ für die Aufnahme neuer

Mitglieder in die Europäische Union. Die endgültige Entscheidung des Europäischen Rats fiel im Dezember 1997 in Luxemburg. Im Ergebnis dieser Beschlüsse haben die Beitrittsverhandlungen Anfang dieses Jahres mit Polen, Ungarn, Tschechien, Estland, Slowenien und Zypern begonnen.

Auch für das deutsche Handwerk stellt die angestrebte Osterweiterung der Europäischen Union eine Herausforderung dar. Seit dem Übergang der mittel- und osteuropäischen Länder zu einer marktwirtschaftlichen Wirtschaftsordnung hat sich das deutsche Handwerk am Aufbau mittelständischer Strukturen in diesen Ländern aktiv beteiligt. So haben Polen und Ungarn ähnliche Berufszulassungsregelungen für den Wirtschaftssektor Handwerk eingeführt, wie dies in Deutschland der Fall ist. Angesichts der Osterweiterung wird das Handwerk seine Kontakte mit diesen Ländern - insbesondere in Fragen der gegenseitigen Anerkennung von Diplomen - weiter intensivieren. Denn so sehr das deutsche Handwerk die geplante Aufnahme der mittel- und osteuropäischen Staaten begrüßt, so sehr muß es sich selber für einen verstärkten Konkurrenzkampf mit Handwerkern aus diesen Ländern wappnen. Schon jetzt stellt die massenweise Beschäftigung osteuropäischer Bauarbeiter auf deutschen Baustellen - man denke nur an den Potsdamer Platz in Berlin - insbesondere für ostdeutsche Bauhandwerksbetriebe eine erhebliche Belastung dar. Diese Mißstände müssen bei den Beitrittsverhandlungen deutlich zur Sprache gebracht werden. Doch ungeachtet dieser Schwierigkeiten sieht das deutsche Handwerk in der Osterweiterung der Europäischen Union eine Chance für mehr Wachstum und Beschäftigung in ganz Europa und vor allem auch in Deutschland.

Die Einführung des Euro sowie die Osterweiterung zeigen beispielhaft, mit welcher Dynamik die europäische Einigung voranschreitet. In diesem Prozeß muß das Handwerk in noch stärkerem Maße als bisher seiner Rolle als der entscheidende Faktor für Wachstum und Beschäftigung gerecht werden. Auf Seiten des Handwerks bedeutet dies, sich den ständigen Veränderungen des Wettbewerbs anzupassen und noch stärker die Vorteile des europäischen Binnenmarkts zu nutzen. Von Seiten der Europäischen Union erwartet das Handwerk, daß die Gemeinschaft intensiver auf die speziellen Bedürfnisse dieses Wirtschaftssektors eingeht und weitere Maßnahmen ergreift, um die besondere wirtschaftliche und soziale Stellung des Handwerks in der Gemeinschaft zu festigen. Unter diesen Voraussetzungen wird das Handwerk seiner Rolle als entscheidender Stabilitätsfaktor für die europäische Wirtschaft auch in Zukunft gerecht werden können.

Wolf Schäfer

Soziale Harmonisierung oder Wettbewerb der Systeme in der Integration Europas

I. Grundsätzliches

In der Theorie der Integration werden bekanntlich zwei prinzipiell unterschiedliche Integrationsstrategien diskutiert: Systemwettbewerb versus zentralisierte Harmonisierung. Während der Harmonisierung die Philosophie des Einheitsstaates zugrundeliegt, schließt Systemwettbewerb diesen konstitutiv aus. Wettbewerb herrscht dann, wenn zwei Voraussetzungen gleichzeitig erfüllt sind: Parametrische Interdependenz plus Rivalität. Die erste Voraussetzung besagt, daß die im Wettbewerb stehenden Akteure sich mit den ihnen zur Verfügung stehenden Parametern - Preise, Mengen, Qualitäten, institutionelle Regulierungen usw. - gegenseitig fühlbar beeinflussen. Rivalität als zweite Voraussetzung für Wettbewerb schließt aus, daß die Wettbewerber freundlich zueinander sind, indem sie z.B. Absprachen zu Lasten Dritter vornehmen, also Kartelle bilden.

Zwei wesentliche Funktionen des Wettbewerbs sind wichtig, daß wir sie für unsere Analyse hervorheben: Wettbewerb als Machtbegrenzungsinstrument und als Entdeckungsverfahren. Als Instrument zur Machtbegrenzung ist der Wettbewerb prinzipiell das von allen Möglichkeiten beste, weil wirksamste Verfahren zur Sicherung der persönlichen Freiheit der Bürger. Als Entdeckungsverfahren stimuliert er die Kreativität und Leistungsbereitschaft der Menschen, Ideen zu entwickeln, selbstverantwortlich Initiativen zu ergreifen und Risiken einzugehen. Dadurch wächst das innovative Potential einer

Gesellschaft. Dies sind die bekannten Begründungselemente des ökonomischen Wettbewerbs, auf denen Wettbewerbsgesellschaften generell basieren. Sie bilden die Grundlage für unsere weiteren Überlegungen hinsichtlich Systemwettbewerb und Harmonisierung.

II. Elemente des Systemwettbewerbs

Systemwettbewerb enthält Elemente sowohl des ökonomischen als auch des politischen Wettbewerbs und bezieht sich auf die Möglichkeiten privater Handlungsträger, in ihren Dispositionen zwischen unterschiedlichen Regulierungssystemen wählen zu können.[1] Dies setzt voraus, daß die Systeme offen sind, d.h. weder Zutritts- noch Austrittsbarrieren existieren. Man kann auch sagen, daß der Grad der Systemoffenheit Rückschlüsse auf die Intensität des Systemwettbewerbs zuläßt. Systemwettbewerb impliziert institutionelle Arbitrage. Dies bedeutet, daß Wirtschaftssubjekte Renditeunterschiede, die mit differierenden institutionellen Arrangements verbunden sind, auszunutzen.

Diese Arbitrage kann sich sowohl auf internationale Faktorwanderungen als auch auf den internationalen Handel mit Gütern und Dienstleistungen beziehen. Bei Faktorwanderungen nutzen Arbitrageure in Gestalt von Kapitaldisponenten oder Arbeitskräften international unterschiedliche institutionelle Arrangements zur Einkommenserzielung aus. Beim internationalen Handel mit Gütern und Diensten wählen die Händler zwischen Produkten, die unter den Bedingungen unterschied-

---

1 Vgl. zu den folgenden Ausführungen auch *Streit, M. E.* (1996): Systemwettbewerb und Harmonisierung im europäischen Integrationsprozeß, in: *Cassel, D.* (Hg.): Entstehung und Wettbewerb von Systemen, Berlin, S. 224ff.

licher nationaler Regulierungen[2] entstanden sind und vermarktet werden. Das Ursprungslandprinzip innerhalb der Europäischen Union (EU) trägt grundsätzlich dieser Art institutioneller Arbitrage Rechnung.

Systemwettbewerb als Arbitrage impliziert Abwanderung, die sich bei Faktorwanderungen z.B. in Standortverlagerungen und beim internationalen Handel z.B. in Importerhöhungen niederschlagen. So entstehen regulierungsbedingte Kapital- und Arbeitskräftebewegungen sowie Veränderungen von Handelsströmen.[3] In diesem Sinne ist Systemwettbewerb Regulierungswettbewerb. Bei wirksamem Wettbewerb werden die politischen Anbieter von Regulierungen reagieren, indem sie ihr Regulierungsangebot modifizieren, um es für die internationalen Arbitrageure attraktiver zu machen.

Will man die Frage nach den generellen Wirkungen des Systemwettbewerbs beantworten, so spielen folgende Überlegungen eine Rolle. Im Sinne des Wettbewerbs als Entdeckungsverfahren kann die internationale Arbitrage zur Angleichung unterschiedlicher institutioneller Arrangements dadurch führen, daß ein über Märkte laufender Selektionsprozeß zum „optimalen" Regulierungssystem konvergiert. Da politische Akteure gegenüber den Privaten grundsätzlich kein überlegenes Wissen besitzen, vielmehr alle Akteure gleichermaßen einem konstitutionellen Wissensmangel[4] unterliegen, hat der Systemwettbewerb hier die Wirkung, die „beste" unter den konkur-

---

2 Unter Regulierungen werden hier staatliche Aktivitäten verstanden, die die Standortfaktoren eines Landes beeinflussen.

3 Es bedarf eigentlich keiner besonderen Hervorhebung, daß internationale Faktorbewegungen und internationaler Handel keineswegs allein oder dominant auf unterschiedliche institutionelle Regulierungen zurückzuführen sind.

4 *Streit* (1996): a.a.O. S.227.

rierenden Regulierungen herauszufiltern. Diese Sicht der arbitragebedingten Harmonisierung der Regulierungssysteme ist allerdings nicht zwingend und wohl auch nicht realistisch. Denn erstens kommt es keineswegs zur (vollständigen) Harmonisierung der Systeme, wenn sich die Präferenzen der internationalen Regulierungsnachfrager unterscheiden. Und daß deren Präferenzen tatsächlich divergieren, ist nicht zu bestreiten. Deshalb gibt es in aller Regel auch kein Regulierungssystem, das für alle internationalen Nachfrager gleichermaßen optimal ist. Zweitens findet eine Systemharmonisierung über Arbitrage dann nicht statt, wenn das wettbewerbliche Entdeckungsverfahren zum Innovationswettbewerb führt, zu einem evolutorischen Prozeß also, der keineswegs zu einem Regulierungsoptimum konvergiert und dort endet. Innovationswettbewerb heißt vielmehr, daß die Regulierungsanbieter in den ihnen zur Verfügung stehenden Regulierungsfeldern kontinuierlich nach überlegenen Lösungen suchen, um diese durchzusetzen. Ein solcher Innovationswettbewerb kann dann im *Schumpeter*schen Sinne als ein Prozeß der schöpferischen Zerstörung charakterisiert werden, der das Harmonisierungsziel nicht nur nicht enthält, sondern dieses geradezu ausschließt. Wettbewerb bewirkt nicht Gleichheit, sondern Differenzierung.[5]

Fragt man nun nach den Wirkungen des Systemwettbewerbs in seiner Funktion als Machtbegrenzungsinstrument, so ist auf die Beschränkung der Regulierungsmacht der politischen Akteure zu verweisen. Das in geschlossenen Systemen vorhandene wettbewerbslose Monopol der Staaten zur Setzung und Durchsetzung von Regulierungen wird durch Systemwettbewerb gebrochen, wodurch ein internationales Feld monopolistischer Regulie-

[5] So gesehen stellt sich die Alternative nicht, zwischen Systemwettbewerb zum Zwecke der Harmonisierung (Ex post-Harmonisierung) und zentralisierter Harmonisierung (Ex ante-Harmonisierung) wählen zu müssen.

rungskonkurrenz entsteht. Internationale monopolistische Regulierungskonkurrenz bedeutet, daß die einzelnen Staaten als Regulierungsanbieter zwar einen gewissen monopolistischen Gestaltungsspielraum besitzen, dieser aber von den Präferenzen der privaten internationalen Regulierungsnachfrager begrenzt wird. Politische Regulierung wird mithin dem internationalen Markttest auf Akzeptanz ausgesetzt. Damit wird der Markt für politische Regulierung grundsätzlich bestreitbar.

III. Elemente der Harmonisierung

Harmonisierung bedeutet, daß die politischen Anbieter von unterschiedlichen Regulierungen diese durch Verhandlungen homogenisieren (Ex ante-Harmonisierung). Dadurch wird Rivalität - als eine der notwendigen Bedingungen für Wettbewerb - zwischen den Regulierungsanbietern ausgeschaltet. Man kann deshalb auch sagen, daß zentralisierte Harmonisierung wettbewerbstheoretisch ein politisches Kartell darstellt, d.h. einen den Systemwettbewerb beschränkenden Vertrag zu Lasten Dritter. Die negativ Betroffenen können die Regulierungsanbieter von Drittländern sein, aber auch die privaten Regulierungsnachfrager im Harmonisierungsgebiet selbst. Im ersten Fall wird deutlich, daß Harmonisierung das Element der Abschottung gegenüber Drittländern enthält, also protektionistisch wirkt. Sie hat damit ähnliche negative Allokationseffekte auf die internationale Arbeitsteilung, wie sie aus der Theorie der Protektion bekannt sind.

Von Harmonisierung negativ betroffen werden die privaten Regulierungsnachfrager im Harmonisierungsgebiet, wenn und weil Regulierungen losgelöst von den Präferenzen der Nachfrager harmonisiert werden. Das bereits angesprochene Problem des konstitutionellen Wissensmangels sowie der prinzipiellen Nichtexistenz überlegenen Wissens der politischen Akteure gegenüber den Privaten bedeutet, daß harmonisierte Regulierung systematisch nicht optimal ist, allenfalls zufällig optimal sein kann. Auch ist zu bedenken, daß Harmonisierung stets das Ergebnis von Verhandlungen ist, die Kompromisse beinhalten. Politische Kompromisse haben aber die Eigenschaft, daß sie die Präferenzen u.U. keines privaten Regulierungsnachfragers widerspiegeln.[6]

Aus allem Gesagten und unter Berücksichtigung der Tatsache, daß der Harmonisierung die Funktion des Entdeckungsverfahrens sowie des Machtbegrenzungsinstruments fehlen, folgt, daß integrationstheoretisch die Harmonisierung dem Systemwettbewerb prinzipiell unterlegen ist.

Aber es gibt auch Gegenargumente. Sie beziehen sich z.B. auf das Vorhandensein von Externalitäten, also von Kosten und Nutzen, die bei Dritten entstehen, ohne daß diese über Märkte entschädigt bzw. vergütet werden. Sind diese Externalitäten grenzüberschreitend, dann haben inländische Anbieter keinen Anreiz, ausländische Kosten und Nutzen in ihr Kalkül mit einzubeziehen, und das Güterangebot kann dann zu hoch oder zu gering sein. Hier sind, so wird gesagt, zentralstaatliche Korrekturen vonnöten, also EU-zentralisierte Aktivitäten zur Steuerung der privaten Angebotsmengen. Diesem Argument ist allerdings entgegenzuhalten, daß Externalitäten auch ohne zentrale Entscheidungsinstanzen z.B. durch internationale Ausgleichszahlungen internalisiert werden können.[7] Grund-

---

[6] Neben Kompromissen sind auch Paketlösungen, Tauschgeschäfte und alles, was strategisches Verhalten im Verhandlungsprozeß kennzeichnet, charakteristisch für Harmonisierungslösungen.

[7] Vgl. auch *Vaubel, R.* (1992): Die politische Ökonomie der wirtschaftspolitischen Zentralisierung in der Europäischen Gemeinschaft, in: Jahrbuch für Neue Politische Ökonomie, 11, S. 31.

sätzlich muß überhaupt die Frage gestellt werden, warum sich - wenn ein Internalisierungsbedarf besteht - nicht private Institutionen spontan bilden sollen, die einen Gewinn daraus ziehen, diesen Bedarf zu befriedigen. Eine staatliche Internalisierungsinstanz ist jedenfalls nicht von vornherein die beste aller denkbaren Lösungen - allein schon deshalb nicht, weil prinzipiell bezweifelt werden muß, daß der Staat wohlwissend und wohlmeinend ist.

Ein weiteres Argument gegen Systemwettbewerb und für Harmonisierung liegt in der Behauptung, daß unterschiedliche institutionelle Regulierungen Wettbewerbsvor- und -nachteile hervorrufen, die den internationalen Wettbewerb verfälschen. Die Forderung nach Harmonisierung der Regulierungen wird damit begründet, daß man ein „level playing field" schaffen müsse, also ein Wettbewerbsfeld eingeebneter, gleicher institutioneller Bedingungen, das die Wettbewerbsverzerrungen beseitige. Diese Forderungen nach einem „level playing field" verkennen jedoch einen wichtigen Tatbestand:[8] Institutionelle Regulierungen gehören ebenso wie Boden, Realkapital und zum Teil auch Arbeit, aber auch Wetter, Sprache und Kultur zu den immobilen Faktoren eines Landes. Wer käme schon auf die Idee, die Bodenpreise und Mieten, die Sprachen und Kulturen zu vereinheitlichen? Sie alle sind vielmehr Ausdruck unterschiedlicher länderspezifischer Faktorausstattungen und Präferenzen, sie repräsentieren komparative Vor- und Nachteile, die die Länder besitzen und zum Teil selbst produzieren (können). Entsprechend unterschiedlich müssen die internationalen Spezialisierungsmuster für die Länder ausfallen. Eine Harmonisierung zur Schaffung eines „level playing field" widerspricht

[8] Vgl. auch *Siebert H./Koop, M. J.* (1994): Europa zwischen Wettbewerb und Harmonisierung, in: WiSt (Wirtschaftswissenschaftliches Studium), 12, S. 613.

allen grundlegenden ökonomischen Prinzipien, wie sie aus der Theorie der Außenwirtschaft bekannt sind.

Ein drittes Argument für Harmonisierung und gegen Systemwettbewerb liegt in dem, was international als „race to the bottom“ bezeichnet wird. Befürchtet wird, daß sich im Systemwettbewerb die Regierungen gegenseitig im Regulierungsniveau so weit herunterkonkurrieren, daß sie das Optimum unterschreiten. Im Extremfall verschwindet die Regulierung vollständig („zero regulation“).[9] Als besonders anschauliches Beispiel wird der Steuerwettbewerb angeführt und hier wiederum speziell die Besteuerung der Kapitaleinkommen. Wenn Regierungen die Kapitalertragssteuern senken, um Auslandskapital zu attrahieren, so wird das Ausland diese Steuern ebenfalls senken, was wiederum die Gegenreaktion im Inland hervorruft usw. Dies kann schließlich zur vollständigen Steuerbefreiung des international mobilen Faktors Kapital führen, was wiederum die Folge hat, daß die immobilen Faktoren bei Aufrechterhaltung des staatlichen Ausgabenniveaus eine um so höhere Steuerlast tragen müssen. Es findet damit eine generelle Umverteilung der Steuerlast von den mobilen zu den immobilen Faktoren eines Landes statt. Soll dies aber vermieden werden, so ist der Staat gezwungen, seine Ausgaben zu kürzen, und das bedeutet z.B. auch, daß er sein Angebot an sozialpolitischen Gütern reduziert. Eine Harmonisierung der Steuern, insbesondere der Kapitalertragssteuern, müsse, so ist das Argument, derartige Fehlentwicklungen verhindern.

---

[9] Vgl. *Sinn, H.-W.* (1994): How Much Europe? Subsidiarity, Centralization and Fiscal Competition, in: Scottish Journal of Political Economy, 3, S. 177-196.

Abgesehen davon, daß z.B. für die OECD-Länder ein „race to the bottom“ empirisch nicht nachweisbar ist,[10] hat aber ein Steuersenkungsdruck eine positive, weil disziplinierende Wirkung auf die Regierungen, ihr Ausgabengebahren nach Effizienzkriterien zu überprüfen. Darüber hinaus muß gesehen werden, daß weniger Steuereinnahmen im allgemeinen weniger öffentliche Güter (z.B. Infrastruktur) bewirken, die die Privaten in Anspruch nehmen können. Dadurch verliert ein Land im Systemwettbewerb möglicherweise an Attraktivität, oder anders ausgedrückt: Es wird sich für jedes Land (in etwa) ein Gleichgewicht zwischen Regulierungskosten und -nutzen herausbilden, so daß das Regulierungsniveau insgesamt und speziell das der Besteuerung keineswegs auf Null herabfällt.

Diese Gleichgewichtsvorstellung impliziert aber, daß sich in offenen Systemen eine Tendenz zur Äquivalenzbesteuerung der mobilen Faktoren herausbilden wird, die das in Deutschland geltende Non-Affektationsprinzip durchlöchert. Es bedeutet, daß die mobilen Faktoren abwägen, für welche Staatsausgaben sie in welchem Umfang steuerlich belastet werden und welchen Nutzen sie davon in Form staatlicher Zuwendungen haben. So werden Kapitaldisponenten wohl immer weniger bereit sein, sich an der Finanzierung von Umverteilungsmaßnahmen zu beteiligen, von denen sie sich keinen äquivalenten Nutzen versprechen. Da ihnen im Systemwettbewerb die Abwanderung

[10] Es hat allem Anschein nach aber einen - durchaus erwünschten - Druck auf die Höhe der Grenzsteuersätze gegeben, vgl. *Huber, B.* (1997): Der Steuerwettbewerb: Gefahr oder Chance?, München (mimeo), S. 7. Auch für den Fall der Schweiz, in der der Steuerwettbewerb wegen der starken Dezentralisierung besonders intensiv ist, läßt sich ein „race to the bottom“ empirisch nicht nachweisen, vgl. insbesondere *Straubhaar, Th.* (1997): Empirische Indikatoren für den Systemwettbewerb – Moderne und historische Befunde. Referat gehalten auf der Jahrestagung für Neue Politische Ökonomie 1997, Jena.

offensteht, werden sie sich in denjenigen Regulierungssystemen engagieren, die ihren Vorstellungen von gleichgewichtiger bzw. äquivalenter Besteuerung („benefit taxation") am stärksten entsprechen.[11]

Auch hier könnte man versucht sein, mit dem Harmonisierungsargument der Tendenz zur Äquivalenzbesteuerung entgegenzuwirken, um den Umverteilungsgedanken im Sinne eines sozialpolitischen Gutes „Gerechtigkeit" europaweit zu retten. Die Steuerharmonisierungsdebatte in den Europa-Institutionen zeigt, daß dieser Versuch in der Tat gemacht wird. Dabei wird allerdings übersehen, daß der System- und insbesondere Steuerwettbewerb nicht an den Grenzen Europas endet, sondern zunehmend globale Dimensionen annimmt. Selbst wenn eine Harmonisierung der Kapitalertragssteuern innerhalb Europas gelänge, wäre damit so gut wie nichts gewonnen, weil das international mobile Kapital dann äquivalenzsteuer-induzierte Arbitrage zwischen Europa als Ganzem und anderen außereuropäischen Ländern betreiben würde.

IV. Sozialunion für Europa?

Die bisherigen Überlegungen hinsichtlich der Alternative Harmonisierung versus Systemwettbewerb haben ausschließlich private Güter im Blickfeld gehabt, d.h. Güter, bei denen die bekannten Kriterien des Ausschluß- und Rivalitätsprinzips gelten. Anders liegt die Diskussion bei Gütern, die man als international öffentlich bezeichnen kann, bei denen also grenzüberschreitend Ausschluß- und Rivalitätskriterien nicht greifen. Bei ihnen ist der Systemwettbewerb gegenüber der Harmoni-

[11] Die Einführung einer Konsumsteuer entspräche der Tendenz zur Äquivalenzbesteuerung.

sierung grundsätzlich keine Option. Als Beispiel für ein international öffentliches Gut sei die Realisierung der vier Freiheiten[12] innerhalb der EU genannt, die durch Harmonisierung der einzelstaatlichen Regulierungen in Richtung Liberalisierung zustandegekommen ist. Die für unsere Überlegungen zentrale Frage ist nun, ob auch dem Sozialen der europäisch öffentliche Gutscharakter zuzuerkennen ist, dem durch EU-zentrale Harmonisierung der einzelstaatlichen sozial- und verteilungspolitischen Regulierungen Rechnung getragen werden sollte. Das heißt: Benötigen wir eine europäische Sozialunion? Diese Frage wird bekanntlich insbesondere im Zusammenhang mit der Europäischen Wirtschafts- und Währungsunion (EWWU) diskutiert. Verschiedentlich wird die Sozialunion sogar als notwendige Ergänzung der EWWU für den europäischen Integrationsprozeß im Sinne einer konvergenten Entwicklung angesehen.

Um eine europäische Sozialunion zu begründen, muß das Soziale die Eigenschaften eines europäisch öffentlichen Gutes besitzen. Prinzipiell gilt zunächst, daß der Staat die sozialpolitische Aufgabe hat, die beiden Güter „Sicherheit" und „Gerechtigkeit" als öffentliche Güter anzubieten, wenn diese auf privaten Märkten nicht angeboten werden oder wenn es offensichtlich ist, daß der Staat das Angebot effizienter gestaltet als die Privaten.[13] Dies bedeutet, daß staatliche Sozialpolitik innerhalb der EU zunächst allein in den Kompetenzbereich der

---

[12] Freiheit der Bewegung von Menschen, Kapital, Gütern und Dienstleistungen.

[13] Vgl. auch *Berthold, N.* (1991): Ansätze einer ökonomischen Theorie der Sozialpolitik. Normative und positive Aspekte, in: Jahrbuch für Sozialwissenschaft, 42, S. 145ff. - Dabei ist allerdings zu berücksichtigen, daß auch öffentliche Güter unter Umständen besser von Privaten angeboten werden, wenn der Staat nur die Finanzierung übernimmt und durch Ausschreibung einen Wettbewerb um das Angebot herstellt.

einzelnen Mitgliedstaaten fällt. Nur die Bereiche der Sozialpolitik, die auf nationaler Ebene weniger effizient durchgeführt werden können, sollten zentral auf EU-Ebene gestaltet werden.

Betrachtet man nun die Bereiche, die konkret in der Diskussion um die „soziale Ausgestaltung" der EU eine Rolle spielen, so handelt es sich vor allem um die folgenden:[14]

- steuerfinanzierte Absicherung des Existenzminimums;
- beitragsfinanzierte, staatlich organisierte Systeme der Sozialen Sicherung, wie z.B. Renten-, Kranken-, Arbeitslosen- und Unfallversicherung;
- gesetzliche Rahmendaten einer Unternehmensverfassung, wie z.B. die Mitbestimmung;
- gesetzliche und tarifvertragliche Einschränkung der Vertragsfreiheit auf den Arbeitsmärkten, wie z.B. Kündigungsschutz, Sozialplanpflicht, Tariflöhne, Mindestlöhne;
- interregionale Umverteilung z.B. zur Angleichung der Lebensverhältnisse in Europa.

Es sind die beiden letztgenannten Bereiche, die speziell im Vertrag von Maastricht Erwähnung finden. Vor allem geht es hier um die Harmonisierung von Arbeitsschutzbestimmungen sowie einen ausgeprägten europäischen Finanzausgleich (Art. 2 EG-Vertrag). Die Einrichtung eines Kohäsionsfonds ist ohne Zweifel Ausdruck dafür, daß die bereits bestehenden Strukturfonds offensichtlich als nicht ausreichend angesehen werden, der in der EU zunehmenden interregionalen Umverteilungspräferenz genügend zu entsprechen.

---

[14] Vgl. auch *Paqué, K.-H.* (1992): Der europäische Sozialstaat. Eine Zwischenbilanz, in: WiSt (Wirtschaftswissenschaftliches Studium), S. 627.

Damit kommen wir zurück auf die generelle Frage, ob denn das Soziale ein europäisch öffentliches Gut ist. Die Antwort muß lauten: nein. Dies wird im folgenden anhand einiger populärer Thesen, die gewöhnlich für eine Sozialunion ins Feld geführt werden, begründet.

Die erste populäre These lautet: Eine Sozialunion ist notwendig, um ein „soziales Dumping“ innerhalb der EU zu vermeiden. Die Verhinderung von „Sozialdumping“ wird mithin als ein europäisch öffentliches Gut deklariert. Gemeint ist dabei, daß bei nicht harmonisierten Arbeitsmarktbedingungen und offenen Arbeitsmärkten die ärmeren EU-Staaten aufgrund ihrer niedrigeren Löhne und ihrer weniger stark ausgeprägten Sozialsysteme den Wettbewerb auf den Arbeits- und Gütermärkten innerhalb der EU verzerrten. Es bedürfe deshalb einer weitgehenden Harmonisierung der nationalen Arbeitsmarktbedingungen, insbesondere der Sozialsysteme.

Zunächst muß der semantische Irrtum hervorgehoben werden, der hier mit dem Begriff des Dumping verbunden wird. Dumping ist zwar kein definitiv umrissener Begriff, er wird aber in der Theorie und Politik der Außenwirtschaft gewöhnlich mit einer Preisdifferenzierung verbunden, bei der das Angebot auf einzelnen zumeist Auslandsmärkten zu Preisen verkauft wird, die unterhalb der heimischen Produktionskosten liegen. Dies hat dann aber nichts zu tun mit dem Tatbestand, daß die ärmeren Länder ihre komparativen Vorteile gegenüber den reicheren Ländern in Form niedrigerer Arbeitskosten aufgrund niedrigerer Bruttolöhne und niedrigerem Sozialaufwand im internationalen Wettbewerb ausnutzen. Da sie geringere wohlfahrtsstaatliche Kosten in die Kalkulation ihrer Produktionskosten einrechnen müssen, betreiben sie kein Dumping, sondern unterbieten einfach die Arbeitsmarktbedingungen in den Wohlfahrtsstaaten und machen sich dadurch wettbewerbsfähig. Die Verschärfung des Wettbewerbs auf den Arbeitsmärkten der Wohlfahrtsstaaten durch die ärmeren Länder stellt mithin keine Wettbewerbsverzerrung dar, die durch zentrale EU-Harmonisierung der Sozialstandards beseitigt werden müßte, sie ist vielmehr Ausdruck eines ökonomischen und institutionellen Wettbewerbs der Arbeitsmarktbedingungen innerhalb der EU.[15] Auch für diesen Wettbewerb gilt, daß er seine Funktion als Machtbegrenzungsinstrument und Entdeckungsverfahren wahrnimmt: Er zügelt die Macht der politischen und tarifvertraglichen Sozialfunktionäre in den Wohlfahrtsstaaten, ihre Wiederwahl durch ständige Anhebung der Sozialstandards zu Lasten der Konsumenten und Steuerzahler absichern zu wollen, und er verstärkt den Druck auf die Sozialbürokratien der reicheren Länder, ihre Produktivität beim Angebot der Sozialgüter zu steigern und ihr Angebot stärker an den individuellen Präferenzen der Bürger in den Wohlfahrtsstaaten auszurichten.

Eine zentralisierte EU-„Weg-Harmonisierung“ der komparativen Vorteile der ärmeren Länder auf dem sozialpolitischen Niveau der Wohlfahrtsstaaten hätte nicht nur die Konsequenz, daß man den ärmeren Ländern ihre Wettbewerbsfähigkeit raubt, sondern auch, daß man diesen Ländern die sozialpolitischen Vorstellungen der reicheren Länder aufoktroyiert.

Die negativen Konsequenzen daraus seien anhand folgenden Beispiels demonstriert. Wenn in den EU-Ländern die Löhne sowie die Aufteilung der Arbeitskosten in Lohn- und Lohnzusatzkostenbestandteile unterschiedlich sind, dann ist dies sicher auch Ausdruck für die national unterschiedlichen Präferenzen der Wirtschaftsbürger hinsichtlich Freizeit und Arbeitszeit sowie der Aufteilung des Arbeitseinkommens in Gegenwartskonsum

[15] Dieselbe Argumentation gilt für diesen Wettbewerb zwischen EU- und Nicht-EU-Staaten (z.B. Entwicklungsländern).

einerseits und Ausgaben für „Sicherheit" und „Gerechtigkeit" andererseits. Eine EU-weite Harmonisierung der Sozialsysteme hieße, diese unterschiedlichen Präferenzen zu mißachten und diejenigen der reichen Länder zur verbindlichen EU-Norm für alle zu erheben. Die Folge wäre, daß bei gegebener Arbeitsproduktivität in den ärmeren Ländern die Lohnempfänger entweder ihren Gegenwartskonsum einschränken müssen, um die Arbeitskosten nicht über die Produktivität steigen zu lassen, oder, wenn sie dazu nicht bereit oder in der Lage sind, ihren Arbeitsplatz aufgrund gestiegener Arbeitskosten verlieren. Insbesondere letztere Alternative der erhöhten Arbeitslosigkeit wäre als Konsequenz der sozialen Harmonisierung von höchster sozialpolitischer Sprengkraft und wäre das Gegenteil dessen, was Sozialpolitik leisten soll. Man erkennt, daß soziale Harmonisierung zu den Bedingungen der Wohlfahrtsstaaten nichts anderes bedeutet als Ausschaltung des institutionellen Wettbewerbs zu Lasten der ärmeren Länder in der EU.

Angesichts dieser Analyse bedarf es eigentlich keiner expliziten Begründung, daß und warum die Diskussion um eine europäische Entsenderichtlinie ebenso wie die Inkraftsetzung der Entsenderichtlinie für den Bausektor in Deutschland sozialpolitisch kontraproduktiv sind. Die deutsche Entsenderichtlinie ist das Substitut für eine (noch) nicht existierende EU-harmonisierte Mindestlohngesetzgebung. Sie ist Sozialprotektion im neuen Gewand. Wie alle Protektion ist sie nur scheinbar sozial, weil sie den institutionellen Wettbewerb auf den Arbeits- und Gütermärkten ausschaltet. Den Preis zahlen auch hier wiederum und vor allem die ärmeren Länder, aber auch die Kommunen und Steuerzahler in den reicheren Ländern der EU.

V. Clubtheoretische Überlegungen

Ein weiteres Beispiel für die sozialpolitisch negativen Folgen einer zentral gesteuerten Harmonisierungspolitik des Sozialen in der EU folgt aus der Idee interpersoneller und interregionaler Umverteilung im Sinne der Bereitstellung des öffentlichen Gutes „Gerechtigkeit" zwischen Personen und Regionen. Wenn man auch den interpersonellen Umverteilungsgedanken prinzipiell als öffentliches Gut akzeptieren mag, so stellt sich doch die Frage nach der staatlichen Ebene, die das Gerechtigkeitspostulat inhaltlich definieren und es durch sozialpolitische Maßnahmen konkret umsetzen soll. Auf Basis der Theorie der Clubs[16] könnte eine Antwort gefunden werden: Clubs sind Institutionen, die ihren Mitgliedern ein wohldefiniertes Clubgut anbieten, d.h. ein öffentliches Gut, von dem Nicht-Clubmitglieder ausgeschlossen sind und für das das Rivalitätskriterium nur partiell gilt. Clubmitglieder zeichnen sich prinzipiell durch einigermaßen homogene Präferenzen in bezug auf das Clubgut aus. Die Länder innerhalb der EU mag man als Clubs definieren, deren Mitglieder in ihren Präferenzen z.B. gegenüber dem Clubgut „interpersonelle Gerechtigkeit" mehr oder minder homogen sind, deren Präferenzen sich aber zwischen den Clubs deutlich unterscheiden (können). So differieren die sozialpolitischen Konzeptionen in Deutschland ohne Zweifel von denen etwa in Großbritannien, Schweden, Holland oder Italien.[17] So gesehen, ist interpersonelle - und ebenso interregionale - Gerechtigkeit kein gesamteuropäisches Clubgut, das EU-zentral harmonisiert angeboten werden sollte. Dieses Clubgut muß deshalb im nationalen Kompetenzbereich der einzelnen EU-Mitgliedstaaten

---

[16] Vgl. *Buchanan, J. M.* (1965): An Economic Theory of Clubs, in: Economica, 32, S. 1-14.

[17] Der Vergleich mit Staaten außerhalb der EU (Asien, Neuseeland, Nordamerika) macht den Kontrast noch größer.

verbleiben. Dies entspricht zudem dem Subsidiaritätsprinzip, das bekanntlich auch im Vertrag von Maastricht grundsätzliche Akzeptanz gefunden hat.

Die Verwendung clubtheoretischer Grundsätze führt damit zu einem Ergebnis, das für unsere Fragestellung „Harmonisierung versus Systemwettbewerb" offensichtlich gar keinen Gegensatz aufzeigt.[18] EU-zentralisierte Harmonisierung setzt voraus, daß für die EU als Ganzes Clubgüter definierbar sind, die nur sie effizient anbieten kann. Man könnte sich vorstellen, daß eine gemeinsame Sicherheitspolitik oder auch eine die grenzüberschreitenden Externalitäten im Umweltbereich absichernde Umweltpolitik ebenso wie Teile der Wettbewerbs- und Verkehrspolitik als EU-Clubgüter zentral angeboten werden.[19] Aber die sozialpolitischen Güter „Sicherheit" und „Gerechtigkeit" gehören nicht dazu. Diese sollten in den nationalen - regionalen oder auch lokalen - Kompetenzbereichen innerhalb der EU weiterhin verbleiben. Im Klartext heißt das: Europa benötigt keine Sozialunion, sondern im Gegenteil ein differenziertes Angebot von nationalen, regionalen und lokalen sozialpolitischen Gütern.

Damit wird eine Konzeption angesprochen, die Europa als einen Integrationsraum beschreibt, der eine Vielzahl von Clubs repräsentiert, d.h. Jurisdiktionen,[20] die unterschiedliche Club-

---

[18] Vgl. auch *Frey, B. S./Eichenberger, R.* (1996): To harmonize or to compete? That's not the question, in: Journal of Public Economics, 60, S. 335-349

[19] Vgl. hierzu auch *Schäfer, W.* (1995): Overlapping Integration Areas, in: *Lang, F. P./Ohr, R.* (Eds.): International Economic Integration, Heidelberg, S. 55ff.

[20] Vgl. *Casella, A./Frey, B. S.* (1992): Federalism and Clubs. Towards an Economic Theory of Overlapping Political Jurisdictions, in: European Economic Review, 36, S. 639-646.

güter anbieten. Unterhalb der EU-Ebene konkurrieren die Jurisdiktionen als Clubs untereinander mit ihren Clubgütern, also auch mit ihren sozialpolitischen Gütern „Sicherheit" und „Gerechtigkeit". Es herrscht institutioneller Wettbewerb,[21] bei dem sich die immobilen um die mobilen Ressourcen bemühen müssen. Die Wirtschaftsbürger in Europa haben prinzipiell die Wahl verschiedener Clubmitgliedschaften und können durch „voting by their feet"[22] ihre Präferenzen bekunden.

Dies ist ein Bild von Europa, das nicht das einheitliche Dach, die harmonisierte Gleichheit zur zentralen Vision erhebt, sondern die Vielfalt in der Differenzierung betont. Historisch betrachtet ist Europa zur Wiege der modernen Zivilisation u.a. deshalb geworden, weil es sich durch mehr Vielfalt und Differenzierung auszeichnete als andere Kontinente.[23] Die europäische Kleinstaaterei, von manchen Historikern gegenüber dem europäischen Einheitsstreben als politisch ineffizient klassifiziert,[24] hat ökonomisch viel bewirkt: Sie setzte die Herrscher unter Konkurrenzdruck und begrenzte deren Macht. Sie zwang die Kleinstaaten, sich zu öffnen, was ihnen Wohlstand einbrachte. Zentralismus und Abschottung, die zu Armut führen, konnten nicht gedeihen. Es ist diese Erfahrung in Verbindung mit theoretischen Erkenntnissen, die diejenigen verwerten sollten, deren Europa-Vision sich weniger auf den friedlichen Wettbewerb offener Systeme richtet als vielmehr auf das Streben nach Einheitlichkeit durch zentralisierte Harmonisierung.

---

21 Vgl. *Siebert, H./Koop, M. J.* (1990): Institutional Competition. A Concept for Europe?, in: Aussenwirtschaft, 45, S. 439-462.

22 *Tiebout, C. M.* (1956): A Pure Theory of Local Expenditures, in: Journal of Political Economy, 64, S. 416-424.

23 Vgl. auch *Giersch, H.* (1988): Das Gespenst der Harmonisierung, in: Wirtschaftswoche, 42, S. 52.

24 In bezug auf die kriegerischen Auseinandersetzungen ist dieser Sicht ohne Zweifel zuzustimmen.

Literatur

Berthold, Norbert (1991): Ansätze einer ökonomischen Theorie der Sozialpolitik. Normative und positive Aspekte, in: Jahrbuch für Sozialwissenschaft, 42, S. 145-178.

*Berthold, Norbert (*1993): Sozialunion in Europa - Notwendig oder überflüssig?, in: Wirtschaftsdienst, VIII, S. 414-418.

*Berthold, Norbert (*1993a): Sozialunion in Europa. Integrationsfaktor oder Sprengsatz einer europäischen Wirtschafts- und Währungsunion?, Tübingen.

Buchanan, James M. (1965): An Economic Theory of Clubs, in: Economica, 32, S. 1-14.

Casella, Alessandra/Frey, Bruno S. (1992): Federalism and Clubs. Towards an Economic Theory of Overlapping Political Jurisdictions, in: European Economic Review, 36, S. 639-646.

Feld, Lars P./Kirchgässner, Gebhard (1995): Fiskalischer Wettbewerb in der EU: Wird der Wohlfahrtsstaat zusammenbrechen?, In: Wirtschaftsdienst, X, S. 562-568.

Frey, Bruno S./Eichenberger, Reiner (1996): To harmonize or to compete? That's not the question, in: Journal of Public Economics, 60, S. 335-349.

Giersch, Herbert (1988): Das Gespenst der Harmonisierung, in: Wirtschaftswoche, 42, S. 52.

Huber, Bernd (1997): Der Steuerwettbewerb: Gefahr oder Chance?, München (mimeo).

Paqué, Karl-Heinz (1992): Der europäische Sozialstaat. Eine Zwischenbilanz, in: WiSt (Wirtschaftswissenschaftliches Studium), S. 627-630.

Schäfer, Wolf (1995): Overlapping Integration Areas, in: *Lang, Franz Peter/Ohr, Renate* (Eds.): International Economic Integration, Heidelberg, S. 49-62.

Siebert, Horst/Koop, Michael J. (1990): Institutional Competition. A Concept for Europe?, in: Aussenwirtschaft, 45, S. 439-462.

Siebert, Horst/Koop, Michael, J. (1994): Europa zwischen Wettbewerb und Harmonisierung, in: WiSt (Wirtschaftswissenschaftliches Studium), 12, S. 611-616.

Sinn, Hans-Werner (1994): How Much Europe? Subsidiarity, Centralization and Fiscal Competition, in: Scottish Journal of Political Economy, 3, S. 177-196.

Straubhaar, Thomas (1997): Empirische Indikatoren für den Systemwettbewerb – Moderne und historische Befunde. Referat gehalten auf der Jahrestagung für Neue Politische Ökonomie 1997, Jena.

Streit, Manfred E. (1996): Systemwettbewerb und Harmonisierung im europäischen Integrationsprozeß, in: *Cassel, Dieter* (Hg.): Entstehung und Wettbewerb von Systemen, Berlin, S. 223-244.

Tiebout, Charles M. (1956): A Pure Theory of Local Expenditures, in: Journal of Political Economy, 64, S. 416-424.

Vaubel, Roland (1992): Die politische Ökonomie der wirtschaftspolitischen Zentralisierung in der Europäischen Gemeinschaft, in: Jahrbuch für Neue Politische Ökonomie, 11, S. 30-65.

Adolf Wagner

Das Europa der Regionen - Zukunftssicherung durch Bewahrung der Identitäten?

I. Das Europa der Regionen und die Zukunft

„Der europäische Regionalismus hat seit den siebziger Jahren fast überall in der Gemeinschaft, die insgesamt rund 160 Regionen umfaßt, starken Auftrieb erhalten“, liest man in einer Sammlung der politischen Tagesmeinungen zum „Traum von Europa“ des Jahres 1989.[1] Empirisch Feststellbares, staatsrechtlich Erwägenswertes und politisch Erörterungswürdiges - von Rechts- und Wirtschaftswissenschaftlern, Unternehmern und sonstigen namhaften Persönlichkeiten in einer Regierungskommission Baden-Württembergs 1989/90 bearbeitet - mündete in einige Empfehlungen für ein „Europa der Regionen“, u.a. diese: „Verbesserte Einflußnahme für Länder und Regionen in europäischen Entscheidungsprozessen“, „Verbindliche Verankerung des Subsidiaritätsprinzips im Interesse einer föderalen bzw. regional gegliederten Gemeinschaft“[2]. Das Land solle „auf die Schaffung einer Verfassung für Europa drängen“; es müsse „ein föderales Europa mit starken Regionen und selbstverwalteten Kommunen entstehen, wenn die EG als politisches Gebilde lebensfähig werden will“[3]. „Das Land muß in Europa

---

[1] Vgl. *Späth, L.* (1989): 1992 - Der Traum von Europa, Stuttgart, S. 277.

[2] Vgl. Staatsministerium Baden-Württemberg (Hrsg.) (1990): Baden-Württemberg im Europäischen Binnenmarkt 1992. Ausgewählte Analysen und Empfehlungen 1990, Bericht des Beraterkreises der Landesregierung zu EG-Fragen, Stuttgart, S. 124.

[3] Vgl. ebenda, S. 79.

für Föderalismus, Regionalismus und kommunale Selbstverwaltung werben"[4]. Europäisierung und Regionalisierung müßten Hand in Hand gehen. Partnerschaften auf regionaler Ebene, wie z.B. die sogenannten „Vier Motoren" (Baden-Württemberg, Rhone-Alpes, Katalonien, Lombardei), sollten ausgebaut und wiederholt werden.[5] Die landespolitische Diskussion „Europa der Regionen" war mehrschichtig angelegt: (a) Einmal ging es für die Landesregierung darum, die „eigene" Region im bundesdeutschen und in einem kommenden europäischen Zentralstaat möglichst vorteilhaft vertreten zu können. (b) Sodann wollte man zu diesem Zweck - bei Berücksichtigung von Interessen der regional relevanten Unternehmungen - informelle Allianzen mit Regionen vergleichbarer Lage in anderen Staaten bilden (evtl. auch außerhalb Europas, wie das Beispiel der Partnerschaft Baden-Württembergs mit einer Provinz in Kanada zeigt). (c) Was auf den ersten Blick nach bereichsweiser Solidarität von Regionen aussah, zielte letztlich auf das weiterhin gute oder noch bessere Vorankommen des Landes Baden-Württemberg im „Wettbewerb der Regionen".

Für diesen „Wettbewerb der Regionen" verfügen die Ökonomen über eine brauchbare Leitvorstellung aus der älteren Mikroökonomik, die „monopolistische Konkurrenz": Die Regionen als Unternehmungen, in großer Zahl Konkurrenten auf den Güter- und Faktormärkten (insbesondere um Investitionen), haben durch Marktunvollkommenheiten (d.h. relevante Unterschiede sachlicher, persönlicher, räumlicher oder zeitlicher Art sowie eingeschränkte Transparenz) individuelle „monopolistische Bereiche", in denen sie von den Wettbewerbern unangreifbar sind. Die monopolistischen Bereiche wirken so wie Abkoppelungsspielräume von den europa- oder weltweit maßgeblichen

---

[4] Vgl. Staatsministerium Baden-Württemberg (1990): a.a.O., S. 81.

[5] Vgl. ebenda, S. 81.

Entwicklungen und Zwängen. Die monopolistischen Bereiche der Regionen sind auf besondere Merkmale oder „Identitäten" der Regionen gegründet. Sie heben eine Region im Vergleich zu den anderen durch technologische wie nicht-technologische Effizienzen heraus. In diesem Sinne günstige Identitäten absolut oder relativ zu bewahren oder weiter aufzubauen (u.a. durch institutionelle Innovationen, Prozeß- und Produktinnovationen) dient der Zukunftssicherung von Regionen. Diese erste Antwort auf die im Thema angelegte Frage beruht auf der unterstellten Gültigkeit des Analogmodells „Monopolistische Konkurrenz der Regionen". Jede Region sträube sich im eigenen Interesse dagegen, „Durchschnitt" zu werden und als eine repräsentative Einheitsregion völlig ohne „Marktmacht" dazustehen.[6]

Die regionalistische Position der Politik mitsamt der wettbewerbstheoretischen Interpretation war damals und ist heute nicht allgemein akzeptabel. Es gab und gibt eine universalistische Position, die Gleichheit und Gleichmacherei zwischen Menschen und Gebieten geistesgeschichtlich, philosophisch und auch wirtschaftstheoretisch begründet sieht[7]. Die universalistische Position hat viel mit einer reinen Wirtschaftstheorie älterer Art gemeinsam, die Menschen, Gebietseinheiten und wirtschaftliche Größen als austauschbar und beliebig aggregierbar einstuft. Die regionalistische Position steht einer angewandten Wirtschaftstheorie näher, die geographisch, historisch und kulturell begründete Unterschiede von Menschen als Gegebenheiten sieht und generell die Inhomogenität ökonomischer Variabler in Analysen veranschlagt. Ein in der Demokratie besonders wichtiger Aspekt der regionalistischen Position liegt darin, daß die an regionale Identität geknüpften Reichweiten von Zusammengehörigkeits-

---

[6] Vgl. das gegensätzliche Analogmodell „Vollständige Konkurrenz".

[7] Vgl. *Wagner, A.* (1994b): Volkswirtschaft für jedermann. Die marktwirtschaftliche Demokratie, München, S. 5-8.

gefühl, Verständigungsbereitschaft und Opferbereitschaft der Menschen als Fakten genommen werden. Die beiden Grundpositionen einer wirtschaftstheoretischen Sicht und wirtschaftspolitischen Gestaltung der Welt sind in den nachfolgenden Abschnitten von einigem Belang.

Das Stichwort „Zukunftssicherung“ zielt auf das geographische und das politische Europa, auf die einbezogenen nationalen Volkswirtschaften sowie auf die einzelnen volkswirtschaftlichen Regionen. Bisher ging es um das Bestehen einer Region im Wettbewerb „gegen alle anderen Regionen“ derselben Ebene. Hinzu kommt nun ein weiterer Aspekt, der durchaus auch preistheoretischen Analogmodellen zugänglich wäre. Eine Volkswirtschaft (oder eine weltwirtschaftliche Region wie Europa) mit inhomogenen Teilgebieten wird erfolgreicher sein im Wettbewerb mit anderen Volkswirtschaften (oder weltwirtschaftlichen Regionen) als gleichartige größere Gebilde, die im Inneren homogen strukturiert sind.

In etwa dieser Standpunkt kam in der Beratung der Landesregierung Baden-Württemberg zur Geltung: Ungleichheit, auch die Ungleichheit kleiner Wirtschaftsgebiete, ist als Ergebnis und zugleich als Voraussetzung marktwirtschaftlicher Entwicklung zu sehen[8] Der zweite Aspekt wird zumeist verkannt. Eine oft betriebene Nivellierung von Regionen nach wirtschaftsstatistischen Indikatoren ist weder möglich noch sinnvoll, da auf diese Weise prozessuale Antriebskräfte aus dem Gesamtgebiet eliminiert würden. Konzeptionen dynamischer Dependenz von Teilgebieten berücksichtigen den Entwicklungsverbund ungleicher Teilgebiete und ferner die Tatsache, daß die ökono-

---

[8] Vgl. *Wagner,A.* (1991b): Herausforderungen durch die Vollendung des EG-Binnenmarktes 1992/93, in: A. E. Ott (Hrsg.): Politik für die ländlichen Räume Europas. Das Beispiel Baden-Württemberg, Tübingen, S. 73.

mische Bedeutung regionaler Gegebenheiten im Laufe der Wirtschaftsentwicklung wechselt. Standortbedingungen – umfassend definiert und nicht nur auf Objektivierbares beschränkt – werden im Laufe der Zeit durch die Wirtschaftseinheiten neu bewertet; sie bilden spezifische Anreizkonstellationen für unternehmerische Aktivitäten. Scheinbar zurückgebliebene Landesteile – man denke an die sogenannten „ländlichen Räume“ mit weniger als 100 Einwohnern je Quadratkilometer[9] bilden Entwicklungsreserven für eine prinzipiell richtungsoffene Zukunft. „Fest steht, daß staatlich bewerkstelligte Gleichmacherei falsch wäre“.[10] Inzwischen setzt sich auch bei der Europäischen Kommission nach und nach die Einsicht durch, Versuche zur regionalen Nivellierung mit dem Risiko der Gefährdung des großräumigen Wachstums besser zu unterlassen: „To sum up, several arguments suggest not to target EU structural assistance exclusively at the reduction of regional disparities ... Doing so ... might also be at the expense of national economic growth and extend the process of catching-up“.[11]

„Gängige Entwürfe regionalökonomischer Modelle“ werden hier nicht referiert.[12] Die nachfolgenden beiden Abschnitte mit zwei unterschiedlichen stilisierten Denkrichtungen entsprechen zwei grundverschiedenen Modellierungen von Regionalentwicklung,

---

[9] Vgl. *Wagner, A.* (1991a): Ländliche Räume und der EG-Binnenmarkt, in: A. E. Ott (Hrsg.): Politik für die ländlichen Räume Europas. Das Beispiel Baden-Württemberg, Tübingen, S. 11.

[10] *Wagner* (1994a): Regionalentwicklung in Baden-Württemberg. Einige aktuelle und methodische Probleme, Tübingen-Basel, S. 31.

[11] *Hallet*, M. (1997): National and Regional Development in Central and Eastern Europe: Implications for EU Structural Assistance, Economic Papers (EC, DG Economic and Financial Affairs), No.120, Brüssel, S. 30.

[12] Vgl. *Wagner, A.* (1997b): Transformation von Wirtschaftssystemen - Methodische Aspekte der Diskussion, in: *Schmid, H., Slembeck, T.* (Hrsg.): Finanz- und Wirtschaftspolitik in Theorie und Praxis, Festschrift zum 60. Geburtstag von *Alfred Maier*, Stuttgart, Wien, S. 324-331.

wie sie von *Paul Krugman* in anderen Worten charakterisiert wurden: TTFE-Style Models (tastes, technology, factor-endowments exogeneously given) oder Entwicklungsmodelle der konventionellen Wachstumstheorie (vgl. 2.), QWERTY-Style Models (Wortwahl nach willkürlicher Anordnung der Schreibmaschinentastatur) oder Entwicklungsmodelle der evolutorischen Ökonomik (vgl. 3.).[13] Bei beiden Vorgehensweisen frage man sich: Wo stecken die Identitäten der Regionen? Wie sind sie – eventuell – politisch zu beeinflussen?

II. Erste Denkrichtung: Konzeptionen und Tests zur ß-Konvergenz der europäischen Regionen

Über Regionalentwicklung und Regionalpolitik in Europa kann man nicht mehr sprechen, ohne das Stichwort Konvergenz aufzugreifen, das in der Kommission in Brüssel wichtig genommen und „beforscht" wird. Spätestens seit dem Erscheinen des Lehrbuchs „Economic Growth" von *Robert J. Barro* und *Xavier Sala-i-Martin* im Jahre 1995[14] und den darin abgedruckten ökonometrischen Schätzungen für US-amerikanische, europäische und japanische Regionen[15] kommt man an exakt festgelegten Konzeptionen nicht vorbei, auf die ich kurz eingehe. An erster Stelle handelt es sich um die sogenannte „ß-Konvergenz": Volkswirtschaften oder Regionen mit vergleichsweise niedrigen Anfangswerten der Kapitalintensität (Kapitalausstattung pro Arbeitskraft) haben höhere Pro-Kopf-Wachstumsraten des Kapitals sowie des Sozialprodukts und dadurch die Neigung, die Regionen oder Volkswirtschaften mit

[13] Vgl. *Krugman, P.* (1991): Geography and Trade, Leuven - Cambridge Mass. – London, S. 100.

[14] Vgl. *Barro, R.J., Sala-i-Martin, X.* (1995): Economic Growth, New York, St. Louis u. a. O.

[15] Vgl. ebenda, S. 387-413.

hoher Kapitalintensität und Pro-Kopf-Sozialprodukt einzuholen.[16] Ganz einfach gesagt: „we refer to a tendency for the poor to grow faster than the rich as ß convergence“.[17] Dahinter steckt selbstverständlich mehr als nur das populäre physikalische Analogmodell der kommunizierenden Röhren für die Auswirkung ökonomischer Integration, mit dem man die Vermutung verbindet, Grenzöffnung sorge wie die Verbindung von Gefäßen mit unterschiedlichem Wasserstand dafür, daß sich die Höhe der Sozialprodukte überall angleicht. Der zweite in der EU-Kommission relevante Konvergenz-Begriff ist der einer sogenannten „σ-Konvergenz“: Die irgendwie verursachte und durch irgendein Dispersionsmaß ausdrückbare Abnahme der Streuung regionaler oder nationaler Pro-Kopf-Einkommen oder Pro-Kopf-Produkte.[18]

Für US-amerikanische Staaten ab 1880, für japanische Präfekturen ab 1930 und für europäische Regionen ab 1950 (in 8 Ländern insgesamt 90 Regionen, und zwar 11 deutsche Regionen, 11 Regionen des Vereinigten Königreichs, 20 italienische, 21 französische, 4 niederländische, 3 belgische, 3 dänische und 17 spanische Regionen) haben *Barro* und *Sala-i-Martin* ihre Hypothese der ß-Konvergenz getestet und aufgrund der Testresultate als empirisch bewährt beibehalten. Überraschend ist die Ähnlichkeit der Anpassungsgeschwindigkeiten nach allen verwendeten Daten: Die Schätzwerte für ß liegen bei 2-3 % pro Jahr; es dauert danach 25-30 Jahre, um die Hälfte der anfänglichen Lücken in den Pro-Kopf-Einkommen zu überwinden.[19] Die Unterschiede der Anfangsniveaus würden sich im Laufe von etwa 50-60 Jahren verlieren. Die Tendenz der

---

16 Vgl. *Barro, R.J., Sala-i-Martin, X.* (1995): a.a.O., S. 26.

17 Ebenda, S. 7.

18 Vgl.ebenda, S. 383.

19 Vgl. ebenda, S. 413.

ß-Konvergenz sei in dem Sinne „absolut", als keine anderen erklärenden Variablen außer den Anfangsniveaus berücksichtigt wurden. Allerdings ist hier der wirtschaftstheoretische modellhafte Hintergrund heranzuziehen, aus dem die Schätzgleichungen abgeleitet wurden: Die Ergebnisse sind konsistent mit den neoklassischen Wachstumsmodellen (*Solow-Swan*-Modelle und *Ramsey*-Modelle); sie unterstellen für die betrachteten Regionen ganz grob ähnliche politische Institutionen, ähnliche Technologien und ähnliche Präferenzen der Konsumenten; die darin begründete relative Homogenität erzeuge ähnliche Wachstumsgleichgewichte (steady states) der Regionen als Attraktoren der Entwicklung.

Die behauptete und ökonometrisch gestützte ß-Konvergenz bildet derzeit die vorherrschende wirtschaftstheoretische Position. Ich will die Behauptung der ß-Konvergenz deshalb mit einigen Formeln theoretisch untermauern, die in den führenden Wirtschaftsfakultäten zum Lehrstoff für Studenten gehören.

Alle wesentlichen Erwägungen kann man mit einer sogenannten *Cobb-Douglas*-Produktionsfunktion für einzelne Regionen, für nationale Volkswirtschaften oder für Europa insgesamt illustrieren. Arbeit (A) und Kapital (K) können in variablen Proportionen zur Erstellung des Sozialprodukts (X) kombiniert werden (Niveauparameter a):

$$(1) \quad X = aA^{\alpha}K^{\beta} \qquad \text{mit } \alpha + \beta \geq 1$$

Die Exponenten α und β sind die partiellen Produktionselastizitäten der beiden Faktoren. Ergeben die konkreten Zahlenwerte von α und β für eine Volkswirtschaft in der Summe mehr als Eins, so sind in den Produktionszusammenhängen gleichsam volkswirtschaftliche „Betriebsgrößenvorteile" (mit zunehmenden Grenzerträgen und abnehmenden Grenzkosten) angelegt. Größere Mengen lassen sich rationeller erzeugen: Die Niveauelastizität oder Skalenelastizität ist größer als Eins, d.h. eine Steigerung aller Faktoreinsätze um 1 % brächte eine Steigerung des Sozialprodukts um mehr als 1 %. Die Vergrößerung des Niveaus kann auch durch die europäische Integration eintreten. Wer sagt, das vereinigte Europa ist mehr als die Summe seiner Teile, kann dies makroökonomisch leicht mit den Auswirkungen wachsender Skalenerträge begründen.

Bei der Herleitung der ß-Konvergenz unterstellt man eine Niveauelastizität der *Cobb-Douglas*-Produktionsfunktion von Eins. Diese Annahme konstanter Skalenerträge erlaubt mathematisch die Pro-Kopf-Schreibweise der Produktionsfunktion (mit $x = X/A$, $k = K/A$):

(1.1) $X = aA^{\alpha}K^{1-\alpha}$

(1.2) $x = ak^{1-\alpha}$

Wachstumsraten zu (1.2) (bei Konstanz von a)

(2) $w_x = (1-\alpha)w_k$

Die Kapitalvermehrung pro Kopf durch investierte Ersparnisse folgt dieser Differentialgleichung (mit der Spar- und Investitionsquote s, der Wachstumsrate der Arbeiskräfte n und dem Abschreibungssatz δ):

(3) $dk/dt = sak^{1-\alpha} - (n+\delta)k$

Die Wachstumsraten des Pro-Kopf-Kapitals und des Pro-Kopf-Sozialprodukts sind bei „armen“ Regionen (mit niedrigem k) größer als bei „reichen“ Regionen (mit hohem k):

(4) $w_{k,t} = sak^{-\alpha} - (n+\delta)$

(5) $w_{x,t} = (1-\alpha)[sak^{-\alpha} - (n+\delta)]$

Aus unterschiedlichen Entfernungen entwickeln sich die Regionen – nach der Mechanik des einfachen *Solow-Swan*-Modells – zum Wachstumsgleichgewicht mit konstanten Raten aller Variablen hin, wobei dann die Pro-Kopf-Variablenwerte konstant bleiben ($w_k = w_x = 0$):

$$(6) \quad k^* = \left(\frac{sa}{n+\delta}\right)^{\frac{1}{\alpha}}$$

$$(7) \quad x^* = a^{\frac{1}{\alpha}}\left(\frac{s}{n+\delta}\right)^{\frac{1-\alpha}{\alpha}}$$

Danach kann man auch die Sparquote s mit dem Gleichgewichtswert der Kapitalintensität umschreiben:

$$(8) \quad s = \frac{n+\delta}{a}k^{*\alpha}$$

(4.1) $w_{k,t} = (n+\delta)\,[(k^*/k)^{\alpha} - 1] > 0$ für $k < k^*$

(5.1) $w_{x,t} = (1-\alpha)(n+\delta)\,[(x^*/x)^{\alpha/1-\alpha} - 1]$

Im Falle eines technologischen Fortschritts, der „labour augmenting" oder Harrod-neutral ist, gelten leicht abgewandelte Formeln. In den Formeln (3), (4) und (5) enthält der Abschreibungsfaktor (n+δ) nun zusätzlich noch die Fortschrittsrate (g+n+δ); der Kapitaleinsatz ***k*** ist in Effizienzeinheiten der Arbeit gemessen. Ich notiere hier lediglich die Formel, die man – gültig für die nahe Umgebung des Steady State - in eine log-lineare Näherung (4.3) umsetzt und für Zwecke der ökonometrischen Schätzung bearbeitet:

$$(4.2)\quad w_{\boldsymbol{k},t} = s a \boldsymbol{k}^{-\alpha} - (g+n+\delta)$$
$$(4.3)\quad w_{\boldsymbol{k},t} \approx -\alpha(g+n+\delta)\ln(\boldsymbol{k}/\boldsymbol{k}^*)$$

Die Rate $\beta = \alpha(g+n+\delta)$, die zur Wortbildung „ß-Konvergenz" gehört, bestimmt die Konvergenzgeschwindigkeit von $\boldsymbol{k}$ nach $\boldsymbol{k}^*$ und von $\boldsymbol{x}$ nach $\boldsymbol{x}^*$. Die (4.3) analoge Gleichung für $w_{x,t}$ hat die folgende Differentialgleichung als Lösung[20]:

$$(9)\quad \ln\boldsymbol{x}(t) = (1 - e^{-\beta t})\ln\boldsymbol{x}^* + e^{-\beta t}\ln\boldsymbol{x}(0)$$

Zur Wertung der ökonometrischen Methode erscheint mir dies wichtig: Nur beobachtete Pro-Kopf-Sozialproduktswerte werden in den auf (9) aufbauenden Regressionsanalysen verwertet[21] Nirgendwo finden Schätzungen und Tests der Einzelteile des im Vorfeld für den Vorgang der Konvergenz unterstellten Gleichungsmodells statt. Aus empirischen Regressionskoeffizienten wird ß errechnet, wobei in $e^{-\beta t} = \frac{1}{2}$ die „Halbwertszeit" des Vorganges steckt. Es handelt sich bei der so begründeten Konvergenzhypothese um eine Art Zeitreiheninterpretation bei vorausgesetzter Gültigkeit des Rahmen-Inputs (z. B. *Solow-Swan*-Modell).

Fördert die europäische Integration die Konvergenz zwischen den bisherigen Nationen oder Regionen, oder führt sie zu weiterer Divergenz, wenn man Einkommen und Beschäftigung betrachtet? Fördert die Integration Arbeitsteilung und Ausgewogenheit der Wirtschaftsstruktur zwischen Nationen oder Regionen? Sind divergente, effizienzsteigernde oder -mindernde Entwicklungen zu erwarten? „Weder aus der Außenwirtschaftstheorie noch aus der Raumwirtschaftstheorie lassen sich zu diesen Fragen zwingende Antworten ableiten. Dazu ist die

---

[20] *Barro, R.J., Sala-i-Martin, X.* (1995): a.a.O., S. 413.

[21] Siehe dazu insbesondere ebenda, S. 384.

Materie viel zu komplex. Mangels Eindeutigkeit bedürfen die theoretischen Aussagen ohnehin der fallweisen empirischen Überprüfung."[22] Zu einer positiven Gesamtwertung der vorliegenden Konvergenz-Konzeptionen gelangt *Thomas*.[23]

III. Zweite Denkrichtung: Befunde und Begründungen zur Inhomogenität

Die auf der Basis neoklassischer Wachstumsmodelle postulierte und von den selektierten Daten zu einer komprimierten Modellgleichung her nicht verworfene ß-Konvergenz ist für die einzelnen Regionen nicht generell vorzufinden, wenn man statistisch-deskriptiv die Pro-Kopf-Niveaus der Bruttowertschöpfung, die Wachstumsraten dazu und die Rangpositionen im Gesamtgebiet (etwa des Bundeslandes Baden-Württemberg) feststellt (vgl. Tabelle 1).

Insbesondere die Felder links oben („Spitzenreiter" mit überdurchschnittlichem Wachstum) und rechts unten („Schlußlichter" mit unterdurchschnittlichem Wachstum) stehen zu den Konvergenz-Hypothesen (ß wie σ) in krassem Gegensatz. Diese Befunde stützen bei einem nicht geringen Teil der Gebiete (zumindest bei 13 von 44 Stadt- und Landkreisen der Tabelle 1) eher die Vermutung einer sich vollziehenden Divergenz der Regionalentwicklung. Konvergenz zeichnet sich sichtbar in den Tabellenfeldern rechts oben und links unten ab.

---

[22] *Stahl, K.* (1997): Divergenz und Konvergenz der regionalen Wirtschaftsentwicklung aus der Sicht der Raumwirtschaftstheorie, in: *H.-J. Vosgerau* (Hrsg.): Zentrum und Peripherie - Zur Entwicklung der Arbeitsteilung in Europa, Berlin, S. 55.

[23] Vgl. *Thomas, I.P.* (1997): Ein Finanzausgleich für die Europäische Union? Eine allokationstheoretische und fiskalföderalistische Analyse, Tübingen, S. 124-143.

Tabelle 1:
Eine Klassifikation der Stadt- und Landkreise Baden-Württembergs nach der Bruttowertschöpfung je Einwohner (1988) und nach der Wachstumstendenz dieser Pro-Kopf-Größe (1980/88) - teilweise mit Klassenwechsel um ein bis zwei Klassen seit 1970 (+, -)

Rangziffern nach Bruttowert-schöpfung je Einwohner 1988	**Kreise mit überdurchschnittlicher Wachstumstendenz 1980/88**	**Kreise mit unterdurchschnittlicher Wachstumstendenz 1980/88**
1 - 11	Böblingen Esslingen Karlsruhe (Stadt) Heidelberg (++) Pforzheim Freiburg (++)	Stuttgart Heilbronn (Stadt) Baden-Baden Mannheim Ulm
12 - 22	Ludwigsburg (-) Rastatt (++) Tuttlingen Reutlingen Biberach Ravensburg (+)	Göppingen Heidenheim Ortenaukreis Schwarzwald-Baar Bodenseekreis (+)
23 - 33	Rems-Murr-Kreis (-) Hohenlohekreis (+) Schwäbisch Hall (+) Main-Tauber-Kreis (+) Lörrach (-) Waldshut	Ostalbkreis Rottweil Konstanz Zollernalbkreis (--) Sigmaringen (+)
34 - 44	Heilbronn (Land) Enzkreis (--) Freudenstadt (--) Alb-Donau-Kreis	Karlsruhe (Land) (-) Neckar-Odenwald Rhein-Neckar-Kreis (-) Calw Breisgau-Hochschwarzwald Emmendingen Tübingen (-)

Quelle: Wagner (1994), S. 12-14.

Betrachten wir eine ähnliche Tabelle (vgl. Tabelle 2) für europäische Regionen.

Tabelle 2:
Eine Klassifikation der Regionen Europas (NUTS II) nach der Bruttowertschöpfung je Einwohner (1995) und nach der prognostizierten Wachstumstendenz dieser Pro-Kopf-Größe (1995/2001) – signifikante Zuordnungen, ohne ostdeutsche Regionen

	Regionen mit überdurchschnittlicher Wachstumstendenz 1995/2001	**Regionen mit unterdurchschnittlicher Wachstumstendenz 1995/2001**
Regionen mit überdurchschnittlichem Niveau 1995	Hämeen Lääni (FI) Keski-Suomen Lääni (FI) Uudenmaan Lääni (FI) Turun Ja Porin Lääni (FI) Kymen Lääni (FI) Greater London (UK) Berlin (DE) Kuopion Lääni (FI) Veneto (IT) Bedfordshire, Hertfords. (UK)	Braunschweig (DE) Detmold (DE) Uppsala Län (SV) Rheinhessen-Pfalz (DE) Saarland (DE) Köln (DE) Weser Ems (DE) Vorarlberg (AT) Salzburg (AT) Tirol (AT)
Regionen mit unterdurchschnittlichem Niveau 1995	Ireland (IE) Baleares (ES) West Midlands (UK) Navarra (ES) Vaasan Lääni (FI) Cataluña (ES) Aragon (ES) Mikkelin Lääni (FI) Lisboa e Vale do Tejo (PT) Pais Vasco (ES)	Abruzzi (IT) Puglia (IT) Languedoc-Roussillon (FR) Sardegna (IT) Trier (DE) Sicilia (IT) Basilicata (IT) Calabria (IT) Campania (IT) Kärnten (AT)

Quelle: ERECO (1997), S. 20.

Was folgern die Institute mit Blick auf die Tabelle 2? Erstens: „There is no simple pattern in terms of convergence/divergence.“[24] Zweitens aber (vgl. auch die nächsthöhere regionale Aggregationsstufe): „A considerable degree of catching up is expected (Ireland, East Germany, Portugal) for those low-cost regions that have better supply-side conditions to attract mobile capital.“[25] Würde man den Rahmen der Tabelle 2 nach den Beschäftigungsniveaus 1995 und dem Beschäftigungswachstum 1995/2001 ausfüllen, ergäbe sich selbstverständlich eine andere Auflistung von Regionen.[26] An westdeutschen Regionen fände man bei den Absteigern von einem relativ hohen Beschäftigungsniveau (Feld rechts oben in neuer Tabelle 2) Schleswig-Holstein und Detmold, bei den nochmaligen Absteigern von einem bereits relativ niedrigen Beschäftigungsniveau (Feld rechts unten in neuer Tabelle 2) Düsseldorf, Saarland und Trier.

Es gab immer schon einen Erwartungsdruck bei regionalökonomischen Gutachten, für den politischen Auftraggeber die machbare oder von selbst zu erwartende Konvergenz der Regionen „zu sehen“. Im Jahre 1969 hat sich die Freigabe meines ersten regionalökonomischen Gutachtens durch das zuständige Ministerium erheblich verzögert, weil darin eher beiläufig für die Spanne von 1957 bis 1966 festgestellt wurde, weder unternehmerischer noch staatlicher Aktivität sei es gelungen, die Leistungskraft bestimmter baden-württem-

[24] ERECO (European Economic Research and Advisory Consortium) (1997): European Regional Prospects. Analysis and Forecasts to the Year 2001 for European Cities and Regions, Volume 1: Main Report, Cambridge, S. 19.

[25] ERECO (1997): a.a.O., S. 19.

[26] Vgl. ebenda, S. 21.

bergischer Kreise zu stärken[27] und es sei keine Angleichung der regionalen Unterschiede zu erwarten.[28]

Als Angelpunkt der Überlegungen zum Thema ist der evolutorische Kernprozeß der Volkswirtschaft anzusehen, der im Geflecht einzelwirtschaftlicher Beziehungen angelegt ist. Die europäische Integration muß wesentlich danach beurteilt werden, „wie sie diesen evolutorischen Kernprozeß der Volkswirtschaft beeinflußt, (a) in dessen Zentrum Unternehmungen stehen, die durch den Wettbewerb einem Leistungsdruck zu Innovationen ausgesetzt sind, (b) der jedoch von allen Menschen des Landes getragen wird, die initiatives Wirtschaftshandeln zeigen, und (c) vom staatlichen Sektor mitgestaltet wird."[29] In Marktwirtschaften ist das Individualverhalten, insbesondere das unternehmerische Investitions- und Innovationsverhalten, so gut wie nicht verläßlich prognostizierbar.[30] Die „Mitgestaltung" der Entwicklung durch den staatlichen Sektor – vgl. (c) – ist nicht unumstritten. Einhellig befürwortet wird eine möglichst marktferne Innovationspolitik.[31] Die Zukunftskommission Wirtschaft 2000 war ferner der Auffassung, daß ein hinreichend großer Markt – europäische Integration und Globalisierung – mit einem wirksamen Wettbewerb zwischen den Hochtechnologie-Nachfragern zugleich „das beste Innovations-Stimulans" darstellt.[32]

---

[27] Vgl. *Schwarz, D., Wagner, A.* (1970): Technischer Fortschritt, Freisetzung und Arbeitsmarkt in Baden-Württemberg. Eine regionale und sektorale Analyse, Tübingen, S. 81.

[28] Vgl. ebenda, S. 85.

[29] *Wagner, A.* (1991b): a.a.O., S. 68.

[30] Vgl. *Keynes-Jöhr*-Instabilität des Investitionsverhaltens; in: *Wagner,A.* (1990): Makroökonomik. Volkswirtschaftliche Strukturen II, Stuttgart-New York, S. 89.

[31] Vgl. Staatsministerium Baden-Württemberg (1990): a.a.O., S. 31-34.

[32] Vgl. Staatsministerium Baden-Württemberg (1993): Aufbruch aus der Krise, Bericht der Zukunftskommission Wirtschaft 2000, Stuttgart, S. 58.

Man kennt unterschiedliche Maßnahmen der Wirtschaftspolitik mit dem Ziel, die Regionen nach Wohlstands- und Beschäftigungsindikatoren voranzubringen. Ein unangefochtener Ansatzpunkt für die Wirtschafts- und die Wissenschaftspolitik wird – wie erwähnt – darin gesehen, Forschung und Entwicklung (F&E) zu subventionieren, und zwar möglichst „marktfern“ in der Grundlagenforschung. Standortvorteile (endogene Potentiale, entwicklungsträchtige regionale Identitäten) sollen durch nationale und regionale F&E-Subventionen erreicht werden. Einen Dämpfer könnte die Entschlossenheit der Regierungen zur Subventionierung der industriellen Forschung und Entwicklung durch einige neuere Befunde der empirischen Wirtschaftsforschung erfahren. Nach statistischen Daten aus 22 Industrieländern für 1971 bis 1990 und aus 77 Entwicklungsländern für 1985 bis 1990 hätte man beachtliche Diffusionseffekte der Fördermaßnahmen und Mitzieheffekte zugunsten dritter Länder in die jeweiligen Subventionsentscheidungen einzubeziehen. Man kalkulierte in den Untersuchungen die Zuwächse an nationalem F&E-Bestand durch Geldausgaben und fragte nach dem zugehörigen Produktivitätszuwachs. In den G-7-Ländern wurde durch 1 % F&E-Wachstum ein Anstieg der gesamten Faktorproduktivität um 0,23 % erreicht (das entspricht einer Förderungselastizität der Produktivität von 0,23). In den kleinen Volkswirtschaften erzielte man durch die eigene nationale Förderung zwar nur 0,08 % Produktivitätsanstieg, doch profitierte man dort in besonderem Maße von der Förderung im Ausland. So bewirkten z. B. Zunahmen der F&E in den USA um 1 % in Singapur einen Produktivitätszuwachs um 0,22 %, und F&E-Zuwächse um 1 % in der übrigen Welt warfen in Belgien 0,26 % Produktivitätsanstieg ab. „Spillovers cannot be kept within national boundaries: subsidizing locals often means subsidizing foreigners too“, lautet ein für die regionale Wirtschaftsförderung ernüchterndes Fazit.[33]

Eine empirisch-statistische Querschnittsanalyse für die US-amerikanischen Bundesstaaten, die *Ciccone* und *Hall* 1996 veröffentlichten, kommt zu diesem interessanten Resultat für den Einfluß der regionalen Dichte: „Increasing returns to density play a crucial role for explaining the large differences in average labor productivity across U. S. states. We estimate that doubling employment density in a country increases average labor productivity by 6 percent. This degree of locally increasing returns can explain more than half of the variation in labor productivity across U. S. states.“[34] Worin liegen die Ursachen einer größeren oder kleineren regionalen Dichte?

Bei einer Interpretation der Befunde von *Ciccone* und *Hall* erinnert man sich der Konzeption der „Industrial Districts“ und der von *Alfred Marshall* postulierten „localization economies“. Ich habe darauf meine Ausführungen für eine zu erwartende „fraktale Regionalentwicklung“ in Baden-Württemberg gestützt.[35] Ballungsräume mit Eigenschaften von „Industrial Districts“ und periphere oder ländliche Räume im systematischen, aber wandelbaren Verbund tragen die Entwicklung eines Gesamtgebiets. Regionale Ungleichheit ist eine Vorbedingung (nicht nur eine Begleiterscheinung) guter marktwirtschaftlicher Entwicklung; „Entwicklungsstärke durch Disparität“ muß einer der Leitgedanken sein.[36] Nivellierung sei weder zu erwarten

---

[33] Vgl. *Wagner,A.* (1997a): Wirtschaft verstehen – national und global. Eine moderne Volkswirtschaftslehre, Stuttgart, S. 35.

[34] *Ciccone, A., Hall, R. E.* (1996): Productivity and the Density of Economic Activity, in: American Economic Review 86, S. 68, zitiert nach *Bombach, G.* (1997), S. 24.

[35] Vgl. *Wagner* (1994a): a.a.O., S. 46-52.

[36] Vgl. ebenda, S. 65.

noch wirtschaftspolitisch herbeizuführen. Man kann diese Vermutung gut untermauern.

Eine nach *Schumpeter* und *Heuss* konzipierte „markttheoretische Regionaltheorie“[37] stellt den initiativen Unternehmer in den Mittelpunkt und überträgt die Erfahrungsregel der Produktzyklen und ihrer Marktphasen auf einzelne Regionen. Mit Blick auf Faktor-, Transport- und Absatzmärkte für Experimentierphase, Expansionsphase, Ausreifungsphase sowie Stagnations- und Rückbildungsphase sieht man die unternehmerische Aktivität darauf gerichtet, regionale Eigenschaften zu entdecken und zu verwerten, die im Laufe der Zeit einer ständigen Umbewertung unterliegen. Die ökonomische Bedeutung regionaler Gegebenheiten, natural- und sozialökonomisch gesehen, wechsele im Laufe der Wirtschaftsentwicklung. Es gebe keine dauerhaften Vor- oder Nachteile einer Region.[38] Zwar stellten die einzelnen Regionen einer Volkswirtschaft nach den zeitweiligen objektiven Gegebenheiten unterschiedliche Entwicklungspotentiale dar, doch sei die regionale Entwicklung damit nicht determiniert.[39] Das paßt so nicht ganz zur Analogie Produktezyklus - Regionenzyklus. Eine Akzentverschiebung bei der Sicht von Potentialen regionaler Entwicklung, oft als endogene Potentiale bezeichnet, ist zu bemerken. Die Potentiale dürfen nun nicht mehr in der Weise als endogen begriffen werden, daß man meint, eine Region habe dies und das oder sei mit diesem oder jenem Vorteil ausgestattet, worauf sich Entwicklung gründen könne. Das Potential einer Region leitet sich insofern wesentlich von den anderen Regionen, vom Verbund der Regionen ab, als die wechselnde Bewertung der „Standort“-Vorteile eine „relative“ Wertung ist.

---

[37] Vgl. *Rüter, G.* (1987): Regionalpolitik im Umbruch, Bayreuth, S. 44-80.

[38] Vgl. ebenda, S. 375.

[39] Vgl. ebenda, S. 51.

Vorteile im Verbund oder aus dem Verbund heraus spielen bei den als „Industrial Districts“ apostrophierten Ballungsregionen eine entscheidende Rolle. Die Wirtschaftseinheiten finden in den Agglomerationen ganz besondere Vorteile der Entwicklung durch die gehäufte räumliche Nähe. Der „regional findige“ Unternehmer geht diesen Vorteilen nach und entscheidet sich konsequent für einen Standort in einem bestimmten Ballungsgebiet. Für kleinere Unternehmer lasse sich durch die von *Alfred Marshall* bemerkten „localization economies“ das erreichen und kompensieren, was großen Unternehmen als „increasing returns to scale“ oder Betriebsgrößenvorteile zufällt.

Chance und Gefährdung des Verbundes „in Netzen“, wie manche sagen, liegen nahe beieinander. Für den im Thema vorgegebenen Aspekt der regionalen Identität ist auf eine am Beispiel des Ruhrgebiets sozialwissenschaftlich konstatierte Gefährdung durch Erstarrung und Blockaden hinzuweisen. Dahinter stecken in etwa diese Überlegungen zum Verbund oder „Netzwerk“ in einer Region. „Lose Kopplung innerhalb des Netzwerks schafft die Voraussetzungen für interaktives Lernen und Innovationen, indem es ein hohes Maß an Ambiguität in der Wahrnehmung und in den Interpretationen der einzelnen Akteure zuläßt. ... In gewisser Weise konstituiert lose Kopplung eine Art ‘kultureller Versicherung’, auf die sich Netzwerke in bewegten Zeiten verlassen können. Lose Kopplung von funktional weitgehend eigenständigen Akteuren ermöglicht ein elastisches Abpuffern von unvorhersehbaren Ereignissen, lokale Anpassungen an Umweltveränderungen und dezentrales Lernen und Vergessen – und bietet damit Redundanz, die die Anpassungsfähigkeit des Netzwerks erhöht und das Risiko kumulativer Fehlentscheidungen und ‘falschen’ Lernens auf der Basis von positiven Rückkopplungsschleifen reduziert"[40] Im Ruhrgebiet wären die regionalen Netzwerke zu gewissen Zeiten in dreifacher Hinsicht blockiert worden: (a) Durch eine geradezu „feudale" Abhängigkeit zwischen Montanunternehmen und Zulieferern („Zuliefererproblematik" als Einschränkung dispositiver Unternehmensfunktionen, u. a. Forschung und Entwicklung, und damit der Anpassungsfähigkeit), (b) durch eine Konsens-Kultur im politisch-administrativen System der Region, (c) durch kognitive Blockierungen bei wirtschaftlichen und politischen Entscheidungsträgern.

Die zuletzt genannten Punkte (b) und (c) werden auch so beschrieben: „Die langfristig stabilen persönlichen Beziehungen begünstigen die Herausbildung von gemeinsamen Orientierungen, eines gemeinsamen technischen Jargons, gemeinsamer Verhandlungsprozeduren, ja, schließlich einer gemeinsamen Weltsicht. Diese homogene Weltsicht blockierte Reorganisationsmaßnahmen zu einem Zeitpunkt, als die Region noch über ausreichend Anpassungsspielräume verfügte."[41] Es handelt sich in etwa um das, was unwissenschaftlich als „Verfilzung" bezeichnet wird und „regionale Identität" negativ kennzeichnet.

---

[40] Forschungsschwerpunkt Arbeitsmarkt und Beschäftigung (1992): Entwicklung von Regionen. Netzwerke: Die Stärke schwacher Beziehungen, in: WZB-Mitteilungen 58, Dezember 1992, S. 4.

[41] Ebenda, S. 4.

Literatur

Barro, R. J., Sala-i-Martin, X. (1995): Economic Growth, New York, St. Louis u. a. O.

Bombach, G. (1997): Zur Einführung, in: *G. Bombach, H. J. Ramser, H. Riese, M. Stadler* (Hrsg.): Der Keynesianismus VI. Der Einfluß keynesianischen Denkens auf die Wachstumstheorie, Berlin, Heidelberg u. a. O., S. 1-34.

Ciccone, A., Hall, R. E. (1996): Productivity and the Density of Economic Activity, in: American Economic Review 86, S. 54-70.

ERECO (European Economic Research and Advisory Consortium) (1997): European Regional Prospects. Analysis and Forecasts to the Year 2001 for European Cities and Regions, Volume 1: Main Report, Cambridge.

Forschungsschwerpunkt Arbeitsmarkt und Beschäftigung (1992): Entwicklung von Regionen. Netzwerke: Die Stärke schwacher Beziehungen, in: WZB-Mitteilungen 58, Dezember 1992, S. 3-7.

Gandolfo, G. (1996): Economic Dynamics, 3. Aufl., Berlin u.a.O.

Hallet, M. (1997): National and Regional Development in Central and Eastern Europe: Implications for EU Structural Assistance, Economic Papers (EC, DG Economic and Financial Affairs), No. 120, Brüssel.

Herz, B., Röger, W. (1995): Economic Growth and Convergence in Germany, in: Weltwirtschaftliches Archiv, Bd. 131, S. 132-143.

Krugman, P. (1991): Geography and Trade, Leuven - Cambridge Mass. - London.

Krugman, P. (1995): Development, Geography, and Economic Theory, Cambridge Mass. - London.

Rüter, G. (1987): Regionalpolitik im Umbruch, Bayreuth 1987.

Schneider, J., Ziesemer, Th. (1995): What's New and What's Old in New Growth Theory: Endogeneous Technology, Microfoundation and Growth Rate Predictions. A Critical Overview, in: Zeitschrift für Wirtschafts- und Sozialwissenschaften, Bd. 115, S. 429-472.

Schwarz, D., Wagner, A. (1970): Technischer Fortschritt, Freisetzung und Arbeitsmarkt in Baden-Württemberg. Eine regionale und sektorale Analyse, Tübingen.

Späth, L. (1989): 1992 - Der Traum von Europa, Stuttgart.

Staatsministerium Baden-Württemberg (Hrsg.) (1990): Baden-Württemberg im Europäischen Binnenmarkt 1992. Ausgewählte Analysen und Empfehlungen 1990, Bericht des Beraterkreises der Landesregierung zu EG-Fragen, Stuttgart.

Staatsministerium Baden-Württemberg (Hrsg.) (1993): Aufbruch aus der Krise, Bericht der Zukunftskommission Wirtschaft 2000, Stuttgart.

Stahl, K. (1997): Divergenz und Konvergenz der regionalen Wirtschaftsentwicklung aus der Sicht der Raumwirtschaftstheorie, in: *H.-J. Vosgerau* (Hrsg.): Zentrum und Peripherie – Zur Entwicklung der Arbeitsteilung in Europa, Berlin, S. 53-72.

Thomas, I. P. (1997): Ein Finanzausgleich für die Europäische Union? Eine allokationstheoretische und fiskalföderalistische Analyse, Tübingen.

Wagner, A. (1989): Der EG-Binnenmarkt 1992/93: Eine Wegmarke zum neuen Staat?, in: IAW-Mitteilungen, Jg. 17, S. 140-153.

Wagner, A. (1990): Makroökonomik. Volkswirtschaftliche Strukturen II, Stuttgart-New York.

Wagner, A. (1991a): Ländliche Räume und der EG-Binnenmarkt, in: A. E. Ott (Hrsg.): Politik für die ländlichen Räume Europas. Das Beispiel Baden-Württemberg, Tübingen, S. 9-40.

Wagner, A. (1991b): Herausforderungen durch die Vollendung des EG-Binnenmarktes 1992/93, in: A. E. Ott (Hrsg.): Politik für die ländlichen Räume Europas. Das Beispiel Baden-Württemberg, Tübingen, S. 67-80.

Wagner, A. (1994a): Regionalentwicklung in Baden-Württemberg. Einige aktuelle und methodische Probleme, Tübingen-Basel.

Wagner, A. (1994b): Volkswirtschaft für jedermann. Die marktwirtschaftliche Demokratie, 2. Aufl., München.

Wagner, A. (1997a): Wirtschaft verstehen – national und global. Eine moderne Volkswirtschaftslehre, Stuttgart.

Wagner, A. (1997b): Transformation von Wirtschaftssystemen – Methodische Aspekte der Diskussion, in: *Schmid, H., Slembeck, T.* (Hrsg.): Finanz- und Wirtschaftspolitik in Theorie und Praxis, Festschrift zum 60. Geburtstag von *Alfred Maier*, Stuttgart, Wien, S. 313-338.

Manfred Knapp

Europa aus der Sicht der USA

I. Einleitung: Dimensionen des Themas

Seit dem Ende des Ost-West-Konflikts sehen sich die Vereinigten Staaten von Amerika veranlaßt, ihre Europapolitik zu überdenken. Die im Zuge des Systemumbruchs in Osteuropa mit dem Zerfall des Sowjetimperiums, der Aufhebung der Teilung des alten Kontinents, der Wiedervereinigung Deutschlands und anderen epochalen Ereignissen eingetretenen Veränderungen waren derart tiefgreifend, daß sie schwerlich ohne Einfluß auf die amerikanisch-europäischen Beziehungen bleiben konnten. Obgleich die wichtigsten Institutionen und Bindungen des nach dem Zweiten Weltkrieg gewachsenen transatlantischen Kooperationsverbunds, vor allem das Nordatlantische Sicherheitsbündnis (NATO) und die breitgefächerten, dichten wirtschaftlichen Verflechtungen zwischen Amerika und Westeuropa, die Epochenzäsur der Jahre 1989-91 überdauerten, stellte sich sogleich die Frage nach deren Zukunft unter den inzwischen erheblich veränderten Rahmenbedingungen.

Das neuzeitige, veränderte Europa aus der Sicht der USA zu betrachten, heißt zunächst einmal, eine Reihe erkenntnisleitender Fragen zu stellen: Wie sahen die USA, wie sahen vor allem die Washingtoner Regierungen und führende Mitglieder des Kongresses die teilweise sehr dramatischen Entwicklungen in Europa? Wie beurteilte die außenpolitische Führungselite der USA die Bemühungen und Absichtserklärungen europäischer Staatsführer und Politiker, vor allem jener aus den NATO- bzw. EU-Staaten, seit dem Ende des Ost-West-Konflikts eine größere

Eigenverantwortung bei der Gestaltung einer neuen, gesamteuropäischen Staatenordnung zu übernehmen? Und schließlich: Welche Vorstellungen entwickelten die USA zur Beantwortung der entscheidenden Frage, welche politische und wirtschaftliche (und kulturelle) Rolle die USA in dem seit der weltpolitischen „Wende“ grundlegend veränderten Europa zu übernehmen bereit sind?

Wird diese Rolle eine wesentlich andere sein, als diejenige, die die USA als westliche Bündnisführungsmacht und als führende Weltwirtschaftsmacht in der nahezu ein halbes Jahrhundert andauernden Periode des Ost-West-Konflikts gespielt haben? Sind die nach dem Ende des Zweiten Weltkriegs geschaffenen Fundamente der Atlantischen Gemeinschaft auch heute noch tragfähig oder ausbaufähig für die künftige Gestaltung der transatlantischen Beziehungen? Können die in der unmittelbaren Nachkriegszeit entstandenen Institutionen, wie etwa die 1949 gegründete Nordatlantische Allianz, auch heute noch den Kooperationsrahmen und den institutionellen Kern für die amerikanisch-europäischen Beziehungen abgeben oder müssen sie nicht doch von Grund auf umgebaut und erneuert werden? Welchen Stellenwert sollte überhaupt Europa im Gesamtgefüge der Weltpolitik der USA in der sogenannten post-Cold War era einnehmen?

Diese und ähnliche Fragen, mit denen sich in den letzten Jahren die amerikanischen Europapolitiker auseinanderzusetzen hatten, beschäftigten natürlich auch diesseits des Atlantiks die Politiker und Wissenschaftler. In den einschlägigen Diskussionen wurde in zahlreichen Varianten nahezu einhellig die Auffassung vertreten, daß die seit der Epochenzäsur der Jahre 1989-91 eingetretenen Veränderungen auch in den transatlantischen Beziehungen nolens volens Wandlungsprozesse auslösen müßten. Ungeachtet des Fortbestehens der wichtigsten internationalen

Institutionen mit ihren gut eingespielten Verhandlungsprozeduren, wie sie insbesondere im Rahmen der NATO, der EG/EU oder auch der OSZE seit langem praktiziert werden, seien die weltpolitischen Rahmenbedingungen für die künftige Entwicklung der euro-amerikanischen Beziehungen gründlich verändert worden. Allein schon diese Tatsache habe unvermeidlicherweise Auswirkungen auf die Beziehungen der USA zu dem alten Kontinent. Im Zuge dieser Beobachtungen schlugen einige Analytiker in Europa, besonders auch in Deutschland, sorgenvolle Töne an. So diagnostizierte beispielsweise einer dieser Experten „Das Ende transatlantischer Selbstverständlichkeit" und warnte vor den Gefahren eines „Kulturbruchs" zwischen Amerika und Europa.[1] Ein anderer stellte besorgt die Frage „Driftet die atlantische Gemeinschaft auseinander?"[2] und wiederum ein anderer fragte im Hinblick auf die mit dem Vertrag von Maastricht herausgeforderten Beziehungen zwischen der sich vertiefenden und erweiternden Europäischen Union und Nordamerika: „Braucht die Atlantische Gemeinschaft einen neuen Transatlantischen Vertrag?"[3]

Es wäre gewiß reizvoll, den seit Beginn der neunziger Jahre zu beobachtenden Wandel der transatlantischen Beziehungen und die damit auf beiden Seiten des Atlantiks verbundenen Erwartungen (und Befürchtungen) gleichberechtigt kritisch zu beleuchten. Doch soll entsprechend der spezifischen Themenstellung dieses Beitrags das unter erheblichem Veränderungs-

---

1 *Werner* Weidenfeld (1996): Kulturbruch mit Amerika? Das Ende transatlantischer Selbstverständlichkeit, Gütersloh.

2 *Gebhard Schweigler* (1995): Driftet die atlantische Gemeinschaft auseinander?, in: Internationale Politik, 50/6, S. 53-60.

3 *Gunther Hellmann* (1994): Die Europäische Union und Nordamerika nach Maastricht und GATT: Braucht die Atlantische Gemeinschaft einen neuen Transatlantischen Vertrag?, Interne Studien der *Konrad-Adenauer*-Stiftung, Nr. 70, St. Augustin.

druck stehende amerikanisch-europäische Verhältnis in erster Linie aus der Perspektive der USA betrachtet werden. Um wenigstens einige der einleitend genannten Fragestellungen zur Entwicklung der transatlantischen Beziehungen auf die überschaubare Ebene einer sozialwissenschaftlichen Analyse zu projizieren, soll in den folgenden Ausführungen zunächst - gewissermaßen als Vergleichsfolie zur Beurteilung der neueren Entwicklungen - das Strukturmuster der transatlantischen Beziehungen in der Periode des Ost-West-Konflikts skizziert werden.

II. Strukturmuster der transatlantischen Beziehungen während der Periode des Ost-West-Konflikts

In der gesamten Periode des Ost-West-Konflikts hatte sich in den Beziehungen zwischen den USA (oder Nordamerika mit Einschluß Kanadas) und Westeuropa ein besonderes Beziehungsmuster ausgeprägt. In der hier gebotenen Kürze läßt sich dieses internationale Beziehungsmuster durch die folgenden Kernelemente charakterisieren: das zwischenstaatliche und großenteils auch zwischengesellschaftliche (transnationale) Beziehungssystem war durch eine außergewöhnlich große politische, insbesondere sicherheitspolitische, wirtschaftliche und auch kulturelle Interaktionsdichte gekennzeichnet. Kernstück des sicherheitspolitischen Teilsystems war die institutionalisierte Nordatlantische Allianz, in der die USA die Rolle einer Bündnisführungsmacht innehatten. Im wirtschaftspolitischen Teilsystem bildeten die hochentwickelten Industriestaaten zu beiden Seiten des Atlantiks auf der Basis einer kapitalistisch-marktwirtschaftlichen Systemordnung einen internationalen und auch transnationalen Verflechtungsraum, der die beteiligten Volkswirtschaften im Hinblick auf den Handel, das hohe Niveau der wechselseitigen Direktinvestitionen und die internationalen Finanz- und Währungsbeziehungen zum maßgeblichen Interdependenzraum der Weltwirtschaft werden ließ.

Beim Vergleich zwischen den sicherheitspolitischen und wirtschaftspolitischen Teilsystemen trat im Verlauf der Nachkriegsentwicklung eine höchst beachtliche strukturelle Asymmetrie in den transatlantischen Beziehungen in Erscheinung. Solange es die antagonistische Sowjetunion mit ihrem vorgelagerten Sowjetimperium in Europa gab, waren die USA – trotz gelegentlicher Herausforderungen durch das gaullistische Frankreich - unbestreitbar die maßgebliche Bündnisführungsmacht des Westens. Auf wirtschaftlichem Felde konnten dagegen die europäischen NATO-Staaten durch die Erfolge ihrer Integration im Rahmen der Europäischen Gemeinschaften gegenüber den USA im Verlauf der Zeit annähernd eine Ebenbürtigkeit erreichen. Während demnach die Westeuropäer bis zum Zusammenbruch des Ostblocks bei der Aufrechterhaltung ihrer Sicherheit nach wie vor von den USA abhängig waren, konnten sie seit den sechziger Jahren in den internationalen Wirtschaftsbeziehungen im wachsenden Maße als gleichberechtigte Partner auftreten.

Aus der Sicht der USA entstand das sehr dauerhafte, nichtsdestoweniger anpassungs- und wandlungsfähige Strukturmuster der transatlantischen Beziehungen durch die Grundentscheidung der amerikanischen Nachkriegsregierung unter Präsident *Truman*, sich nach dem Ende des Zweiten Weltkriegs nicht aus Europa zurückzuziehen, sondern auf dem alten Kontinent gegenüber dem machtpolitischen Rivalen Sowjetunion für den Westen die Rolle einer Sicherheits- und Ordnungsmacht zu übernehmen und kontinuierlich zu behaupten. Führende amerikanische Politiker sahen in der gesamten Periode der Ost-West-Konfrontation einen engen Zusammenhang zwischen der

„national security“ der USA und der Sicherheitslage in Europa. Ein zweiter Hauptgrund für das kontinuierliche Engagement der USA in Europa lag in der Überzeugung der amerikanischen Regierung und der US-Geschäftswelt (besonders der stark exportorientierten und investitionsinteressierten Wirtschaftszweige), zu den Industriestaaten Europas als unverzichtbare Partner beim Aufbau und der Entwicklung möglichst liberaler internationaler Wirtschaftsbeziehungen pflegliche, gute Beziehungen zum beiderseitigen Nutzen unterhalten zu müssen.

Das hier nur stark vereinfacht dargestellte Strukturmuster der transatlantischen Beziehungen in der Periode des Ost-West-Konflikts gewährleistete aus der Perspektive der USA zugleich auch noch zwei strategische Zielsetzungen der amerikanischen Europapolitik: die USA wollten mit ihrem Engagement in Europa auf alle Fälle sicherstellen, daß der alte Kontinent nicht unter die Vorherrschaft einer Hegemonialmacht geriet. Deshalb sprachen einige Analytiker vom Ziel einer doppelten Eindämmung: zum einen sollte die als expansiv eingeschätzte Sowjetunion in ihrem Machtbereich eingedämmt werden; darüber hinaus sollte aber auch ein wiedererstarktes (West-) Deutschland soweit kontrollierend eingebunden werden, daß von ihm keinerlei Gefahren für die Stabilität der Staatenordnung in Europa ausgehen konnte.[4] Zur Erreichung beider Stabilitätsziele diente vor allem eine Institution, von deren Zukunft in jüngster Zeit soviel die Rede war: die NATO.

---

4 Zur Strategie des „Doppel-Containment“ siehe insbesondere *Wolfram F. Hanrieder* (1995): Deutschland, Europa, Amerika. Die Außenpolitik der Bundesrepublik Deutschland 1949-1994, Paderborn u.a.

III. Die Bedeutung der Epochenzäsur von 1989-91 für die amerikanische Europapolitik

Bevor die Frage nach der künftigen Entwicklung der transatlantischen Beziehungen weiterverfolgt wird, sollen zunächst einige knappe Bemerkungen und Überlegungen zur Bedeutung des in den Jahren 1989-91 eingetretenen Systemumbruchs für die amerikanische Europapolitik vorgetragen werden. Obgleich das eklatante Scheitern des Sowjetkommunismus und der Zerfall der Sowjetunion als östliche Supermacht auch in anderen Weltregionen, zum Beispiel im asiatisch-pazifischen Raum und im Nahen Osten, Auswirkungen hatte, hat der Zusammenbruch des Sowjetimperiums vor allem in Europa zu einer gegenüber früher tiefgreifend veränderten Mächte- und Kräftekonstellation geführt. Seit Anfang des letzten Jahrzehnts des zwanzigsten Jahrhunderts ist die sowjetische Bedrohung, die fast ein halbes Jahrhundert die westliche Staatengemeinschaft in Angst und Schrecken gehalten und deshalb zusammengeschweißt hatte, nicht mehr vorhanden. Damit ist auch die zentrale Geschäftsgrundlage für die westliche Allianz - Abschreckung und Abwehr gegen ein potentielles Vordringen der Sowjetunion und des Warschauer Pakts - entfallen. Anders ausgedrückt: seit der weltpolitischen „Wende" sind die europäischen Verbündeten der USA längst nicht mehr so stark auf den militärischen Schutz oder den sicherheitspolitischen Beistand der USA angewiesen wie noch zu den Zeiten, als die Westgruppe der Roten Armee bis zum Eisernen Vorhang an Elbe und Werra stationiert war.

Auch und nicht zuletzt für die USA hat sich die politische Landkarte Europas wesentlich verändert. Außer dem vereinten Deutschland ist in Mittel- und Osteuropa sowie - mit dem kriegerischen Zerfall des einstigen Jugoslawien - auch in Südosteuropa eine Vielzahl neuer, selbständiger Staaten entstanden. Bis auf Weißrußland sind alle diese Staaten bestrebt, sich mehr oder weniger aus dem macht- und wirtschaftspolitischen Einflußbereich Rußlands, des „Haupterben“ der untergegangen Sowjetunion, zu lösen. Die vom sowjetischen Joch befreiten europäischen Staaten suchen seitdem ihre „Rückkehr nach Europa“ mit dem Anspruch nach wirtschaftlicher Unterstützung auf den jeweils eingeschlagenen Wegen zur Wirtschaftsreform und mit dem Ziel zum Beitritt zu den westlichen Wirtschafts- und Sicherheitsorganisationen, allen voran zur transatlantischen NATO, zu verbinden. Die USA mußten alsbald erkennen, daß für die meisten der mittel- und osteuropäischen Reformstaaten der eingeschlagene Entwicklungsweg zur Einführung demokratischer und marktwirtschaftlicher Strukturen und zur Gewinnung einer neuen „postkommunistischen“ Identität im Selbstverständnis der Reformer auch und gerade mit Washingtoner Hilfe beschritten werden sollte. Mit anderen Worten: im neuen, veränderten Europa konnte sich die amerikanische Europapolitik nicht mehr allein auf Westeuropa beziehen, sondern mußte nun auch die Bedürfnisse, Wünsche und Erwartungen des mittleren und östlichen Teils des alten Kontinents in Rechnung stellen.

Die einschneidenden, revolutionären Veränderungen in Europa machten es für die USA zur Aufgabe und Herausforderung, in ihrer neuen Europapolitik wenigstens vier analytisch differenzierbare Adressatgruppen zu unterscheiden: Außer dem Kreis ihrer langjährigen Bündnis- und Wirtschaftspartner in Westeuropa, die mit den höchst ambitionierten Zielplanungen im Vertrag von Maastricht in den internationalen Beziehungen – auch gegenüber den USA – gelegentlich mit ostentativem Selbstbewußtsein auftraten, sind nun auch die hilfsbedürftigen mittel- und osteuropäischen Reformstaaten hinzugekommen. Daneben ist freilich immer noch der sehr instabilen Russischen Föderation als dem bedeutendsten Nachfolgestaat der Sowjetunion, der auch das ganze Nuklearwaffenpotential der einstigen östlichen Supermacht geerbt hat, große Aufmerksamkeit zu widmen. Allein schon die immer noch auf russischem Territorium gelagerten Atomwaffenarsenale (sowie auch die zu „entsorgenden“ B- und C-Waffen), von denen sich einige in einem äußerst prekären „Erhaltungszustand“ befinden, machen für die USA die wachsame Beschäftigung mit dem russischen Militärapparat zu einem zwingenden Erfordernis. Darüber hinaus ist das Engagement der USA bei der Beendigung der seit 1991 andauernden Balkan-Konflikte inzwischen mit einem relativ hohen Einsatz amerikanischen Prestiges verbunden, so daß die Balkan-Probleme aus Sicht der USA durchaus als eine eigenständige Agenda betrachtet werden können, obgleich das Engagement Amerikas als machtvoller „pacifier“ in Südosteuropa durchaus eng mit den anderen Adressatgruppen und deren Belangen verbunden ist.

Um im Sinne der Themenstellung dieses Beitrags wenigstens einen kurzen Einblick in den „Problemhaushalt“ der aktuellen amerikanischen Europapolitik bieten zu können, sollen anhand dreier wichtiger Beispiele die Grundzüge der neueren Einstellung der USA zu Europa aufgezeigt und sodann abschließend zusammenfassend bewertet werden.

IV. Ansätze zu einer neuen Europapolitik der USA

1. Die Aufrechterhaltung der transatlantischen Sicherheitsbeziehungen und die Osterweiterung der NATO

Bei einer Betrachtung der europapolitischen Agenda der USA ist die Frage der Gestaltung der transatlantischen Sicherheitsbeziehungen an die erste Stelle zu setzen, weil sich in diesem zentralen Politikfeld im Zuge des 1989 eingetretenen Systemumbruchs aus der Sicht der USA sogleich Handlungsbedarf ergab. Es spricht für die Reaktionsfähigkeit der damaligen US-Regierung unter Präsident *Bush*, daß Washington unverzüglich realisierte, daß sich mit dem Zusammenbruch des Ostblocks und der Selbstauflösung des Warschauer Pakts auch die Frage nach einer weiteren Daseinsberechtigung der NATO stellte. Die Regierung *Bush* zeigte sich sehr flexibel und kooperationsbereit bei den ersten Versuchen, das in vier Jahrzehnten gewachsene und bewährte westliche Bündnis an die veränderte Sicherheitslage anzupassen. In einem entscheidenden Punkt traf die Washingtoner Regierung eine weittragende Grundsatzentscheidung: Sie wollte unter allen Umständen am transatlantischen Sicherheitsbündnis festhalten, das ihr in der gesamten Nachkriegsepoche probate Mittel und Möglichkeiten verschafft hatte, auf die europäischen Verhältnisse im allgemeinen und auch auf die Sicherheitspolitik ihrer Verbündeten Einfluß zu nehmen.

Im Sinne dieser bündnisgestützten Grundsatzentscheidung setzte sich die Regierung *Bush* sogleich auch dafür ein, daß das vereinigte Deutschland in der NATO verblieb. Der große Einsatz zur Erreichung dieses Ziels wäre wohl kaum zu rechtfertigen gewesen, wenn die Regierung *Bush* im weiteren Verhandlungsverlauf die Existenz der NATO zur Disposition gestellt hätte.

Freilich hatte das überkommene westliche Bündnis als Relikt des nun überwundenen Ost-West-Konflikts nur dann eine Zukunft, wenn es gelang, die NATO an die veränderte Sicherheitslage anzupassen und ihr auch neue Aufgaben zu stellen. Die Reform der NATO steht seitdem auf der Tagesordnung der Bündnisgremien, sie beschäftigt bis heute die Außen- und Sicherheitspolitiker der *Clinton*-Administration, hat bislang aber über erste Ansätze noch nicht hinausgeführt.

Dies lag zum Teil daran, daß während der letzten drei Jahre zwei andere Problemkomplexe immer stärker die Aufmerksamkeit der Bündnispartner zu beiden Seiten des Atlantiks in Anspruch nahmen und in zunächst unerwarteter Weise Revitalisierungsimpulse für die NATO auslösten. Zum einen ging es dabei um die sogenannte Osterweiterung des Bündnisses durch die Aufnahme beitrittswilliger osteuropäischer Staaten und zum zweiten um die Frage eines möglichst wirkungsvollen Einsatzes der NATO bei der Beendigung der Kriege im früheren Jugoslawien, insbesondere in Bosnien-Herzegowina.

Präsident *Clinton* und seine Regierung standen der Frage einer Ausweitung der NATO nach Osten anfänglich eher vorsichtig, unentschlossen und abwartend gegenüber.[5] Einmal abgesehen von den grundsätzlichen Fragen nach der Opportunität einer Ausweitung des Bündnisses hatte die *Clinton*-Administration Bedenken, daß eine begrenzte Osterweiterung unweigerlich zu neuen sicherheitspolitischen Trennlinien in Europa führen und überdies das Verhältnis zu Rußland schwer belasten könnte. Von seinem Amtsvorgänger hatte *Clinton* den Ende 1991 aus der Taufe gehobenen NATO-Kooperationsrat übernommen, eine improvisierte Einrichtung, durch die zwischen den NATO-Mitgliedstaaten und den früheren Ostblockstaaten mit Einschluß der Sowjetunion und ihrer Nachfolgestaaten auf regelmäßiger Basis sicherheitspolitische Gespräche stattfinden konnten. (Im Mai 1997 wurde die Auflösung des NATO-Kooperationsrats beschlossen und die Gründung eines neuen Gremiums, der Euro-Atlantische Partnerschaftsrat, vereinbart, dem die 16 NATO-Staaten und 27 europäische Länder, darunter auch bündnisfreie

---

5 Näheres hierzu bei *Manfred Knapp* (1997): Europäische Sicherheit und die Osterweitung der NATO aus Sicht der USA, in: *August Pradetto* (Hrsg.): Ostmitteleuropa, Rußland und die Osterweiterung der NATO. Perzeptionen und Strategien im Spannungsfeld nationaler und europäischer Sicherheit, Opladen, S. 251-287.

Staaten wie Finnland, Österreich, Schweden und die Schweiz, angehören). Als sich jedoch im Verlauf des Jahres 1993 immer deutlicher abzeichnete, daß die Sicherheitsbedürfnisse der meisten mittel- und osteuropäischen Staaten weder durch eine aufgewertete und institutionalisierte KSZE noch durch die Schaffung formalisierter Gesprächsforen befriedigt werden konnten, entwickelte die Regierung *Clinton* das Konzept „Partnerschaft für den Frieden“, das auf dem NATO-Gipfel in Brüssel im Januar 1994 schließlich beschlossen wurde. Im Rahmen dieses Programms wurden bilaterale sicherheitspolitische Abkommen zwischen der NATO und annähernd 30 mittel- und osteuropäischen Staaten abgeschlossen; nach einigem Hin und Her konnte die NATO sogar Rußland zum Abschluß eines solchen Abkommens bewegen, wenngleich die Russische Föderation immer wieder die Respektierung ihrer besonderen sicherheitspolitischen Stellung verlangte. Der bündnisinterne Reformauftrag sollte unter anderem mit der Einrichtung der Alliierten Streitkräftekommandos (CJTF) vorangebracht werden, womit die Allianz mehr Flexibilität beim Einsatz von NATO-Verbänden, besonders auch als Krisenreaktionskräfte, zu gewinnen hoffte.

Im Verlaufe des Jahres 1994 entschloß sich die Regierung *Clinton* dann schließlich doch zu einer grundsätzlichen Öffnung der Allianz für Beitrittsaspiranten aus dem Osten. Bei diesem Einstellungswandel der US-Regierung spielte offensichtlich der von seiten einiger oppositioneller Republikaner im Kongreß entfachte Druck ebenso eine Rolle wie die Verlautbarungen und Forderungen einiger „elder statesmen“ (*Baker*, *Brzezinski*, *Kissinger*, *Kirkpatrick*), die sich allesamt für eine rasche Ausweitung der NATO ausgesprochen hatten. Jedenfalls erklärte der damalige US-Außenminister *Warren Christopher* auf der Sitzung des Nordatlantikrates im Dezember 1994 den Entschluß

seiner Regierung, nunmehr zur Einleitung des Erweiterungsprozesses bereit zu sein.
Nachdem einige der dabei auftretenden Grundfragen in einer vom NATO-Rat in Auftrag gegebenen und im September 1995 vorgelegten „Study on NATO Enlargement“ erörtert worden waren, wurden sodann auf der Gipfel-Tagung des Bündnisses am 8./9. Juli 1997 in Madrid unter maßgeblicher Beteiligung Präsident *Clintons* (nur) drei Staaten, Polen, die Tschechische Republik und Ungarn, zur Aufnahme von Beitrittsverhandlungen eingeladen. Zuvor, am 27. Mai 1997, hatten in Paris die Staats- und Regierungschefs der 16 NATO-Staaten und der russische Präsident *Boris Jelzin* sowie der NATO-Generalsekretär *Javier Solana* die „Grundakte über gegenseitige Beziehungen, Zusammenarbeit und Sicherheit zwischen der Nordatlantikvertrags-Organisation und der Russischen Föderation“ unterzeichnet, womit die gröbsten Widerstände Rußlands gegen die geplante Osterweiterung der NATO überwunden werden sollen.

Wenn die Beitrittsverhandlungen wie geplant verlaufen, könnte nach Abschluß der Ratifikationsverfahren für die Beitrittsprotokolle etwa im Frühjahr 1999, zum Zeitpunkt des fünfzigjährigen Bestehens des transatlantischen Bündnisses, die NATO um drei weitere Staaten vergrößert werden. Zur Zeit der Abfassung dieses Beitrags sieht es so aus, daß die (erste) Erweiterungsrunde der NATO innerhalb der USA mit einer ausreichenden Zustimmung rechnen kann, wenngleich sich in letzter Zeit auch einige namhafte Gegner der Erweiterung zu Wort gemeldet haben. Innerhalb des Kongresses, besonders innerhalb des Senats, der die Beitrittsprotokolle mit Zweidrittelmehrheit billigen muß, kann es durchaus vorkommen, daß im Zusammenhang mit der Osterweiterung einige harte Fragen aufgeworfen werden, deren Beantwortung für den Zusammenhalt des Bündnisses sehr wichtig werden können (u.a. das

Problem der bündnisinternen Kostenaufteilung bei der Übernahme der Beitrittskosten).[6]

Gerade mit ihrer veränderten Haltung zur Osterweiterung ließ die Regierung *Clinton* erkennen, daß sie nach wie vor an einer Aufrechterhaltung und Fortentwicklung der transatlantischen Sicherheitsbeziehungen festhalten will, ohne daß dafür schon ein präzises Gesamtkonzept vorhanden wäre. Präsident *Clinton* nimmt auch gelassener als die *Bush*-Administration die Absichten einiger europäischer NATO-Staaten zur Kenntnis, im Rahmen der im Vertrag von Maastricht vereinbarten Gemeinsamen Außen- und Sicherheitspolitik (GASP) auch eine eigene Sicherheits- und Verteidigungsidentität auf der Basis der WEU zu entwickeln, solange diese, wie auf der NATO-Ratstagung Anfang Juni 1996 in Berlin verabredet, innerhalb der NATO angestrebt wird. Sogar Frankreich unter seinem derzeitigen gaullistischen Präsidenten *Jacques Chirac* scheint mit dieser vorläufigen Verabredung leben zu können.

2. *Das Engagement der USA zur Befriedung des Balkans: Dayton und die Folgen*

Eine gewisse Ambivalenz zeigte sich auch in der Haltung der USA zu den kriegerischen Konflikten beim Zerfall Jugoslawiens. Als im Juni 1991 die blutigen Auseinandersetzungen um die Sezessionen der beiden Teilrepubliken Slowenien und Kroatien von der maßgeblich von den Serben kontrollierten Bundesrepublik Jugoslawien begannen, zeigte die amerikanische

---

[6] Einige Prognosen für das weitere Procedere der NATO-Osterweiterung innerhalb der USA bietet *Peter Rudolf* (1997): Sichere Öffnung? Die USA auf dem Weg zur Ratifizierung der NATO-Beitrittsprotokolle, Ebenhausen (Stiftung Wissenschaft und Politik).

Regierung unter Präsident *Bush* nach dem gerade erfolgreich beendeten zweiten Golfkrieg wenig Neigung, sich in die internationalen Bemühungen zur Konfliktregelung auf dem Balkan einzuschalten, zumal die EG-Staaten damals den Eindruck erweckten, als wollten und könnten sie ohne überseeische Hilfe die aufgeflammten Bürgerkriege unter Kontrolle bringen. Nach der furiosen Verlagerung der Kämpfe auf Kroatien und sodann auch auf Bosnien-Herzegowina mußten die untereinander uneinigen und letztlich unentschlossen agierenden EG-Staaten bald einräumen, daß sie zu einer Konfliktregelung auf dem Balkan nicht imstande waren und unbedingt auf die Hilfe und Unterstützung von außen, das heißt in erster Linie von den USA, angewiesen waren.

Mit der Verschärfung und Ausweitung der Kampfhandlungen und Kriegsbrutalitäten geriet der eskalierende Balkan-Konflikt zunehmend auch in den Aufmerksamkeitshorizont der amerikanischen Innenpolitik. Der demokratische Präsidentschaftsbewerber *Clinton* hatte im Wahlkampf des Jahres 1992 Präsident *Bush* wegen dessen zögerlicher Politik in dem immer bedrohlichere Ausmaße annehmenden Krieg im zerfallenden Jugoslawien kritisiert, der die Sicherheit und Stabilität des gesamten südosteuropäischen Raumes zu gefährden schien. Als im folgenden Jahr trotz aller Friedensbemühungen der Staatengemeinschaft die Konfliktparteien nicht zu einer Einstellung der Kämpfe und Gewaltakte veranlaßt werden konnten, erklärte sich die NATO mit ausdrücklicher Zustimmung der USA im Juni 1993 grundsätzlich bereit, unter dem Mandat des UN-Sicherheitsrats erforderlichenfalls militärische Maßnahmen mit Luftstreitkräften auf dem Kriegsschauplatz durchzuführen, um den Friedensappellen der Vereinten Nationen Geltung zu verschaffen.

In den folgenden beiden Jahren kam es daraufhin bei der Unterstützung der kaum erfüllbaren Aufträge der UNPROFOR-Friedenstruppen mehrfach zu punktuellen Einsätzen von Luftstreitkräften des westlichen Bündnisses, ohne daß damit allerdings die Beendigung der Konflikte herbeigeführt werden konnte. Unterdessen geriet die Jugoslawienpolitik der Regierung *Clinton* in den USA immer mehr unter starke Kritik, vor allem auch deshalb, weil die umständlichen und zeitraubenden Entscheidungsprozeduren bei der Abstimmung der Maßnahmen zwischen den UNPROFOR-Truppen und den NATO-Kommandostellen im mühsamen Zusammenwirken zwischen der UNO, EU, WEU und NATO letzten Endes auch Zweifel an der Effektivität der transatlantischen Allianz aufkommen ließen.

Die Regierung *Clinton* kam zu der Überzeugung, daß sie zur Herbeiführung einer entscheidenden Wende in den äußerst verwickelten Konfliktstrukturen auf dem Balkan sich entschiedener und stärker engagieren müsse. Bereits im März 1994 hatte sie den Abschluß eines Rahmenabkommens zur Gründung einer Föderation zwischen der kroatischen und muslimischen Volksgruppe in Bosnien-Herzegowina vermittelt, doch weigerten sich die bosnischen Serben weiterhin, einen im Juli 1994 von der internationalen Kontaktgruppe vorgelegten Friedensplan anzunehmen.

Eine weitere Eskalation der Kämpfe im Sommer 1995 (im Juli 1995 hatten serbische Truppen unter unbeschreiblichen Grausamkeiten die UN-Schutzzone Srebrenica erobert) veranlaßte schließlich die Regierung *Clinton* zu einem energischen diplomatischen Eingreifen. Präsident *Clinton* berief im August 1995 *Richard Holbrooke* zum Sonderbeauftragten für Bosnien-Herzegowina, um mit allem Nachdruck die Konfliktparteien an den Verhandlungstisch zu bringen. Nach wochenlangen Bemühungen konnten schließlich die Präsidenten Serbiens,

Kroatiens und Bosniens zum Abschluß eines allgemeinen Rahmenabkommens für den Frieden in Bosnien-Herzegowina in Dayton/Ohio gedrängt werden, das am 14. Dezember 1995 in Paris in Anwesenheit von Präsident *Clinton* und anderer Spitzenvertreter der internationalen Kontaktgruppe unterzeichnet wurde.

Um dem in Dayton ausgehandelten Friedensabkommen Erfolgsaussichten zu verschaffen, waren die USA auch bereit, sich an der zur militärischen Durchsetzung und Überwachung des Abkommens unter NATO-Oberbefehl stehenden Implementierungstruppe (IFOR) mit rund 20.000 US-Soldaten zu beteiligen. Als nach dem Ablauf des IFOR-Mandats Ende 1996 offensichtlich war, daß der Frieden in Bosnien immer noch nicht gesichert war, stimmte Washington trotz einiger innenpolitischer Widerstände einer Verlängerung der militärischen Präsenz der NATO (mit amerikanischer Beteiligung) um weitere 18 Monate bis zum Juni 1998 in der Form einer verkleinerten Stabilisierungsstreitmacht (SFOR) zu. Seitdem forderten hochrangige Vertreter der Regierung *Clinton* die Verantwortlichen der Konfliktparteien wiederholt auf, die Bestimmungen des Dayton-Abkommens zu erfüllen (so z.B. die amerikanische Außenministerin *Madeleine Albright* bei einem Besuch in der Konfliktregion im Mai 1997).

Die Regierung *Clinton* setzte mit ihrem Engagement für die Beendigung des Krieges auf dem Balkan die Macht und das Prestige der USA ein. Sie demonstrierte damit, daß sie weiterhin ihre Rolle als entscheidende Sicherheitsmacht in Europa wahrzunehmen bereit ist. Mit dem in Dayton unter massivem amerikanischen Druck vereinbarten Vertrag und den darin enthaltenen Durchsetzungsmodalitäten brachte sie überdies die NATO als wichtigste Sicherheitsorganisation ins Spiel und unterstrich dabei zugleich auch die Unentbehrlichkeit und

Unersetzlichkeit der USA als Bündnisführungsmacht. Ob allerdings der von der Clinton-Administration unter Beweis gestellte sicherheitspolitische Einsatz zur Aufrechterhaltung beziehungsweise Wiederherstellung der Sicherheit in Europa weiterhin auch vom Kongreß und der amerikanischen Öffentlichkeit getragen wird, ist eine offene Frage.

3. Die „Neue Transatlantische Agenda“: Das Verhältnis zur EU zwischen Partnerschaft und Konkurrenz

In einer kurzen Bestandsaufnahme der transatlantischen Beziehungen aus dem Blickwinkel der USA kann selbstverständlich nicht die Entwicklung des Verhältnisses zur Europäischen Union ausgespart werden. Die wichtigsten Stichworte der letzten Jahre auf dieser ökonomisch-politischen Handlungsebene sind zum einen der erfolgreiche Abschluß der achten GATT-Runde (Uruguay-Runde) im Dezember 1993 in Genf mit einem in einer umfangreichen Schlußakte festgehaltenen Verhandlungsergebnis, die am 15. April 1994 von den mehr als 120 Teilnehmerstaaten in Marrakesch unterzeichnet wurde. Natürlich bedeutet auch der zuvor erfolgte Abschluß des Vertragswerks von Maastricht im Februar 1992, wodurch mit Wirkung vom 1. November 1993 der westeuropäische Integrationsprozeß in Gestalt der Europäischen Union eine ambitionierte weitere Etappe erreicht hat, ein wichtiges Datum für die amerikanisch-europäischen Beziehungen. Aus der Sicht der amerikanischen Europapolitik war unter anderem auch die Absichtserklärung der mittlerweile 15 westeuropäischen Integrationspartner wichtig, daß sich die Europäische Union auch nach Osten öffnen und die Aufnahme (einiger) beitrittswilliger mittel- und osteuropäischer Reformstaaten planen werde. Die einschneidenden Veränderungen in Europa und in den globalen internationalen Beziehungen veranlaßte schließlich die Regierung *Clinton*, gemeinsam mit den EU-Staaten eine umfassende transatlantische Kooperationsvereinbarung als Grundlage für die Entwicklung der transatlantischen Beziehungen an der Schwelle zum 21. Jahrhundert zu verabreden, die im Dezember 1995 auf der US-EU-Gipfelkonferenz in Madrid unter dem Titel „Neue Transatlantische Agenda" verabschiedet wurde.

Bei den GATT-Verhandlungen im Rahmen der Uruguay-Runde war wie schon des öfteren in früheren Jahren zwischen den USA und den EG/EU-Staaten ein heftiger Streit über die Modalitäten des internationalen Agrarhandels ausgebrochen, der eine Zeitlang alle anderen (wichtigeren) Verhandlungsbereiche zu überlagern drohte. Die amerikanische Forderung nach völliger Abschaffung aller Agrarsubventionen war für die EG nicht akzeptabel; sie scheiterte vor allem an der Intransigenz Frankreichs, das sich in dieser Frage innerhalb der EG zeitweilig isoliert hatte und auch für den audiovisuellen Bereich auf einer „cultural exception / protection" von der Liberalisierung zur Abwehr wohlfeiler Produkte der amerikanischen Unterhaltungsindustrie bestand. Am Ende konnten mit dem in der Schlußakte niedergelegten Kompromiß die Handelsstaaten zu beiden Seiten des Atlantiks zufrieden sein, da durch die neuen Regelungen zur weiteren Liberalisierung des Welthandels mit Einschluß wenigstens einiger Dienstleistungsbereiche und verbesserter Bestimmungen zum Schutz des geistigen Eigentums sowie der Überführung des „provisorischen" GATT in eine handlungsfähigere „Welthandelsorganisation" (WTO) für alle Seiten längerfristig höhere Wohlfahrtsgewinne zu erwarten sind.

Das regierungsoffizielle Washington verfolgte den Abschluß des Vertrags von Maastricht mit Gelassenheit und bekräftigte bei dieser Gelegenheit den hergebrachten Grundsatz amerikanischer Europapolitik, daß die USA schon während der gesamten Nachkriegszeit den europäischen Integrationsprozeß begrüßt und gefördert hätten. Die Regierung *Clinton* stand dem neuen Vertragsprogramm zur weiteren Vertiefung der EG in Richtung einer Wirtschafts- und Währungsunion sowie auch einer Politischen Union grundsätzlich positiv gegenüber und akzeptierte auch die geplante Schaffung einer Sicherheits- und Verteidigungsidentität der EU auf der Basis einer Gemeinsamen Außen- und Sicherheitspolitik. Schließlich stellte sich die EU als größter Handelsblock der Welt immer noch (nach der asiatisch-pazifischen Region) als zweitgrößter Markt für amerikanische Waren und Dienstleistungen dar und behauptete überdies auch als wichtigster Anlageraum für amerikanische Direktinvestitionen im Ausland ihre überragende Bedeutung als transatlantischer Wirtschaftspartner. Die von der *Clinton*-Administration nachdrücklich begrüßte Öffnung des westeuropäischen Integrationsverbundes nach Osten machte die EU aus amerikanischer Perspektive noch bedeutender als Organisationsrahmen für eine möglicherweise entstehende gesamteuropäische Staatenordnung. Bereits unter der Regierung *Bush* war die Washingtoner Regierung damit einverstanden, der EG die Hauptverantwortung und Zuständigkeit zur Unterstützung der Reformprozesse in den mittel- und osteuropäischen Staaten zu übertragen. In einem bemerkenswerten Grundsatzartikel, der im Mai 1997 in der FAZ veröffentlicht wurde, forderte der stellvertretende Außenminister der USA, *Strobe Talbott*, die EU-Staaten nachdrücklich auf, den Integrationsprozeß nach Osten auszudehnen, wobei er sogar auch für die Einbeziehung der Türkei plädierte: „Wir betrachten die Nato-Erweiterung und die EU-Erweiterung als getrennte, aber parallele Prozesse, die demselben Zweck dienen: einer breiteren und vertieften transatlantischen Gemeinschaft.“[7]

---

[7] Frankfurter Allgemeine Zeitung, 26. Mai 1997, S. 10.

Es hat seit dem Systemumbruch der Jahre1989-91 auf beiden Seiten des Atlantiks nicht an Versuchen gefehlt, die gewachsenen transatlantischen Beziehungen zu bekräftigen, zumal der Stellenwert der traditionellen europäisch-amerikanischen Sicherheitsbindungen nach dem Ende des Ost-West-Konflikts deutlich zurückging. So versicherten sich die USA und ihre europäischen Verbündeten schon unmittelbar nach dem in Paris abgehaltenen KSZE-Gipfel in einer am 23. November 1990 verkündeten „Transatlantischen Erklärung" auch für die neue Epoche der Aufrechterhaltung besonders enger partnerschaftlicher Beziehungen. Bereits kurze Zeit nach der Verabschiedung dieser Erklärung waren sich beide Seiten darin einig, daß zwischen den USA und der EG verbesserte Konsultations- und Kooperationsmechanismen nötig seien, um die neuen Herausforderungen in der post-Cold War era zum beiderseitigen Nutzen bewältigen zu können.

Schließlich vergingen dann doch fünf Jahre, ehe die USA und die EU-Staaten am 3. Dezember 1995 bei ihrem Gipfeltreffen in Madrid eine „Neue Transatlantische Agenda" unterzeichneten, der noch ein umfangreicher „Gemeinsamer US-EU-Aktionsplan" beigegeben war, wodurch die vier Hauptpunkte umfassende Handlungscharta im einzelnen konkretisiert werden sollte. In den beiden Dokumenten wurde eine Fleißarbeit der beteiligten Unterhändler zu Papier gebracht, die nahezu sämtliche Aufgabenbereiche einer künftigen transatlantischen Zusammenarbeit auflistete, angefangen mit der weltweiten Friedenssicherung und der Verbreitung sowie Stärkung demokratischer Herrschaftsstrukturen, der Bekämpfung des internationalen Verbrechens und Terrorismus bis zur Zusammenarbeit bei der Ausweitung des Welthandels und der allgemeinen Intensivierung der internationalen Wirtschaftsbeziehungen sowie auch einer verstärkten Kooperation im Bildungs- und Wissenschaftsbereich.

Der ehemalige US-Botschafter bei der EU in Brüssel, *Stuart E. Eizenstat*, sah in der Verkündung der Neuen Transatlantischen Agenda einen Beleg für die große Bedeutung, die beide Seiten der transatlantischen Partnerschaft einräumen. Sie sei nicht nur wie bisher als Konsultationsrahmen hauptsächlich zur Regelung der europäisch-amerikanischen Handelsbeziehungen wichtig, sondern diene zunehmend auch als breiterer Handlungsrahmen zur Förderung gemeinsamer politischer und wirtschaftlicher Ziele auf globaler Ebene. Die neue Agenda demonstriere „the continued commitment of the United States in the post-Cold War era to be a partner in the development of Europe's future".[8]

Bei nüchterner Beobachtung des Verhältnisses zwischen den USA und der sich erweiternden und vertiefenden EU ist festzuhalten, daß die mit einigem propagandistischen Aufwand verkündete neue Agenda allenfalls nur als ein erster Schritt zu einer ernsthaften Fortentwicklung der transatlantischen Beziehungen angesehen werden kann. Entscheidende Fragen nach einem neuen, inspirierenden ideologischen Fundament und einer überzeugenden transatlantischen Organisationsstruktur sind dabei noch offengeblieben. Mitte 1996, als eine erste Erfolgsbilanz bei der Umsetzung des in Madrid verkündeten Aktionskatalogs gezogen werden sollte, war die transatlantische Harmonie wieder einmal gestört, vor allem deshalb, weil der amerikanische Kongreß mit gesetzlichen Maßnahmen, für die auch extraterritoriale Geltung beansprucht wurde, unliebsame Staaten wie Kuba, Iran, Libyen zu einer Verhaltensänderung zwingen wollte, und dabei - vergeblich - die Gefolgschaft der Europäer erwartete (Helms-Burton Act, D'Amato Bill).

---

[8] *Anthony Laurence Gardner* (1997): A New Era in US-EU Relations? The *Clinton* Administration and the New Transatlantic Agenda, Aldershot, S. IX (im Vorwort zu diesem Buch).

Trotz gelegentlicher wechselseitiger Störungen und Irritationen in den transatlantischen Beziehungen sehen die USA die EU nach wie vor, eigentlich im wachsenden Maße, als bedeutenden Partner - und auch als Konkurrenten - bei der Realisierung ihrer außenwirtschaftlichen Ziele, und zwar sowohl in den transatlantischen als auch globalen Wirtschaftsbeziehungen. Aus der Perspektive Washingtons ist die Bedeutung der EU während der letzten Jahre auch deshalb gestiegen, weil sie eine entscheidend wichtige Rolle bei der ökonomischen und politischen Transformation und Stabilisierung der mittel- und osteuropäischen Reformstaaten spielt. Auch wenn die EU bei der Entwicklung ihrer Gemeinsamen Außen- und Sicherheitspolitik in den letzten Jahren nur sehr bescheidene Fortschritte vorweisen konnte, war die Regierung *Clinton* nichtsdestoweniger bereit, die EU auch in globalen weltpolitischen Angelegenheiten als Partner zu akzeptieren. Insbesondere wünschen die USA eine bessere Zusammenarbeit mit der EU bei der Entwicklung einer gemeinsamen Haltung gegenüber der Krisenregion eines erweiterten Mittleren Ostens, wobei sie ihren europäischen Verbündeten auch eine stärkere Verankerung der strategisch wichtigen Türkei in der westlichen Welt (unter anderem durch eine Aufnahme in die EU) nahelegen.

V. Ungewißheiten hinsichtlich der Behauptung einer Führungsrolle der USA in einem veränderten Europa

Versucht man abschließend, die vorstehend angestellten Beobachtungen und Überlegungen zur neueren Entwicklung der amerikanisch-europäischen Beziehungen zusammenzufassen und zu bewerten, so sind folgende Punkte hervorzuheben:

1. Seit dem Zusammenbruch des Sowjetimperiums und dem Ende der sowjetkommunistischen Vorherrschaft in

Osteuropa haben sich die Rahmenbedingungen für die Beziehungen zwischen den USA und Europa fundamental verändert. Die außenpolitische Führungselite der USA ist sich bewußt, daß die Rolle und das Gewicht der USA als Bündnisvormacht und als führende Weltwirtschaftsmacht in Europa aufgrund der veränderten Bedingungen neu definiert werden muß.

2. Die traditionellen Bündnispartner zu beiden Seiten des Atlantiks haben den Rückgang der hergebrachten sicherheitspolitischen Abhängigkeit Westeuropas von den USA zur Kenntnis genommen und bemühen sich seitdem um die Anpassung der transatlantischen Sicherheitsbeziehungen an die veränderte Lage in Europa und darüber hinaus.

3. Die Washingtoner Regierungen unter den Präsidenten *Bush* und (seit 1993) *Clinton* trafen die Grundsatzentscheidung, auf absehbare Zeit auch in der sogenannten post-Cold War era vorrangige Sicherheitsbeziehungen zu Europa auf der Basis der NATO aufrechtzuerhalten. Das Eintreten der USA für eine zunächst begrenzte Osterweiterung der Nordatlantischen Allianz und auch das starke US-Engagement zur Beendigung der Konflikte auf dem Balkan belegen die amerikanische Bereitschaft, auch unter den veränderten Rahmenbedingungen die Rolle einer führenden „Sicherheitsmacht" in Europa zu übernehmen. Allerdings steht die Fortsetzung des sicherheitspolitischen Engagements Amerikas in Europa innerhalb der USA unter einem wachsenden Begründungsdruck. Allein schon daraus ergeben sich Ungewißheiten hinsichtlich einer künftigen Führungsrolle der USA.

4. Aus amerikanischer Perspektive gesehen müssen sich die USA in ihrer Europapolitik nun auch stärker auf gesamteuropäische Dimensionen unter bewußter Einbeziehung der 10 ehemals kommunistisch beherrschten Länder Mittel- und Osteuropas einstellen. Gemäß vielfachen Bekundungen streben die USA im Ostteil des alten Kontinents die Etablierung freiheitlich-demokratischer Strukturen und marktwirtschaftliche Systeme an. Präsident *Clinton* erklärte zu Beginn seiner zweiten Amtszeit die Schaffung eines „ungeteilten und demokratischen Europa" zum außenpolitischen Hauptziel seiner Regierung.[9]

5. Die USA anerkennen die besondere Aufgabe der EU, im weiteren Fortgang des europäischen Integrationsprozesses auch die Beziehungen zu den Staaten Mittel- und Osteuropas auszubauen und diese Staaten an den westeuropäischen Integrationsverbund heranzuführen. Sie empfehlen den 15 EU-Staaten nachdrücklich, die mittel- und osteuropäischen Reformstaaten (und auch die Türkei) in die Europäische Union zum frühestmöglichen Zeitpunkt aufzunehmen.

6. Die USA gehen in ihrer Europapolitik von dem Grundsatz aus, daß die EU bei der Gestaltung und Steuerung der internationalen Wirtschaftsbeziehungen als herausgehobener Partner zu behandeln ist. Die Regierung *Clinton* ist auch grundsätzlich bereit, die um eine Gemeinsame Außen- und Sicherheitspolitik bemühten EU-Staaten in ihrer Gesamtheit und als einzelne Akteure bei der Bearbeitung und Bewältigung internationaler Herausforderungen als Partner zu akzeptieren. So erklärte

---

[9] Frankfurter Allgemeine Zeitung, 6. Februar 1997, S. 1.

beispielsweise der neue US-Botschafter in Deutschland, *John Kornblum*, am 15. Juli 1997 vor dem außenpolitischen Ausschuß des US-Senats: „As we enter an even more dynamic world of the 21st century, there will be virtually no important American goal which is not affected directly bei Germany.“[10]

7. Die außenpolitische Führungselite Amerikas ist sich bisher noch nicht darüber klar geworden, welche Rolle die USA langfristig im veränderten Europa spielen wollen oder können. Es gibt bislang innerhalb der USA darüber noch keine außenpolitische Grundsatzdebatte, noch keine bündige außenpolitische Leitformel auf der Basis eines Grundkonsenses und auch keine diesbezügliche präsidentielle Doktrin.

8. Vergleicht man jedoch die während der letzten Jahre von seiten der US-Regierung und des amerikanischen Kongresses im Hinblick auf die amerikanische Europapolitik diskutierten Vorschläge und Entscheidungen, so ist einerseits eine generelle Bereitschaft zur Aufrechterhaltung einer US-Führungsrolle in Europa erkennbar. Andererseits bestehen aber in den USA keine großen Neigungen, dafür hohe Kosten zu tragen. Es ist demnach sehr wahrscheinlich, daß es in den euro-atlantischen Beziehungen in den kommenden Jahren zu größeren Auseinandersetzungen um ein neues „burden-sharing“ zur Aufteilung der Kosten kommen wird, die unweigerlich bei der Schaffung einer möglichst stabilen Staatenordnung in Europa entstehen werden.

---

10 http://www.usia.gov/c... (15 July 1997).

Von einem politikwissenschaftlichen Standpunkt aus betrachtet, stellt die Entwicklung der amerikanisch-europäischen Beziehungen ein äußerst interessantes Forschungsfeld dar. Es geht hier unter anderem um die Klärung der Frage, wie das zwischenstaatliche und zwischengesellschaftliche Zusammenleben und die Kooperation von hochentwickelten liberaldemokratischen Industriestaaten zu beiden Seiten des Atlantiks unter den seit Anfang der neunziger Jahre veränderten Rahmenbedingungen gestaltet werden können. Kann man zum Beispiel den Organisationsgrad, das Ausmaß der Interdependenzen in den transatlantischen Sicherheitsbeziehungen (etwa durch den Abschluß eines neuen Sicherheitsvertrags) oder Wirtschaftsbeziehungen (etwa durch die Errichtung eines Transatlantischen Gemeinsamen Marktes oder einer Transatlantischen Freihandelszone) so verändern, daß gemeinsame Systemziele (Frieden, Sicherheit, Wohlfahrt, soziale Gerechtigkeit etc.) besser als mit den überlieferten Institutionen erreicht werden können? Die transatlantischen Beziehungen werden mit Sicherheit auch im 21. Jahrhundert ein großes Thema der internationalen Politik bleiben.

Literatur

Bertram, Christoph (1995): Europe in the Balance. Securing the Peace Won in the Cold War, Washington, DC: A Carnegie Endowment Book.

Bildt, Carl (1997): Hat Europa aus Bosnien gelernt? Schlußfolgerungen für die europäische Außenpolitik, in: Internationale Politik, 52/7, S. 3-8.

Daalder, Ivo H. (1997): Anführer auf dem Rückzug? Die USA und der Friedensprozeß in Bosnien, in: Internationale Politik, 52/7, S. 9-14.

Dembinski, Matthias/Rudolf, Peter/Wilzewski, Jürgen (Hrsg.) (1994): Amerikanische Weltpolitik nach dem Ost-West-Konflikt, Baden-Baden: Nomos.

Gardner, Anthony Laurence (1997): A New Era in US-EU Relations? The *Clinton* Administration and the New Transatlantic Agenda, Aldershot: Avebury.

Gompert, David C./Larrabee, F. Stephen (Eds.) (1997): America and Europe. A Partnership for a New Era, Cambridge: Cambridge University Press.

Gutjahr, Lothar (1993): Globale Konflikteindämmung. Europas Rolle in der Neuen Weltordnung aus der Sicht der USA, in: S+F: Vierteljahresschrift für Sicherheit und Frieden, 10/2, S. 85-88.

Haftendorn, Helga/Tuschhoff, Christian (Eds.) (1993): America and Europe in an Era of Change, Boulder.

Hanrieder, Wolfram F. (1995): Deutschland, Europa, Amerika. Die Außenpolitik der Bundesrepublik Deutschland 1949-1994, Paderborn.

Hellmann, Gunther (1994.): Die Europäische Union und Nordamerika nach Maastricht und GATT: Braucht die Atlantische Gemeinschaft einen neuen Transatlantischen Vertrag?, Interne Studien der *Konrad-Adenauer*-Stiftung, Nr. 70, St. Augustin.

Heuser, Beatrice (1996): Transatlantic relations. Sharing ideals and costs, London: Royal Institute of International Affairs.

Hoffmann, Stanley (1997): The United States and Western Europe, in: *Lieber, Robert J.* (Ed.): Eagle Adrift. American Foreign Policy at the End of the Century, New York: Longman, S. 178-192.

Holbrooke, Richard (1995): America, A European Power, in: Foreign Affairs, 74/2, S. 38-51.

Holmes, John W. (1997): The United States and Europe after the Cold War: a New Alliance? Columbia: University of South Carolina Press.

Kaase, Max/Kohut, Andrew (1996): Estranged Friends? The Transatlantic Consequences of Societal Change, Gütersloh: Bertelsmann Foundation Publishers.

Kahler, Miles/Link, Werner (1995): Europa und Amerika nach der Zeitenwende – die Wiederkehr der Geschichte, Gütersloh: Verlag Bertelsmann Stiftung.

Kelleher, Catherine McArdle (1996): The Future of European Security, Washington, DC: Bookings Institution.

Knapp, Manfred (Hrsg.) (1990): Transatlantische Beziehungen. Die USA und Europa zwischen gemeinsamen Interessen und Konflikt, Stuttgart: Franz Steiner Verlag.

Knapp, Manfred (1997): Europäische Sicherheit und die Osterweiterung der NATO aus Sicht der USA in: *Pradetto, August* (Hrsg.): Ostmitteleuropa, Rußland und die Osterweiterung der NATO. Perzeptionen und Strategien im Spannungsfeld nationaler und europäischer Sicherheit, Opladen: Westdeutscher Verlag, S. 251-287.

Kugler, Richard L. (1994): U.S. – West European Cooperation in Out-of-Area Military Operation. Problems and Prospects, Santa Monica: Rand Corporation.

Kugler, Richard L. with *Marianna V. Kozintseva* (1996): Enlarging NATO. The Russia Factor, Santa Monica: Rand Corporation.

Lieber, Robert J. (Ed.) (1997): Eagle Adrift. American Foreign Policy at the End of the Century, New York: Longman.

May, Bernhard (1994): Die Uruguay-Runde. Verhandlungsmarathon verhindert trilateralen Handelskrieg, Bonn: Europa Union Verlag.

Meier-Walser, Reinhard C. (Hrsg.) (1997): Transatlantische Partnerschaft. Perspektiven der amerikanisch-europäischen Beziehungen, Landsberg am Lech: Günter Olzog Verlag.

Meimeth, Michael (Hrsg.) (1997): Die Europäische Union auf dem Weg zu einer Gemeinsamen Sicherheits- und Verteidigungspolitik, Berlin: Duncker & Humblot.

Owen, David (1996): Balkan Odyssey, New York: Harcourt Brace.

Reinicke, Wolfgang (1996): Deepening the Atlantic. Toward a New Transatlantic Marketplace?, Gütersloh: Bertelsmann Foundation Publishers.

Rudolf, Peter (1997): Sichere Öffnung? Die USA auf dem Weg zur Ratifizierung der NATO-Beitrittsprotokolle, Ebenhausen: Stiftung Wissenschaft und Politik.

Ruggie, John Gerard (1996): Winning the Peace: America and World Order in the New Era, New York: Columbia University Press.

Study on NATO Enlargement, September 1995.

The New Transatlantic Agenda: Joint US-EU Actions Plan, Washington, DC: State Department Bureau of Public Affairs, Dec. 1995.

Weidenfeld, Werner (1996): Kulturbruch mit Amerika? Das Ende transatlantischer Selbstverständlichkeit, Gütersloh: Verlag Bertelsmann Stiftung.

Zelikow, Philip/Rice, Condoleezza (1995): Germany Unified and Europe Transformed, Cambridge: Harvard University Press.

Zimmermann, Warren (1996): Origins of a Catastrophe. Yugoslavia and its destroyers – America's last ambassador tells what happened and why, New York: Random House.

Janusz Reiter

Wie weit reicht Europa? Hoffnungen und Erwartungen der Beitrittsländer in Ost - und Südosteuropa

I. Einleitung

Wie weit reicht Europa? Sicherlich ist dies eine jener Fragen, die man stellt, um das Denken anzuregen und nicht um eine präzise Antwort zu bekommen. Jede Grenzziehung wäre historisch fragwürdig und politisch riskant. Europa ist ein offener Kontinent, zu dem jeder gehört, der sich nicht selbst ausschließt. Dies ist jedoch keine Antwort, aus der man eindeutige praktische Konsequenzen ziehen kann. Sie kann sogar etwas weltfremd wirken. Der europäische Reisende stößt auf vielen Flughäfen auf eine sehr einfache Zweiteilung Europas. Er darf entweder an dem EU-Schalter fast unkontrolliert vorbeilaufen oder muß vor dem Non-EU-Schalter für eine manchmal auch längere Weile stehen bleiben. Manche Länder erweitern die Kategorie der Privilegierten auf die Bürger aller EWR-Staaten, in anderen hat man als Pole, Tscheche oder Litauer das Vergnügen, Schweizer oder Norweger zu treffen – Vertreter jener zwei Länder, die sich freiwillig entschieden haben, der Europäischen Union nicht anzugehören. (Auf diese zwei interessanten Sonderfälle soll später zurück gekommen werden.) Aber auch unter den Non-EU-Europäern gibt es noch zwei Gruppen: Es sind diejenigen, die ein Visum für die Einreise in die Union brauchen und die anderen, die visafrei reisen dürfen. Aus menschlicher Sicht, der sogenannten Froschperspektive, und die muß in Europa immer sehr ernst genommen werden, stellt sich die Frage so: Wie lange bleibt der Zugang zu den „privilegierten" Schaltern den Bürgern jener Länder vorbehalten, die nach dem Krieg auf der westlichen

Seite geblieben sind? Wann wird der Kreis erweitert und um wen? Und schließlich: was wird mit denen, denen auch mittelfristig der einfachere Einreiseweg versperrt bleibt? Oder auch politisch formuliert: Wo sind die Grenzen der künftigen erweiterten Union und wie sollen sie aussehen? Oder sollte die Erweiterung ein Prozeß mit offenem Ende sein? Sollte also die neue Zielbestimmung lauten: eine immer enger und immer weiter werdende Union?

Westeuropäische Politiker sagen immer wieder, die heutige Union sei ein Torso, ein inakzeptabler Zustand. Man darf sich aber keinen Illusionen hingeben: die meisten Menschen in der EU empfinden die heutigen Grenzen als angenehm und nicht korrekturbedürftig. Sie können ohne den anderen Teil Europas gut leben. Die political correctness verbietet es, diese Wahrheit offen auszusprechen, aber sie wird durch das Schweigen nicht aus der Welt geschafft. Die aktive Kraft des sogenannten europäischen Einigungsprozesses war von Anfang an der östliche Teil des Kontinents, d.h. die Menschen in den mittel- und osteuropäischen Ländern. Der westliche Teil spielte eher eine reaktive Rolle, wobei die westliche Bundesrepublik als Akteur im Vereinigungsprozeß gewissermaßen ein Sonderfall war.

Die Erweiterung ist also ein Prozeß, in dem die Europäische Union Entscheidungen treffen muß, die bei ihren Bürgern keine allgemeine Begeisterung wecken. Der Druck von außen, diese Entscheidungen zu treffen, ist nicht sonderlich groß. Selbstverständlich wird die EU von den östlichen Anwärtern gedrängt, aber sie haben – und dies muß man ehrlicherweise zugeben – keine besonders effektiven Druckinstrumente. Anders als Rußland, das selbst aus seiner Schwäche eine Stärke machen kann, indem es seine westlichen Partner mit Untergangsszenarien erpreßt, können die fortgeschrittenen Reformländer für sich nur mit ihren Stabilisierungserfolgen werben. Selbst mit dem Argument, der EU-Beitritt diene der Festigung der Demokratie und der Marktwirtschaft, müssen sie vorsichtig umgehen – die demokratische und marktwirtschaftliche Reife ist ja die Voraussetzung für die Aufnahme und nicht das erwartete Ergebnis des Beitritts.

Der äußere Druck ist also sehr beschränkt und kann nicht wesentlich erhöht werden. Wir wissen aber, daß in der Politik ohne Druck nichts geht. Wie kann man also die Chancen der EU-Erweiterung verbessern? Die Antwort besteht aus zwei Teilen: Erstens muß die Begründung der Öffnung richtig formuliert werden. Zweitens muß sich die Europäische Union freiwillig unter Druck setzen, indem sie einen verbindlichen Zeitplan der Erweiterung festlegt – was freilich nur dann Sinn hat, wenn auch die Beitrittskandidaten ihre Pflichten erfüllen.

II. Motive für den Beitritt zur Union

Viele EU-Europäer sehen in den östlichen Anwärtern vor allem arme Nachbarn, die ihre Hände nach dem in der Union geschaffenen Wohlstand ausstrecken. Das stimmt allein schon deshalb nicht, weil die neu Hinzukommenden auch an der Wohlstandsvermehrung teilnehmen werden. Überdies ist die Union auch schon in der jetzigen Phase, der Assoziierung, kein Verlierer, sondern ein Nutznießer der Öffnung zum Osten. Von dem Handelsaustausch profitiert sie mehr als die mittel- und osteuropäischen Anwärter.

Bei aller Attraktivität der EU als Wohlstandsgemeinschaft, diese allein erklärt nicht den Wunsch so vieler in Mittel- und Osteuropa, ihr beizutreten. Um die anderen Gründe zu verstehen, muß man an die Beitrittsmotive der bisherigen Mitglieder erinnern. Man kann wohl drei Arten von Motiven der Integrationsbereitschaft unterscheiden: das geopolitische, das entwicklungspolitische und das pragmatische Motiv.

Für Deutschland und Frankreich, zwei der Gründungsmitglieder des europäischen Projektes, galt und gilt – wenn auch heute in modifizierter Form – vor allem das geopolitische Motiv. Dieser Versuch, durch den Zusammenschluß beider Länder das zu erreichen, was mit den Mitteln der alten Machtpolitik nie gelingen konnte, und zwar ein Gleichgewicht zwischen beiden Ländern, ist geglückt. Bei allen Schwierigkeiten, die beide Länder miteinander haben, ist es immer noch ein ermutigendes Beispiel für die Lösung eines historisch gewachsenen Gegensatzes.

Das entwicklungspolitische Motiv kann den südeuropäischen Ländern unterstellt werden, die in den 80er Jahren beigetreten sind. Ihnen ging es vor allem darum, aus der Randlage herauszukommen und das wirtschaftliche und soziale Gefälle zu Westeuropa abzubauen. Auch dieser Versuch ist geglückt. Man muß bedenken, daß Spanien vor dem Krieg ungefähr den gleichen Entwicklungsstand wie Polen hatte. Heute ist es ein hochentwickeltes, wohlhabendes Land, während Polen erst jetzt seine Chance wahrnehmen kann.

Wie soll man aber das Motiv der jüngsten Mitglieder, d.h. der Skandinavier erklären? Sie brauchten in der Integration keine Zuflucht vor der Geopolitik zu suchen und auch als entwicklungspolitischer Helfer war für sie die Union uninteressant. Möglicherweise wollten sie sich selbst und der Außenwelt bestätigen, daß sie zur westlichen Welt gehören, was aber auch schon vor 1989 jeder wußte. Sie befanden sich also in einer ganz anderen Situation als die früheren Mitglieder. Die Argumente waren weniger zwingend. So konnte es nicht verwundern, daß eines der skandinavischen Länder, Norwegen, glaubte, die EU nicht zu brauchen. Hier kam es also zu einer pragmatischen Entscheidung, bei der alle Vor- und Nachteile abgewogen wurden. Es gab keinen Druck der Geschichte. Dabei muß man auch berücksichtigen, daß die Skandinavier ihre Entscheidung unter völlig veränderten weltpolitischen Umständen zu treffen hatten, in einem Europa ohne Kalten Krieg und ohne Eisernen Vorhang. Eine interessante Frage ist, ob dieses pragmatische Herangehen sich in der Europäischen Union verbreiten wird, ob sich also auch etwa Deutsche und Franzosen von dem „Druck der Geschichte" gelöst fühlen und deshalb die unbefangene Frage stellen, inwieweit die Europäische Union ihren Interessen dient.

Wie sieht es aus mit den neuen Kandidaten? Für sie ist die Europäische Union sowohl ein geopolitischer Anker als auch eine entwicklungspolitische Chance. Polen ist dafür ein gutes Beispiel. Der Beitrittswunsch ist sowohl durch den Willen, den politischen Sinn der geographischen Lage umzudefinieren, begründet als auch durch die Einsicht, daß nur die Mitgliedschaft in der Europäischen Union die Chance bietet, die Rückständigkeit abzubauen. Das letzte Motiv verbindet wohl alle mittel- und osteuropäischen EU-Kandidaten. Die geopolitische Komponente ist dagegen in Polen besonders stark ausgeprägt. Das Land liegt auf der alten geopolitischen Achse von Ost nach West und ist deshalb besonders stark von der europäischen Großwetterlage abhängig.
Einer der zwei großen Nachbarn, die in der Vergangenheit Polens Schicksal mitprägten, nämlich Deutschland, hat am Gelingen der polnischen Integrationspolitik ein besonderes Interesse. Die Deutschen haben erlebt, daß die europäische Integration ihre Beziehungen mit den westlichen Nachbarn völlig verändert hat. Sie sehen sich zum erstenmal befreundeten Nationen gegenüber. Dies vermittelt ihnen auch ein Gefühl der

Sicherheit. Unabhängig von der politischen Position herrscht in Deutschland die begründete Überzeugung, daß dieser Wandel etwas mit dem europäischen Einigungsprozeß zu tun hat. Daher die Hoffnung, daß dieses Grundmuster der deutschen Politik – d.h. die „Europäisierung“ der Beziehungen mit den Nachbarn – auch für das polnisch-deutsche Verhältnis richtig ist.

Diese Auffassung ist zu befürworten. Allerdings sollte sie nicht auf Mißverständnissen beruhen. Polen ist kein zweites Frankreich. Es gibt dafür tausend Gründe. Es ist ein anderes Land – mit einer anderen Geschichte, einer anderen Sprache, einer anderen Tradition des politischen Denkens.
Die Erfahrung des deutsch-französischen Verhältnisses ist sehr nützlich, muß aber ergänzt werden durch die Kenntnis Polens. Es gibt in Deutschland viel Polen-Kompetenz, in der Kultur wie in der Wirtschaft. Und doch gibt es gleichzeitig erhebliche Verständnisbarrieren. Ein Beispiel dafür sind die Schwierigkeiten, die viele Deutsche mit dem Phänomen Kirche in Polen haben. Dabei geht es aber um ein tieferes Problem, das auch und vor allem die polnische Öffentlichkeit beschäftigt: was kann und darf oder sollte gar Polen von seiner Tradition in das moderne Europa mitnehmen? Oder muß es die Tradition beim Eintritt in die EU an der Garderobe ablegen? Sollte sich in Polen dieser Eindruck verfestigen, würde dies verhängnisvolle Konsequenzen für die Akzeptanz der EU-Mitgliedschaft haben. Was die Polen aus ihrer nationalen Tradition erhalten und was sie als nicht für die Zukunft geeignet ablehnen, muß ihre Entscheidung sein. Wie sie auch immer ausfallen wird, sie sollte von den Nachbarn in der Europäischen Union respektiert werden. Die Anpassung muß stattfinden, besonders in den Bereichen, in denen es gemeinsame Standards gibt, d.h. vor allem in den Rechtssystemen.

Die wirtschaftliche und rechtliche Anpassung erfordert vor allem eine Anstrengung der Bewerber selbst. Das meiste, was sie zu tun haben, liegt ohnehin in der Logik des Reformprozesses und hat insofern keinen direkten Zusammenhang mit der Integration. Manche Verfechter liberaler Wirtschaftsordnungen argumentieren sogar, daß die Mitgliedschaft in der Europäischen Union das Entwicklungstempo zu bremsen drohe. Dem steht das Argument gegenüber, daß die Europäische Union eine Solidargemeinschaft sei, die Leistungen erwarte, aber auch Gegenleistungen erbringe. In der Tat, auch die Südeuropäer hätten den jetzigen Entwicklungsstand ohne Unterstützung der älteren Mitglieder nicht erreichen können. Daß sich diese Unterstützung auch zurückgezahlt hat, gehört eben zu dem Erfolgsgeheimnis der europäischen Integration und löst erfreulicherweise den Widerspruch zwischen Solidaritätsbereitschaft und Egoismus zu einem guten Teil auf. Selbstverständlich wird dieser Mechanismus nicht von selbst zu einem Ausgleich zwischen den bisherigen und den künftigen Mitgliedern der EU führen. Vielmehr muß man damit rechnen, daß es harte Auseinandersetzungen geben wird – nicht nur mit den Südeuropäern, sondern beispielsweise auch mit dem Erweiterungsbefürworter Deutschland. Trotzdem erscheint ein sinnvoller Kompromiß durchaus möglich, wenn die alten Mitglieder nicht alles erhalten wollen, wie es war, z.B. in der Agrarpolitik und wenn die Beitrittsländer nicht den Fehler machen, zu viel Schutz und Subventionen um jeden Preis zu verlangen. Was sie brauchen, ist vielmehr eine Stärkung ihrer Entwicklungsfähigkeit. Subventionen können sehr leicht die Versuchung auslösen, den status quo zu zementieren. Damit würden sich die neuen Mitglieder selbst einen Bärendienst erweisen. Es wird schwierig sein, dieser Argumentation Geltung zu verschaffen – und das ist in der heutigen EU nicht anders, und auch in den mittel- und osteuropäischen Ländern ist die Anfälligkeit für die Subventionsmentalität nicht zu unterschätzen.

Fünf Länder werden in wenigen Monaten die Verhandlungen über die Mitgliedschaft eröffnen: Ungarn, Tschechien, Slowenien, Polen und Estland. Warum diese fünf? Ungarn, Tschechien und Polen gelten als relativ unumstritten. Sie können gute Reformergebnisse vorweisen und sind auch – vor allem Polen – für die Union strategisch wichtig. Slowenien, ein sehr fortgeschrittenes Reformland, signalisiert die Öffnung in Richtung Balkan, auch wenn die Slowenen heftig protestieren, wenn man sie in irgendeiner Weise mit dem Balkan in Verbindung setzt. Die Einladung an Estland soll deutlich machen, daß sich die Europäische Union ihrer Verpflichtungen den baltischen Ländern gegenüber bewußt ist, trotz der Machtansprüche Moskaus in dieser Region.

Ist ein solches selektives Vorgehen moralisch legitim und politisch sinnvoll? Vielmehr muß man, wie so oft in der Politik, nach den Alternativen fragen. Hätte man allen die Mitgliedschaft anbieten können? Aus vielen Gründen war das nicht möglich. Oder hätte man warten sollen, bis alle beitreten und aufgenommen werden können? Das wäre eine absurde Lösung. Es liegt im Interesse aller Länder des früheren Ostblocks, daß die magische Ost-West-Grenze überschritten wird. Denn das signalisiert, daß die alte Trennungslinie keinen Bestand hat im neuen Europa und daß kein Land den Anspruch erheben kann, Ost- und Mitteleuropa als seine Interessensphäre zu betrachten.

Diese Politik ist, und diese Banalität muß wiederholt werden, gegen kein Land gerichtet. Es gibt aber ein Land, das gegen diese Politik ist, nämlich Rußland, und genauer gesagt die Moskauer Machtelite. Trotzdem, die Befürchtung, daß die Integration von Ost- und Mitteleuropa in westlichen Strukturen einen unüberbrückbaren Gegensatz zwischen Rußland und dem

Westen schafft, ist nicht begründet, wie die russischen Reaktionen auf die angekündigte Öffnung der NATO zeigen. Und genauso unbegründet ist die Annahme, daß die künftigen NATO- und EU-Mitglieder eher ein Bollwerk gegen als eine Brücke zu Rußland werden. Vielmehr haben diese Länder ein vitales Interesse an einer demokratischen Entwicklung in Rußland und an guten Beziehungen mit dem großen Nachbarn. Wenn ihre Ostgrenze eine harte Bruchlinie ist, dann bleibt ihnen nur die Rolle der östlichen Peripherie der westlichen Welt. Je besser sie aber ihr Verhältnis zu den östlichen Nachbarn gestalten können, um so attraktiver werden sie als Partner des Westens. Das gilt übrigens für ihre Nachbarschaft nicht nur zu Rußland, sonder auch zur Ukraine. Die Erhaltung der Unabhängigkeit dieses großen Staates ist ein wichtiger Bestandteil der europäischen Stabilität. Die Fähigkeit, mit der Ukraine und anderen osteuropäischen Nachbarn gut zusammenzuarbeiten und einen Beitrag zur Festigung der demokratischen und marktwirtschaftlichen Ent-wicklung dieser Länder zu leisten, ist insbesondere für Polen ein wichtiger Kompetenznachweis beim Eintritt in die westlichen Integrationsstrukuturen. Und schließlich wird vor allem von den Ländern, die als erste Mitglieder der westlichen Strukturen werden, erwartet, daß sie sich zu der Verantwortung gegenüber den später aufgenommenen Kandidaten bekennen. Diese Aufgabe erfordert nicht nur entsprechende Wirtschaftskraft, sondern vor allem die Bereitschaft, Verantwortung nicht nur für sich selbst, sondern auch für ein größeres Ganzes zu übernehmen. Es ist zumindest für Polen zu hoffen, daß es sowohl die Kraft als auch die Bereitschaft dazu hat, denn Polen ist zu groß, um eine Oskar-Matzerath-Mentalität zu vertreten.

Diese Aufgabe kommt auf Polen und die anderen mitteleuropäischen Länder nicht erst dann zu, wenn sie Mitglieder der EU werden, also in vier, fünf oder sechs Jahren. Bereits in zwei

Jahren schon werden die ersten drei Kandidaten Mitglieder des Nordatlantischen Bündnisses. Hierzu einige Anmerkungen:

1. Daß das Bündnis schneller handelt als die EU, kann kaum überraschen. Dies soll jedoch nicht zu der Annahme verleiten, die Amerikaner seien schneller als die Europäer. Diesen Eindruck zu vermeiden, liegt wohl im Interesse aller. Die Europäer dürfen der NATO-Erweiterung nicht distanziert zuschauen. Sie müssen sie zu ihrer eigenen Sache erklären.

2. Die NATO-Erweiterung ist kein Grund, die EU-Erweiterung als weniger dringend zu betrachten. Für eine stabile, ausgewogene politische Architektur Europas ist beides von gleicher Bedeutung. Die Integration der Länder Mittel- und Osteuropas ist eine gemeinsame Aufgabe beider großer Organisationen der westlichen Welt. Auch wenn man es nur aus der egoistischen Perspektive der Interessen der Union betrachtet, wäre eine schnelle Aufnahme neuer Mitglieder die einzige sinnvolle Antwort auf die Öffnung der NATO.

Vor allem Polen braucht sowohl die atlantische als auch die europäische Verankerung. Dies liegt auch im langfristigen Interesse der polnisch-deutschen Beziehungen. Zur Zeit haben wir eine paradoxe, wenn auch verständliche Situation: der Stellenwert der NATO in der deutschen Politik sinkt relativ, während das Bündnis für Polen die Institution ist, über die das Land in den Westen eintritt. Es liegt im Interesse beider Seiten, eine derartige Asymmetrie zu vermeiden. Und das geht nur, indem man die Europäische Union öffnet.

IV. Wie weit soll die Erweiterung gehen?

Diese Frage wird gern von Erweiterungsgegnern gestellt, die den Eindruck erwecken wollen, das „Boot“ sei schon bald nicht nur voll, sondern hoffnungslos überlastet und werde infolgedessen sinken. Trotzdem hat die Frage auch ihre Legitimität. Sie muß nicht die Idee der Erweiterung ad absurdum führen. Warum sollte man Angst haben vor einem EU-Beitritt der Ukraine, wenn diese alle Bedingungen der Mitgliedschaft erfüllt? Daß das, wenn überhaupt, eher Jahrzehnte und nicht Jahre brauchen würde, ist eine andere Frage. Vom Grundsatz her sollte die Union jedoch auch für die Ukraine offen sein.
Etwas anders stellt sich die Frage bei Rußland, sowohl wegen seiner räumlichen Ausdehnung als auch wegen seiner Großmachtstellung. Freilich könnte man theoretisch fragen, warum nicht auch Rußland, vorausgesetzt es akzeptiert die Spielregeln, wie z.B. das Mehrheitsprinzip. Aber der Realitätsgehalt solcher Überlegungen ist sehr problematisch.

Für kleinere und mittelgroße Länder, und aus solchen besteht vorwiegend Europa, wird sich die Frage nach der Zugehörigkeit zu Europa immer mehr als eine Frage nach ihrer EU-Mitgliedschaft stellen. Die Schweiz und Norwegen sind in dieser Hinsicht Sonderfälle, auf die sich keiner berufen wird. Wenn die Union erfolgreich bleibt, wird sie eine große Anziehungskraft erhalten. Sie muß mit allen, die ihr beitreten wollen, sehr einfühlsam umgehen. Das gilt auch für ihr Verhältnis zur Türkei. Wenn ein Land die Bereitschaft zeigt, die Regeln der Union zu respektieren, ist das ein Gewinn für Europa. Wenn die Union die „Möchtegern-Mitglieder“ schroff zurückweist, schafft sie – nicht nur sich selbst – Gegner. Dies ist kein Plädoyer für eine EU-Aufnahme als therapeutisches Mittel gegen Frustration. Das ist lediglich ein Hinweis darauf, daß die Union mit der Beitrittsoption ein wichtiges Instrument in der Hand hat, mit dem sie die Entwicklung außerhalb ihres Gebietes beeinflussen kann.

Die erste Erweiterungsrunde wird eine wichtige Signalwirkung haben. Sie bestätigt, daß die Union sich ihrer größeren Verantwortung bewußt ist. Bliebe sie „unter sich“, würde sie den Eindruck verfestigen, daß sie nichts anderes sei als ein Verein zur Erhaltung von Privilegien aus der Zeit des Kalten Krieges. Die Union hat ihre erste Chance in der Nachkriegsgeschichte Europas gut genutzt. Wie sie ihre zweite Chance, die Erweiterung, nutzt, wird sich in den kommenden Jahren erweisen.

Autorenverzeichnis

Prof. Dr. *Reinhold Biskup*, Institut für Wirtschaftspolitik, Universität Leipzig, Marschnerstraße 31, D-04109 Leipzig

Prof. Dr. *Rolf Hasse*, Institut für Wirtschaftspolitik, Universität Leipzig, Marschnerstraße 31, D-04109 Leipzig

Prof. Dr. *Manfred Knapp*, Institut für Internationale Politik, Universität der Bundeswehr Hamburg, Holstenhofweg 85, D-22043 Hamburg

Prof. Dr. *Hermann Lübbe*, Staatssekretär a.D., Honorarprofessor für Philosophie und Politische Theorie an der Universität Zürich, Ränistr. 71, CH-8006 Zürich

Reinhard Mohn, Vorsitzender der Bertelsmann Stiftung, Carl-Bertelsmann-Str. 256, D-33335 Gütersloh

Janusz Reiter, Botschafter a.D., Direktor des Instituts für öffentliche Angelegenheiten und des Zentrums für Internationale Beziehungen in Warschau, ul. Mikotaja Reja 7, 00-922 Warszawa 54

Prof. Dr. *Wolf Schäfer*, Institut für Theoretische Volkswirtschaftslehre, Universität der Bundeswehr Hamburg, Holstenhofweg 85, D-22043 Hamburg

Hanns-Eberhard Schleyer, Staatssekretär a.D., Generalsekretär des Zentralverbandes des Deutschen Handwerks, Johanniterstr. 1, D-53113 Bonn

Dr. *Franz Schoser*, Hauptgeschäftsführer des Deutschen Industrie- und Handelstages Bonn, Adenauerallee 148, D-53113 Bonn

Prof. Dr. *Olaf Sievert*, Präsident der Landeszentralbank in den Freistaaten Sachsen und Thüringen, Prager Str. 200, D-04103 Leipzig

Prof. Dr. Dr. h.c. *Joachim Starbatty*, Wirtschaftswissenschaftliches Seminar der Eberhard-Karls-Universität Tübingen, Abteilung Volkswirtschaftslehre, insbesondere Wirtschaftspolitik, Mohlstr. 36, D-72074 Tübingen

Prof. Dr. *Thomas Straubhaar*, Institut für Wirtschaftspolitik, Universität der Bundeswehr Hamburg, Holstenhofweg 85, D-22043 Hamburg

Prof. Dr. *Adolf Wagner*, Dekan der Wirtschaftswissenschaftlichen Fakultät der Universität Leipzig, Marschnerstraße 31, D-04109 Leipzig

Personenregister

Sachregister

Dr. Monica L. Perez dos Santos

Ordnungspolitische Bedingungen des Wirtschaftswachstums

«Beiträge zur Wirtschaftspolitik» Band 67

611 Seiten, 85 Abbildungen
gebunden, Fr. 52.– / DM 58.– / öS 424.–
ISBN 3-258-05867-9

«Wirtschaftswunder», d. h. Perioden besonders hohen Wirtschaftswachstums, können mit Hilfe der herkömmlichen Wachstumstheorien kaum erklärt werden. Wenn man etwa feststellt, dass in diesen Perioden die Investitionsquote hoch und der marginale Kapitalkoeffizient niedrig bzw. die Restgrösse der makroökonomischen Produktionsfunktion hoch waren, so stellt sich unmittelbar danach die Frage: Warum waren in den Ländern mit «Wirtschaftswunder» Investitionsquote, marginale Kapitalproduktivität und totale Faktorproduktivität so hoch? Aufgrund umfassender theoretischer und empirischer Untersuchungen zeigt diese Arbeit, dass Wirtschaftsordnung und Wirtschaftspolitik die entscheidenden Bestimmungsfaktoren des Wirtschaftswachstums sind. Danach ist Wirtschaftswachstum (bzw. auf der anderen Seite: Stagnation und Rückschritt) von Politikern machbar.

Verlag Paul Haupt Bern · Stuttgart · Wien

Prof. Dr. Jürgen Singer

Das Milizsystem unter wirtschaftlichen Aspekten

«Beiträge zur Wirtschaftspolitik» Band 65

392 Seiten, 18 Abbildungen
gebunden, Fr. 58.– / DM 65.– / öS 475.–
ISBN 3-258-05674-9

Nicht nur der grosse finanzielle Leidensdruck, sondern ebenfalls die geänderten Rahmenbedingungen nach dem endgültigen Zusammenbruch der kommunistischen Ideologie verschärften die Auseinandersetzung, mit welcher Wehrstruktur sich die politischen Ziele eines Staates am besten erreichen liessen. Präferiert wurden in der Diskussion der vergangenen Jahrzehnte die Präsenzstreitkräfte. Heute sieht man in den Freiwilligenstreitkräften die optimale Wehrform. Das Milizsystem dagegen wurde sowohl in der Zeit des Kalten Krieges wie auch in der heute gegebenen Entspannung wegen der überbewerteten Nachteile abgelehnt. Ausgangspunkt der Arbeit ist die Analyse der Aufgaben, die den Streitkräften eines Staates gestellt werden.

Verlag Paul Haupt Bern · Stuttgart · Wien

Dr. Katrin Leonhardt

Wohnungspolitik in der Sozialen Marktwirtschaft

«Beiträge zur Wirtschaftspolitik» Band 64

XV + 345 Seiten, 2 Tabellen,
gebunden, Fr. 68.– / DM 76.– / öS 555.–
ISBN 3-258-05506-8

Seit Bestehen der Bundesrepublik wird durch die Wohnungspolitik ein umfangreiches Instrumentarium eingesetzt, um das Ziel einer ausgewogenen Entwicklung des Wohnungsmarktes umzusetzen. Dieses Instrumentarium wurde hundertfach punktuell verändert, um den Anforderungen einer Sozialen Marktwirtschaft zu entsprechen.
Eine neue Herausforderung an die Wohnungspolitik, die hinsichtlich des dringlichen Bedarfs an Wohnungsbauinvestitionen mit der Situation Westdeutschlands in der Nachkriegszeit vergleichbar, aber in den Bedingungen und Struktur der Nachfrage verschieden ist, ergab sich durch die Einigung Deutschlands.
Dieses Buch vermittelt eine Analyse der Wohnungspolitik in beiden Teilen Deutschlands und die sich daraus ergebenden Perspektiven für eine einheitliche gesamtdeutsche Politikgestaltung.
Die bisherigen und künftigen Aktivitäten auf dem deutschen Wohnungsmarkt werden sowohl in West- als auch in Ostdeutschland dahingehend untersucht, ob der Einsatz des wohnungspolitischen Instrumentariums mit den Prinzipien der Sozialen Marktwirtschaft vereinbar, also seine Konformität mit den Postulaten und den sozialpolitischen Zielen dieser Wirtschaftsordnung gewährleistet ist.
Bei einer kritischen Beurteilung der Ziele und Instrumente der Wohnungspolitik hinsichtlich ihrer ordnungspolitischen Wirkung werden bislang praktizierte Massnahmen auf zeitgemässe Relevanz in der Sozialen Marktwirtschaft hinterfragt. Mit praxisnaher Herangehensweise untersucht die Autorin unter Berücksichtigung der besonderen Situation die Wirkung der wohnungspolitischen Instrumente in den neuen Ländern.
In diesem Zusammenhang werden insbesondere aktuelle Fragen des Mietrechts, des sozialen Wohnungsbaues, des Wohngeldes, der Belegungsrechte der Kommunen, der Mobilisierung von Bauland sowie der Wohneigentumsförderung diskutiert.
Aufgrund dieser Bewertung der praktizierten Wohnungspolitik werden Konsequenzen für eine Umgestaltung der Wohnungspolitik im geeinten Deutschland abgeleitet, um deren Wirksamkeit und Effizienz deutlich zu verbessern.
Die kritische Analyse der ordnungspolitischen Wirkung von vertrauten wohnungspolitischen Instrumenten kann sowohl der Politik als auch Fachexperten der Wohnungswirtschaft bei einer Neuorientierung der Wohnungspolitik dienen.

Verlag Paul Haupt Bern · Stuttgart · Wien

Prof. Dr. Reinhold Biskup (Herausgeber)

Globalisierung und Wettbewerb

«Beiträge zur Wirtschaftspolitik» Band 63

2. Auflage 1996
408 Seiten, 3 Abbildungen, 16 Tabellen
gebunden Fr. 43.– / DM 48.– / öS 351.–
ISBN 3-258-05510-6

Zu den vielfältigen Aspekten der Globalisierung und als Positionsbestimmung gegenüber ihrer Herausforderung vermitteln 14 Beiträge von international hervorragend ausgewiesenen Autoren eine interdisziplinäre Analyse.
Das breite Spektrum der sachkundigen Problemanalysen dieses Buches umfasst alle wesentlichen Aspekte der Globalisierung und ihrer Herausforderung. Es bietet dem Leser eine umfassende Orientierung, den Politikern und Unternehmern Wegweisungen für die Bewährung im globalen Systemwettbewerb.

Verlag Paul Haupt Bern · Stuttgart · Wien

PD Dr. Stefan Felder

Steuerreformen aus dynamischer Sicht

Resultate aus einem Simulationsmodell mit zwei Haushaltsklassen

«Beiträge zur Wirtschaftspolitik» Band 62

239 Seiten, 9 Abbildungen, 9 Tabellen
gebunden Fr. 45.– / DM 50.– / öS 365.–
ISBN 3-258-05290-5

Seit einigen Jahren werden neben den traditionellen Analysemethoden auch berechenbare allgemeine Gleichgewichtsmodelle zur Untersuchung von Steuerreformen eingesetzt. Ein Grund dafür ist die Tatsache, dass die Optimalsteuertheorie in den Anwendungsbereich der Theorie des Zweitbesten fällt, und die Frage nach dem besten Steuersystem deshalb oft nicht allein aufgrund theoretischer Überlegungen zu klären ist. Weitere Vorteile der allgemeinen Gleichgewichtsbetrachtung liegen insbesondere in der Berücksichtigung der Verteilungswirkungen von Steuerreformen. Die bestehende Einkommenssteuer wird oft wegen ihren adversen Wirkungen aufs Sparen und die Kapitalbildung kritisiert. Als Alternative wurde deshalb eine reine Lohnsteuer oder eine Konsumsteuer vorgeschlagen.
Dieses Buch untersucht diese Alternativen zur Einkommenssteuer in einem rekursiv-dynamischen allgemeinen Gleichgewichtsmodell. In Ergänzung zur bestehenden Literatur unterscheidet das Modell auf der Haushaltsseite zwei Klassen, arm und reich. Reiche Haushalte zeichnen sich einerseits durch eine höhere Arbeitsproduktivität und andererseits dadurch aus, dass sie Einkommen aus Erbschaften beziehen und selber Vermögen vererben. Im Gegensatz dazu beruht das Einkommen der armen Haushalte ausschliesslich auf ihrer Arbeit. Im Rahmen dieses Modells werden die Wirkungen von Steuerreformen auf die Effizienz sowie die inter- und intragenerative Verteilung von Einkommen und Vermögen untersucht. Dabei wird den Bedingungen einer kleinen offenen Volkswirtschaft wie der Schweiz besonders Rechnung getragen.

Verlag Paul Haupt Bern · Stuttgart · Wien